脱贫攻坚与图书馆作为

全国图书馆扶贫案例集

《图书馆杂志》社　编

国家图书馆出版社

图书在版编目（CIP）数据

脱贫攻坚与图书馆作为：全国图书馆扶贫案例集 /《图书馆杂志》社编 . —北京：国家图书馆出版社，2020. 12
ISBN 978-7-5013-7118-1

Ⅰ. ①脱… Ⅱ. ①图… Ⅲ. ①扶贫—案例—中国 ②公共图书馆—图书馆服务—研究—中国 Ⅳ. ① F126 ② G259. 252

中国版本图书馆 CIP 数据核字（2020）第 231765 号

书　　名　**脱贫攻坚与图书馆作为：全国图书馆扶贫案例集**
著　　者　《图书馆杂志》社编
责任编辑　邓咏秋
编辑助理　张晴池
封面设计　北京得铭文化传播有限公司

出版发行　国家图书馆出版社（北京市西城区文津街 7 号　100034）
　　　　　（原书目文献出版社　北京图书馆出版社）
　　　　　010-66114536　63802249　nlcpress@nlc.cn（邮购）
网　　址　http://www.nlcpress.com
排　　版　九章文化
印　　装　河北鲁汇荣彩印刷有限公司
版次印次　2020 年 12 月第 1 版　2020 年 12 月第 1 次印刷

开　　本　710mm×1000mm　1/16
印　　张　25
字　　数　420 千字
书　　号　ISBN 978-7-5013-7118-1
定　　价　98.00 元

《脱贫攻坚与图书馆作为
——全国图书馆扶贫案例集》
编委会

序　一

习近平总书记指出："脱贫攻坚是一场必须打赢打好的硬仗，是我们党向全国人民作出的庄严承诺。一诺千金。"2020年是中国全面建成小康社会目标实现之年，也是全面打赢脱贫攻坚战的收官之年。扶贫先扶志、扶贫必扶智，无论是扶智，还是扶志，都需要图书馆给予强大的文化供给，为全面脱贫提供精神动力和智力支撑。

文化扶贫，图书馆先行！2016年中国图书馆学会公共图书馆分会图书馆扶贫工作专业委员会成立（以下简称"专委会"），为全国公共图书馆文化扶贫工作的发展把脉定航。自成立始，专委会抓大不放小，扶西不忘东，注重帮扶与自立相结合、理论与实践相结合，不仅每年组织召开全国公共图书馆扶贫工作会进行文化扶贫顶层设计，还组织志愿者深入贫困县乡镇一线开展系列文化扶贫活动。五年来，全国各级各类图书馆人勤耕不辍，积极围绕专委会顶层设计方案，结合各地实情，创新开展文化扶贫工作，取得了显著成绩，涌现了一大批典型案例，为全国文化扶贫工作积累了丰富的经验。

为总结、推广和宣传全国各级各类图书馆在贯彻落实《中共中央　国务院关于打赢脱贫攻坚战的决定》工作中涌现出的可歌、可赞、可行、可学的最佳实践案例和经验做法，进一步推动和深化图书馆扶贫服务工作的可持续发展，为早日实现脱贫目标贡献我们图书馆人的一份力量，在中国图书馆学会公共图书馆分会的支持下，扶贫专委会挂靠单位重庆图书馆、《图书馆杂志》社和国家图书馆出版社共同主办，重庆市图书馆学会、上海市图书馆学会阅读推广专委会联合承办了以"脱贫攻坚与图书馆"作为主题的"全国图书馆扶贫服务案例征集"活动，并由国家图书馆出版社结集出版。

这本案例集分上下两篇，上篇收录了数位全国图书馆文化扶贫领域专家学者真知灼见的专题文章，下篇则精选了本次征集活动中的优秀案例。它既是中国图书馆人在文化扶贫工作中的历史见证，同时也将激励广大图书馆工作者在新时代为乡村振兴而砥砺奋进！

“人民对美好生活的向往，就是我们的奋斗目标。”让我们共同携手，谱写人类反贫困历史新篇章！

刘小琴
中国图书馆学会副理事长
2020年10月

序　二

党的十八大以来，在以习近平总书记为核心的党中央坚强领导下，我国脱贫攻坚事业克服了一个又一个困难，取得了一个又一个成就。即使在今年遭遇突如其来的新冠肺炎疫情的情况下，全国各族人民更加团结一致，任务不变、目标不易，决战决胜脱贫攻坚。《脱贫攻坚与图书馆作为——全国图书馆扶贫案例集》一书无疑是在此背景下全国图书馆界开展扶贫工作成果的真实写照，既展示了文化扶贫理论研究的系列著述，也呈现了图书馆帮困攻坚的种种实践。

传统扶贫主要指提供物质方面的辅助，而文化扶贫则强调从文化和精神层面上对贫困地区的人们给予帮助，传播科学知识，提升文化素质。事实上，要改变贫困地区贫穷落后的面貌，既需要从经济上加以扶持，更需要从文化上加以引导。物质和精神两个层面双管齐下地开展扶贫工作，是完成扶贫任务的必然要求。

图书馆应当成为实施文化扶贫的先行者，这是由图书馆的特性和社会职能所决定的。作为文化机构，它收藏大量的体现人类智慧成果的文献信息，并具有开展文献借阅、信息交流、知识传播和社会教育的职责。因此，扶贫必先扶智本属图书馆本职的题中之意。启迪民智是脱贫的前提，阅读励志是攻坚的要素。利用所拥有的文献信息资源、阅读推广技术和读者服务经验，深入了解贫困地区的大众文化需求、读书爱好，先行一步地实行精准文化扶贫工作，是图书馆应尽之责。

图书馆应当成为实施文化扶贫的主力军，这是由图书馆人的政治觉悟和文化担当意识所决定的。2020年是全面建成小康社会目标实现之年，是全面打赢脱贫攻坚战的收官之年。党中央认为，完成上述两大目标任务，脱贫攻坚的最后堡垒必须攻克。对此，我们必须以高度的政治自觉，在文化扶贫上敢于担当、善于担当。显然，本书从一个侧面呈现了各地、各界图书馆人扶贫攻坚的作为，体现了举全国图书馆之力，打赢脱贫攻坚收官战的决心。

本书由上下两篇组成，共收录文化扶贫文章60多篇。上篇中，侧重从理论层面论述扶民志启民智在脱贫攻坚中的作用和意义，强调实施文化扶贫精准性的原因和方法，阐述区域联盟聚众合力于扶贫工作的重要性和优势，探究图书馆助力脱贫的路径和样式。而下篇则集中展示了全国图书馆界丰富多彩的扶贫实践，有援建图书馆项目，有流动校园阅览室案例，有帮扶“农家书屋”纪实，有“温暖阅读”故事。既普遍关心脱贫地区的大众需求，又特别专注幼、残读者的特点，表达了文化扶贫也必须做到一个不能落下的信念。

总之，图书馆文化扶贫必须“志”“智”双扶、精准施策，其基本特色是以书为媒、以文赋能，并全力保障持续服务、实在效果。

是为序。

周德明
上海市图书馆学会理事长
2020年10月22日

目　录

上　篇

扶民志启民智　助推脱贫攻坚

饶　权（国家图书馆）

贫困一直是全世界面临的重大问题。改革开放以来，我国取得了举世瞩目的脱贫成就，农村贫困人口累计减少7.4亿人，贫困发生率下降94.4个百分点，谱写了人类反贫困史上的辉煌篇章。中国对世界脱贫贡献率达到70%以上，成为全球第一个实现联合国千年发展目标的发展中国家。联合国《2030年可持续发展议程》又将“消除一切形式的贫困”列为17项可持续发展目标之首。

党的十八大以来，中央明确提出“到2020年我国确保现行标准下农村贫困人口实现脱贫，贫困县全部摘帽，解决区域性整体贫困”的目标任务，2020年3月6日，习近平总书记在决战决胜扶贫攻坚座谈会上明确要求，必须如期实现这一目标任务。这就意味着，中国作为世界上人口最多的国家，将提前十年完成联合国确定的脱贫目标，为全球脱贫事业作出巨大贡献，同时也将向世界提供中国智慧和中国方案。

研究表明，除了地缘因素、交通因素、经济因素、教育因素之外，信息贫困、文化贫困等深层次矛盾和问题也是致贫的基础性因素，有时甚至是直接根源。经济学家舒尔茨指出，“影响人的贫困或者富裕的决定性因素是人，是人的自身素质”。诺贝尔经济学奖得主阿玛蒂亚·森也强调，贫困的根源在于贫困人口基本可行能力的缺失。在信息化时代，文化素养、信息素养的缺失对致贫有着直接影响，而文化扶贫和信息扶贫则能够提升扶贫对象的综合素质和自我脱贫能力。2010—2013年，联合国先后发布多份关于文化与可持续发展的决议，就文化脱贫对于推动经济可持续发展的重要作用给予充分肯定。

早在1993年，文化部就成立了“国家文化扶贫委员会”。十八大以来，习近平总书记多次强调“扶贫先扶志”“扶贫必扶智”。有关部门先后颁布《“十三五”时期贫困地区公共文化服务体系建设规划纲要》《“十三五”时期文化扶贫工作实施方案》，文化扶贫作为我国扶贫战略的重要组成部分，在提高贫困人口生活品质、阻断贫困文化代际传递方面的作用日益凸显。

在世界许多国家，图书馆作为保障公民基本文化权益，提高公民科学文化素质和社会文明程度的重要场所，在文化扶贫、信息扶贫中始终发挥着积极作用。2016年12月，中国图书馆学会牵头成立“全国公共图书馆扶贫工作委员会”，并确立了“为促进贫困地区公共图书馆事业的发展提供政策方向及措施参考”的基本宗旨。国家图书馆、其他各级各类公共图书馆、高校图书馆、专业图书馆等结合自身优势，通过多种形式参与扶贫工作。

一是建设专题资源，丰富贫困地区和贫困人群的信息与知识获取。例如，国家图书馆坚持优先向贫困地区调拨文献，并依托数字图书馆推广工程等重点文化工程，为贫困地区定向推送精品数字资源；首都图书馆、云南省图书馆、广西壮族自治区图书馆等建设了多种形式的农业生产信息资源、农村经济发展专题资源、新农村建设和农民工进城务工专题资源；西南交通大学图书馆为阿坝州无偿提供图书馆终端远程网络服务。

二是提供特色服务，提升贫困人口的信息素养和知识水平。例如，吉林省图书馆开设“扶贫大讲堂”，邀请知名学者和专家面向贫困县开展扶贫专题巡讲，覆盖全省所有贫困县，累计服务1万余人，发放科技致富光盘3000余套；上海图书馆、福建省图书馆、内蒙古图书馆分别推出“爱悦读”“文化一点通”“移动数字加油站”等特色数字化服务产品，探索老少边穷地区数字化服务的下沉和拓展；西南民族大学图书馆针对北川羌族自治县的特色农业发展，为其提供专题信息服务与技术咨询等。

三是开展扶贫专项活动，利用资源优势帮助贫困地区解决现实问题。例如，甘肃省图书馆定向帮扶宕昌县南河乡大族村和何家堡乡塔地山村，帮助当地开展科技耕种、发展特色产业；青海民族大学图书馆帮助定点扶贫村建立农民图书馆，并捐赠部分农业科技图书资料；中国科学院成都文献情报中心设置科技扶贫联络员专门常驻四川省广元、武胜、石棉等地负责科技扶贫，中国科学院兰州文献情报中心对口支援西和县洛峪镇，协助解决农业种植中的关键技术和荒山荒坡利用规划等问题。

今年是我国脱贫攻坚的决胜之年，又遭遇新冠肺炎疫情影响，脱贫工作任务艰巨，在夺取脱贫攻坚战全面胜利的关键时刻，图书馆界应当积极作为，按照党中央战略部署，重点在以下几个方向着力：

第一是从“大水漫灌”到“精准滴灌”，提升扶贫工作精细化水平。围绕扶贫对象的经济基础、文化环境、人群特征等进行深入调研，准确识别被帮扶对象的切实需求及其信息获取能力，以更加高效的方式提供针对性信息素养培训、精准化信息和知识服务，以帮助贫困人口转变落后观念，增强致富本领。

第二是从“单兵作战”到“合力攻关”，构筑一体化扶贫工作网络。一方面积极利用数字化、网络化技术，共同开展跨地区、跨系统的图书馆扶贫联动，向贫困地区提供专业信息服务；另一方面充分吸纳社会力量共同参与文化扶贫，积极与其他公共文化机构、科研院校乃至企业开展跨行业合作，共同推动资源、服务等向贫困人群有效流动。

第三是从“授人以鱼”到“授人以渔”，激活扶贫对象内生动力。加大对贫困地区图书馆的业务指导、业务培训和技术支持，帮助挖掘和建设本地特色资源，使其在地方脱贫工作中发挥信息支撑作用，同时更好地保障贫困地区群众的文化权益，培养他们的学习意识和阅读习惯，增强贫困人口的自我发展能力。

步入“后扶贫时代”，我们还面临如何巩固脱贫成果，如何激发脱贫人口的内生动力，如何使脱贫人口尽快融入现代生活等诸多问题，图书馆要牢记初心使命，在提高脱贫人口信息化素养和科学文化素质方面积极作为，使其真正有能力开创和拥有属于自己的美好生活，在实现物质脱贫的同时，早日拥有精神和文化上的富裕。

全球图书馆界的全球议程

——国际图联与可持续发展目标

杰拉德·莱特纳（国际图书馆协会和机构联合会）

联合国《2030年可持续发展议程》及其可持续发展目标（SDGs）描绘了全世界走向更强大、更公平、更绿色的经济和社会的路线图。2015年，经联合国所有193个会员国的国家和政府首脑一致同意，该议程真正具有普遍性，涵盖了政府行动的各个方面、世界上每个国家以及社会中的每位参与者。

这种全球计划的重要性是显而易见的，因此我们面临的许多挑战也是全球性的，包括气候变化、迁徙以及我们当下所面临的如此突出的健康问题。如果我们将行动限制在各自的边界之内，那我们就注定会失败。

但是，即使在并非全球性的地方，挑战也肯定是常见的。没有哪个国家不需要改善其教育体系，提高创新能力，保证人民的饮食健康，以及尽力来保护自己的文化遗产。既然面对同样的问题，当然可以共享解决方案。

全球图书馆界的情况也相同。正如联合国那样，我们也有共同的目标——促进有识读能力、有见识和参与性的社会发展。我们还面临着全球性挑战——不仅有关如何以最佳的方式处理跨领域地管理和共享信息，而且还有关如何应对自我的挑战——在经济、社会、文化和技术快速变革之时如何最好地继续改善用户的生活。

至关重要的是，正如这些年来国际图联（IFLA）一直强调的那样，联合国工作与图书馆工作之间也存在着联系。通过履行自己的使命，图书馆也为完成联合国使命作出了贡献。因此，在本文中，我想探讨国际图联正在进行的工作，以及我们与图书信息机构成员围绕图书馆及其可持续发展目标所取得的成就。

一、共享结构，共同语言

国际图联不仅有责任在全球范围内代表图书馆发出声音，而且有责任支持全世界图书馆增强自己的声音。的确，我们只有在依靠全世界图书馆成员工作的基础上，才能展示在联合国等领域的潜力。

因此，我们一直在努力加强全球图书馆界的宣传能力。幸运的是，可持续发展目标本身提供了极好的手段，可以帮助构建我们思考各种类型的图书馆如何对社会产生影响的方式，并与决策者进行交流。

国际图联迈出的第一步是努力诠释全球图书馆界的可持续发展目标。我们的国际宣传项目（IAP）是2016年至2018年的亮点，有来自70个国家的代表参加了一系列培训班，了解可持续发展目标的内容及其与图书馆的关系。

然后他们回到自己的国家，与图书馆员和图书馆用户一起组织了数百次培训班，以提高人们对联合国《2030年可持续发展议程》的认识，并多次邀请来自邻国的同行参加活动，这一系列活动达到了前所未有的动员水平。另外我们还在2018年和2019年世界图书馆与信息大会上展示了高水平的创新实践。

但是，除了这70个国家和许多IAP参与者，世界各地的图书馆员也一样，都可以利用IFLA网站上的资源，包括情况介绍、博客、网络研讨会、海报和其他资源。

基于此认识，现在有许多很好的事例表明图书馆和图书馆协会如何利用可持续发展目标来思考自身对服务社区的影响，例如澳大利亚图书馆和信息协会已根据可持续发展目标制订了长期规划，而法国、巴西和塞尔维亚的协会已经发布了自己的馆藏。

与全球化最紧密的相关事例是国际图联自己的《世界图书馆地图》，我们在其中发布越来越多的可持续发展目标故事，重点介绍各类型图书馆的优秀实践。我们当然也欢迎来自中国图书馆的优秀事例！

构建我们有关可持续发展目标的思考和讨论的方式是强有力的，因为它使图书馆有可能超越教育、研究和文化管理机构（这些传统上是管理图书馆的机构），从而在整个政府中展示其价值。这些目标提供了关键的参考点和词汇，使图书馆可以与其他政策领域的专家进行交流，并解释他们作出的贡献以及为什么需要持续的投资。因此，确保图书馆受到所有人的重视和支持，就更容易保证图书馆的长期生存和成功。

这种架构也使我们有可能在各图书馆之间更有效地共享和学习。另外，《世界图书馆地图》则提供了很好的例子，使我们可以在全世界范围内查看其他地方的同行是如何应对相同挑战的事例，从而补充了国际图联、图书馆以及我们专业部门的工作中已经包含的大量范例。

简而言之，可持续发展目标（SDGs）提供了一种以崭新的方式与政府和全球同行一起思考和讨论图书馆工作的杰出方式。国际图联一直为努力实现这一潜力而感到自豪。

二、通向全球决策的门户

如上所述，图书馆和图书馆协会在本地的工作与IFLA在全球范围内的工作之间有着密切的联系。来到纽约、日内瓦、内罗毕、曼谷等地联合国总部的政策制定者，如果在家乡获得有关图书馆的正面印象，就更有可能促进支持全球图书馆的成果。国际图联代表的工作实际上是将这些事例送上全球舞台。

就可持续发展目标而言，国际图联的参与始于2012年“里约+20”峰会前后，并持续通过协商来定义和商定千年发展目标的后继目标。IFLA的主要工作集中在确保使人们认识到获取信息以及使用信息技能作为发展的跨领域驱动力的重要性。这项工作取得了成功，获取信息在目标16.10中得到确认，另外总共还有20个其他目标明确或间接地提到了这一点。

国际图联还与一系列机构合作，强调了将文化纳入自身发展的重要性，文化本身就是目标，也促进了其他领域的成功。我们也看到遗产保护也作为一个具体目标被纳入（11.4），该目标提到了在实现《2030年可持续发展议程》时整体上需要采取文化因素行动的必要性。

上述工作是很重要的，因为这将使我们能够与联合国系统在更广泛的范围内建立并加强联系。这至关重要，不仅因为它使图书馆一直处于议程中，而且还因为它使我们能够进一步确保图书馆成为计划、资助项目或立法的一部分。

幸运的是，联合国《2030年可持续发展议程》的设计意味着这样做的机会很多。国际图联已经在非洲和拉丁美洲围绕可持续发展目标的主要地区会议上组织了会外活动，并期待着一旦重新制订针对亚太、欧洲和西亚的活动计划，我们将进行同样的努力。因此，我们大量利用了联合国《发展和信息获取报告》，该报告既可以监控信息获取关键指标的进展，又可以汇聚专家对这一重要性的贡献。

我们每年还采取新的措施，以帮助图书馆在《自愿性国家审议报告》中得到认可，这是各国政府轮流进行的进展评估，并在纽约联合国年度高级别政治论坛上进行介绍。中国建议在2021年进行这样的审议，我们希望看到图书馆在其中发挥重要作用。

在联合国人居署于2020年2月主办的世界城市论坛上，我们也发挥了积极作用，确保在最终声明中提及图书馆。我们与教科文组织和世界知识产权组织继续开展工作，促进研究、建议甚至进行法律的制定，以帮助图书馆进一步发展。

总之，可持续发展目标还为图书馆在全球范围内开展活动提供了新的可能性，包括与此前跟我们关系不大的机构和组织开展合作。

三、结论：新的可能性，新的声音

正如联合国秘书长所言，2020年是行动十年的开始。在十年的时间内，要实现2015年设定的目标还有很多工作要做。图书馆作出贡献的潜力是显而易见的，我们仍然可以做更多工作，而且仍然需要继续工作，以便始终留在议程上。

幸运的是，全球图书馆界完全可以做到这一点。《2019—2024年国际图联战略》为加强图书馆对社会的积极影响并确保决策者认可和支持这一努力提供了指导性意见。

在继续实施目标的过程中，我们期待启发、参与、促进和连接图书馆，为图书馆提供创新和改善服务、向他人学习以及共同努力的工具。因此，我相信我们也可以在全球和区域范围内提高各级图书馆了解决策和影响决策的能力。

我深信，中国各类别以及各级图书馆在国家、地区和全球范围内都将作出重大贡献。我非常期待与你们合作，以便为全球图书馆营造更强大的声音。

（冯洁音译）

关于图书馆助力脱贫的路径思考

孙　坦（中国农业科学院）

互联网和以4G为代表的移动数据服务为人类的信息交流与文化传播带来了革命性影响，极大促进了信息传播与利用的数量、质量和效率。过去20年来，图书馆作为重要的公益性公共文化服务机构，积极地拥抱网络化和数字化等现代信息技术手段，致力于无差别、普惠化全民阅读推广和个性化、知识化信息服务，成绩斐然。

脱贫是联合国《2030年可持续发展议程》中的重要内容。我国也在实施脱贫攻坚伟大战略。事实表明，通过对口帮扶、精准扶贫和产业扶贫，我国即将在2020年底实现脱贫目标。但是，如何确保贫困人口不返贫，建立可持续发展机制仍是巨大挑战。图书馆是建立脱贫长效机制的重要参与力量，将为建立和增强以提高教育和终身学习为根本的可持续发展机制作出重要贡献。

随着农业农村部信息进村入户工程的实施，我国农村信息化基础设施建设已基本完成，移动互联网在解决农业信息化“最后一公里”问题上发挥出巨大优势。但是，受限于基础设施、公共财政和专业队伍等因素，在我国和世界范围内公众对于普惠式信息获取和文化传播仍存在巨大的不均衡性，特别是在贫困偏远地区和低教育群体中表现尤为突出。例如，在最近的新冠肺炎疫情期间，我国启动了全国性在线教学和远程信息服务，凸显了我国城乡差距，特别是偏远、贫困地区的数字化、网络化窘境。基础设施差距只是暴露在海面之上的冰山一角，城乡间信息和知识内容供给和信息服务的差距则是潜藏的巨大挑战。虽然，我国在近年来的农业农村信息化建设过程当中研发并部署了诸如“12316”“信息大篷车”等面向农村的信息服务平台，但目前这些平台的服务资源、水平、效率、机制都有待进一步提高，在农村创新创业、技术共享和推广方面，尚无有效且有影响力的服务平台。在实体服务设施方面，主要依托“农村书屋”和“乡村文化站”等开展阅读推广和文化传播服务，在资源数量、时效性和服务质量等方面与城市图书馆系统存在巨大差距。

我国先后启动了诸如文化和旅游部“全国文化信息资源共享工程”“数字图书馆推广工程”、农业农村部“信息进村入户工程”等旨在促进文化信息资源普惠化共享服务的专项行动。近期，农业农村部、中央网络安全和信息化委员会办公室联合印发了《数字农业农村发展规划（2019—2025）》，进一步加强农业农村信息化建设。建议图书馆助力脱贫的路径包括：

（1）主动对接各类农村信息化建设主体，推进农村信息供给与服务的有效性整合。农村信息化基础设施和文化基础设施、信息内容和专业服务队伍是实现图书馆助力脱贫不可或缺的重要因素，图书馆要充分借助和融入地方推进农村信息化建设工作，依托各类平台集成嵌入有效的信息内容与信息服务。特别是要破除当前农村信息服务过度聚焦于农业生产技术信息服务的局限，把全民阅读推广和终身学习作为农村文化传播与信息服务的主体，促进农村居民建立持续阅读和终身学习的可持续教育发展机制。

（2）加强服务创新，提供精准信息服务。农业从业人员信息素质普遍落后于其他领域，因而对信息的加工和利用也落后于其他领域，直接导致农业领域普遍的有效科技资源、信息资源供给不足。图书馆应发挥信息组织优势，加强产品和服务创新，构建农业农村知识服务“软”基础设施（包括农业领域动态知识图谱、知识单元抽取、知识单元关系抽取和组织、知识表示及高效存储），实现海量涉农知识的有效组织、甄别、加工、转述、传播和利用，把精准信息资源嵌入新技术新产品对接服务、乡村创新创业知识服务、农业农村技术银行服务平台、生产种植模式宣传与服务平台、农村精准扶贫技术与模式服务平台、乡村治理与生活需求知识服务平台、5G农业专家在线诊断与服务平台、乡村文化产业服务创新平台等方面。

（3）加强农村图书馆服务体系建设，打通普惠式公共图书馆服务“最后一公里”。积极推动《中华人民共和国公共图书馆法》的贯彻落实，大力推动市、县、村三级图书馆网络体系建设，借鉴总分馆、服务联盟等模式，将农村书屋、信息服务站、文化站等设施有效纳入基层图书馆建设与服务体系，建立图书馆员驻村制度，加强信息服务和信息素质教育力度和水平。

（4）5G、大数据与人工智能时代的来临，将再次为信息交流和文化传播带来深刻变革，甚至是颠覆式改变。图书馆必须加强技术创新，有效应对新技术环境下全新的知识供给、信息服务和信息利用形态与模式。研究并利用自然语言处理和自然语言理解等前沿技术，研究构建面向农业农村知识服务的信息抽取、知识组织与表示、知识可视化、知识洞察与分析模型，实现自动化的农业领域知识抽取、知识甄别、知识验真、知识表示以及可视化知识科普与服务，研发新一代农业农村知识服务与科普服务平台，提升知识服务的直观性、有效性和可直接利用性。

我国正在实施乡村振兴战略，是继全面脱贫攻坚之后建立农村可持续发展机制的重要战略。图书馆助力脱贫也将进入助力乡村振兴战略实施的新阶段，必须更加重视为广大农村居民提供高质量的公益性信息内容和信息服务，也必将拥有更广阔的发展前景和大展身手的舞台。

助力消除贫困是公共图书馆无尽的职责

陈　超（上海图书馆）

2015年9月联合国会员国通过了《2030年可持续发展议程》（以下简称联合国2030年议程）。消除一切形式的贫困是联合国2030年议程17个目标中的第一个。消除贫困仍然是人类面临的最为艰巨的挑战。尽管全球贫困率自2000年以来已经下降了一半以上，但是仍然有成百上千万人的最基本的生存需求得不到满足，在发展中地区，仍有十分之一的人与家人生活在每天1.90美元生活费的国际贫困线以下，数百万人的每日收入勉强高于这个水平。东亚和东南亚的许多国家取得了重大进步，但在撒哈拉以南非洲，仍有42%的人生活在贫困线以下。自1978年实施改革开放以来，中国成功地使全国的贫困人口减少了约2.5亿。联合国和世界银行在各自的研究报告中均承认，中国改革开放的前30年，全人类取得的脱贫事业成就中，三分之二应归功于中国。2020年，我国将决战决胜脱贫攻坚，消灭绝对贫困，实现全面建成小康社会，比联合国的标准、目标提前10年达到，继续走在全球脱贫事业的前列。在这个创造历史的壮举中，中国的图书馆行业特别是公共图书馆也作出了重要贡献。此刻，面对突然暴发的新冠肺炎疫情，中国图书馆人义不容辞，必须投入抗疫和脱贫的两场攻坚战，交出一份经得起历史和人民检验的答卷。

一、助力消除贫困是公共图书馆应尽的职责，图书馆要当好“助攻手”、打好攻坚战

联合国认为，贫穷不只是缺乏收入和资源导致难以维持生计，还表现为饥饿和营养不良、无法充分获得教育和其他基本公共服务、受社会歧视和排斥以及无法参与决策。

国际图联（IFLA）认为图书馆是促进联合国2030年议程目标实现的关

键之一，以促进消除贫困为例：通过向人们提供获取信息和技能的渠道，图书馆向他们提供了改善自身生活水平的机会；通过协助政府、团体和其他人做出知情决策，图书馆为减少贫困和促进各地人民繁荣提供服务和支持。图书馆虽然无法直接提供就业岗位，但是可以提供就业信息和职业咨询，更可以让读者通过阅读学习提升自身技能；图书馆虽然无法直接创造物质和经济价值，但是能够帮助社区营造良好的创新创业环境，促进地区创新生态优化；公共图书馆虽然无法开展直接的物质经济扶贫，但是可以提供信息咨询服务支持政府和社会的科学决策，促进企业、产业、地区乃至国家的发展。因此，图书馆具备助力消除贫困的促进功能，这种消除绝对贫困的“间接作用”让图书馆成为消除贫困攻坚战的关键“助攻手”。

二、助力消除贫困是公共图书馆无尽的职责，图书馆要当好“主攻手”、打好持久战

诺贝尔奖获得者、美国经济学家舒尔茨（Theodore W. Schultz）认为：“影响人的贫困或者富裕的决定性因素是人，是人的自身素质。”因此，从长远和根本考虑，推动扶贫工作，需要以人为本才能从根本上拔掉“穷根子”，也就是说，扶贫不仅需要扶物质，更需要扶精神、扶智力、扶文化。现代公共图书馆通过阅读社会化，以开放包容的阅读服务、信息服务和知识服务，帮助每一个人培养和提升文化素养——从读写能力到科学素养、从信息素养到艺术修养，这是公共图书馆的永恒使命，也是公共图书馆助力消除贫困最重要、最有价值的方式。

即使到了2030年，人类实现了“消除一切形式的贫困”的目标，也只是消除了“绝对贫困”。目前联合国采用的国际贫困线标准是世界银行2015年确定的一人一天生活费1.90美元，这是最低的生存标准，这个地球上在实现共产主义之前将可能永远存在着富人、穷人和相对贫困，而且许多统计研究显示，当前人类社会的贫富差距可能是历史上最大的时期，人类社会的包容性发展正在经受极大挑战。

包容，这是现代公共图书馆必须坚守的价值观。因为从诞生的那一刻起，公共图书馆就是一个体现社会包容的场所，是人类社会为保障每一个公民获

取信息、知识的自由和平等而设置的一个专门的机构。因此，助力消除贫困对于全球公共图书馆而言是一场持久战，助力扶贫是图书馆促进社会包容性发展的重要方式。

推进精准服务　助力脱贫攻坚

吴建中（澳门大学图书馆）

最近一段时期，中国图书馆界同人与全国人民一起，以高昂的斗志积极参与新冠肺炎病毒防疫工作。在这次战“疫”中，图书馆不仅没有缺席，而且焕发出了更强大的职业能量。停课不停学，闭馆不“打烊”，图书馆网上服务在经受这次大考之后，变得更成熟，更有效，更深入人心。

今年的另一场硬仗是脱贫攻坚。根据国家的战略部署，到今年年底我国将全面实现脱贫的目标。我们要将此次抗疫行动中凝聚和展现出来的精神转化为业务发展的推动力，在脱贫攻坚的最后冲刺阶段，进一步展现出图书馆人的力量！

实现脱贫，不仅是中国的使命，也是全球共同的愿景。2015年9月25日，联合国通过《2030年可持续发展议程》，该议程共有17项可持续发展目标，其中消除一切形式的贫困列为17项目标之首。在2020年底完成脱贫任务，意味着我国将提前10年实现《2030年可持续发展议程》中有关脱贫的目标，意义重大，影响深远。

图书馆界早在2016年习近平总书记提出“精准扶贫、精准脱贫”的时候就已经行动起来，并着力从文化精准扶贫的角度参与到整个国家的脱贫攻坚战略之中。在加强精确识别、精确帮扶、精确管理的同时，着力因地制宜、因人施策、因势利导，以图书馆数字化服务专业优势和公共文化服务体制优势，深入农村、深入基层，将各类数字服务送到千家万户，为全面脱贫战略提供了有力的文化支撑。

我觉得，下一步要在如下三个方面下工夫。

第一，着力推动公共数字文化服务转型升级。目前我国大多数老少边穷地区已经能用上微信、淘宝等移动App服务，要发挥图书馆和文化馆（站）的综合优势，以移动互联网应用为突破口，着力打造公益性数字文化服务应用或微站，在服务脱贫战略的同时，推动公共数字文化服务的转型升级。

第二，着力探索标准统一、互联互通的云平台建设。各级各类图书馆在这次战“疫”中已发挥出数字服务的巨大能量，但总体上还处于各自为战的状态。我们要以此为契机，由中央有关机构牵头，将标准统一、互联互通的云平台建立起来，真正实现全国一盘棋、各地有活力的良性发展。

第三，着力创新数字文化服务的模式与方法。最近从中央到地方已经涌现出无数数字文化服务的成功故事和最佳实践，我们要在积极推广新技术、新模式的同时，打造图书馆数字文化服务的新业态，形成实体与虚拟服务相结合的全媒体图书馆服务体系。

我相信，中国图书馆界经历了抗“疫”大考之后，更有信心、更有能力迎接脱贫攻坚大考的到来，我们将不辱使命，再接再厉，为全面实现小康社会的战略目标作出自己应有的贡献。

发挥区域联盟优势　助推文化精准扶贫

任　竞（重庆图书馆）

重庆图书馆作为中国图书馆学会图书馆扶贫工作委员会主任单位，组织、动员和引导全国公共图书馆以及社会各界力量，开展图书馆文化扶贫和援建工作，通过“四联四帮”，挖掘区域联盟资源优势和潜力，以助力政府攻坚、助力区域脱贫、助力文化发展为目标，逐步实现公共文化服务普遍均等，改变城乡之间文化资源不平衡，保障人民群众的基本文化权益。

一、联爱心、帮发展

扶贫工作委员会倡导“精准扶贫，文化同行；文化扶贫，图书馆先行”，搭建东西部扶贫志愿者的工作协作机制。为有效弥补以政府为主导的“一元”主体的不足，形成多主体参与扶贫的大格局态势，委员会组织各成员单位，形成文化精准扶贫的区域联盟，带动社会力量积极投身于脱贫攻坚“最后一公里”。参与文化扶贫的社会力量主体构成多元，包括公益性阅读推广组织、社会团体、民营企业单位、媒体机构、学者、大学生、文化志愿者等。这些社会力量充实了文化扶贫的资金投入，增强了扶贫工作的专业性和科学性，实现了扶贫效果的媒体监督与公众评价，助推了贫困地区文化事业、文化产业发展以及贫困群众脱贫的思想动能和技能养成。

二、联项目、帮创建

扶贫工作委员会广泛收集全国文化扶贫优秀案例，总结公共图书馆开展文化扶贫工作的成功经验与路径模式，由“输血”扶贫向“造血”扶贫转变，注重激发贫困地区的内生动力和振兴活力，积极探索全面脱贫与乡村振兴的有效衔接。通过“梦想书屋”“乡村民宿”“旅游区旅图驿站”等多个项目的帮扶创建与落地实施，充分利用公共图书馆的文化资源与人才优势，开展文化扶贫与“扶志”“扶智”相结合，为贫困地区的留守儿童提供优质教育资源和人文关怀，为贫困地区群众开展思想教育、观念转变和文化培训，阻隔文化贫困的代际传递。同时，图书馆员结合贫困地区的历史文化，大力推进特色产业发展，挖掘和整理贫困地区民间工艺、传统习俗、特色旅游等文化资源，取其精华，去其糟粕，使文化产业尽快融入贫困地区日常生活中，避免贫困群众的返贫风险。

三、联资源、帮解困

为扭转贫困地区信息封闭、资源稀缺的现状，扶贫工作委员会加大对贫困地区贫困人口的资源配置与倾斜，细分贫困地区的受众群体特点，了解他们在不同地区、不同时段对文化资源的需求，开展文化精准帮扶。在委员会的倡导组织下，各成员馆多次开展图书资料、数字资源和设施设备的按需配备，并提供相应的使用指导与培训，确保资源配送到位、使用无障碍，为脱贫攻坚提供智力支持。同时，各公共图书馆通过拓展总分馆建设、改进农家书屋、培训基层文化专干和贫困地区青年馆员、联动开展群众文化品牌活动等形式，提升基层综合文化服务中心的服务效能，强化公共文化服务的基层导向，推动文化惠民工作中心下移、服务重心下沉、品牌活动下延，增加贫困地区群众对图书馆的黏性，提升他们对公共文化服务的满意度。

四、联平台、帮管理

在后扶贫时期，以互联网、物联网、大数据、5G技术等为代表的新一代信息技术变革为文化精准扶贫提供新的思路与契机，有利于构建覆盖全社会、普遍均等、惠及全民的现代公共文化服务体系。在国家公共数字文化工程融合创新发展的统一部署下，各省（自治区、直辖市）正致力于打通辖区内文化馆、图书馆的数字服务系统，构建标准统一、集中管理、平台共享、资源互通的公共文化服务云平台建设，创建信息共享环境和多元主体协同参与的共享知识服务新模式。公共数字文化服务的转型升级，更有利于改变贫困地区的基础设施建设薄弱落后的面貌，实现图书馆事业特别是西部贫困地区、民族地区、基层图书馆服务效能的跨越式提升，增强文化精准扶贫能力。

文化扶贫是公共图书馆肩负的天然职责，脱贫不仅是指物质层面的，更包括精神与文化层面的脱贫。在后扶贫时期，图书馆人要在总结扶贫工作经验的基础上，巩固扶贫成果，继续加强东西部图书馆的交流与合作，不断提高脱贫人口的信息与文化素养。

以文化扶贫助力中原地区脱贫攻坚

马艳霞（洛阳师范学院图书馆）

2020年2月28日，河南省政府新闻办召开新闻发布会宣布，河南省53个贫困县全部脱贫摘帽。至此全省累计实现651.1万农村贫困人口脱贫、9484个贫困村退出，贫困发生率由2013年底的8.79%下降到2019年底的0.41%，并由此进入了再无贫困县的新的发展阶段。在这份沉甸甸的脱贫攻坚答卷里，也蕴含着文化扶贫独特的作用。河南省聚焦文化扶贫先“扶志”，做出各种尝试，贡献文化力量。

一、精准送文化，增强文化扶贫的可及性

1.送书送戏下乡村

河南省图书馆和河南省少年儿童图书馆积极参加文化科技卫生“三下乡”，先后多次为信阳新县、周口郸城等贫困地区基层图书馆送去图书和设备，用于支持这些地区的总分馆制建设和流动服务。全省开展“文艺院团千戏送千村扶贫行动”，2018年省市县国有文艺院团为贫困县演出1786场，为广大贫困群众脱贫攻坚注入强大精神力量。

2.送数字资源到基层

截至2020年，河南省图书馆连续3年开展数字资源服务进基层项目，针对全省脱贫攻坚基层县（区），将优质数字资源整合打包推送给29个国家级贫困县，2018年、2019年一共开展25场省图书馆数字资源进基层活动，输送优质数字资源和电子书至台前、南召、郸城、新县等地，全力推进书香河南，助力脱贫攻坚。

3.送文化人才到“三区”

河南省开展“文化工作者千人进千村扶贫行动”，推动人才下沉。截至

2019年底，已经开展五批“三区”[①]人才支持计划，选派798名“三区”文化人才。组织全省90名“阳光工程”文化志愿者深入贫困村开展文化帮扶工作，完成选派文化人才、文化志愿者1015人入村结对帮扶。河南省图书馆积极参与该专项工作，连续3年输送5名高级职称专业人才到镇平、桐柏等基层图书馆，助力“三区”文化真正“脱贫”。

二、精准帮扶留守儿童，补齐贫困地区“精神短板”

全省建立“河南省公共图书馆未成年人阅读服务联盟”。邀请知名专家为新县、光山县、卢氏县、睢县等革命老区、贫困县图书馆的馆员进行阅读培训。同时开展“手拉手阅读齐步走”特殊群体儿童阅读活动，通过赠送图书、绘本讲读、好书分享等形式关注留守儿童、贫困儿童以及听障、视障、语言障碍儿童的阅读需求。全省各级图书馆也积极参与，如洛阳市少年儿童图书馆在嵩县、伊川、洛宁、汝阳等贫困地区建设21座“萤火虫书房”。安阳市少年儿童图书馆开展“爱心小天使”与农村贫困学生结成帮扶对子的活动，一对一帮扶。让更多留守儿童享受到公益、均等的公共文化服务，感受到读书的乐趣。

三、补齐文化基础设施短板，强化基层阵地建设

河南省连续两年对各省辖市、省直管县（市）政府进行考核，促进基层文化场馆设施建设。全省4.8万个行政村（社区）的村级综合性文化服务中心由2017年的2.6万个提高到2018年的4.1万个；建成率由2017年的53%提高到了2018年的85.31%。全省贫困村综合性文化服务中心建成9527个，建成率为98.87%，其中2018年33个计划脱贫的贫困县、贫困村完成率达到100%。改善贫困地区基层公共文化设施的短板，强化文化阵地建设。

河南脱贫攻坚的实践表明，文化扶贫通过有序、有效、有力的参与，能够助力全面建成小康社会，实现国民经济全面协调可持续发展。当然，目前取得的脱贫成果只是成功的第一步，接下去如何巩固脱贫成果，使脱贫攻坚成果惠及更

---

① “三区”指边远贫困地区、边疆民族地区和革命老区。

多群众，为实现全面小康提供有力保障，我认为应该从以下三个方面继续努力：

第一，强化政府主体责任，完善文化扶贫长效机制。从制度设计上加大政府对基层文化建设的主体责任，建立科学绩效评价体系和奖惩机制，引导各级政府因地制宜、因时制宜加快公共文化建设。以图书馆、文化馆的总分馆建设为抓手，完善制度设计，将基层公共文化服务内容供给丰富性、供给模式创新性和满足基层群众需求个性化和及时性作为重点，强化政府责任和服务效能提升。

第二，创新多元供给模式，提高文化扶贫的针对性。鼓励社会力量参与，构建全社会共同参与的多元主体的社会扶贫体系。利用移动互联网技术，运用大数据、云计算等手段，分区域、分民族、分群体发布需求清单，精准分析群众文化生活方式和消费方式的变化，采用政府购买、社会参与和企业运作的服务创新模式，有力推动公共文化服务供给与人民群众文化需求有效衔接，让贫困群众在“云端”上尽享个性化、标准化、均等化的公共文化服务。

第三，推进跨界融合渗入，提高文化扶贫效能。贫困地区的公共文化服务一定要突破条块限制，树立系统思维，坚持“扶智”“扶志”导向，充分发挥河南文化源远流长、底蕴深厚优势，找准与脱贫攻坚工作的交融点，通过文化+旅游、文化+非遗、非遗+扶贫等方式，实现文化事业和文化产业以及旅游业的融合发展，切实提高文化精准扶贫效能。

公共图书馆助力文化扶贫：聚众合力，授人以渔

褚树青（浙江图书馆）

贫困问题是全球面临的重大问题，消除贫困是人类梦寐以求的理想。在联合国制定的世界发展目标中，贫困治理一直是重中之重。2000年联合国千年首脑会议上提出的八项“千年发展目标”（Millennium Development Goals），第一条就是“消灭极端贫困和饥饿”[①]。2015年，“千年发展目标”完成使命，9

① 联合国：千年发展目标及2015年后进程[EB/OL].[2020-09-04]. https://www.un.org/zh/millenniumgoals/.

月，联合国会员国通过了新的十五年发展规划——《改变我们的世界——2030年可持续发展议程》（*Transforming Our World：The 2030 Agenda for Sustainable Development*）。这一议程提出了改变世界的17项可持续发展目标（Sustainable Development Goals），其中目标1就是“在全世界消除一切形式的贫困”[①]。可见，截至目前，消除贫困仍然是人类面临的最为艰巨的挑战。

图书馆是消除贫困的重要力量。虽然可能无法开展直接的经济扶贫活动，但是图书馆可以通过信息服务和知识服务支持政府、机构和个人的科学决策，从而促进社会发展，文化、科研创新，个人进步，进而消除贫困和不平等，是改变社会的重要力量。因此，图书馆具备消除贫困的助力作用，是扶贫攻坚的重要合作伙伴。

这一点同样是国际图联（IFLA）一直强调的。在其为联合国2030年议程发布的《所有人的渠道和机遇——图书馆如何促进联合国2030年议程》*Access and Opportunity for All：How Libraries Contribute to The United Nations 2030 Agenda*）文件中，国际图联表示，通过图书馆的服务，可以提高全社会获取信息和知识的水平，从而能够促进可持续发展并改善人民生活，尤其是在消除贫困方面，图书馆可以帮助向贫困人口提供改善自身生活水平的机会，从而为减少贫困和促进各地人民繁荣提供支持[②]。为了支持这一观点，国际图联特别与华盛顿大学技术与社会变革小组（Technology & Social Change Group at the University of Washington）共同发布了《信息获取与发展报告》（*the Development and Access to Information Report*），特别强调了图书馆对联合国2030可持续发展议程的推动作用，通过信息获取来帮助贫困人群改善生活的作用，并提供了大量案例[③④]。

就我国而言，带领人民摆脱千百年来的贫困，实现全面小康的幸福生活

---

① 变革我们的世界：2030年可持续发展议程[EB/OL]. [2020-09-04]. https://www.un.org/zh/documents/treaty/files/A-RES-70-1.shtml.

② 所有人的渠道和机会——图书馆如何促进联合国2030年议程[EB/OL]. [2020-05-08]. https://www.ifla.org/publications/7409.

③ IFLA Technology & Social Change Group. Development and access to information 2017[EB/OL]. [2020-05-18]. https://da2i.ifla.org/wp-content/uploads/da2i-2017-full-report.pdf.

④ IFLA Technology & Social Change Group. Development and access to information 2019[EB/OL]. [2020-05-18]. https://da2i.ifla.org/wp-content/uploads/da2i-2019-full-report.pdf.

目标，是中国共产党对人民的庄严承诺。改革开放40多年来，在中国共产党的领导下，我国进行了世界上最大规模的脱贫工作，从1978年到2017年，农村贫困人口减少7.4亿，农村贫困发生率下降94.4个百分点，减贫成就举世瞩目①。2020年是中国全面建成小康社会的收官之年，也是脱贫攻坚决战决胜之年。习近平总书记在2020年3月6日的决战决胜脱贫攻坚座谈会上强调，“到2020年现行标准下的农村贫困人口全部脱贫，是党中央向全国人民作出的郑重承诺，必须如期实现，没有任何退路和弹性”。同时总书记也指出，“只要大家绷紧弦、加把劲，坚定不移把党中央决策部署落实好，完全有条件有能力如期完成脱贫攻坚目标任务”②。这意味着我国2020年脱贫攻坚指日可待。中国作为世界上人口最多的国家，将提前十年完成联合国确定的脱贫目标。然而，习总书记也指出，“脱贫摘帽不是终点，而是新生活、新奋斗的起点”③。虽然我国即将在2020年底实现脱贫目标，但接下来如何保证脱贫质量，确保贫困人口稳定脱贫，减少返贫人数或者不返贫，建立可持续发展的长效脱贫机制，仍然是脱贫工作面临的重大问题。

我国公共图书馆在国家多年的扶贫工作中，始终积极响应，全力参与，尤其是在习近平总书记“扶贫先扶志”“扶贫必扶智”的号召下，各公共图书馆通过建设专题资源，丰富贫困地区和贫困人群的信息与资源获取；提供特色服务，提升贫困人口的信息素养和知识水平；开展扶贫专项活动，利用资源优势帮助贫困地区解决现实问题等方式，始终在文化扶贫、信息扶贫中发挥了重要且积极的作用④。如今，我国扶贫攻坚战胜利在望，扶贫工作从解决绝对贫困（以生存问题为核心）向解决相对贫困（以发展共享为核心）转变。在新的形势下，公共图书馆如何持续深度参与，进一步发挥作用，助力巩固脱贫、防止返贫，是一个值得探讨的问题。

我认为，新环境给图书馆提出了新要求，在助力文化扶贫的过程中，公共图

---

① 改革开放以来 我国农村贫困人口减少7.4亿人[EB/OL].[2020-09-04]. http://www.xinhuanet.com/2018-09/04/c_1123374403.htm.

② 脱贫攻坚决战决胜之年，总书记这样部署[EB/OL].[2020-09-04]. http://www.qstheory.cn/laigao/ycjx/2020-05/29/c_1126049047.htm.

③ 脱贫摘帽是新生活新奋斗的起点[N].人民日报，2020-04-06(01).

④ 饶权.扶民志启民智 助推脱贫攻坚[J].图书馆杂志，2020(4):6-8.

书馆除了要继续做好信息提供、推送等工作，还应该尤其重视两个方面的内容：

一是要激发扶贫对象的内生动力，“授人以渔”。在送书送信息的同时还要教会人们学习知识和利用信息的能力，帮助贫困人群学会持续学习和终身学习。不断学习的能力在未来社会的重要性无需多言，帮助贫困人群跟上未来社会发展的步伐，最重要的就是要培养他们的学习意识和自我发展能力，不仅要“授人以鱼”，更要“授人以渔”。

二是在扶贫过程中要聚众合力，发动更多社会力量的参与。公共图书馆一家的资源和能力始终是有限的，要鼓励更多社会机构和人群的加入，从人力、物力、资金、设备等各个方面支持文化扶贫工作，形成合力。

浙江省杭州市临安区的醒山薪火乡村支教计划便是这样一个融合了公共图书馆、民间志愿者、乡村民宿以及乡村学校等各方力量，以帮助孩子们更好地学习成长为目的的文化扶贫典型案例。

醒山书院原本是一家位于杭州市临安区温泉小镇湍口镇湍源村的民宿，店主是广东中山大学法学院的一位教授，因为热爱文化，来到这个小镇上，与当地几位志同道合的朋友共同开设了这家以“书院”为名的民宿。经营了一段时间之后，他就发现当地居民非常缺乏阅读资源，找书难、看书难问题严重，于是主动和临安区图书馆合作，于2018年在醒山书院设立了“书香民宿”服务点，由临安区图书馆提供5000多册藏书免费借阅。醒山书院由此成了一个开放式的乡村公益图书馆，除了民宿住客之外，村民和村里的孩子都可以自由进入醒山书院阅读各种书籍。

书院迅速地迎来了众多的读者，尤其是村里的孩子们。很快，管理员就发现了另外一个问题，这些孩子有着强烈的求知欲，除了看书之外，他们心里还藏着十万个为什么等待解答，迫切需要有老师来提点和指引。这也让这位教授店主和图书馆员们真切地感受到了城乡教育的差距，特别是人文艺术方面师资的缺乏，即使是在经济相对发达的杭州地区，较偏远乡村教育资源匮乏的问题同样严重。为此，大家就考虑，能不能成立一个支教联盟，把城市的优质教育资源引到乡村里来，开阔乡村孩子的眼界，让他们也能接受到和城里的孩子们同等的教育，尤其是艺术方面的熏陶。“醒山薪火支教联盟”就在这样的背景下成立起来了。

“醒山薪火支教联盟”通过平台公开招募有支教意愿的志愿者老师。联盟设有自己的微信公众号，同时也入驻了共青团中央的“志愿中国”网站和“志愿汇”公益平台，有志于投身乡村支教的优秀在职老师、退休老师，以及有一定文化艺术特长或其他专业、学科特长的志愿者和在校大学生，都可以在这些平台上注册报名。目前联盟已经招募到了292名志愿者教师，他们大多是来自浙江大学、复旦大学等“双一流大学”的大学生，也有各地优秀的职业教师，以及热心支教事业的社会志愿者。

支教的对象包括了从幼儿园到高中所有年龄段的乡村孩子。根据他们的特点和需求，支教科目分为学科类和素质类两大类。学科类就是基础的学校教育课程，包括语文、数学、外语、物理、化学、生物、政治、历史、地理等，一般是浓缩教学经验和教学成果的专题送教活动；素质类则偏向于帮助乡村孩子提升艺术修养，包括书法、篆刻、美术、音乐、舞蹈、儿童诗歌、写作、阅读、体育、自然、天文、摄影、烘焙、自我管理、健康教育、家庭教育、手工、国学礼仪、学前教育等。

支教以学生和老师的自主配对为主要形式，按需提供服务。乡村学校或乡村孩子可以在平台上注册，提出支教需求，支教老师根据自己的特长和时间安排选择报名参加。每次支教时间一般是半天到两天，支教地点可以是乡村学校，也可以是民宿或乡村礼堂，由各方共同商讨确定。同时也鼓励网络支教、微信支教等跨时空的“一对一”“一对多”帮教活动。目前在平台注册的乡村学生有1100名，注册的乡村学校有临安昌化中学、湍口镇中心小学、清凉峰镇顺溪小学、龙岗镇中心小学、淳安县宋村中心小学等5所。

在运行了一段时间之后，醒山书院总结经验，觉得可以将这一“民宿+图书馆+学校+志愿者老师”的支教模式进一步扩大，以便让更多的乡村孩子受惠于此。于是在临安区图书馆的支持下，醒山书院与其他12家民宿结成了联盟，共同开展“最美民宿笑迎最美老师”活动，提供支教场地，共同负担前去短期支教老师的食宿。目前，加盟的民宿还在不断扩展中。

自醒山薪火乡村支教计划开展以来，已经为当地的乡村孩子们带去了多场支教活动，比如：画家华子为湍口小学的250位小朋友们直播分享的“‘小诗蕾’家庭群分享亲子学诗”课堂；上海师范大学生命科学院生物系彭中博士为湍口小学学生们分享的线上“多彩的昆虫世界”自然科学课堂；临安区博华教育校长张华走进杭州市临安区於潜中学，向高三同学传授迎考经验；“六一”儿童节，音乐、舞蹈老师走进浙西边陲顺溪小学，与山里的孩子共度节日；浙江大学、复旦大学、上海交通大学等“双一流”高校的优秀大学生志愿者们与临安区昌化镇昌化中学的高三学子们在钉钉群结对，辅导学弟学妹们备战高考；北京师范大学音乐教授、作曲家张云鹏教授和珠海电台主播谢童老师给乡村孩子们上音乐欣赏和朗诵课；同时还有诸多艺术家、作家和大学生志愿者团队为当地的孩子们带去了古诗吟诵、阅读分享、民族舞蹈、日记写作、快乐英语、故事表演、自然教育、茶文化、心理辅导、烘焙、色彩知识、科技与生活、德语入门等各种课程。

这些支教活动极大地丰富了乡村孩子们的视野，为他们带去了文化与梦想的种子；而孩子们丰富的内心世界和对知识的渴求也深深地感染了众多的志愿者，有越来越多的人愿意加入“醒山薪火支教联盟”，包括支教志愿者老师，也包括愿意提供其他支持的民宿。“醒山薪火支教联盟”正在形成一个越来越好的良性循环，而醒山书院则成为一个公共资源的聚合地，公共图书馆、民间志愿者、民宿，各种资源都汇聚于此，一方面开展丰富多样的阅读推广活动，另一方面牵线优质教育资源，支持面向乡村儿童的支教活动，两边同时推进，形成了独特的醒山书院文化扶贫模式。

杭州市临安区的醒山书院项目只是公共图书馆参与的众多文化扶贫工作的一个缩影。正如习近平总书记所强调的，扶贫要“坚持群众主体，激发内生动力”，醒山薪火乡村支教计划既充分调动了社会力量，发挥了志愿者的优势，又帮助扶贫对象掌握了学习技巧，增强了其自我发展的能力，是公共图书馆助力文化扶贫，利用人民群众的内生动力支撑脱贫行动的有效方式。

文化扶贫，开创公共文化服务新局面

杨芳怀（首都图书馆）

为深入学习贯彻习近平总书记在东西部扶贫协作座谈会和深度贫困地区脱贫攻坚座谈会上重要讲话精神，落实党中央、国务院对对口支援和帮扶协作的决策部署，近年来，首都图书馆不断探索公共文化扶贫援建之路，将优质的文化资源输送到贫困地区百姓身边，推动图书馆事业协同发展策略落实。2018年7月，“北京市扶贫协作和支援合作文化交流中心”在首都图书馆挂牌成立，正式开启“扶贫必扶智，治贫先治愚”的“扶智扶志”工作模式，让文化扶贫成为脱贫攻坚可持续发展的原生动力。

首都图书馆深入探索扶贫工作的实施策略，着力健全精准扶贫体制机制，大力加强扶贫队伍建设，与新疆和田、青海玉树、西藏拉萨、内蒙古乌兰浩特、河北承德及张家口、湖北巴东等贫困地区精准对接，开展系列卓有成效的对口援建公共文化服务，硕果累累。开展对口扶贫协作领域文化交流工作，打造特色专题数据库，开展专题阅读服务，邀请贫困地区馆员到京参加培训3次共546人次，捐赠价值212万元的募集图书10万余册，志愿团队深入受援地4次共595人次，组织活动50余场近8万人次受益，从而深化贫困地区公共文化服务，加快贫困地区特色文化活动发展，助推贫困地区打赢脱贫攻坚战。

一、开展文化扶贫协作交流及专题阅读服务，设立长久性文化扶贫品牌

1.利用场地优势，加大活动宣传

利用场地优势，进行文化扶贫援建工作协作交流，通过活动宣传让更多的北京市民了解和参与文化扶贫工作。

2018年10月16日，“大爱北京　献爱心　助脱贫”募集活动在首都图书馆启动，来自北京的243家各类企业、社会组织积极向北京扶贫协作地区捐款、捐物、提供就业岗位。当天，共计捐款捐物4.78亿元，提供就业培训与岗位1.1万个。

2.建设北京对口支援合作文献资源数据库

根据现有数据情况，设计新闻报道、项目成果、交流交往、干部风采四个栏目。目前已完成援建数据库和数字图书馆的数据库总体框架搭建、现有数据的加工处理、数据导入、前台页面展示等建设工作，包含数字图书15种，提取内容文章1309篇、图片1172张、援建人员信息668条，整理图片5314张，网络抓取新闻文章1070篇、视频176个。以上内容均完成规范化处理。

3.开展专项阅读服务

为北京援建干部办理首都图书馆读者卡400张。此次办理读者卡的援建干

部主要来自以下地区：新疆维吾尔自治区、青海省、西藏自治区、内蒙古自治区、河北省、湖北省、河南省。援建干部可以使用读者卡在北京市250多家“一卡通”联网的图书馆借还图书；通过互联网，可以免费使用首图数字资源，包括电子书、期刊、各类数据库等。通过即时数字阅读，为广大北京援建干部提供信息参考服务和文化资讯服务。

二、图书援建充实贫困地区馆藏资源，满足当地民众多样化阅读需求

以首都图书馆“互阅书香”图书交换与捐赠文化志愿服务项目为平台，向社会广泛募集图书，向新疆和田地区图书馆捐赠图书79473册；向河北张家口市张北县图书馆捐赠图书5023册、向阳原县图书馆捐赠图书7743册、向承德市丰宁满族自治县图书馆捐赠图书8286册；向山东五莲县捐赠图书2271册；向北京市昌平区图书馆回龙观第一分馆捐赠图书200册、向平谷区山东庄镇桃棚村捐赠图书358册；向河北石家庄市正定县图书馆捐赠图书1175册；向内蒙古乌兰浩特图书馆捐赠图书997册。共计10万余册。捐赠的图书充实了贫困地区馆藏资源，全面完成了对口援建项目的图书捐赠指标，开创了志愿服务精准文化援建交往交流新格局。

三、凝聚志愿力量，开展多形式阅读推广服务，扶持培育优质阅读力量

首都图书馆充分发挥文化志愿服务队伍的阵地优势和资源优势，两年多来，组织全市公共图书馆近600人次的优秀志愿者前往新疆和田地区、重庆云阳县、河北丰宁满族自治县等地，以丰富的志愿服务活动开展文化精准扶贫工作，近8万人受益，形成了针对性强、效果突出的文化扶贫服务项目；举办了三期对口帮扶地区图书馆业务培训班，培训人员覆盖新疆和田地区、河北张家口及承德地区。“走出去、请进来”的文化扶贫协作交流方式为培育志愿服务力量、巩固援建成果、开辟服务阵地、拓宽服务范围奠定了良好的基础。

2018年8月、2019年11月，首都图书馆先后组织70名文化志愿者前往新疆和田地区图书馆开展文化援疆志愿服务，通过举办专家讲座、馆员培训、少儿活动、手语教学、经典导读、图书馆捐赠和图书加工等众多活动，提高

当地图书馆员业务能力，为当地民众带去优质的阅读体验，为当地开展志愿服务提供经验和借鉴。

2018年9月，首都图书馆组织8名文化志愿者前往国家级贫困县——重庆云阳县开展以“文化精准扶贫　志愿者在行动”为主题的系列线下扶贫活动，让图书馆服务延伸到乡镇、学校，提升基层地区群众的科学文化素养，为有针对性地输入精准扶贫内容和方式技巧提供了数据和经验支持。

2018年10月，首都图书馆举办“京和书香　共建共享”文化志愿交流活动。在为期6天的活动中，来自河北张家口市阳原县、新疆和田地区等8个地县图书馆的35名工作人员在京参加业务培训并做经验交流。首都图书馆精心设计文化志愿服务、地方文献及文献资源建设与服务等专题授课内容，安排特色图书馆及其核心业务部门的现场学习，并开展了志愿服务和数据库建设等方面的经验交流与分享。

2019年4月、7月，首都图书馆与新疆和田地区的51名同仁先后举办了两期文化援建对口交流主题志愿活动。根据和田地区文化需求和现状，有针对性地安排了志愿服务项目体验、特色图书馆参观交流等活动内容。在此期间，新疆和田画家热依拉木女士的专题油画展览《丝路风采边疆情》在首都图书馆展出，展现了丰富的和田文化元素，这也是和田文化走出和田、走进北京的一个桥梁纽带。

2019年8月，首都图书馆组织18名文化志愿者到河北承德市丰宁满族自治县开展文化援建交流活动，开展了“童沐书香”“品阅书香”“心阅书香”等文化志愿服务精品项目。丰富的文化志愿服务活动为受援地区带去了成熟的志愿服务模式，激发了当地志愿服务热情，营造了文化引领、全民阅读的良好氛围，为贫困地区播下了文化的种子，为偏远地区的孩子们打开了心灵的窗口。

首都图书馆把扶贫援建活动作为文化服务品牌活动之一，落实中央、北京市相关对口支援协作精神，起到了引领行业的作用，得到受援地区的认可和社会的关注，《北京日报》《中国文化报》《新京报》及光明日报客户端、文旅北京网等媒体相继进行报道，“书香援疆”志愿项目还荣获2019年首都学雷锋志愿服务“五个100”最佳志愿服务项目。

首都图书馆作为“扶志扶智”文化扶贫的有生力量，通过近年来的扎实推进、精准帮扶，开拓贫困地区阅读新局面，营造社会新风尚，形成许多实践成果和制度成果。一是突出思想引领，以党中央新时期精准扶贫战略思想统揽全局；二是突出制度设计，从图书馆资源实际出发，因地制宜，层层确立完善部署；三是突出精准要求，精准确立援建地区、精准确立援建内容，确保实效；四是注重力量整合，组织发动全社会力量参与，构建大扶贫格局；五是突出组织保障，落实工作责任，达到扶贫实效，有力推动公共文化服务体系建设。

天津图书馆在文化扶贫之路上的探索与实践

刘良玉〔天津图书馆（天津市少年儿童图书馆）〕

文化扶贫是扶贫工作的重要组成部分，公共图书馆作为重要的文化服务机构，应该充分发挥自身优势，积极开展文化扶贫工作。近年来，天津图书馆（天津市少年儿童图书馆）积极在文化扶贫之路上不断探索与实践，在天津市文化和旅游局的领导和支持下，通过“春雨工程”、京津冀图书馆联盟、“网络书香基层图书馆帮扶计划”等多种渠道，积极面向贫困地区开展文化帮扶，取得了良好的效果，走出了一条可复制、可持续发展的道路。

一、建立图书馆分馆，丰富受援地区图书资源

图书是图书馆最主要的服务资源。为了发挥图书馆在文化扶贫中的行业优势，天津图书馆从2010年开始，就在对口援助的西藏昌都县、江达县和丁青县分别建立了图书馆分馆，填补了昌都市各区县没有图书馆的历史空白，丰富了当地人民群众的文化生活，尤其是在分馆中添置了藏文图书，方便当地藏族民众的阅读。2014年12月，天津图书馆在第一批援助8000册图书的基础上，根据当地读者的需要，又为丁青分馆调配馆藏图书4197册，累计援助书籍12000余册，内容涵盖经济、文化、健康、科技等众多领域。2018年8月，

天津图书馆甘肃省甘南州分馆建成使用，甘南州分馆配备了3000多册中文图书和3000册少儿图书，重点丰富了分馆少儿图书文献。2018年12月，天津市少年儿童图书馆承德县分馆建成，分馆配备了先进的RFID馆员工作站、监测系统和上万册图书，馆藏内容涵盖学龄期低幼读物、青少年儿童读物和家庭教育指导类读物等。2019年6月，天津市少年儿童图书馆围场县分馆建成，配备图书上万册。2019年10月，天津图书馆河北省滦平县分馆建成使用，分馆配备中文图书5132册，内容涵盖哲学、文学、经济、历史、科教、农业等10余个类别，另配备少儿图书1502册，针对性地弥补了滦平县图书馆对少儿文献的需求缺口。2020年7月，天津图书馆又向河北省丰宁满族自治县图书馆调拨中文图书5600册，其中包含1300册少儿图书，积极落实丰宁满族自治县分馆的建设。

二、开通数字图书馆分馆

在“互联网+”时代，文化扶贫也应抓住“数字机遇”，依托公共数字文化中心、基层图书馆硬件设施建设，开展数字文化扶贫。2014年，天津图书馆首次在西藏昌都市丁青县开通了数字图书馆，将天津图书馆图书数据库内的电子资源对丁青县的读者完全开放，其中包括天津地方特色资源数据库27个，内容涵盖非物质文化遗产、津门曲艺、天津民俗、名人故居、善本古籍、民国文献、文化讲座、音乐欣赏等多个专题；同时还包括300多万种中文图书、9100多种国内重要期刊以及学术论文、英语学习等专业资源。这是天津市在对口援助地区建立的首个数字图书馆，也是全国各省市在西藏自治区援建的第一个县级数字图书馆。当地的藏族读者通过数字图书馆，可以不出“家门”，就与3000公里以外的天津读者同时共享国内最前沿的数字图书资源库。在顺利建成西藏丁青县数字图书馆分馆的基础上，天津图书馆又分别于2014年8月、2018年8月和2019年10月，在新疆生产建设兵团、甘肃省甘南藏族自治州和河北省滦平县开通了数字图书馆分馆，将天津图书馆的海量电子资源对当地读者开放。在数字图书馆分馆资源建设方面，天津图书馆充分挖掘贫困地区传统文化特色，发挥图书馆文化传承优势，唤起贫困地区人民对当地特色文化的人文记忆和关怀，增强其对地方特色文化的社会认同感和文化自信心。例如，河北省滦平县数字图书馆分馆融合了滦平县图书馆特色资源，包括该地区的文化旅游、风土人情、馆藏精品等。数字图书馆分馆的开通，突破公共文化服务空间和时间的制约，让读者可以随时随地享受公共文化服务，为丰富受援地区群众文化生活、保障公共文化服务的均等性提供了强有力的保障。天津市少年儿童图书馆通过发放借阅证的方式，让河北省承德县和围场县的少儿读者也能远程访问本馆海量电子文献资源，实现两地文化资源共享。

三、引入新媒体服务

移动网络和数字化结合后所产生的新媒体与传统媒体相比，具有独特的优势。图书馆通过引入新媒体工具，比如微信公众号平台、掌上数字图书馆等，可以让用户利用智能手机随时随地获得数字化信息服务，也可以方便其在线互动和信息获取。天津图书馆利用微信新媒体，面向受援地区开放微信阅读资源。读者无须下载任何应用，无须绑定读者证，只需关注“天津图书馆”微信公众号，即可随时随地欣赏古典音乐、阅读期刊全文、浏览职业培训视频等。

四、联合开展线上活动

随着“互联网+”时代的来临，利用互联网与受援地区图书馆联合开展线上活动和线上交流能够突破地域限制，降低工作成本，提高服务效能。为加强汉藏文化交流，丰富春节期间汉藏人民群众的文化生活，2019年2月，天津图书馆与甘南藏族自治州图书馆共同举办2019年“图书馆陪您过大年”系列答题活动。2019年6月，天津图书馆与甘南藏族自治州图书馆、滦平县图书馆共同举办庆祝新中国成立70周年“共读书影”系列活动。2019年7月，天津图书馆举办“我和我的祖国”——庆祝新中国成立70周年室内音乐会，并引入网络视频直播技术，可供在线观众及西藏昌都市图书馆读者在线同步观看。2020年1月，天津图书馆与河北省丰宁满族自治县图书馆共同举办2020年“图书馆陪您过大年”系列答题活动，加强汉满文化交流，丰富春节期间汉满人民群众的文化生活。2020年8月，天津图书馆联合河北省丰宁满族自治县图书馆、滦平县图书馆共同举办“阅读点亮智慧，书香润泽心灵”微书评大赛活动，提升公众对阅读的热爱。天津图书馆还为受援地区提供两种形式的线上参考咨询服务：一是实时在线咨询，涵盖书目检索、知识导航、文献传递等服务，读者仅需通过电脑或手机登录QQ就可以进行在线咨询；二是联合参考咨询，通过跨省、跨系统的联合协作，为读者提供专业性的文献咨询和传递服务。

五、强化人员培训与业务交流

“授人以鱼”，不如“授人以渔”。2015年5月至11月，天津图书馆选派数字图书馆专业技术援藏干部，到西藏昌都开展多种形式的技术帮扶和培训，最终培养出了3名专业技术干部，真正实现了从“输血”到“造血”的转变，给当地留下一支“永远不走的技术人才队伍”。2016年6月，天津图书馆再次派出专业人员赴西藏昌都，为当地图书馆从业人员开展数字图书馆专题培训，旨在为昌都市和11个区县的图书馆工作人员普及数字图书馆相关知识，提高他们的日常管理的业务水平和服务能力。2018年8月，天津图书馆选派业务骨干在甘肃甘南州分馆举办培训班，帮助分馆培养了一批参考咨询馆员。按照“走出去、请过来”的原则，天津图书馆还适时邀请受援地区图书馆领导和业务骨干赴津开展业务交流、参加专题培训班等。依托天津市图书资料专业人员培训平台，天津图书馆为受援地区图书馆工作人员赠送了培训平台登录账号，使他们可以与天津市图情专业技术人员一样免费利用培训平台内丰富的课程资源，不断丰富业务知识，提高专业技能。

六、联合开展公益文化活动

2020年8月，天津图书馆联合甘肃省图书馆，举办“津甘携手脱贫　文化助力梦圆”精准扶智支援帮扶活动，向天津市广大爱心读者征集文具、书籍与寄语，并赠予甘肃省陇南市宕昌县车拉乡九年制中学的学生们。通过本次活动，建立起了两地学生沟通的桥梁，通过捐赠文具、书籍，关爱留守儿童，引导学生树立正确的人生观、世界观、价值观。按照“网络书香基层图书馆帮扶计划”，天津图书馆积极联合本市相关涉农区图书馆开展公益活动，在活动举办中提升受援馆的社会影响力以及业务水平。例如，与宁河区图书馆、蓟州区图书馆联合开展“聚力文化帮扶　共建书香社会”主题展览活动；与宝坻区图书馆联合组织，将宝坻区八门城镇郭庄子村作为活动基地，为广大基层群众奉上主题讲座；与静海区图书馆共同组织一场“VR、AR新科技走进基层主题活动”，同样是走向基层，让更多的人了解数字图书馆，感受新科技的魅力。

不忘初心，文化扶贫，太图在行动

郭欣萍　彭　冬　张峰涛（太原市图书馆）

“文化扶贫即是通过在文化设施建设、文化产品供给、公共文化服务、文化产业扶持、精神文明建设等方面，开展因需而异、因地制宜的精准扶贫活动，从而有效提升贫困人口的文化素养和知识技能，逐渐改善和推动贫困地区的经济、文化发展。”[①]文化扶贫“贵在精准，重在精准，成败之举也在于精准”[②]。公共图书馆在文化服务体系中作为构建者与参与者，具有参与文化扶贫扶弱的天然优势与保障，理应走在文化扶贫的前沿，充当文化扶贫阵营里的排头兵和主力军。

太原市图书馆承担起服务社会的责任，积极利用自身资源和馆藏文献优势，突破传统服务，向馆外拓展文化服务阵地，延伸公共文化服务触角，同时积极参与到文化脱贫攻坚的战役中。

---

① 人民论坛理论研究中心．文化扶贫：新时代扶贫工作的重要内容[J]．国家治理，2019(3)：34-43.

② 中国共产党领导脱贫攻坚的经验与启示（中文版）[M]．北京：当代世界出版社，2020.

一、实施春蕾读书计划，鼓励郊区儿童走进图书馆

2012年9月，太原市图书馆和市教委联合组织实施“我爱图书馆”之“春蕾读书”活动，每年投入业务经费约10万余元，逐年向太原市6城区的20万余小学生，免费赠送全省公共图书馆通用的“小学生阅览证”。这些阅览证不仅可以在全省公共图书馆通用，还可以用于在家中登录省、市图书馆网站，检索书目、阅览数字图书、收看讲座等。这一举措为少年儿童健康成长、增长知识打开大门。发证后，许多从未走进过图书馆的儿童带着惊喜的眼光第一次感受到公共文化服务的温暖，激发了他们的阅读热情。2015年“4·23”世界读书日，太原市图书馆继续开展“春蕾读书”活动，向小店区、晋源区及尖草坪区等周边城区8万小学生赠送免费“小学生阅览证”，做到对太原市城六区小学的全覆盖，引领小学生走进图书馆，开启热爱阅读、终生学习的美好人生。

发放小学生阅览证

二、关爱农民工子弟小学，共建“书香校园”

彭村小学地处和平路与千峰路之间，该片区多为农民工聚集地，人口流

动大。彭村小学的学生主要以农民工子弟为主，在太原市众多小学中具有非常典型的特点。

太原市图书馆作为公共文化服务机构，密切关注着农民工随迁子女的文化教育、阅读学习情况。在得知彭村小学校图书室图书等文献资源紧缺的情况后，太原市图书馆立即行动，在彭村小学组建校图书室服务点。每两个月为该图书室提供一次图书流通和配送服务，多年来一直坚持，并定期组织与阅读相关的文化活动。

1.精准对接，配送儿童读物

从2012年开始，太原市图书馆与彭村小学建立起了文化帮扶关系，帮助其组建校园图书室，并根据学校教师、学生需求，有针对性地精心挑选、统筹配置适合在校教师、学生阅读的图书和期刊充实到校图书室，使校图书室能顺利开展借阅服务。之后太原市图书馆还根据教师、学生们的阅读频次和借阅率的高低，随时进行相应的图书流转配送以及少儿期刊的赠送，根据学校的推荐阅读书目进行专门的图书采购和配送，为教师、学生提供便捷的阅读服务。

2.温暖关爱，开展适龄读书活动

为贯彻落实党的十八大关于“开展全民阅读活动”和习近平总书记关于加强读书学习系列讲话精神，围绕“六大发展”、弘扬“三个文化”，更好肩负起“富民强市·文化先行”的使命责任，从2015年开始，太原市图书馆以“书香太原”为主题，大力推进全民阅读活动，积极引导市民“多读书、读好书、好读书”，让阅读成为市民生活的重要组成部分。太原市图书馆于2015年开始，每年的“4·23”世界读书日至“六一”儿童节期间，在彭村小学启动“书香校园——春季读书月”活动。太原市图书馆与校方根据不同年级学生的年龄特点，联合开展相应的阅读活动，例如：为低年龄段的孩子开展“故事会”，让小孩子讲述自己感到“最有趣”“最精彩”“最难忘”的故事；为稍大一点的孩子举行“有奖征文比赛”“赛诗会”“朗诵会”等阅读活动，并在“六一”儿童节为参与阅读活动的学生发放学习用品等奖品，鼓励学生积极参与阅读活动；还不定期举行读书心得交流会，让老师和学生一起交流，联系实际谈读书心得，鼓励学生发表见解，引导师生共同进步；还经常聘请授课老师为彭村小学举办文化知识、爱国主义教育讲座等活动。

2015年太原市图书馆与彭村小学举办阅读活动颁奖仪式

3.志愿服务，培养有担当的少年

太原市图书馆在彭村小学长期招募"图书管理员志愿者"，鼓励学生利用休息时间参与太原市图书馆"小小志愿者"活动，让学生进入太原市图书馆，开展志愿者服务活动。通过一系列简单的图书整理和读者劝导工作，使小志愿者更进一步了解图书馆的基本工作流程。这不仅锻炼了他们与人沟通和协调的能力，也有利于他们逐步养成文明良好的阅读习惯，从小培养其献爱心、做贡献的思想精神。据校方反映：自从成为"小小志愿者"，孩子们更加热爱学习，喜欢看书了。他们收获的不只是快乐，还有满满的自信。

三、因村置宜，精准对接

振兴乡村经济离不开乡村文化建设，提升贫困地区及贫困人口的精神文化素养，才是脱贫的关键[①]。乡村文化建设是确保贫困地区及贫困人口实现脱贫走向富裕的外在条件；开发贫困人口的聪明才智，提升他们的劳动技能和就业能力，是确保文化精准脱贫的内在因素。只有农村贫困人口的文化素质提高了，贫困群众发家致富的思路才能得到拓展。

① 李淑敏.推动乡村文化脱贫的五个维度[N].光明日报,2020-03-23(06).

太原市图书馆作为太原市文化扶贫的主力军，深入贯彻落实习近平总书记系列重要讲话精神和扶贫开发战略思想，坚持把脱贫攻坚作为最大政治责任、最大民生工程、最大发展机遇，坚持精准扶贫、精准脱贫，坚持大扶贫格局，注重扶贫同扶志、扶智相结合，继续深入实施文化扶贫行动计划，支援贫困地区、边远山区基层图书室的藏书建设，充分发挥书刊文献的扶智作用，推动移风易俗、树立文明乡风，进一步推进公共文化服务走向基层。2017年元旦开始，太原市图书馆先后为阳曲县北小店乡扫峪村、娄烦县天池店乡王家崖村、娄烦县天池店乡陈家庄村、阳曲县东黄水镇洛阴村等边远山村捐赠精心挑选和购置的种植养殖等类型图书3390余册、期刊500余册；2019年为阳曲县棚户区改造社区城东社区捐赠图书600余册、期刊200余册。太原市图书馆通过图书捐赠，为贫困地区开展阅读学习服务奠定了基础，为当地村民的文化阅读提供了强有力的保障，受到了当地村委和老百姓的欢迎。

2017年太原市图书馆在阳曲县洛阴村开展文化扶贫捐赠活动

太原市图书馆树立接地气的服务理念和思维，围绕村民最关心、最在意的事物有针对性地开展图书配送服务，有计划地通过与其生活息息相关的图书服务内容拓展村民的阅读视野和兴致。例如，为老年人配送精神慰藉、消闲解闷、医疗保健等方面的图书，为留守劳动力准备婚姻家庭、美容服饰、烹调技艺、法律、种植养殖等方面的图书，激发村民的阅读兴趣和激情，进而增强村民参与阅读的积极性，满足村民的文化娱乐、科技扶农等需求。

四、关爱留守儿童，温暖贫困青少年

太原市图书馆为进一步加强对农村留守儿童的关爱，通过支援基层学校、村图书室藏书建设以弥补其文献资源不足的情况，为农村留守儿童健康成长创造更好的文化教育、阅读环境，让留守儿童近距离体验到公共文化服务。太原市图书馆于2015年开始，先后为以贫困青少年为主要生源的太原慈善职业技术学院图书馆捐赠图书35000余册；为阳曲县图书馆捐赠中小学教辅图书5000余册；为郝温村小学捐赠书架18组、少儿图书2000余册。同时，在娄烦县天池店乡陈家庄村和阳曲县东黄水镇洛阴村等边远山区捐赠图书与设施设备组建村图书室，并针对留守儿童开展借阅服务，方便留守儿童的阅读学习。

其中，陈家庄村位于太原市娄烦县南缘，地处吕梁山脉的中段，是典型的田少山多的边远山区。太原市图书馆根据村委会的需求申请，于2015年为娄烦县陈家庄村捐赠书架6组，期刊架1组，报架2个，阅览桌4张，椅子16把，并专门挑选适合青少年儿童阅读的中小学图书2900余册、少儿期刊40册及世界地图和中国地图。并组织人员对设施进行运送、安装，对室内进行合理规划布置，对图书、期刊进行分类上架，为图书室工作人员进行图书馆业务知识的培训以及开展

2015年太原市图书馆为娄烦县陈家庄捐建图书室

阅读活动指导，建立起长效服务联系。新布置的图书室营造出浓浓的学习氛围，更适合孩子阅读学习，成为留守儿童在放学后温习功课、阅读学习的良好去处，为开展文化阅读服务提供了强有力的保障。

五、文化精准扶贫，太图在行动

文化扶贫扶弱项目的运行是一个兼具长期性、差异性和复杂性的过程，我们应做好长远的打算，建立起长效服务机制，避免无差别的统一化的帮扶模式，做到具体问题具体分析。充分利用新技术应用与传统文化服务相结合，开展方便、快捷的文化精准帮扶服务。

1.对于城区农民工子弟学校，逐步扩大文化帮扶的覆盖范围。图书馆牵头组织，成立阅读推广帮扶联盟，建立长效服务机制，联合开展阅读推广活动，通过文化讲座、阅读分享、课程辅导、文化活动比赛等形式，形成多校参与、多校联合的资源共建共享模式。

2.对于边远地区留守儿童，将文化帮扶与文化精准扶贫相结合。通过与各级公共图书馆联合，加强同其他文化科技行业单位的脱贫攻坚合作，发挥各自资源、技术优势，依托农家书屋，在实践中建立起一套系统化、精准化的文化扶贫工作流程，形成长效文化帮扶服务机制。从而让农家书屋成为一处群众看得见、摸得着、天天谈论的地方，时间一长，这种潜移默化的影响也能很好地起到宣传阅读推广的效果。

“文化扶贫”离不开“精准”二字，即要做到精准识别、精准帮扶。不能单一地就文化抓文化，而是应把文化、教育、科学普及等与满足农民求知、求富、求乐的需求和促进农村经济繁荣发展紧密结合起来，这样才能使文化更好地为经济建设这个中心服务。

物资设备供给为文化扶贫提供了服务保障，但并不能从根本上做好文化扶贫，只有先确定好文化扶贫对象，再根据文化扶贫对象的不同特点匹配相应的文化资源和服务手段，提供长期有效的阅读推广服务机制，才是做好文化扶贫的良好开端。

文化扶贫扶弱，推进文化脱贫攻坚，太图还有很长的路要走……

关于图书馆文化扶贫工作的实践与探索

吕承睿（山东省图书馆）

2020年脱贫攻坚进入收官之年，实现第一个百年目标已胜利在望。回顾图书馆文化扶贫工作情况，总结扶志扶智相结合的经验做法，对进一步巩固扶贫成果，做好“十四五”规划，实现可持续发展目标，具有深远的战略意义。我作为图书馆扶贫委员会一名成员，将参加图书馆文化扶贫工作的体会及相关情况进行梳理、交流，以期能与大家互相借鉴，共同提高。

中图学会积极助力“十三五”发展目标的落实，分设图书馆扶贫工作委员会，秘书长单位设在重庆图书馆，成员主要由中西部公共图书馆组成。自2016年成立以来，图书馆扶贫工作委员会在秘书长的正确指导下，秘书长单位的组织和引领下，认真学习、贯彻习近平新时代中国特色社会主义思想，为全面实现小康社会目标，积极探索和开展图书馆文化扶贫工作，有效提高了公共图书馆的社会关联度，促进图书馆业务服务与经济社会发展的深度融合；较好地发挥了图书馆公共平台效应，文化精准扶贫的责任意识激励更多的图书馆青年才俊，走出象牙塔，下沉到基层，发挥行业优势和专业特长，创新服务方式，融入扶志、扶智相结合脱贫攻坚的伟大实践中去；通过组织成功案例交流推广、疑难问题分析和区域性贫困情况调研等多种方式，开展对文化精准扶贫工作的探索实践，提升对新时代图书馆服务内容和服务方法的深度认识，激发公共图书馆创新发展的自觉性，增强了做好文化服务工作的自信心。实践证明：图书馆开展文化扶贫工作，也是实现自我完善、功能拓展，更好适应社会需求、实现阅读初心的发展契机。

作为山东图书馆的代表，我有幸成为图书馆扶贫委员会的一员，深刻体会到，在重庆图书馆任馆长的组织协同下，有了更多、更好的机会或条件，能与各成员馆诸多学者、专家交流、学习，共同探讨图书馆文化扶贫工作路径及相关情况，研究相关问题。委员团队能因地制宜、因馆施策，区别不同情况有效开展对扶贫项目的分类指导活动。在政策宣传、制度引领、问题调研、人员培训、经验推广、进度协调、形势研判等诸多方面做出了应有的努力，取得了明显的文化扶贫工作成效。各位委员都能心怀脱贫大计，在各自的岗位上，尽心尽责，务实地开展工作，同时也影响一大批图书馆同仁投入到扶智、扶志的志愿者队伍中。

2020年是脱贫攻坚收官之年。新年伊始，突如其来的新型冠状病毒肺炎疫情爆发，并形成迅速蔓延之势。危急关头，党中央英明决策，把人民健康和生命安全放在首位，不惜一切代价救治生命，充分发挥国家制度优势，采取果断措施，打响全面抗击疫情保卫战。全国人民众志成城、万众一心，顽强战斗三个月，最终取得了抗击疫情的阶段性胜利，并为世界人民提供了宝贵的中国抗疫经验。虽然这场疫情给我国带来了巨大的影响，造成了难以估量的经济损失，但丝毫不能动摇我们全面建成小康社会的奋斗目标！恰恰相反，伟大的抗疫精神正激励我们，坚定四个自信，牢记初心使命，以更加顽强的毅力加速进行精准扶贫，并以决胜把握攻克攻坚脱贫道路上的最后堡垒！

在这鼓舞人心、催人奋进的特殊历史时期，回望图书馆文化扶贫工作，进一步挖掘和总结文化扶贫工作案例和经验，对有效拓展图书馆业务功能，准确定位新时期的发展目标，科学制订图书馆事业“十四五”规划等，具有较深的战略意义。

从我分管的工作角度和所见，我对参加扶贫委员会工作以来山东省图书馆开展文化扶贫工作的主要情况梳理如下：

（1）提高对精准扶贫战略任务的认识，不断强化图书馆扶贫工作责任担当，把文化精准扶贫作为落实习主席强调的“扶贫要同扶志、扶智相结合，要拓展文化、卫生、教育、科技等内容”的重要途径。

山东省图书馆党委重视图书馆文化扶贫工作，通过省学会和高校系统分会开展调研活动，把握扶贫工作相关动态，有重点地开展送文献资源、技术培训、报告讲座、业务指导等项目活动，并通过基层图书馆联盟落实到位。针对教育发展不均衡的特点，充分发挥少儿图书馆的资源、人才等优势，积极开展结对子助学和对弱势群体的文化帮扶活动；共享工程资源中心，借助于技术和人才优势，积极配合乡村振兴等战略，为基层文化站技术设施完善等提供了大量支持和帮助。

（2）积极推进东西部协调发展战略，在援疆、援藏等重大项目实施中，积极配合做好人才培训、文化交流、文化设施完善等方面文化扶贫任务。

通过图书馆公共平台实施了“春雨工程”、“非遗展览”、艺术展览等活动。2018年，山东文化厅与重庆文明委在重庆举办促进“对口帮扶”文化扶贫工作干部培训班，山东16地市图书馆分别与重庆贫困县市图书馆对接交流，精准确定帮扶项目，为东西部图书馆合作助力文化扶贫发挥了积极作用。

（3）积极落实乡村文化振兴计划，依托图书馆共享工程平台，链接基层文化站，完善基层文化设施建设，落实基层文化人才培训，规范农家书屋管理，推进国学教育项目，进一步提升乡村文化组织的服务水平，有效提高基层群众的文化素养，增强脱贫致富“造血功能”。

（4）派出得力人员深入扶贫一线驻村、驻点开展工作。

山东省图书馆连续四批派出优秀人员担任“第一书记”，充分发挥专业优势，创新思路，出色完成了脱贫攻坚任务。其中2名副馆长、2名部主任参加了“第一书记”工作。同时，连续多年共派出8名业务骨干，直接下沉到相对贫困落后的地区（县级）图书馆，开展为期1年的帮扶工作。另外每年由政府提供资助，选拔安排一批基层人员，尤其是贫困地区图书馆等单位业务骨干，来省馆进行研修，为期一年。通过师傅带徒弟的办法，开展业务交流学习。研修活动实践性强，培训效果明显。连续几年累计近30名基层人员参加了研修。

（5）做好对基层文化项目的咨询、指导服务工作。

鼓励、支持副高级以上的专业技术人才，参加政府文化服务专家团队，对基层文化、教育等方面发展方案、书屋建设、文化资源配置等项目，进行评估、论证，确保基层，尤其是相对落后地区的文化、教育项目建设质量。

（6）重视对文化扶贫项目的日常调研活动，把握相关工作动态，按照贫困地区的现实文化需求，采取灵活措施，有针对性地开展下乡送书、技术性指导、传播阅读等“雪中送炭”活动。

进入新时代，随着物质条件的极大改善和互联网技术的普及应用，人们对精神文化提出了更高需求，意识形态领域形势也发生了新的变化。图书馆作为意识形态的重要阵地，担负着传播先进文化、开展社会教育、引领社会正能量的社会主义意识形态建设任务。这也预示着图书馆文化扶贫工作进入更高层次或新的阶段。我们要与时俱进，自觉适应新的变化要求，进一步探索图书馆与教育、卫生、旅游、科技文化的融合发展和“互联网+”的服务模式，坚定文化自信，做好文化传承，促进经济社会的可持续发展，进一步增强人民群众对精神文化的获得感、幸福感。

公共图书馆助力文化扶贫的实践与思考

——以嘉兴城乡一体化公共图书馆服务体系为例

许大文　陆艳芳（嘉兴市图书馆）

扶贫工作一直以来都是关乎国计民生的重要工作。2013年11月，习近平总书记在湖南湘西十八洞村考察时首次提出“精准扶贫”概念。2015年文化部、国务院扶贫办等七部委联合发布的《“十三五”时期贫困地区公共文化服务体系建设规划纲要》提出要让文化扶贫在精准扶贫工作中体现出其重要的地位。2017年《“十三五”时期文化扶贫工作实施方案》指出“发挥文化在脱贫攻坚工作中‘扶志’、‘扶智’作用”。党的十九大报告更是明确提出了扶贫同扶志、扶智相结合的要求，此要求也写进了2018年政府工作报告。从精准脱贫细化到文化精准脱贫，扶贫工作进入了以“文化”为核心的提质增效阶段，是扶智到培智的潜移默化的过程。2016年12月，公共图书馆界率先成立了全国公共图书馆扶贫工作委员会。公共图书馆作为国家公共文化的推动者、传播者和宣传者，参与和开展文化精准脱贫是其义不容辞的社会职责。嘉兴地区公共图书馆服务体系探索较早，发展得也比较成熟，凭借服务体系的“先天优势”，打通了文化扶贫的“最后一公里”，有效提升基层的文化素养和知识技能，满足其文化需求，为破解文化扶贫深层次的问题提供可行性的思考路径。

1.总分馆服务体系是压舱石，织牢“兜底”服务网

扶贫工作的重点在广袤的农村，难点在基层，因此构建起覆盖全面的公共文化服务体系是主要实践形式，也是推动文化扶贫的有力抓手。2007年，

嘉兴开始创新探索“城乡一体化的总分馆制”，2009年嘉兴地区完成了城乡一体化公共图书馆总分馆服务体系建设，被业界评为“嘉兴模式”。如今，嘉兴已形成覆盖城乡的公共图书馆网络体系。以嘉兴市本级为例，已经有1个市馆、2个区分馆、18个镇（街道）分馆、32个村（社区）分馆、18家智慧书房、20家礼堂书屋（农家书屋的升级版）、一辆图书流通车和300多个图书流通站，织就了一张很大很密的公共图书馆服务网络，实现了嘉兴市范围内公共图书馆服务全覆盖，将服务范围延伸到村、到户、到人，让基层图书馆切实发挥“充电站”的功能。在服务体系内实现文献资源的通借通还和数字资源的共建共享，实现了文献资源统一采购、统一编目、统一配送、通借通还。读者拿着一张“一卡通”，可以享受到整个服务体系内的所有服务，织牢兜底网，夯实基础服务，保证城乡居民享受到便捷、均等、无差别的公共文化服务，真正实现“普遍均等、惠及全民”，从根本上解决广大农民群众和贫困户“看书难，借书难”的难题。

2.资源、服务平台共建共享是源泉，激发“综合效益”

文化扶贫是一项复杂性的工程，需要做好谋篇布局，从宏观视角出发，搭建有效对接平台，把文化资源送到乡间地头，让文化生根发芽，提升综合效益。嘉兴市图书馆依托嘉兴市城乡一体化公共图书馆服务体系，构建起共建共享的资源平台，从源头上扫清文化扶贫的“路障”。一是建立统一的一站式资源共享平台，纸质和数字资源均由总馆统一采购和配送，城乡居民均可享受到同等的服务。既可以通过文献资源检索平台检索自己想要的文献资源，就近选择图书馆进行借阅并可在服务体系内实现通借通还；也可以通过嘉兴数字图书馆、嘉兴电视图书馆、手机图书馆和嘉兴市文化信息共享工程等平台免费享受数字资源服务。嘉兴数字图书馆容量达80TB，有“中国知网”“数字众创空间”“古籍与地方文化”等适合各类人群的学习资源；平台提供的就业服务、农业知识、科技服务、语言学习等相关资源完备，人们可以按需选择。这种方式真正降低了资源获取的难度和准入门槛，逐渐破除信息鸿沟，为基层群众获取信息拓宽了渠道。二是紧抓“互联网机遇”，以互联网思维推进新媒体信息服务平台建设。利用信息技术手段，实现资源提供到资源传播的转变，提升多终端的数字资源和移动服务体验，通过电子借阅机、微信（含微信直播）、嘉兴市图书馆App移动服务等端口推送讲座、展览、阅读推广活动等优质资源，“量体裁衣”式地为城乡居民提供新颖、实用、即时、有效的服务项目和文化产品，搭建便捷快速的传播通道，提供高效、高质、智慧化的文化服务。三是架设线上文化志愿服务平台，畅通供需渠道。基层服务点将阅读活动需求发布至平台，阅读推广志愿者或组织根据自身能力和时间提交活动申请。经由总馆审核通过后，阅读推广志愿者或组织便可在基层提供阅读服务，并由政府对志愿者和组织提供一定补助。此外，嘉兴市图书馆建立文化志愿者招募和注册系统，实行统一管理、统一安排；建立培训管理和激励机制，定期对村（社区）分馆、村文化专管员及志愿者群体进行业务培训和指导，提升其服务技能和素养。通过有效对接、整合优化资源、精确管理，“一竿子插到底”，借文化志愿之力打通农村群众文化服务“最后一公里”，推动精准扶贫。

3.阅读活动是引擎，培育“造血功能”

文化扶贫有别于“输血式”物质扶贫，能够激活农村群众内生动力和自我发展活力，树立正向的文化价值观念，是一种“造血”“树人”式可持续扶贫方式。嘉兴市图书馆以阅读活动为引擎，触发文化扶贫加速器，编织了一张从城市到农村、从线下到线上、从婴幼儿到老年人的阅读活动网络。针对学龄前儿童、少儿、中青年、老年和特殊群体，设计了“阅动全家　书香嘉兴”好家长、好宝贝、领读者系列课堂，“图书馆第一课”，“禾禾”系列少儿活动，“好书有约”，“夕阳红E族”老年信息素养培训，“快乐读写直通车”等系列阅读品牌活动。同时，品牌活动伴随着基层群众需求的不断改变而求新求变，创新服务内容，比如面向老年人的信息素养培训课程，由教老年人如何开关电脑、使用鼠标、用键盘打字等基础课程升级至以智能手机为载体普及信息技术。此外，契合精准扶贫概念，推出三式（菜单式、订单式、互动式）供需运行机制。比如改变原有的采购模式，推出“京东快借”项目，将图书的选择权交给读者；“图书馆第一课”集实践与体验一体，编制了《小学生阅读参考读本》，设计了阅读礼包，推出综合“菜单式”教育课程。基础菜单包括“你好！图书馆”“文献资源”“信息素养和新技术”“地方传统文化”四大类。各乡镇小学都可以根据校园特色和具体需求，进行“点单”，由图书馆工作人员上门讲课；南湖讲坛打破传统讲座模式，融入“互动性”因素，参与者不仅可以倾听大咖的精彩讲座，还可有机会与大咖面对面

“聊天”。从“为书找人”到“为人找书”，延伸到“为活动找人”，再到“为人找活动”，嘉兴市图书馆深挖阅读活动的附加值，将知识服务延伸至基层的每个角落，以百姓喜闻乐见的方式将“精准扶贫”送到群众家门口，引导基层群众开拓思维，打开获取外界最新阅读信息的一扇窗户，感受到实实在在的文化收获感，提升自身文化素养和技能。

4.文化扶贫要取得实效，需有长远眼光和规划

文化扶贫不是一蹴而就的事情，它是一个长期的系统的“扶智”工程。公共图书馆在这过程中，要充分发挥在公共文化服务体系中的作用，想方设法提升文化设施使用率，保证服务体系内的资源更新和稳定运行，为文化扶贫提供基础保障，以下几个方面需特别引起重视。

一是重视专业人员队伍建设。基层农村逐步“边缘化”，人才紧缺是头等大事，专业队伍青黄不接成为现实难题。可以考虑政府购买服务的方式，设立文化扶贫和公共文化服务专项岗位，如嘉兴的文化下派员制度；同时组织图书馆等单位的专业技术人员深入基层进行业务指导、培训；完善激励机制，保障职称评定、业务培训、奖励等方面的正当权益。

二是加大社会动员力度，提高参与程度。鼓励文化系统内外大量的专业人员、骨干等志愿服务力量加入基层文化建设中；政府开设志愿服务岗，发动企事业单位认领岗位，提供志愿服务；畅通供需对接渠道，避免一厢情愿式的服务供给，激活基层群众参与的主动性，激活内在动力，增强参与感。

三是建立有效监督与评价机制。有效监督和评价机制可以保证文化扶贫的持续性和有效性。对文化扶贫考核的重点放在执行过程中，可以加强政府引导、善加管理，自上而下理顺关系，建立完善的监督、评价机制，为避免在结果、反馈机制上缺乏规范运作，需要进一步完善评估体系，推动文化扶贫取得实效。

下　篇

乡村民间图书馆里的微课堂

——“更生图书馆微课”（LGS Little Free Class）公益项目

王子舟　张晓芳　邱　璐
（北京大学信息管理系民间图书馆发展研究课题组）

一、项目背景

联合国2015年通过的《2030年可持续发展议程》（SDGs）将“消除一切形式的贫困”（no poverty）列于17项可持续发展目标之首。国际图联将可持续发展目标作为其宣传工作的重点，2019年推出了“世界图书馆地图”平台，收集和展示不同国家的图书馆如何为可持续发展目标作出贡献的案例故事。其中上线的图书馆扶贫案例已有4个，目前尚无来自中国的案例①。2012年起，北京大学信息管理系民间图书馆发展研究课题组借助社会公益资源，向乡村民间图书馆提供资金援助和专业指导，先后在贫困乡村援建了众多乡村图书馆、校园图书角、家庭阅读点，并支持其开展阅读推广活动，激发了乡村民间图书馆在智力扶贫、文化扶贫和精准扶贫等方面的服务潜力。2020年6月，课题组又在北京大学教育基金会“李更生阅读推广基金”资助下，发起了“更生图书馆微课”（LGS Little Free Class）公益项目。项目以李更生命名是为了继承、发扬民国著名教育家李更生先生（1883—1927）“竖起脊梁担事”的教育精神。项目背景是近几年来，尤其是2020年疫情防控期间，线上教学的普及。线上教学不但能连接远程教育资源，还能让学生依照自己的方式来学习，从而弥补城乡教育资源分配不公的一些问题。

“微课”（micro lecture）概念于2008年在美国提出，2010年在我国出现，2013年风行全国教育界。“微课”能以流媒体形式围绕某个知识点或教学环节

---

① Library map of the world[EB/OL]. [2020-09-05]. https://librarymap.ifla.org/stories.

开展简短、完整的教学活动，具有短小精悍、见微知著等特点。图书馆微课活动的资源并非图书馆原创，而是根据读者需要，从网络上寻找适合的教育视频。这些线上资源与图书馆阅读推广结合起来，使得读者既能参与课堂学习，又能开展一定的课后延伸阅读。因此，图书馆微课活动的内涵和具体操作与教育界一般意义上的“微课”有所区别。同时，为了突出公益性，我们用英文little free class而不是micro lecture来命名。我们希望一次次微课活动能像众多little free library一样植入社区，发挥好乡村民间图书馆的社会教育职能，从提高乡村留守儿童的文化素养精准切入，辐射乡村社区和家庭。

二、项目内容

更生图书馆微课项目的基本内容是，面向乡村留守儿童开发、利用线上视频知识资源，以乡村民间图书馆为学习中心，组织读者观看线上内容、线下共同学习，同时进行相关延伸阅读。它是一种“线上资源+线下学习”的活动模式，既能确保乡村孩子对线上优质教育资源的获取，又能为孩子们营造一个良好的情感交流和知识分享环境。

三、项目过程

1.项目试验阶段

2020年6月，在项目正式启动前，我们选择了两家乡村民间图书馆，即河南省内黄县马上乡李石村微光书苑和江苏省东海县牛山街道湖西村樊氏图书馆，进行了小范围试验，开展了7场图书馆微课活动。其中，樊氏图书馆的馆长周加侠连续三个周日开展了“五彩周末——学画画”的主题微课活动，包括水彩绘画、水墨吹画、树叶拼画等。

树叶贴画活动中的学生作品

2.第一期项目的开展

在试验基础上，我们于2020年7月20日正式启动更生图书馆微课项目第一期。首先是项目发布，我们在聚集了民间图书馆同仁的微信群“公书林之友”中张贴了项目征集书。接着是项目申请，参与该项目的乡村图书馆必须符合以下条件：①拥有（或能找到）播放网络视频的场所及相关硬件和软件；②图书馆负责人具备搜索、筛选、整理视频资料的基本能力；③能够结合视频给学习者推荐相关读物，有条件、有参与积极性的民间图书馆通过填写申请表报名参加。最后是项目审批，项目组陆续对所征集的微课申请表进行审批，随收随审，立项后通知乡村图书馆开始实施。

参与项目第一期的乡村民间图书馆共五家，分别是河北省灵寿县南寨乡秋山村秋山书屋、河北省内丘县内丘镇北永安村农家女书社、河南省内黄县马上乡李石村微光书苑、辽宁省庄河市青堆镇桃园书社和江苏省东海县牛山街道湖西村樊氏图书馆。其中：

（1）秋山书屋开展了6场微课活动，主题涉及环保（用废弃易拉罐制作花瓶、笔筒，手绘环保购物袋）；读书（分享自己喜欢的一本书）；安全（防溺水教育）；感恩（分享孝道故事，做向阳花送家长；听励志故事，写感谢信）。

看视频《白色垃圾危害多多》（秋山书屋）

（2）农家女书社开展了3场微课活动，主题涉及手工画（衍纸画制作）；非遗（用天然染料做扎染）；科普（普及性安全知识，让儿童学会保护自己的安全）。

调自然颜料准备做扎染（农家女书社）

（3）微光书苑开展了5场微课活动，主题涉及废旧物利用（废布编制麻花辫地垫，废旧塑料袋折花）；手工折纸（飞机、蝴蝶、盒子）。

展示自己的折纸作品（微光书苑）

（4）桃园书社开展了6场微课活动，主题涉及手工折纸（信封、蝴蝶、凤凰）；手工剪纸（体验非遗知识，了解剪纸基本技巧）。

（5）樊氏图书馆开展了6场微课活动，主题涉及树叶贴画（用各种树叶、草叶粘贴出人物）；手工折纸（飞机、小船、篮子）；黏土捏制动物；水粉画。

3.第一期项目的追踪与评估

我们组建了一个项目微信群。每一次微课活动后，乡村民间图书馆的负责人会将活动反馈表、参与者反馈表和活动照片提交到微信群中。这样既起到交流经验之用，又便于项目组对微课活动的开展进行跟踪和评估。

整理孩子们参与活动的反馈表，可以总结出他们对微课活动主要有三个方面的需求：①知识（如希望听到更多故事、看到更多漫画书、学习更多知识等），②能力（如希望下次能折叠、捏制更多好玩的东西等），③情感（如希望在以后的活动中互相帮助等）。此外，我们还发现乡村留守儿童具有以下心理需求特征：①被别人爱的需求（特别是父母的亲情和老师无差别的对待）；②获得成就的需求（需要被鼓励，教育者提出的要求应尽量符合他们的能力水平）；③归属集体的需求（同伴的友情）；④被尊重和被认可的需求（可以有自己的想法和选择）；⑤摆脱负面情绪的需求（孩子会经常犯错和经历失败，需要教育者引导）。

四、项目成效与影响

截至2020年9月7日，五家乡村民间图书馆共开展微课活动26场，得到了乡村儿童的欢迎、家长的支持。

首先，微课活动一方面对孩子们主动性学习和参与性学习起到了积极的影响，另一方面使孩子们在成果展示、课堂交流和互帮互助中提升了自信心，进一步丰富了情感世界。

其次，微课活动项目的举办也是一种对乡村民间图书馆负责人的“教育”。每一次活动都锻炼了其策划和组织能力，也促使其进一步思考乡村留守儿童的境遇以及乡村民间图书馆能够在守护儿童精神世界、温润乡村文化生活方面发挥的作用。

此外，第一期项目的运行与总结，也辐射影响到其他的乡村民间图书馆。无论是第一期项目参与方的个人朋友圈分享，还是项目组制作的总结报告和宣传视频，都是对本项目很好的宣传。尤其是第一期结束后制作的5分钟宣传视频，通过微信分享的方式，在乡村民间图书馆群体之间、在图书馆同仁之间传播，引起一定的反响，一方面宣传了微课项目将利用线上资源与线下共同学习结合起来的理念，另一方面也激发了乡村民间图书馆不断创新阅读推广服务的热情。

除第一期的参与方，其他不少乡村民间图书馆也联系项目组，想要申请参加第二期项目。为确保项目一期接一期持续运行，依据“成熟一家，加入一家”的保守稳健策略，项目组制订了三年发展规划，在专项基金项目和专业团队支持下建立了一个长效发展的机制。

五、项目分析与总结

2020年9月2日，项目组与参与方的五位乡村民间图书馆负责人进行了第一期总结交流会，对五个项目点的微课活动进行分析，提出了存在的问题和改进的思路。总体而言，更生图书馆微课项目有三个鲜明特征：

（1）立足乡村民间图书馆，改善了公共文化服务资源分配不均现象。乡村民间图书馆是一个“活”的公共文化空间，其创办人或负责人处于乡村熟人社会，有当地信息、人脉优势，能够策划和组织既符合现实需求又充满人情关怀的图书馆服务活动，有利于发挥其作为当地社区中心的功能，在乡村地区延伸并补充政府提供的公共图书馆服务。孩子们在图书馆微课活动中拓展知识视野的同时也丰富了精神世界，这有利于解决乡村“知识贫困”和“精神贫困”的双重问题。

（2）采取新的服务模式，激活了乡村图书馆的社会教育职能。在教育资源不足的乡村地区，图书馆教育能够补充学习教育和家庭教育的短板。微课项目以“线上资源”解决小微型图书馆智力资源不足的问题，以“线下共同学习”满足乡村儿童特别是留守儿童的社交和情感需求，开发了乡村图书馆实施社会教育的新模式。这种服务模式探索了图书馆传递“体验性知识”的途径，通过在图书馆内对非遗、科普、手工、民俗等的教与学，引导小读者在做中学，提升其跨媒介阅读、参与式学习的能力。

（3）多方主体参与，相互借力推进项目的持续发展。更生图书馆微课项目的参与主体主要有四方：李更生阅读推广基金是项目的资助方；北京大学信息管理系民间图书馆发展研究课题组是项目的组织方和协调方；各乡村民间图书馆是开展微课活动的主要场所，其负责人承担项目申请与活动实施，并配合课题组进行项目总结；还有乡村民间图书馆的儿童读者（尤其是留守儿童），对微课活动提出反馈需求。有别于一般图书馆服务，我们借鉴“行动研究”的思路，将服务对象也纳入参与主体，还将之视为最关键、最核心的参与主体。正如我们在项目运行期间就“以学生为中心”主题进行讨论而得出的结论：观察和体察孩子们的需求是微课活动开展的基石，也是持续开展的动力。在这样一个多方合作的框架中，每一方都能贡献其“专业知识”，并在共同交流和开发微课活动的过程中提升自我的共情能力。

六、项目活动中的小故事

尽管项目规定了各种操作流程、操作要求等，但更生图书馆微课项目的运行不是一个追求结果的流水账，而是一个个感人的、有趣的故事所组成的连环画。以下列举三例：

（1）剪纸课上的谈心：在桃园书社齐艳霞老师组织的剪纸微课上，有个小女孩很难顺利地剪完一幅作品，而且剪得很粗糙，她就显得很烦躁。齐艳霞老师就和孩子聊天。女孩说，她做事时会很心急，急躁时会经常哭。随着聊天的深入，齐艳霞老师了解到，这个孩子是抱养的，养父母对孩子很宠爱，什么都给她最好的，加之妈妈脾气也不好，孩子心理承受力就特别差。在随后的几次微课活动中，齐艳霞老师都专门与这个女孩聊天沟通，做她的知心朋友。几次下来，女孩有所改变，能在活动中安静地、认真地完成一幅剪纸作品，妈妈说孩子也不像以前那么爱哭了。就连孩子的妈妈也有了改变。齐艳霞老师说，她常在活动中和孩子、家长聊天，倾听他们不愿意和别人讲的话，孩子们和她之间没有隔阂。这个小故事体现了微课活动的一个亮点，即图书馆的老师不仅是传授知识的角色，还可以对孩子进行心理的引导。

（2）中美小朋友交流：2020年8月15日，我们在樊氏图书馆的微课活动中插入了一次中美小朋友的线上隔空对话。樊氏图书馆所在的东海县有不少家长在国外打工，图书馆的负责人和小读者们对国外小学生的日常生活、学习情况比较感兴趣。我们请美国的华人朋友进行了微信视频连线，正在参加黏土微课的中国小朋友与来自华人家庭的美国小朋友Luca见面聊天。中国小朋友展示了他们的黏土作品，美国小朋友介绍了他目前上学是在线学习，每天做中文、阅读和数学方面的功课4至5个小时。视频通话后，双方小朋友还彼此交换了各自的暑假作业的照片。这个小故事说明，微课活动可以与其他活动嫁接、搭配。

（3）越飞越远的纸飞机：“7米远，负重1枚5角硬币，纪录保持者：微光书苑　李芷琪9岁，2020.9.6”这是一条纸飞机记录。折纸飞机的微课活动，是来自微光书苑小读者的需求。2020年8月23日，微光书苑李翠丽老师组织孩子们阅读飞机发明史，然后自己搜索视频学习叠各式各样的纸飞机，并进行飞行比赛。在项目交流中，项目指导詹娜老师建议可以用“问题意识”对折纸飞机活动进行再设计，比如“如何让飞机飞得更远”，然后提供阅读材料让孩子自己去探索和改进飞机。于是，9月6日微光书苑再次组织折纸飞机微课活动，孩子们在飞机上贴上一枚硬币，并改进折法，尝试让飞机飞得更远。其中，9岁李芷琪的纸飞机折得比较窄，没有大翅膀（机翼），带着硬币飞行7米多，创下了一个飞行记录。这个小故事提示我们，微课活动本身并不止于得到一个作品或者学会一个技能，而是推动孩子们去探究问题，不断反思，保持持续成长。

微光书苑折纸飞机微课活动中的孩子

（左一为纪录创造者李芷琪小朋友）

更生图书馆微课项目的开展，让我们看到了图书馆里的课堂有其自己的特色和魅力。

远扬的书香

——上海浦东图书馆的文化扶贫实践

曹 忠（上海浦东图书馆）

“十三五”时期，是全面建成小康社会、实现第一个百年奋斗目标的决胜阶段，也是打赢脱贫攻坚战的决胜阶段。

作为承担社会教育、文献收藏、信息服务等职能的公共文化服务机构，为发挥文化在脱贫攻坚工作中“扶志”“扶智”作用，推动贫困地区文化建设快速发展，全面提升贫困地区文化建设水平，各个公共图书馆纷纷投入文化扶贫实践中来。

浦东图书馆开馆以来，受到读者和业界的充分肯定。多年来，浦东图书馆在做好本馆建设的基础上，积极响应党和国家的号召，综合利用自身优势，运用多种扶贫方式，开展文化扶贫实践。

一、文化扶贫举措

“十三五”期间，浦东图书馆的文化扶贫实践主要可分为三种形式：资源先行，打好文化扶贫基础；打造品牌，扩大活动辐射范围；“授人以渔”，指导当地图书馆实现文化、教育职能。

1.资源先行，打好文化扶贫基础

（1）助力贫困学生启智飞翔

2012年始，浦东图书馆先后建立了186家图书延伸点，为外来务工人员、驻区子弟兵、农民工子弟学校学生等特殊群体构建了一个个身边的“精神家园”。浦东图书馆在这些延伸点分别配置了电脑等设备，无偿提供图书。其中设立农民工子弟小学图书延伸服务点10个，实现了农民工子弟小学图书延伸服务点在浦东新区全覆盖。

2019年，针对城乡教育发展不均衡、乡村学校图书结构性不足等现状，浦东图书馆启动“飞翔计划”，在浦东新区乡村学校中选取20家，为其配送纸质图书、协助举办活动等。“飞翔计划”作为助力浦东乡村学校教育均衡发展的重要手段，为乡村学生的阅读学习和知识成长搭建了一个放飞梦想的平台。当年共计为农民工子弟小学和乡村学校配送和调换图书18800册，丰富了农民工子弟学校和乡村学校学生的文化生活。

农民工子弟学校学生选书

在“飞翔计划”实践中，浦东图书馆根据农民工子弟的实际情况，有针对性地做好资源援助。

（2）携手育人路，共筑蓝天梦

改变一个老师，可以改变一个班级；改变一个班级，可以改变一所学校，可以改变一个地区的教育生态。

扶贫必先扶智。2018年11月，为深化落实浦东新区与云南省大理白族自治州教育合作交流要求与任务，浦东图书馆、上海市浦明师范附小与云南省大理白族自治州巍山县群力小学结对帮扶，开展教师培训活动。浦东图书馆向群力小学捐赠图书3000册，并设立“候鸟书屋”，让学校图书馆发挥最大作用，为当地教育事业添砖加瓦。

在赴滇指导交流活动中，上海市特级校长蔡忠铭、上海浦东图书馆馆长曹忠等专家先后为当地150多名校长、园长做培训讲座，既从宏观层面畅谈了当前教育的生态环境及新时代的教育使命，也从实践层面对学校管理、课程建设等方面做具体指导。讲座内容具有很强的思想性、针对性、可操作性。

浦东图书馆领导与群力小学领导共同为“候鸟书屋”揭牌

浦东图书馆曹忠馆长做《教育的美好姿态》专题讲座

未来的三年，浦东图书馆将落实开展点面结合的帮扶工作，一是点对点的教学帮扶，二是赴滇开展专题培训，三是开展乡村教师赴沪研修活动，四是开展多学科两地互动交流研讨。从多方面入手，为当地提供优质教育资源的帮扶，促进巍山县教育事业再上新台阶。

（3）“志”在千里更显大爱无疆

“十三五”期间，浦东图书馆每年向全国偏远地区单位提供图书、设备等资源，已累计配送图书43593册及中文在线蓝悦设备7套，惠及贵州赤水市图书馆、云南群力小学、云南普洱市图书馆、新疆莎车县学校等全国十余个偏远单位。

以2019年浦东图书馆为新疆莎车县学校捐助图书为例。莎车县是国家级深度贫困县，现有学校534所，师生30多万人。根据自治区标准化学校的验收标准，莎车县图书资源严重匮乏，影响莎车教育事业发展。为进一步缓解当地图书资源短缺的难题，上海援疆莎车分指挥部积极协调，依托后方力量，实施了“书香莎车”工程。

在浦东新区文旅局和浦东新区教育局的大力支持下，浦东图书馆通过财政购置、下架图书再次利用等形式，使捐赠图书种类多样、内容丰富，并精心准备了一批配有图片和拼音的图书，帮助汉语基础较弱的学生理解和领会。

浦东图书馆为莎车县学校捐赠图书

随后，上海援疆莎车分指挥部同莎车县教育局以此次图书捐赠为契机，大力开展以国家通用语言文字推广为主要内容的系列学习活动。通过开展经典诵读、书香校园、朗诵比赛等阅读推广活动，选送汉语水平优秀的民族学生赴上海浦东交流学习等途径，不断丰富学习汉语的形式，激发学生的学习热情，加快莎车教育发展。

资源是文化扶贫的基础，有了资源，后续文化活动才能顺利开展。助力偏远地区的资源建设，是最基础也是最直接的文化扶贫方式。

2.打造品牌，扩大活动辐射范围

浦东图书馆打造扶贫品牌，一方面促进了文化扶贫活动可持续发展，另一方面也依托品牌，开展了更多样、更丰富的系列活动。

以浦东图书馆“候鸟书屋”为例。2013年初，安徽省六安市文广新局领导赴浦东图书馆考察。期间，浦东图书馆领导了解到，六安市农村留守儿童有30万以上，这些儿童既缺失一些亲情关爱，也缺乏适合他们的课外读物和现代化信息交流平台。浦东图书馆由此主动提出，援助六安革命老区建设一批以改善留守儿童课外阅读条件为重点的书屋，经过考察调研，最终确立共建“候鸟书屋”。

2013年底，浦东图书馆援建安徽六安革命老区的17所“候鸟书屋”正式交接，挂牌开放。浦东图书馆联手六安市文广局在前期充分调研的基础上，积极丰富活动内容，完成阅读成果的转化，先后举办了“小小候鸟飞浦东”读书夏令营活动，“小小候鸟梦”读书演讲比赛，“中国梦、少年梦”知识竞赛和“我爱候鸟书屋”征文比赛等。这些活动丰富了留守儿童的生活。

浦东图书馆携手六安市文广新局在首批“候鸟书屋”建立后不久，有针对性地下发了《关于加强“候鸟书屋”建设和管理的通知》，明确要求做到“四有”，即：有制度、有人管、有活动、有督促；努力做到管理正规，开放正常，效能明显。同时，提出建立市—县—乡（综合文化站）—村四级纵向到底的管理体系以及齐心协力、广泛调动社会资源、横向到边的协调体系。

“候鸟书屋”是浦东图书馆自“外来务工人员子弟小学”图书室建设后又一项关注外来务工人员及其子女的文化需求的重大举措，是一项旨在援助农村留守儿童改善精神文化生活条件的扶贫助学活动。它一方面重点帮扶农村留守儿童，给予他们精神和人文关怀，另一方面，把大城市的优质文化资源输送到老少边穷地区去。

六安市金安区三十铺镇凤凰村“候鸟书屋”挂牌

“候鸟书屋”的出现，使原有的村农家书屋或学校图书室得到充实和提升；通过开展演讲比赛、征文比赛、知识竞赛、夏令营等系列活动，使得书屋的吸引力增强，其中部分书屋已经成为当地农村儿童的连心屋、育才屋、温馨屋。在六安市创建“候鸟书屋”的经验也被《中国文化报》报道，充分体现了书屋的特色和推广价值。

3.“授人以渔”，帮助实现文化职能

多年的文化扶贫实践，使浦东图书馆意识到文化扶贫不仅要“授人以鱼”，更要“授人以渔”，要依托本馆的经验和优势，对各个偏远地区文化单位进行实地考察，学习交流，帮助偏远地区文化单位提高工作质量，更好地实现其文化、教育职能。

近年来，浦东图书馆分别为新疆莎车县、贵州赤水市、甘肃敦煌市等地图书馆就业务发展、评估定级等方面给予具体的业务指导，在古籍保护、资源共建和新馆筹建等方面进行了深入合作，联合举办了“Yue · 达人”系列阅读推广比赛、摄影展览、文旅推介等域外合作推广项目，取得了巨大的社会效益和丰硕成果。

以浦东图书馆“青鸟传书”少儿读书活动为例。浦东图书馆多年来广泛开展未成年人阅读活动，尤其是未成年人暑期活动。2016年，浦东图书馆将少儿阅读推广融入文化扶贫项目中，启动“青鸟传书”少儿读书活动项目。

“青鸟传书”少儿读书活动是在暑假期间，招募7—14岁中小学生自行组成5人一组的青鸟小队，发放青鸟书袋，队员轮流阅读并完成青鸟笔记及其他形式的阅读成果展示，最后由专家评审评选优秀作品并发布在各展示平台。

“青鸟传书”少儿读书活动强调小组共读，利用青少年假日时间，打破以往单个家庭或个人的参与形式，通过设计小组合作学习环节，培养青少年合作学习的能力。活动设计多元化的阅读任务，结合阅读、实践考察、制作多样的读书报告等过程，让儿童各方面能力得到提升。活动结束后，浦东图书馆将部分获奖阅读成果组织编辑、排版、集结成册，在浦图阵地、微信公众号及10多家街镇图书馆展示。

截至2020年，浦东图书馆已累计开展五届“青鸟传书”少儿读书活动。浦东图书馆通过与各偏远地区的图书馆联动，将辐射范围扩大到广西、云南、安徽、陕西、江苏等各省偏远地区，将书袋送至共计2000余名偏远地区小读者身边，为偏远地区小读者提供了阅读、交流、展示的平台，其中有数百名小读者的阅读成果获得优秀作品奖及优秀小队奖。

“青鸟传书”少儿读书活动利用自身举办文化品牌活动的经验和优势，指导、帮助当地图书馆更好地利用资源，合作举办文化活动，在更好地帮助当地儿童提高阅读能力的同时，帮助当地图书馆提高工作质量，发挥文化职能。

二、文化扶贫活动故事

以“候鸟书屋”中“小小候鸟飞浦东”活动为例。

2014年7月14日至19日，由上海浦东图书馆、六安市文广新局联合举办的“小小候鸟飞浦东”夏令营活动在沪举行。来自六安市寿县众兴镇新店等5个“候鸟书屋”村的26名儿童（绝大部分为留守儿童）赴上海阅读实践。活动期间，浦东图书馆组织小朋友们参观了东方明珠、海洋水族馆、中华艺术宫等现代文化设施，使他们感受大都市魅力，开阔视野；走进军营观摩军事表演、下社区与小朋友灯谜互动，使他们感受到亲情温暖和社会关爱。

对于这些留守儿童而言，最难忘的也许是17日上午，在上海科技馆门口，15位小朋友见到了他们朝思暮想的在沪务工的父母。还有三位小朋友的父母双方专门请假从川沙、嘉定等地赶来。三个年头没有见到父母的黄佳佳会面时忍不住热泪盈眶。在最后的营队小结会上，她说："我很久没有见到爸爸妈妈和弟弟了，是夏令营给我创造了这个机会，我衷心感谢叔叔阿姨们。"个头最小的舒城县幸福村童福林在科技馆前亲吻妈妈的照片被记者抓个正着，大幅照片刊登在《浦东时报》上。孩子的母亲告诉记者，他们夫妻在松江做小生意，平时很忙，就是儿子来了，也没有时间陪他出去玩。感谢这次的活动给了他们陪伴儿子、与儿子同游的机会。

除此之外，短短几天，孩子们还与浦东图书馆、六安来的叔叔阿姨们结下了友情。在海洋水族馆、东方明珠塔，来自霍山东风桥村的年仅11岁李蓓蓓、杨鹭紧紧拉着浦东图书馆延伸服务部侯晓军叔叔的手，并调皮地称作他是"唐老鸭叔叔"。玩到开心处，她们发出了会心的笑，并说："叔叔们比自己的爸爸还要好呐，天天陪着我们玩耍。"为了表达她们的心意，在返回前晚，她们用很长时间，画了两幅儿童画，反面写着："送给侯叔叔、齐叔叔的画。我画得不好，别介意啊。"浦东图书馆、六安市文广新局工作人员和5个村的领队都把孩子们视为亲人。侯晓军从六安接孩子回到上海，自己的家顾不上回，和六安小朋友们差不多大的儿子顾不上看，把全部精力都放在了照顾老区的留守儿童身上。营队采取严密的安全措施，全程监护，"大手拉小手，大家一齐走"，从而确保了这项活动圆满完成。

三、总结

浦东图书馆通过扶贫资源先行、打造扶贫品牌和间接扶贫三种方式积极开展文化扶贫实践活动。从活动的策划到实施过程，浦东图书馆做到了三个坚持：坚持实地调研，掌握真实现状；坚持"授人以渔"，增强文化扶贫的可持续性；坚持做好每一个扶贫活动，吸引社会力量参与。在打赢脱贫攻坚战的决胜阶段，在未来阅读数字化的趋势下，浦东图书馆将再接再厉，坚持创新文化扶贫方式，积极探索文化扶贫实践新形态。

市区联动　精准扶贫*

——广州扶持北部山区总分馆建设案例

陈深贵　邱　跃　张诗阳　赵晋芝　汤　莉（广州图书馆）

一、项目背景

2020年，不仅是中国脱贫攻坚战的收官之年，也是全面建成小康社会目标的实现之年。广州图书馆作为全市公共图书馆中心馆，将提升基层图书馆服务效能作为突破口之一，精准发力从化区北部山区总分馆服务体系建设，以点带面，分步推进完成体系建设任务。2020年3月，随着从化区图书馆太平镇分馆"惊艳"亮相，从化区公共图书馆建设提前完成1个区域总馆、7个镇街分馆建设任务。截至2019年底，从化区图书馆总分馆建筑面积3.23万平方米，每千人图书馆建筑面积达49.7平方米（按64.95万常住人口计算）。

二、项目内容

1.完善图书馆之城建设机制，加强政府保障投入

自2015年5月1日广州市颁布实施《广州市公共图书馆条例》以来，从化区委、区政府印发《从化区公共图书馆建设规划（2015—2020）》等通知。2017年起，"加快'图书馆之城'建设"连续4年被写入区政府工作报告。区文广旅体局成立图书馆总分馆专责工作组，从化区图书馆派遣2位副研究馆员、5位馆员担任镇街分馆业务副馆长。

从化区政府对标《广州市公共图书馆条例》，提高责任意识，加大财政

* 本案例系广东省图书馆科研课题"改革开放以来广州市公共图书馆服务体系发展研究"（课题编号：GDTK1904）研究成果。

投入，强化队伍建设和服务工作，加快推进“图书馆之城”建设工作的落实。2017年，从化区图书馆财政预算指标759.29万元（年底追加39万元，共计798.29万元），以后逐年增长，2020年达到1094.84万元。

2.政协跟进，使图书馆建设持续受到关注

2017年广州市政协十三届一次会议第4040号重点提案《支持我市北部山区公共图书馆（室）建设，打好“扶贫扶智”的文化扶贫攻坚战的建议》引起各方对山区文化建设的持续关注。提案建议对包括从化区吕田、良口、温泉、鳌头4镇在内的广州市北部8个山区镇公共图书馆建设进行扶持。从2017年7月起，市委宣传部、市文广新局、广州图书馆的领导、专家密集对从化区北部4镇调研、指导，明确指出必须以读者为中心、以提升效能为导向进行场馆建设。从化区委、区政府分管领导也对提案的落实多次进行了指示。北部4镇图书馆建设的完成，使从化区图书馆总分馆建设的形势豁然开朗。

三、项目过程

1.先总后分，夯实区域总馆服务基层能力

据统计，为贯彻落实《广州市公共图书馆条例》相关规定，指导和支持从化区建设示范性区级图书馆，推动区域总分馆服务体系建设，广州图书馆、广州少年儿童图书馆分别向从化区总分馆配置图书34.31万册、32.25万册，从化区图书馆则对服务效能提升作出量化承诺。总分馆建设以来，从化区图书馆在资源保障、员工能力方面有了大幅度提升，服务效能明显增长，2018年3月顺利通过了广州市总分馆试点验收。

2.“扶贫扶智”，优先以北部山区4镇为突破口

从化区图书馆总分馆建设难点在镇街分馆，尤其以北部山区为甚。从化区的北部4镇以农业人口为主，城市化发展水平较低，属于广州市相对落后的地区。2017年，市政协第4040号重点提案，提出将北部4镇的图书馆分馆建设融入广州加快北部山区贫困镇发展的战略部署之中。从化区启动镇街文化站、图书馆“专业化升级改造”，北部的吕田镇、良口镇图书馆被列入第一批改造名单。同年，广州市财政为北部山区4镇下拨图书馆建设补助资金240万元。这笔补助资金，成了撬动北部4镇分馆升级改造的杠杆。

从化区图书馆良口镇分馆志愿者指导小朋友参加阅读活动

3.树“典型”，建“样板”，小马也能拉动大车

针对建设之初各镇街普遍存在的观望情绪，从化区在远离中心城区的鳌头镇帝田村和吕田镇莲麻村建立试点分馆，由区图书馆直接创建，打消各镇街的畏难情绪。帝田、莲麻试点分馆的意义，在于集新时代文明实践、图书阅览、旅游问询、文化创意展示等功能于一体，使各镇街干部对乡村图书馆的建设理念焕然一新。一是树“帝田典型”。帝田村于2015年8月实现与区图书馆通借通还，区图书馆连续几年在该村举办“挑战21天阅读”活动。村内阅读氛围浓厚，区关工委、科协、妇联，以及区内高校纷纷将资源下沉，帝田成了从化西部的乡村“文化高地”。二是建“莲麻样板”。莲麻村于2017年被列入全省首批特色小镇之一，是广州“把从化建成全省乃至全国乡村振兴示范区”的排头兵。“莲麻大书房”于2017年10月1日正式对外开放，2019年被评为“广州最美基层图书馆”。

四、成效与影响

1.资源保障能力、区域总馆指导能力大幅度提升

从资源保障能力来看，2016—2019年，从化区图书馆购书经费合计1320万元，截至2019年底，从化区图书馆总分馆馆藏123.28万册。

从区域总馆指导能力来看，图书馆活动形成了品牌化、常态化、项目化、

社会化的模式。2016年从化区图书馆开展阅读推广活动285场，2019年达到1302场。这一千多场活动分6大类、48项，分别由馆内12位馆员任项目负责人。活动也从简单的培训、讲座、视频放映，逐步向定制化服务、口述历史、创客培训、文旅融合等方向发展。由从化区图书馆参与指导的纪录片《守望家声》先后荣获“2019首届大学生数字影像作品展最佳影片一等奖”等奖项。

从化区图书馆派遣7位馆员担任镇街分馆业务副馆长，参与所在镇街分馆的升级改造、活动策划等工作。区图书馆鼓励馆员担任“馆长助理”，通过“传、帮、带”的方式，使年轻馆员快速积累农村文化工作经验。

表1 2014—2019年从化区图书馆服务效能基本情况表

业务指标	2014	2015	2016	2017	2018	2019
注册读者量（万人）	2.40	4.31	5.08	6.74	7.51	9.78
外借文献量（万册次）	20.00	24.57	40.50	68.73	70.61	98.30
接待访问量（万人次）	20.00	22.33	30.00	51.00	70.69	116.10

从化区图书馆太平分馆开展读者活动

2.对标扶贫成果，盘活公共资源

从化区分管领导现场协调，各部门协同跟进，盘活各级部门援建的文化、社会服务等设施，有6个镇街场馆得以重新调整、扩大。北部4镇图书馆成功实现了弯道超越，场馆建设、藏书质量、技术保障、人力资源配置、阅读活动推广等多项指标都排在区内分馆前列。分馆在实现文化功能优化的同时，原有的功能并未弱化。例如：吕田镇分馆由4楼迁至1楼，在馆内设置政务服务窗口，同时解决了政务服务和文化服务直面群众的问题；鳌头镇打造集图书馆、文化馆功能于一体的综合文化体，一跃成为全区最大的镇街分馆。

表2　从化区各镇街图书馆整改前后面积及常住人口情况表

区　域	整改前图书馆面积（m²）	整改方式	整改后图书馆面积（m²）	2018年末常住人口（万）
全区合计	2100	—	5300	64.71
街口街	300	扩充、改造	500	9.01
江埔街	200	改造公建配套用房，实现整体搬迁	900	8.78
城郊街	300	扩充、改造	300	8.10
太平镇	100	改造回收厂房，实现整体搬迁	500	10.01
鳌头镇	200	改造汽车站，实现整体搬迁	1200	15.11
温泉镇	100	改造教育指导中心，实现整体搬迁	700	5.51
良口镇	500	改造旅游问询中心，实现整体搬迁	700	4.95
吕田镇	400	改造政务服务中心，实现整体搬迁	500	3.24

3.馆校融合，用“车轮”开拓阅读空间

从化区南部4个镇街加上鳌头镇，产业聚集，集中了区内79%的常住人口，目前从化区图书馆的学校分馆和流动图书车（校园）服务点87%集中在这一区域，主要针对青少年开展服务。2016年以来，少儿借阅在从化区图书馆年外借量所占的比例一直在75%以上，2019年更高达85.85%。学校分馆及流动图书车（校园）服务点的作用功不可没。至2019年底，从化区图书馆学校分馆35间，流动图书车服务点11个。2019年，从化区图书馆对北部4镇的未成年人实行“拉网式”办证，办证量达1.2万个，同时将8个校园智慧图书馆纳入“图书馆之城”建设体系。2020年，在区政协的推动下，区图书馆继续与区内中小学开展全面合作。

表3　2019年从化区图书馆业务统计表

业务指标	馆藏总量（册/件）	累计有效注册读者量（个）	当年新增注册读者量（个）	读者到馆总人次（人次）		总分馆体系年文献总外借量（册次）	举办读者活动场次（次）
				区域总馆	分馆		
总数	1233258	97805	21141	936854	223976	983478	1225
少儿	409363	61910	15716	546009	—	844364	1115
少儿占比	33.19%	63.30%	74.34%	58.28%	—	85.85%	91.02%

《南方日报》2020年9月18日报道

五、分析与总结

“图书馆之城”建设开展几年来，从化区总分馆在馆舍建设上有了质的飞跃，但是在管理与服务效能上依然不尽如人意。下一步必须与“乡村振兴”战略有机结合，实现由“输血”扶贫向“造血”扶贫的转变，特别是需要培养一批扎根乡村的“文化能人”，让群众围着能人转，让能人围着阵地转，让阵地按照群众需求办。为实现这一目标，主要开展以下三个方面的工作。

（1）进一步提升区域总馆服务基层能力。区域总分馆在资源配置方面，要“精准”对接服务对象，根据阅读需求的差异化分层次提供服务；在技术方面，将“云服务”能力做强做实，在统一平台上实现活动预约、场馆预约，总馆、分馆、读者之间实现有效沟通。

（2）加大馆校合作力度。从化区图书馆应充分发挥区内9所高校图书馆（其中7所为民办高校）的作用。民办高校有强烈的“校地共建”意愿，近几年从化区图书馆与区内高校图书馆组建了“图书馆联盟”，围绕生态旅游资源、历史文化资源，在展开智力服务、产学研结合、人才引进及培养等方面做出了很多积极尝试。

（3）要与新时代文明实践相结合。截至2019年底，全区8个镇（街）、221个行政村已实现文明实践所（站）全覆盖，配套各类文明实践点1100多个。如何充分利用这些资源，形成集宣讲、教育、文化、科普于一体的新时代文明实践体系，是从化区图书馆总分馆服务体系未来要考虑的重点。

手拉手，用阅读链接美好生活

——“相约乡读”家庭阅读推广活动

刘伟成　郝　敏　王　炼　李　丹　叶　黎（湖北省图书馆）

一、项目背景

2015年9月25日，联合国通过《2030年可持续发展议程》。国际图联（IFLA）也对此发文《所有人的渠道和机遇——图书馆如何促进联合国2030

年议程》。文中提出“目标1　在全世界消除一切形式的贫困：通过向人们提供获取信息的技能和渠道，图书馆向他们提供改善自身生活水平的机会；通过协助政府、团体和其他人做出知情决策，图书馆为减少贫困和促进各地人民繁荣提供服务和支持。”自2013年“精准扶贫”思想提出以来，党中央高度重视，多次强调要将扶贫同扶志、扶智相结合。2015年10月和11月，习近平总书记在减贫与发展高层论坛和中央扶贫开发工作会议针对“精准扶贫”发表重要讲话，至此“精准扶贫”思想已进入完善阶段。“十三五”期间《关于加快构建现代公共文化服务体系的意见》和《“十三五”时期贫困地区公共文化服务体系建设规划纲要》的颁布，表明文化精准扶贫已经上升到战略层面，是彻底打赢脱贫攻坚战不可或缺的一环。文化精准扶贫的重要性已得到全社会的共识，它不仅是改造贫困文化、遏制返贫、阻止贫困代际传递的战略选择，也是提高扶贫对象文化素质，增强扶贫对象自我发展能力，实现脱贫致富的关键和根本。

为落实文化精准扶贫，公共图书馆界迅速行动。2016年12月，公共图书馆界率先成立了全国公共图书馆扶贫工作委员会，主动担负起为建设和谐社会提供精神支柱、思想基础和智力支持的历史使命。省级公共图书馆（以下简称省级公共馆）作为公共图书馆事业发展的核心力量，肩负着对其下面各级图书馆进行业务指导的重任，是公共图书馆参与文化精准扶贫的重要参与力量。

2018年，湖北省图书馆针对乡村小学生阅读开展调研，分别走进随州、孝昌、五峰等地，开展座谈会了解当地公共图书馆以及其他文化情况，通过问卷调查和访谈了解当地居民阅读现状和阅读需求，积极探索家庭阅读推广助力乡村文化振兴的有效途径。在此基础上，于2019年联合各市县图书馆、中小学校和乡村文化站，协同社会优势资源和志愿队伍，以随州、孝昌、五峰三地为试点，启动“相约乡读”家庭阅读推广活动。活动以留守儿童为重要突破口，通过图书馆指导、学校力推、社会力量补充、文化志愿者执行的方式，从个体因素、环境因素和控制变量三个层次，促进儿童阅读常态化、系统化、专业化，从而使家庭教育和家风建设生活化，探索乡村文化振兴的“图书馆+”模式。

二、项目内容

结合乡村实际和家庭不同成员的特点，湖北省图书馆分阶段、分层次策划“相约乡读”家庭阅读推广系列活动。2019年6—8月，以家庭为单位，以家长为重点，组织亲子活动，营造氛围；2019年9—11月，开展阅读季活动，以学校为单位，以孩子为重点，培养习惯。活动过程中穿插演诵汇，搭建舞台，展示成果，激发热情。活动内容主要包括以下几个方面：

1.“相约乡读”文化惠民活动

湖北省图书馆结合乡村阅读推广问题，筛选专家志愿者团队，联合当地市、县图书馆，深入学校、乡镇文化站、村委会，融入本地区文化志愿者力量，开展“相约乡读”文化惠民活动。以亲子阅读为主线，以家长为重点，以家庭为单位，组织开展“爸爸妈妈，我想对你说”书信征集活动。通过书信了解乡村留守儿童与父母之间的关系问题，并以此为基础组织开展家庭教育、亲子共读、朗诵、讲书等活动，在提升家长素养、融洽亲子关系、增强阅读意识的同时，也培育本地阅读推广队伍。

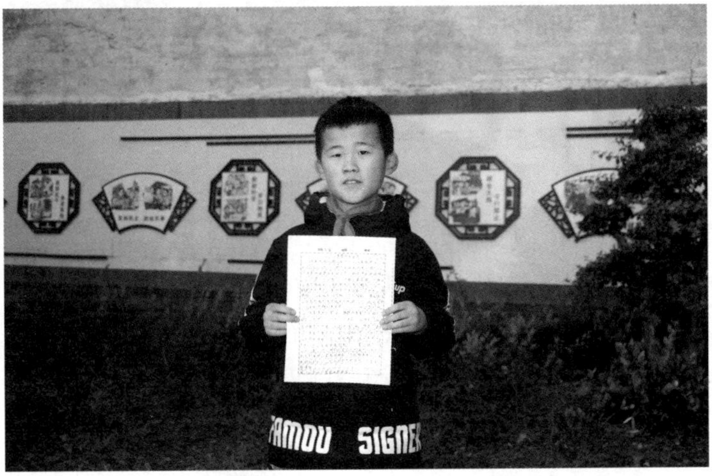

孝昌小学生彭人琨家书作品荣获“十佳家书”称号

2.“相约乡读”阅读季

通过图书馆指导、校长力推、班主任督导、文化志愿者执行的方式集中推进“相约乡读”阅读季活动。优化阅读环境，制定阅读书目，搭建共读平台，开展整本书阅读，组织班小组读书会和家庭读书会，促进试点学校阅读活动的常态化、专业化、系统化发展。2019年该活动在华中师范大学附属华侨城小学、孝昌县小河镇中心小学、随县洪山镇双河学校、五峰土家族自治县幸福小学和五峰土家族自治县渔洋关镇小学五所试点学校开展。2020年，为适应疫情现状，组织乡村留守儿童开展云上“家庭读书会”，通过和家人一起阅读，营造良好家庭氛围。

开展班小组读书会活动

3.“相约乡读”成果展示

（1）分别在贫困地区图书馆、村委会和留守儿童学校开展“相约乡读　恋上我家”演诵汇，为留守人员搭建舞台，以亲子互动、城乡融合的方式，连接乡村文化和城市文明。在乡村人民喜闻乐见的大众文化活动中融入阅读元素，展示阶段性阅读成果，体会阅读快乐。

（2）联合湖北电视台教育频道开设《领读者说》栏目，挖掘和宣传“相约乡读”家庭阅读推广活动中的优秀经验、创新做法和典型人物。

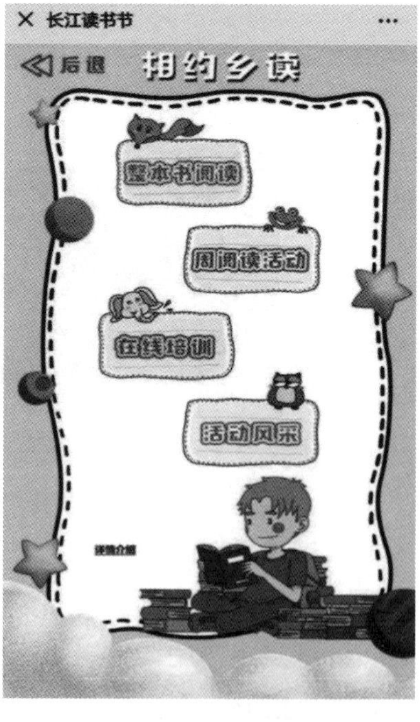

搭建相约乡读阅读季平台

“相约乡读”云演诵汇活动

三、项目过程

1.联动乡村学校，开展阅读季活动，培养留守儿童阅读习惯

“相约乡读”项目联合乡村学校开展阅读季活动，以活动和实地参观等为纽带，提升农村留守儿童阅读自我效能，加强阅读沉浸体验：

（1）班小组读书会和家庭读书会。2019年9—11月，引导试点学校每个班级每周开展一次班小组读书会，通过学生自主策划、家长志愿者辅助的形式展示阅读成果；2020年，结合新冠疫情形势，联合试点学校组织宅家儿童以家庭为单位开展线上家庭读书会活动。组织随州市随县洪山一中家庭代表开展线上家庭讲书人活动，展示家庭阅读成果，1.6万余人在线观看直播。

（2）整本书阅读。每月分年级共读一本书、搭配活动建立线上任务发布平台，由专业阅读推广人撰写课件，提供阅读指导；制作发放“阅读之星”笔记本，引导学生每天书写阅读心得体会，通过活动引导乡村儿童培养阅读习惯。2020年8月30日开始，项目联合乡村学校相继开展《阅读第一课》《心灵第一课》直播活动，帮助学生用阅读赋能，做好心理防护，为新的学期保驾护航，共2万余学生及家长观看直播。

（3）图书馆社会实践。2019年8月邀请随州市随县双河学校的留守儿童代表参观省图书馆并参与“小小图书管理员”活动。

2.甄选专业团队，以活动代培训，提升乡村文化队伍质量

“相约乡读”项目开展社会化合作，开展文化惠民活动，通过以活动代培训，获得家长、老师和同伴支持，促进留守儿童阅读提升，寻求乡村文化新的生长点：①举办形式多样的阅读推广活动。根据当地文化传统，联合专业团队举办家庭教育、朗诵、讲书、亲子阅读等形式的阅读推广活动，营造良好家庭阅读氛围。②指导地方图书馆积极动员、吸纳乡村优秀学生、家长、老师等作为阅读推广者，建立本地阅读推广队伍。同时，联合湖北省素质教育研究会、湖北省朗诵艺术家协会等专业社会团队，对他们开展专业培训，促进乡村阅读推广队伍建设。③开展城乡学校交流。组织武汉华中师范大学附属华侨城小学与随州市随县洪山镇双河学校开展手拉手活动，通过策划两校师生城乡双向交流活动，相互学习阅读推广成功经验。④进行“十佳家书”评选，促进家庭关系和谐发展，展现文字的魅力。⑤举行“相约乡读·恋上我家”演诵汇活动。分别在五峰县仁和坪镇梅坪村、孝昌县图书馆和随县双河学校开展演诵汇，用老百姓喜闻乐见的文化形式培育乡村文化自信，实现城乡文化、传统和现代文化的多元融合。2020年8月，为适应疫情新形势，组织五峰、恩施、十堰等地的留守儿童、军人和朗诵专家、长江读书节领读者云端相聚，用特殊的形式展示阅读成果，赴一场“暑”于我们的约定，246万余人观看节目。⑥湖北电视台教育频道开设《领读者说》栏目。挖掘和宣传在活动中的优秀经验、创新做法和典型人物，广泛开展宣传。同时在电视、报纸、网络等媒体刊登活动新闻百余篇。

2020年8月2日“暑”于我们的约定云演诵汇

3.整合优势资源，支持图书室建设，促进乡村阅读环境优化

通过引入社会资源、建立流通点等形式，改善农村留守儿童的阅读资源，具体措施包括：①以图书馆总分馆制为框架，促进阅读资源向贫困地区流动。湖北省图书馆和随州市图书馆合作建馆，分别在双河学校建立湖北省图书馆流通点和随州市图书馆分馆，为该校配置了近万册流动图书；孝昌县图书馆在小河镇中心小学建立分馆，配置流动图书1.1万余册；五峰县图书馆在幸福小学和渔洋关镇小学建立分馆，分别配置流动图书1.5万册和2.4万册。②寻求社会企业帮扶，弥补贫困地区阅读资源的空缺。2019年11月项目引入融创华中区域集团公司资源，为随州市随县洪山镇双河学校建立了英苗书屋，配备了书架桌椅、电脑投影等阅读设施。2020年引入阿里巴巴捐款和公益项目资金4.4万元，用于随县洪山一中班级图书角建设。③利用自身阅读资源和人力资源优势，构建数字阅读平台。2019年在湖北省图书馆微信公众号建立“相约乡读”专栏，并引入“月芽阅读”平台供乡村学校免费使用；2020年在湖北省图书馆微信公众号搭建“相约乡读　早晚课堂”平台，用书香守护身陷新冠肺炎疫情的乡村家庭。

4.注重理论研究，总结实践经验，探索乡村振兴有效途径。

“相约乡读”工作组以该项目为实践基础，申报湖北省图书馆和中国图书馆学会课题。其中中国图书馆学会2018—2019年度课题《乡村留守儿童阅读推广的社会化合作模式研究——基于湖北省宜昌、孝感、随州三地乡村小学千名留守儿童实证研究》（YD2018B14），联合华中师范大学信息管理学院团队开展研究。针对乡村留守儿童发放1000份调查问卷，发表论文6篇，其中《农村留守儿童课外阅读行为影响因素研究》被收录于2020年《图书馆论坛》。

四、成效与影响

1.活动主要成效

（1）孩子的阅读积极性持续增强

城乡交流、专家讲座、馆校联动等形式的活动，使试点学校儿童阅读兴趣持续增长，孩子们有了崭新的图书室和图书，阅读热情大涨，图书室、操场、教师到处都是阅读的身影；通过组织策划班小组读书会，孩子们的阅读

主动性增强，能够深入阅读，揣摩书中角色，了解书中内容；依托整本书阅读平台、月芽阅读平台和设计精美的阅读之星笔记本，通过共读和个性化阅读书目的专业化指导，亲子阅读习惯逐渐养成。

（2）家长参与阅读意识不断提升

家长们通过参与亲子活动，在增进亲子感情的同时，也转变了观念，不再认为读书是孩子自己的事情，认识到自己不只是阅读活动的“监工”，更是参与者；在专业老师的阅读课件指导下，远在外地的父母也可以通过电话远程陪伴孩子阅读；通过班小组读书会，部分家长成了文化志愿者，作为本地文化力量积极参与到阅读活动中。

（3）文化志愿者队伍不断壮大，城市资源不断丰富

在已经组建4支专家团队基础上，城市越来越多优势资源志愿加入团队，乡村文化队伍不断壮大。在五峰、孝昌、随县等地分别培育了数十名志愿者，他们经过专业培训，在当地图书馆的指导下，在本地区开展流动图书车服务，走进乡村、走近村民，营造良好的阅读氛围。仅五峰县图书馆、孝昌县图书馆、随州市图书馆就组织本地区文化志愿者深入乡村开展流动图书车服务达44场，服务人次近4万人。

2.活动影响

（1）通过开展各项沉浸式阅读体验活动，提升乡村儿童阅读自我效能，培养良好阅读习惯。

（2）通过社会化合作，以活动代培训，吸纳乡村家长、老师、文化能人为阅读推广活动提供支持，强化乡村阅读推广队伍。

（3）通过引入社会资源、协调城乡资源、用活图书馆资源等方式，优化乡村阅读环境。

（4）媒体效应。活动被媒体广泛宣传。据不完全统计，活动被《湖北日报》、《楚天都市报》、荆楚网、中国图书馆网、中国图书馆学会网站等多家媒体报道近65篇次。

五、分析与总结

活动以留守儿童为突破口，通过不同形式的社会化合作，以家庭阅读为重点，以书香校园建设为着力点，以队伍建设为主要内容，以环境改善为补

充，探索了一条全方位可持续的“图书馆+”乡村文化振兴创新路径。

1.社会效益高

切入扶贫攻坚社会热点，通过共建共享各类阅读资源，在城乡、馆校、亲子等不同层级间架设起相互交流的桥梁，在基层乡镇广泛传播和推广家庭阅读理念，发挥了较好的社会效益。

2.可持续性强

创新服务方式，利用电视台、媒体、微信平台，用线上线下相结合的形式，以活动代培训，注重乡村阅读推广队伍的培育，扩大辐射范围，促进乡村文化振兴的可持续发展。

3.可复制性强

以乡村阅读情况调研为依据，发挥公共图书馆的资源和服务优势，将乡村文化振兴与家庭阅读推广有效结合，并形成理论成果，为农村“三留守”人员阅读素养的培育探索新途径。

该活动将发挥图书馆优势和融入社会力量相结合，加大乡村阅读推广力度；将阅读环境改善和个体能力提升相结合，提升乡村阅读推广深度；将活动介入式影响和培育本地队伍相结合，拓展乡村阅读推广的广度；将实践经验与理论研究相结合，增加乡村阅读推广专业度。

翰墨书香　守望相助　凝心聚力　担当有为

——天津大学图书馆扶贫工作小记

张超英　于晓燕　唐慧敏　王　君（天津大学图书馆）

一、项目背景

2020年是全面建成小康社会目标实现之年，是全面打赢脱贫攻坚战收官之年。习近平总书记在出席决战决胜脱贫攻坚座谈会时强调，各级党委和政府要不忘初心、牢记使命，坚定信心、顽强奋斗，以更大决心、更强力度推进脱贫攻坚，坚决克服新冠肺炎疫情影响，坚决夺取脱贫攻坚战全面胜利，坚决完成这项对中华民族、对人类都具有重大意义的伟业。

“扶贫先扶智，治贫先治愚。”党的十八大以来，习近平总书记高度重视教育扶贫工作，多次对发展教育、提高贫困地区人民的经济社会文化水平等作出重要论述，并强调“把贫困地区孩子培养出来，这才是根本的扶贫之策”。

消费扶贫是脱贫攻坚的一项重要内容，有助于提升贫困群众“两不愁”质量水平和解决“三保障”突出问题。习近平总书记在决战决胜脱贫攻坚座谈会上强调，要切实解决扶贫农畜牧产品滞销问题，组织好产销对接，开展消费扶贫行动，利用互联网拓宽销售渠道，多渠道解决农产品销售问题。

2013年，按照教育部统一安排，天津大学对甘肃省陇南市宕昌县开展定点扶贫工作。宕昌县位于甘肃省陇南市，属于国家级贫困县。天津大学在深化产业扶贫、健康扶贫、消费扶贫以及教育扶贫等多领域持续用力，多措并举助力宕昌打赢脱贫攻坚战。

天津大学图书馆深入学习贯彻习近平总书记关于脱贫攻坚重要指示精神，全面落实学校党委关于做好2020年脱贫攻坚工作部署，积极发挥党组织的核心作用，利用自身资源与服务优势，精心谋划，精准施策，扎实推进，切实做好扶贫这件“天大”的事，为坚决打赢脱贫攻坚战贡献“天大”力量！

二、项目内容

1.开展以“翰墨书香、守望相助、阅读悦美、点亮智慧”为主题的向宕昌县图书馆及中小学捐赠期刊活动

天津大学图书馆拥有丰富的中外文期刊馆藏，在期刊管理方面，图书馆每年会将不装订期刊通过多种渠道面向全校师生、学校工会、盲人学校、社区党群服务中心等进行赠阅，以发挥这部分过刊的利用价值。

为充分发挥图书馆自身资源与服务优势，以教育扶贫助推脱贫攻坚，天

津大学图书馆积极探索扶贫新形式，按照学校要求制订了2020年定点扶贫工作计划，明确了向宕昌县捐赠期刊的目标任务。“捐一份书香，撑一片未来”，图书馆人更加知晓阅读对于孩子成长的重要性，希望通过阅读激发孩子们的求知欲望，拓展孩子们的文化视野，阻断贫困代际传递。

为圆满完成此次期刊捐赠任务，天津大学图书馆与学校扶贫办反复沟通，最终确定了宕昌县图书馆和十所中小学校作为此次期刊捐赠的接收单位。在捐赠书目的选择上，天津大学图书馆统筹考虑了公共图书馆和中小学校读者的阅读时间、阅读特点和阅读数量等因素，整理了详细的捐赠目录，并与接收单位逐一交流讨论，最终确定了每所期刊接收单位的捐赠清单。

2.开展以“520爱心大放送——我为扶贫带货”为主题的系列消费扶贫活动

天津大学图书馆号召广大馆员积极争当消费扶贫的践行者和宣传员，努力营造“人人参与消费扶贫、人人宣传消费扶贫”的良好氛围。

图书馆号召广大馆员积极投入消费扶贫行动，以购代捐，以买代帮。馆员们通过教育部E帮扶网络平台、天津大学扶贫超市、祥宇电商平台等渠道大力采购贫困地区的农副产品。一大批消费扶贫产品走进了馆员家中，地皮菜包子、香菇炖鸡、木耳凉拌洋葱、皮蛋瘦肉粥等“扶贫菜肴”成为馆员家中“最热销”的饭菜。

图书馆领导班子带领馆员、老师主动化身“带货”达人，为扶贫好物代言，助力宕昌县农产品销售。20余名馆员代表作为分享家，自发拍摄烹饪视频照片，并在2020年5月20日这天以“520爱心大放送”为题在天津大学图书馆微信公众号上推出为扶贫带货的微信推送。

馆员邓泽宇解锁了宕昌食材的多种吃法，使用宕昌县生产的土豆粉、芝麻、食用油等食材制作的“蚂蚁上树”“三鲜土豆粉”“水煮鱼”“椒盐芝麻烧饼”在学校官方微信推送中亮相，馋哭一众读者。为了呈现出“带货”照片的最佳效果，邓泽宇发挥奇思妙想，专门购买了精致的餐具，特意精心研制了菜品的制作，力求精益求精，全面展示扶贫产品的品质。

2020年天津大学海棠节期间，馆员何方化身美厨娘，通过天津大学抖音官方账号平台直播了美食制作。此次的美食制作直播，也是为宕昌县农产品带货的一次绝佳机会。“花堤蔼蔼，北运滔滔。春光四月，正赏海棠。今天是我们的云美食栏目——现场直播海棠酥的制作。此次的美食原料选用了宕昌县的农产品，也欢迎大家多多选购，为爱下单！”何方老师特意选用了宕昌县出产的面粉、豆类等作为原材料，在直播中进行推介，以云端美食助力脱贫攻坚！

三、项目过程

为圆满完成各项扶贫任务，天津大学图书馆精心谋划，精细部署，精准发力，层层推进。

1.成立专项工作领导小组，健全组织保障，深入开展学习

天津大学图书馆为了更好地开展扶贫工作，成立了扶贫工作领导小组。图书馆档案馆党委书记张超英为第一责任人，图书馆副馆长于晓燕为分管扶贫工作的领导，图书馆综合办公室主任曾娜为扶贫联络员。图书馆扶贫工作领导小组认真贯彻落实各项指示精神，明确工作重点，梳理工作流程，为扶贫工作的顺利开展健全了组织保障。

天津大学图书馆、档案馆党委多次组织专题学习研讨，在党员群众中大力宣传中央关于脱贫攻坚工作的新思想、新观点、新理论、新要求，教育激励党员教师提高思想认识，理解扶贫工作的重要意义，感受参与学校乃至国家脱贫攻坚工作的使命感、自豪感，发扬天大人的“家国情怀”。

2.精准扶贫知需求，制订详细工作方案，落实任务目标

扶贫工作不能流于形式，要用“钉钉子”精神将工作做稳做实。在扶贫工作领导小组的组织领导下，紧密围绕消费扶贫核心任务，细化分解各项工作任务，列出具体推进措施，制订详细工作方案，将消费扶贫的任务目标落到实处，为各项工作的扎实开展提供制度保障。

天津大学图书馆在捐赠期刊活动筹备之初，与天津大学派往宕昌县挂职的扶贫办副主任张永柒老师反复沟通，最终确定了宕昌县图书馆、宕昌一中、沙湾中学、大寨九年制学校、新城子藏族乡九年制学校、何家堡乡河口小学、城关镇第三小学、计子川小学、城关一小、同寨九年制学校、城关镇第二小学共11家单位作为此次期刊捐赠的接收单位。经过多次交流讨论，根据县级图书馆和中小学图书馆馆藏建设和读者需求，最终从2018年部分中外文过刊中精心挑选了295种共计4105册期刊进行捐赠，内容涵盖天文、地理、科普、

艺术、法制、经济、建筑、体育等多方面。

3.结合时下热点，创新思路举措，以志愿服务树先锋

负责期刊捐赠任务的天津大学图书馆卫津路读者服务部党支部开展了“翰墨书香、守望相助、阅读悦美、点亮智慧”志愿服务活动。支部党员充分发挥了先锋模范作用，部门主管领导、群众馆员也都积极参与其中，争相为教育扶贫尽一份心、出一份力。通过采取分小组、流程性作业方式，大家高效保质地完成了4000余册捐赠期刊的有序整理、分类、标识、核对和装箱等工作。

2020年5月28日，24箱承载着天津大学图书馆人满满祝福和期望的期刊顺利装车被送往宕昌县相关单位，继续发挥这些过刊的利用价值。

天津大学图书馆向宕昌县图书馆及中小学捐赠期刊

消费扶贫方面，天津大学图书馆充分调动全体馆员的智慧和力量，策划了形式多样的消费扶贫宣传，如：详细介绍线上线下各类消费扶贫平台的使用指南；动员广大馆员利用扶贫产品制作菜肴并进行展示，为扶贫产品代言；开拓渠道增加动力，以直播形式助力农产品销售等。通过积极传播消费扶贫理念，引导广大馆员以及校内师生踊跃投身到消费扶贫行动中来。

4.强化担当作为，抓好工作落实，编制工作档案

扶贫工作实施过程中，天津大学图书馆强化对消费扶贫工作的督促指导，

及时跟踪进展情况，积极协调解决工作推进中的困难和问题，积极探索创新方式方法，加大工作力度，推动馆内消费扶贫工作保质保量完成。注重对年度消费扶贫工作进行全面系统的汇总整理，总结工作经验并撰写工作总结，为进一步推进扶贫工作深入和巩固完善扶贫工作成果奠定基础。

四、成效与影响

1.激发爱心聚能量

2019年，天津大学开展“献一份情、圆一个梦”——天津大学“兴学之路”教育基金募集活动。天津大学图书馆领导带头捐款，树立标杆榜样，馆员们凝聚爱心，踊跃为天津大学“兴学之路”教育扶贫基金捐款。全馆上下为“兴学之路”教育扶贫基金捐款共计15000余元。这些基金用于资助在宕昌县设立贫困生奖助基金和部分师生的游学基金，以及全方位资助天津大学“梦想教室”的建设。

2.消费扶贫显真情

截至2020年6月底，天津大学图书馆消费扶贫总额共计95000余元，全体馆员均参与了购买扶贫产品，积极支持消费扶贫工作。馆员们纷纷表示，有机会投身到扶贫工作中，为如期全面打赢脱贫攻坚战奉献自己的绵薄之力，倍感荣幸。扶贫路上有你有我，真抓实干助力脱贫攻坚，已经成为馆员们的共识。

3.扶志扶智“拔穷根”

接受捐赠期刊的11所单位纷纷寄来感谢信，向天津大学图书馆表达最诚挚的感谢和最崇高的敬意。

宕昌县图书馆充分肯定了天津大学图书馆捐赠期刊的工作，他们表示，捐赠图书，功在当下，泽被后世！天津大学图书馆用自己的实际行动，践行了脱贫攻坚帮扶工作“扶贫先扶智”。

宕昌县河口小学地处偏远山区，学生们大多是留守儿童。学校老师在感谢信中动情地写道：“当孩子们拿到你们为他们捐赠的图书时，脸上露出了幸福的笑容……每一本图书都展现了你们浓浓的爱心，包含着社会对我校全体师生的深切关爱！”

宕昌县计子川小学的马世霞同学在信中饱含深情地写道：“寒去暑来，我多希望有书看呀！作为班级图书管理组长的我，看到图书角里又旧又过时的书，我心里很着急。自从老师说你们要捐助图书给我们全校师生的消息，我的心兴奋极了。天天盼呀盼。书来后，我看了看，这真是太神奇了。我从来不知道人有这么多故事，太多了，数也数不清，地球有这么多神奇的故事，大自然有这么可爱。一共有188本图书，有文学的，有金融的，有艺术的，有探索的，还有自然科学的。是你们让我开拓了知识，懂得了做人，获得了知识。我深受感动，并在此感谢你们慷慨解囊，捐书助学……”

宕昌县河口小学的学生认真阅读捐赠书籍

其他期刊接收单位也表示将把这份浓浓帮扶之情作为一种精神财富，点亮智慧，成就梦想，让这份情谊在孩子们的心中生根、发芽、开花、结果，让他们沐浴知识的阳光，享受阅读的快乐，拥有更加广阔的视野和美好的明天。

4.担当有为被肯定

天津大学图书馆的扶贫工作受到学校关注，扶贫工作动态被校内新闻频频转发。学校宣传部对图书馆扶贫工作进行了专访，并以“让每位师生员工感受到投身扶贫工作的使命感和自豪感”为题在学校官网进行了宣传报道，引发校内师生的关注和好评。

期刊捐赠活动中，宕昌县孩子们一封封感谢信中道不尽的浓浓帮扶情以及流露出的渴望知识的心声，也成为天津大学图书馆今后工作的不竭动力。

五、分析与总结

天津大学图书馆在助力决战决胜脱贫攻坚的工作中，坚持党建引领，充分发挥基层党组织的战斗堡垒作用和党员的先锋模范作用，为脱贫攻坚提供强有力的保障。天津大学图书馆、档案馆党委后续将采取多种载体形式，与宕昌县开展线上、线下教育扶贫的党建共建活动；通过开展特色“党支部+”结对共建活动，加强理想信念教育，厚植爱国主义情怀。

天津大学图书馆将继续发挥资源和专业优势，对当地县级图书馆和学校图书室馆藏建设提供指导帮助；通过开展线上专题经典阅读等活动，用知识浇灌贫瘠心灵，点亮智慧之光。

此外，天津大学图书馆还将继续大力实施消费扶贫，帮助贫困地区销售特色农产品，为促进贫困人口稳定脱贫、贫困地区产业持续发展、乡村振兴战略贯彻实施作出积极贡献。

打赢脱贫攻坚战，是全面建成小康社会最艰巨的任务，是以习近平同志为核心的党中央向国内外作出的庄严承诺。天津大学图书馆将继续依托自身优势资源，与宕昌县开展教育扶贫协作对接，建立长期、可持续的精准帮扶模式，为打赢脱贫攻坚战贡献天大人的力量！

以书为媒扶贫　以文赋能脱贫

——重庆图书馆扶贫案例

朱　晖　张　骏　潘　玲　李丹妮　吴虹洁（重庆图书馆）

一、项目背景

2020年是全面建成小康社会目标之年，也是全面打赢脱贫攻坚战的收官之年。随着国务院《“十三五”脱贫攻坚规划》和文化部《“十三五”时期文化扶贫工作实施方案》的颁布与实施，文化扶贫工作已经成为国家重要发展战略。近年来，全国图书馆界以《“十三五”时期贫困地区公共文化服务体系建设规划纲要》为指导，依托自身文献资源，积极探索文化扶贫之路，为全面脱贫攻坚积累经验，并从中凝炼出大量优秀的策略思路。

重庆地处我国西部，是一个集大城市与大农村、大山区、大库区于一体，二元经济结构十分突出的直辖市。同时，重庆少数民族聚集地较多，贫困人口文化底子相对薄弱，当地发展环境基础建设短板较多，脱贫后返贫概率相对较大。直辖23年以来，重庆虽取得了一些发展成就，但还是存在区域发展不均衡，扶贫任务依然艰巨。

重庆图书馆一直致力于文化扶贫工作，着力实施文化精准扶贫策略。2011年，重庆图书馆创立“重庆市公共图书馆文化共享农民工联盟”，帮助农民工立足城市，实现梦想。2016年，此项目荣获国务院农民工工作领导小组颁发的“全国农民工工作先进集体”称号，重庆图书馆成为全国唯一一家获此殊荣的图书馆。同时，该项目还获得了公共文化建设政府最高奖——文化部第十六届“群星奖”。2013年，针对110万重庆乡村留守儿童纸质读本和电子读物缺乏的现状，启动“蒲公英梦想书屋——重庆市文化共享工程乡村留守儿童关爱行动”。2016年，中国图书馆学会公共图书馆分会图书馆扶贫工作委员会成立，挂靠重庆图书馆。此后，重庆图书馆更将文化扶贫工作纳入全馆发展战略重心。近年来，重庆图书馆以实现公共文化服务标准化均等化为抓手，以丰富的文化资源和有效的服务手段为依托，积极推进文化领域供给侧结构性改革，深入探索扶贫工作实施策略，着力健全精准扶贫体制机制，大力加强扶贫人才队伍建设，协同各区县公共图书馆开展了系列贫困地区公共文化服务，加快构建覆盖全市的公共文化服务体系。

二、项目内容

1.以文启智，关注留守儿童阅读现状

（1）“蒲公英梦想书屋”打造留守儿童精神乐园

重庆图书馆自2013年起策划实施“蒲公英梦想书屋”项目，携手妇联、共青团、教育系统及社会NGO组织以及全市公共图书馆共同打造。该项目主要在贫困地区建造书屋，通过向书屋赠送纸质、电子图书资源，开展疏导留守儿童心理问题的亲情讲座，依托网络视频与远方父母沟通感情等方式，为乡村留守儿童提供物资帮扶和情感关怀，解决留守儿童无固定阅读场所的现状。截至2020年，共建成蒲公英梦想书屋38个，辐射26个区县和2个省外城市，服务10万余名留守儿童。

（2）“书香筑梦乡村行”享受美好阅读体验

2017年，习近平总书记在十九大报告中指出，要坚决打赢脱贫攻坚战。2018年，重庆图书馆发起“书香筑梦乡村行”活动，进行深度扶贫计划，主要走进重庆市三个特困乡镇——开州区大进镇、丰都县三建乡、酉阳县车田乡，策划开展了馆长读报、快乐阅读体验课、无障碍电影、流动展览四个项目的活动，以活动带宣传，以活动送文化。重庆图书馆品牌阅读活动“快乐阅读体验课”首次走进乡村小学，为孩子们带去美好的阅读体验。

“书香筑梦乡村行”活动现场

（3）“巴渝阅读行”打通全民阅读“最后一公里”

2019年，李克强总理政府工作报告中提出要打好精准脱贫攻坚战。2020年，为了更好地推进公共文化服务均等化，打通全民阅读服务“最后一公里”，重庆市图书馆策划开展“巴渝阅读行”送文化进基层活动。重庆图书馆再次梳理扶贫工作可能存在的遗漏，将触角延伸至重庆贫困地区较多的渝东北，选取了20所贫困村小开展活动。工作人员根据儿童年龄段精心配置图书，在阅读体验活动中采取“互联网+”的模式，将数字资源、有声读物等穿插在阅读体验课、专题展览中，丰富阅读资源的载体类型，让广大儿童更好地感受阅读的魅力。

在“巴渝阅读行”活动中，重庆图书馆馆员给云阳彭咏梧小学的孩子们阅读立体绘本

2.以文融数，打造数字资源共享平台

（1）依托广电数字平台，推送数字资源进村入户

为打破信息孤岛，创新服务手段，让更多的市民群众使用重庆图书馆的数字资源，2018年重庆图书馆与重庆有线开展了深度合作，依托重庆广电IPTV平台，不断推广入户服务，打造了“巴渝文化云平台”，在重庆电视台“导视频道”“科教频道”开辟专栏，播放重庆图书馆自建的地方特色资源。依托双向数字电视方式实现公共数字文化的进村、入户、入手，将文化网络电视服务覆盖到更多的市民家庭，借助“互联网+公共文化”模式，以优质便捷的数字文化资源让贫困地区群众共享“网络书香”。据不完全统计，截至2020年，已累计覆盖重庆市650万用户群体。

（2）依托数字阅读推广活动，开展数字技能专项培训

重庆图书馆开展数字技术能力培训，帮助弱势群体，尤其是老年人、视障人群、农民工等利用丰富的网络信息资源和科技产品，享受便捷、高效的数字文化服务。2018年至2020年，重庆图书馆牵头全市43家公共图书馆以接力的方式共同开展“常青e路　幸福夕阳”——老年人数字阅读系列培训，培训内容涵盖日常休闲娱乐等9个方面主题，受众达3万余人次，目的在于尽力

缩小、弥补老年群体和年轻人之间的数字“代沟”。

（3）依托物流系统，实现智慧阅读便捷服务

为更好地实现公共文化服务均等化，健全公共文化设施网络体系，统筹城乡公共文化资源配置，重庆图书馆于2018年初推出了“重图到家”智慧阅读服务项目，依托移动互联网、微信、支付宝以及邮政物流系统（EMS）开发在线借阅程序。重庆市38个区县的市民凭重庆图书馆读者证，通过重图官方微信或支付宝相关程序界面提出借阅请求，即可享受图书快递到家服务。该服务网络目前已覆盖大部分乡村区域，通过优化文化产品的供给内容和渠道，营造健康向上的农村文化生态。

3.以文育人，打造精准扶贫人才队伍

（1）加强省级公共图书馆经验交流

重庆图书馆作为中图学会扶贫工作委员会的挂靠单位，2016年至2019年间积极筹备召开年度扶贫工作委员会工作会议，重点落实党和国家对于扶贫工作的指示精神，强化对贫困地区文化事业发展的指导与帮扶。2018年，重庆图书馆承办全国图书馆文化扶贫乡村振兴案例征集活动，共征集到来自全国先进案例69例，共同探索“图书馆+精准扶贫”新路径，其中重庆图书馆提交的“书香筑梦乡村行”荣获一等奖。2019年，重庆图书馆原创设计的“我们的图书馆扶贫故事”入围国际图联第85届大会海报分会海报设计展示大赛，加强了重庆图书馆扶贫工作的国际交流与传播能力。

（2）重视本市文化行业内人才培养

除组织专家赴区县馆进行现场指导外，重庆市图书馆每年还定期举办重庆市公共图书馆文化专干定点培训、馆长工作会议、从业人员培训、行业技能大赛、文化扶贫大讲堂等活动，注重从“输血式”向“造血式”的转变，指导区县馆联系贫困户开展结对帮扶、产业培育、创业就业服务等活动。同时，区县馆可派遣业务骨干到市馆跟班学习，通过线上线下同步帮扶，指导区县图书馆开展贫困地区文化人才队伍建设。

（3）加强东西部扶贫协作

为进一步推动区域协调发展、协同发展、共同发展的战略，重庆图书馆搭建了东西部扶贫工作协作机制，组织各成员单位形成文化精准扶贫的区域联盟。2017年，组织30名西部贫困地区基层图书馆青年馆员到杭州、宁波、

上海市嘉定区图书馆进行培训学习。2018年，对云南省曲靖市公共图书馆的馆员开展业务技能培训，并组织参会委员单位向曲靖市沾益区南国园乡贤书苑捐赠图书。2018年，联合首都图书馆开展了“精准文化扶贫·志愿者在行动”文化扶贫活动，16名志愿者组成的文化扶贫队伍奔赴重庆市云阳县贫困乡镇，开展了系列精准文化扶贫活动。

中图学会扶贫工作委员会工作会议

首都图书馆、重庆图书馆志愿者文化扶贫队伍

三、成效及影响

1.联动广泛

重庆图书馆广泛联合各方力量，借智借力，积极为扶贫工作凝聚合力。依托中图学会扶贫委员会，联合扶贫工作委员会各成员单位；积极发挥省级公共图书馆作用，联合各区县公共图书馆，市内各高校（或教育系统）、妇联、共青团、志愿者团体等社会组织，并与重庆钢铁集团、重庆建工集团等大型企业，重庆市农民工夜校等社会培训机构建立合作关系，助力省内帮扶力量不断壮大。

2.内容丰富

重庆图书馆整合了全市公共图书馆文献资源、人才资源及平台资源，通过线上及线下的形式，针对贫困群体与弱势群体开展赠书、培训、讲座及阅读推广活动。同时，也主动积极地走出去，深入群众了解扶贫需求，改变扶贫策略，保证扶贫工作内容丰富、形式多样。

3.宣传给力

重庆图书馆的扶贫案例被媒体踊跃报道，分别被《图书馆报》、《中国文化报》、《光明日报》、人民网、凤凰网、文旅中国、华龙网、中央电视台、重庆卫视、大渝网、《重庆日报》、《重庆晨报》等多家主流媒体进行了宣传报道，社会影响力显著提升。其中“蒲公英梦想书屋”被报道150余次，有关农民工服务宣传报道达到50余次，“巴渝阅读行”被报道20余次，累计被报道近200余次，得到了政府和社会的广泛认可，对重庆市扶贫脱贫工作起到了积极的推动作用。

4.获奖众多

2013年，重庆市图书馆文化共享农民工联盟荣获公共文化建设政府最高奖——文化部第十六届“群星奖”；2014年，重庆图书馆志愿协会荣获“第六届重庆市优秀青年志愿服务组织”；2014年、2016年团队组织策划的志愿者视障服务项目分别荣获第一届中国青年志愿者项目服务大赛金奖和第三届中国青年志愿者项目服务大赛银奖；2015年，“蒲公英梦想书屋”荣获第二届中国青年志愿者服务项目大赛银奖；2016年，重庆图书馆以其文化志愿服务工作赢得“全国公共文化服务设施学雷锋志愿服务首批示范单位”光荣称号；

2016年，重庆市图书馆荣获国务院农民工作领导颁发的“全国农民工工作先进集体”称号，成为全国唯一一家获此殊荣的图书馆。

四、分析与总结

1.精准性

图书馆如何精准识别扶贫对象是开展精准扶贫的关键。重庆作为西部唯一的直辖市，全国统筹城乡综合配套改革试验区，集大城市、大农村、大库区、大山区于一体，是全国重要的农民工输出地和输入地，目前全市约有700多万农民工。重庆图书馆在农民工和留守儿童服务工作中有着丰富的经验并载誉颇丰。2010年起，重庆图书馆联动全市各区县公共图书馆，创建全市农民工服务联盟，并以“雨露计划”“留守儿童之家”等国家级项目为依托，打造多个专门针对农民工的服务活动。为进一步解决农民工后顾之忧，改善重庆110万农村留守儿童文化渴求难满足的现状，重庆市图书馆专门打造了留守儿童互动交流平台“蒲公英梦想书屋”。在此基础上，重庆图书馆还延伸服务群体，针对视障读者、农村老年读者等弱势群体提供文化帮扶，提高弱势群体对图书馆文化资源的吸收和利用。

2.系统性

图书馆在文化扶贫中必须全方位掌控扶贫工作现状和进程，才能保证扶贫策略的实用和准确。2016年，重庆市启动了“中西部贫困地区公共数字文化服务提档升级项目”建设，并在项目启动之初，对全市十四个国家级贫困县进行了摸底，基本确定了“十三五”期间重庆市提档升级站点建设的规模和数量。重庆图书馆在中图学会公共图书馆分会的倡导组织下，各成员馆多次开展图书资料、数字资源和设施设备的按需配备，并提供相应人员培训，确保资源配送到位、使用无障碍。同时，发挥省级馆带动区县馆的作用，通过年度工作联席会，制订长期的扶贫专项计划。为深入了解当下贫困地区小学生课外阅读的现状，对国家级贫困区县重庆市云阳县泥溪镇泥溪小学和凤鸣镇里市小学开展了问卷调研。针对相关贫困县的文化服务情况定期进行跟踪和回访，及时调整扶贫策略和方式，确保文化扶贫工作扎实、深入、有效地开展。

3.可持续性

建立健全脱贫的长效机制，对于防止返贫，促进贫困地区可持续发展具有重要意义。中国图书馆学会公共图书馆分会扶贫工作委员会每年组织召开全国公共图书馆扶贫工作会，为全国各地扶贫工作把脉定向，并对本行业本地区文化扶贫工作进行顶层设计，在制度上保障了文化扶贫工作的可持续发展。重庆图书馆通过开展文化扶贫乡村振兴案例征集、学术研讨会征文交流等一系列工作，总结文化扶贫新经验、探索文化扶贫新思路，为文化扶贫工作可持续发展提供了经验保障。重庆图书馆依托行业培训班、人才交流计划、巡展和巡讲等方式对地区文化扶贫人才进行定向培养，增加扶贫人才储备，同时把巡讲讲师纳入文化扶贫专家志愿者团队，为文化扶贫工作可持续发展提供了充分人才队伍保障。

五、结语

2020年是全面建成小康社会和打赢脱贫攻坚战的收官之年，图书馆作为公共文化服务的主要机构，是文化扶贫的有生力量。重庆图书馆在文化扶贫工作中不断拓宽帮扶途径，深化帮扶力度，定制扶贫模式，逐步将普惠扶贫向精准扶贫转向，加快促进公共文化服务均等化。接下来，重庆图书馆将继续按照上级部门工作部署和要求，加大防止返贫工作力度，开启乡村振兴新篇章。

精准文化扶贫　关爱留守儿童

——太原市图书馆文化扶贫“四点半学堂”案例

郭欣萍　张慧玲　李跃文　任金凤（太原市图书馆）

2020年是全面建成小康社会目标实现之年，也是全面打赢脱贫攻坚战收官之年。十八大以来，习近平总书记多次强调“扶贫先扶志、扶贫必扶智”。作为公共文化服务的窗口，太原市图书馆积极响应中图学会的号召与倡议，主动肩负起“志智双扶”的责任与使命，在精准扶贫和文化扶贫方面作出力所能及的贡献。

恩施土家族苗族自治州地处湖北省西南腹地，位于长江之南清江中游，是我国建立时间最晚的自治州，是湖北省唯一的少数民族自治州，也是典型的老少边穷地区，州内所属八个贫困县市占全省贫困县的三分之一。在恩施州地区，有大量的留守儿童，这些孩子由于长时间与父母分离，在一定程度上存在着情感的缺失。新冠疫情以来，太原市图书馆不仅向恩施州图书馆捐赠防疫物资，还主动与恩施州图书馆取得联系，希望用阅读的力量给恩施州图书馆“四点半学堂”的留守儿童带来温暖，让留守儿童感受公共文化的温暖，为留守儿童播下希望的种子。

一、精准对接，疫情期间捐赠爱心物资

1. 太原市图书馆捐赠爱心物资

新冠疫情期间，太原市图书馆不仅率先联合全国471家公共图书馆共同参与制作了共战“疫”不孤“读”的抖音视频，还在中图学会的倡导下，在全国图书馆界率先向武汉图书馆捐赠了口罩、手套等防护物资。2020年2月24日，太图爱心不停歇、再伸援手、千里援驰，向地处湖北省最贫困、最偏远的恩施土家族苗族自治州图书馆捐赠防疫物资。

太原市图书馆向恩施州图书馆捐赠爱心物资

湖北省疫情形势严峻，太原市图书馆郭欣萍馆长与恩施州图书馆谭华梅馆长取得联系，了解恩施州图书馆开展联防联控工作情况，得知恩施州图书馆除了2人在馆内应急值守外，其余19人全部下沉社区和村里，协助当地有关部门开展联防排查工作。当时防护物资如口罩、防护衣、手套都十分紧缺，体温枪根本无法购得。得知情况后，经领导班子研究决定，太原市图书馆决定再克难关、助力恩施，向恩施州图书馆提供第一批温暖援助。太原市图书馆为恩施州图书馆捐赠体温枪2把、口罩300个、手套500双、雨衣200件，以解恩施州图书馆在抗疫过程中的燃眉之急，太原市图书馆与恩施州图书馆心手相牵、共克时艰！

2.各县区图书馆响应学会倡议捐赠爱心物资

在冷酷的疫情面前，太原图书馆学会积极响应中图学会和省图学会号召，向全体会员馆发起倡议，于2020年2月24日起号召全市各县区图书馆、学会会员单位以及心系疫情的各业界同人共献爱心，援助处在湖北省最贫困地区的恩施州图书馆。

继太原图书馆学会理事长馆——太原市图书馆率先向恩施州图书馆进行第一批援助后，各理事馆、会员馆积极响应号召。率先采购到口罩等用品的小店区图书馆、清徐县图书馆、阳曲县图书馆三家兄弟馆相约携手，共同温暖恩施州图书馆。

二、精准扶贫，为“四点半学堂”所在分馆开展针对性文化服务

为了能够进一步与恩施州图书馆深入建立友好合作关系，携手共建公益文化扶贫项目，太原市图书馆希望在物质层面、精神层面给予当地留守儿童更为持久、深远的关怀与影响，让贫困地区的广大读者、山区的孩子能够更加及时、公平、便捷地享受到优秀的公共文化资源与成果。自2020年2月24日以来，太原市图书馆继续深入开展送温暖行动。由于疫情原因，当地孩子们还未正式开学，准备好的捐赠物品也无法及时送去，但太原市图书馆一直努力为留守儿童提供力所能及的阅读服务，为当地弱势群体、留守儿童进行特定服务援助。

1.实现留守儿童的“愿望树”

恩施州图书馆的“四点半学堂”是在精准扶贫安置点上，专门为当地留

守儿童、贫困儿童开设，以实现当地少数民族儿童、贫困儿童、留守儿童的阅读梦想。太原市图书馆得知这一情况后，深知这些孩子对阅读的渴望。2020年2月24日，中共太原市图书馆党支部、工会委员会向全馆职工发起了《关于向湖北恩施州图书馆捐款的倡议书》。请党员领导干部带头、广大职工积极响应，以捐款的方式继续伸出援助之手。倡议书发出当天，全馆职工积极踊跃地参与到此次活动中，仅半天时间，干部职工与物业公司工作人员便捐款8790元，太原图书馆学会捐款1350元。这些款项均用于帮助恩施州图书馆为“乡村‘四点半学堂’里的图书馆分馆”的留守儿童购买学习和生活用品。

“许愿树”是恩施州图书馆的“四点半学堂”为了满足留守儿童心愿，让留守儿童亲自写下心愿的一项活动。根据“许愿树”上孩子的心愿，太原市图书馆利用所捐款项很快为恩施州图书馆高罗分馆、沙道沟分馆购买价值11285元的文体用品与学习用具，并多次与恩施州图书馆联系，希望尽快送到孩子们的手中。

太原市图书馆在满足留守儿童心愿的同时，对广大留守儿童们给予更多精神上、物质上的关心和帮助，让在外务工的群体安心自主地脱贫致富，无后顾之忧；也为缺少陪伴的留守儿童提供他们从未体验过的现代信息社会图书馆服务，通过公共图书馆资助，让他们感受到社会给予的温暖。

恩施州图书馆沙道沟分馆、高罗分馆的“四点半学堂”接受太原市图书馆捐赠

“四点半学堂”的孩子们在表演节目

2020年9月29日上午，在恩施州图书馆举办的“与爱同行　相约乡读——2020全民阅读推广暨文化扶贫下基层”活动启动仪式上，太原市图书馆通过远程视频连线恩施州图书馆沙道沟分馆现场。太原市文旅局李红星副局长、太原市图书馆郭欣萍馆长与恩施州文旅局党组成员白斌副局长、恩施州图书馆谭华梅馆长参加了此次视频连线。

当地的乡亲们与“四点半学堂”的孩子们近千人共同见证了这场捐赠仪式。太原市图书馆用真心与真情将秋日的温暖送到可爱的孩子们手中，通过与孩子们的互动，进一步加深了两地、两馆之间的文化交流与兄弟情谊，也拉近了与留守儿童的心的距离。

2.有声有色，资源共享

扶贫不是初衷，扶智才是终点。根据国家图书馆饶权馆长提出的要改变“大水漫灌”模式，向精准扶贫、精准对接转移的思想，在太原市市文旅局的领导下，为了使当地留守儿童能够共享太原市图书馆数字资源，太原市图书馆专门采购相关电子设施设备，捐赠笔记本电脑2台、照相机2台、数字资源阅读器4台、蓝牙音箱（听书资源）10个。其中两台笔记本电脑分别赠予“四点半学堂”的两所分馆，让留守儿童能够远程访问太原市图书馆的少儿资源，从而扩大留守儿童数字化阅读的覆盖面。

数字资源阅读器中的内容包括电子图书、期刊、少儿读物，均可以免费下载进行阅读。留守儿童只需点击便可阅览喜欢的电子书籍。数字资源阅读器进一步丰富了阅读资源，使“四点半学堂”真正实现了沉浸式阅读服务。

蓝牙音箱中收录少儿听书资源174册，同时也收录着太原市图书馆自制听书资源“太图馆员讲故事”共计455期，将“看书”变为“听书”，提升留守儿童读书学习的兴趣。也希望留守儿童通过听书，感受到太原市图书馆馆员对他们的记挂与温情。

除此之外，太原市图书馆还将两台照相机分别赠予“四点半学堂”中两所分馆，用于记录留守儿童难忘的美好瞬间，希望孩子们在童年中留下美好的回忆。

太原市图书馆通过数字资源与听书资源的“双重”共享，以期改善“四点半学堂”的阅读条件，丰富留守儿童的精神世界与日常生活，让留守儿童们更多地接触外面的世界，开阔眼界，缩小贫困地区留守儿童与城市儿童的数字鸿沟和公共文化差距。

3.持续帮扶，温暖延续

新冠疫情期间，太原市图书馆与太原图书馆学会在捐赠爱心抗疫物资后，得知恩施州图书馆为当地留守儿童、贫困儿童开设“四点半学堂”，以实现孩子们的阅读愿望，便立即号召各理事馆、成员馆各尽所能，共享自建数据库资源、外购数据库资源、移动端数据资源、纸质文献资源等，助力大山里孩子阅读的“最后一公里”。

太原市图书馆作为太原图书馆学会理事长馆，针对恩施州图书馆对图书的需求，率先精准对接恩施州图书馆。同时，太原图书馆学会鼓励各级各类图书馆与恩施州图书馆建立密切联系，进行业务帮扶，并开展长期文化服务援助，为当地弱势群体、留守儿童点燃期盼阅读的希望之光。

根据第六次人口普查数据，中国共有6102.55万农村留守儿童。这是一个庞大的弱势群体，需要社会各界人士的关注。新冠疫情发生后，太原市图书馆作为公共文化场所，希望通过与“四点半学堂”的结对子，利用阅读的魅力，让疫情影响下的当地留守儿童能够打开视野、探寻童年的快乐；也希望借此举给予留守儿童温暖与关怀，让孩子们在人生路上以爱回报爱，积极乐观地面对人生和世界；同时更希望通过太原市图书馆的影响力，让更多的人关注到湖北省最贫困地区恩施州图书馆“四点半学堂”的留守儿童，给予他们必要的物质帮助与资源服务。

“输血”与“造血”并举，物质脱贫与精神脱贫并重，脱贫攻坚工作正处于决胜期。太原市图书馆始终坚持“以公共文化服务推进精准扶贫，在精准扶贫中实现公共文化服务”的理念，通过“四点半学堂”项目，丰富留守儿童的精神文化生活，为留守儿童营造健康向上的生活氛围，真正把文化“种”进儿童心里，增强了文化“造血”功能。

沉舟侧畔千帆过，病树前头万木春。未来，太原市图书馆也将持续发力，在公益文化事业方面开展更多有益的尝试，在践行公益事业、精准扶贫、开展暖心行动的道路上，开拓出一条具有特色的创新之路。

“个性化定制服务”为边远山区农民脱贫打开一扇窗

——辽宁省图书馆文化精准扶贫案例分析

杜希林　姚　杰　孟志丹　芦　艺

〔辽宁省图书馆（辽宁省古籍保护中心）〕

一、项目背景

党的十九大报告中指出：“中国特色社会主义进入新时代，我国社会主要矛盾已经转化为人民日益增长的美好生活需要和不平衡不充分的发展之间的矛盾。”[①]脱贫攻坚已经到了关键时期，文化扶贫是打赢脱贫攻坚战的重要保障。新时期，贫困人口不仅指的是经济上的贫困，还有文化上、精神上的贫困。2013年，习近平总书记在湘西土家族苗族自治州花垣县排碧乡十八洞村

---

① 习近平. 决胜全面建成小康社会夺取新时代中国特色社会主义伟大胜利——在中国共产党第十九次全国代表大会上的报告[M]. 北京：人民出版社，2017.

首次提出“精准扶贫”。习总书记表示，扶贫要实事求是，因地制宜[①]。精准扶贫在于治贫，从文化上根本扶贫，才是真正的扶贫方式。作为省级公共图书馆，辽宁省图书馆在精准扶贫、文化脱贫攻坚方面，在本地区一直发挥着示范带头作用，并取得了显著成效。辽宁省图书馆通过实施服务“三农”的品牌工程，广泛开展贴近农村实际、农业发展、农民需求的形式多样的“三下乡”活动。辽宁省图书馆选择辽宁省东部山区的丹东市凤城市东汤镇和大堡镇5个行政村展开文化扶贫调研工作，结合本馆馆藏特色等具体情况，针对贫困地区“双盲”文化需求，制定扶贫方案。

在互联网不断发展的今天，移动阅读已被大众广泛接受，这种便捷灵活的方式更适合信息资源贫乏地区的特殊人群。在此次调查中，发现近一半受调查者无智能手机、电脑等上网终端设备，家中也无网络设备。当地农民以留守老人为主，文化程度大多较低，知识储备贫乏，种植知识仅依靠口口相传及传统经验，无系统科学地学习种植、养殖专业知识和技能的渠道，从而制约其经济发展。根据这一情况，辽宁省图书馆制定了“一对一”精准扶贫方案，满足村民的差异化文化需求。

二、项目内容

2019年6月，辽宁省图书馆组织“文化扶残助盲”小分队前往对口扶贫地区（丹东市凤城市东汤镇土城村、陶李村、石桥村和大堡镇大堡村、爱路村）5个行政村落开展实地扶贫调研工作，并将调研结果形成书面报告，向中国残疾人联合会和中国盲文图书馆做了汇报，得到中国残疾人联合会和中国盲文图书馆的大力支持。中国残疾人联合会和中国盲人图书馆为满足辽宁的“双盲”文化需求伸出援助之手，向辽宁捐赠价值25万元的500台“数字听书机”。这500台“数字听书机”分地区、分批次为“双盲、双贫”（即文盲、视盲；经济贫困、精神贫困）群体发放，大大提升了文化精准扶贫工作的成效。通过“听书机培训使用、发放农科资料、专家现场授课、志愿者结对帮

① 新中国峥嵘岁月　习近平总书记提出“精准扶贫”[EB/OL]. [2020-08-18]. http://www.xinhuanet.com/2019-11/28/c_1125286329.htm

扶、文化流动服务”五大方面，对贫困地区的“双盲群体”开展精准文化扶贫工作，提升了文化扶贫的服务能效。在移动互联网高速发展的条件下，有效利用“数字听书机”等便携式互联网终端学习设备，不仅可以提升驻村农户的文化生活层次，丰富他们的阅读内容和形式，更重要的是可以让他们通过实时在线学习提升职业技能，增加就业机会，改善生活水平。

三、项目过程

1.前期准备

（1）实地调研，掌握一手资料。本次调查采取定性调查和定量调查相结合的方式。定性调查主要是召开座谈会、走访贫困户；定量调查主要是向农民发放调查问卷。在初期，为了解对口帮扶村基本情况，文化扶贫工作小组实地走进丹东市东汤镇下属对口帮扶村，通过询问驻村干部、走访村民、实地探察等方式了解帮扶村的农村书屋建设、村民家庭情况、文化程度、当地主要经济来源、面临的主要困境等问题。工作小组根据初步实地调研情况，划定调研对象，并发放调研问卷。

（2）问卷反馈，精准分析。通过近一个月的时间，文化扶贫工作小组共发放调研问卷500份，收回有效问卷347份。根据调查问卷显示，5个村都设有农村书屋，但是有阅读习惯者仅有77人，占比22.2%；60岁以上人口305人，占比87.9%；小学及以下文化水平196人，占比56.5%；视力较差78人，占比22.5%，其中大多数为老花眼等视力低下者，6人为视障者；家里安装无线网络者189人，占比54.5%。本次扶贫主要针对各帮扶村视障者、留守老

定制化数字听书机，一人一机，一机一码

人、文盲，经过核实共有280人符合文化扶贫条件。通过调研结果可以看出，5个对口帮扶村的老年人、残疾人等弱势群体人口占比较大，并且有一半人口未完成九年义务教育、所受教育程度较低，形成了“文化贫困”。为了解决造成贫困的根本问题，辽宁省图书馆根据调研结果，结合每个人的阅读偏好，为每一个符合文化扶贫条件的对象制定“一对一扶贫方案”。

（3）制定“一对一文化扶贫方案”。各扶贫对象根据个人意愿如实填写登记表后，村委会对其真伪进行核实，如信息无误则统一盖印村委会公章，进行担保，并为其免费发放数字听书机。辽宁省图书馆特殊群体扶贫团队工作人员根据调查登记表信息，对数字听书机进行实名登记，做到“一人一机，一机一码，有效跟踪”，方便了解每一台听书机使用情况。同时，根据调查问卷具体内容，按个人阅读习惯，为没有无线网络用户的数字听书机进行数字资源本地下载，真正实现个性化定制服务。

2.扶贫内容

（1）数字听书机培训使用。为推动全省公共图书馆数字文化精准扶贫工作的深入开展，2019年9月19日—20日，由中国盲文图书馆、辽宁省文化演艺集团（辽宁省公共文化服务中心）主办，辽宁省图书馆（辽宁省古籍保护中心）和盘锦市图书馆承办的2019年全省公共数字文化精准服务培训班在盘锦开班。培训班召集了省内各级市公共图书馆、部分高校图书馆、数字资源商家代表、省图书馆对口帮扶村村民代表、盲人代表等近百人。开班仪式上，辽宁省图书馆为对口帮扶村村民代表发放数字听书机。数字阅读推广专家、中国盲文图书馆数字资源部副主任王光武为对口帮扶村的村干部、村民代表、盲人代表、文化志愿者进行数字听书机使用专题培训。培训中，王光武老师为培训班学员们详细介绍了中国盲文图书馆的数字资源以及数字听书机的使用和管理方法。浙江省

数字听书机培训现场

图书馆原副馆长刘晓清以“公共数字文化与精准扶贫”为主题，通过对国家政策导向、问题分析、利用数字文化建设如何助力乡村脱贫等几个方面的详细阐述，为图书馆驻村干部、帮扶村村民代表做了详细解读，为文化精准扶贫提供了理论方向。

（2）定制化农科资料智能推送。在指导农民利用听书机收听科学知识的同时，辽宁省图书馆还为广大农户配发专业定制农业资料，让“看书”配合“听书”，多角度提升了学习效果。这些农业资料内容主要包含畜牧业养殖、农作物种植、经济作物栽培等三大方面51种农产品。为更好地服务于丹东贫困地区，辽宁省图书馆选择了适合丘陵地区种植的玉米、高粱、蓝莓等农作物种植资料，并根据帮扶村具体自然情况（土壤酸碱度、地势高低等），由农科专家进行二次修订，并且在文化志愿者的帮助下，将资料转换成数字资源，由扶贫干部根据个人需求推送至村民的数字听书机中，形成“个性化定制服务”。由于数字听书机具有携带方便、操作简单、资料易于保存等特点，村民可不受环境的制约，在农耕的同时随时随地学习科学的种植技术。

免费发放定制化农科资料

（3）多种数字资源平台。中国盲文图书馆数字资源平台主要包括有声读物、电子图书、视频课程等内容，其中有声读物为特色馆藏资源，所含读物

13000种，时长达50000小时[①]。对口帮扶村村民可以不受任何条件限制随时随地使用数字听书机访问中国盲文图书馆，免费使用其线上有声电子资源数据库。除此之外，辽宁省图书馆还为对口帮扶村村民免费发放“数字阅读卡”，村民可通过数字听书机、手机、电脑等数字阅读终端设备访问辽宁省图书馆网站，无条件享用“辽宁省图书馆一站式电子资源”服务。辽宁省图书馆工作人员根据当地农民需求，将电子资源进行细化分类，制定“农业普及版”电子资源检索指南，让专业的电子资源检索使用起来更加便捷。

（4）专家现场一对一指导。为配合数字听书机使用，让贫困地区农民掌握科学养殖技术，辽宁省图书馆在农作物生长时节，邀请辽宁省农科院专家走进田间地头，为各对口帮扶村群众开展现场教学，一对一提供扶贫生产方案。专家到实地指导之前，会通过驻村干部了解当地农民在种植中普遍的问题以及当地土壤、气候等特点，做出解决预案；再通过现场实地勘察，准确地掌握农作物生长情况，提出合理化整改意见，为每个村民提供最便捷、最有效、最适合自身情况的种植方案。

辽宁省农科院专家进行现场指导

① 为盲人点亮知识海洋——中国盲文图书馆数字资源服务[J]. 残疾人研究，2018（1）:74.

（5）吸引社会力量，引导文化志愿者结对帮扶。本次“数字阅读文化扶贫”对象来自两个乡镇5个行政村，共计280人，存在人员较多、分散较广等问题。为提高扶贫效率、提升服务质量，达到“一对一精准扶贫”目的，辽宁省图书馆特殊群体扶贫团队招募30名文化志愿者，进行“一对n”服务。首先，对文化志愿者进行数字听书机使用方法培训，使每一名志愿者深入了解听书机使用方法，以便指导扶贫对象；其次，通过个人选择的方式，每名志愿者挑选10名扶贫对象，根据调研结果及电话采访，为其数字听书机制定专属“数字资源库”，达到精准扶贫目的。

（6）走出去请进来，打通精准文化服务“最后一公里”。为了让帮扶村村民深入了解如何建设“美丽乡村”、脱贫致富，辽宁省图书馆于2019年9月带领村民代表及驻村干部50余人，走进盘锦市大堡子村和石庙子村，开展实地走访调研和学习考察工作，向当地村干部学习乡村建设和脱贫致富的方法和经验。来自凤城市桃李村的刘贵友在参观后感慨地说：“作为村干部，未来我们为村里要做的事、可做的事还有很多，首先是要提升村民精神文化生活，多学习先进的生产理念，提升文化素养，在科学的指引下，带着全村人脱贫致富。”为打通精准文化服务“最后一公里”，辽宁省图书馆除了不定期地带领帮扶村村民走出去以外，还经常组织流动图书馆车走进帮扶村，为当地百姓开展阅读体验活动。

流动图书车定期下乡开展文化扶贫工作

四、分析与总结

辽宁省图书馆希望通过此次精准文化扶贫项目，丰富农户的阅读内容和形式，让“看书”变为“听书”，激发他们脱贫致富的决心和信心。该数字听书机内置有声数字资源，涵盖中图法22大类114个子类。数字听书机中的农业科普信息为广大农户提供最新农业科技新闻、农作物价格趋势变化信息等，让农民了解农产品销售端情况，从而及时调整种植作物种类，拓宽销售渠道，在有限的土地上产生更多的经济效益，让村民们脱贫致富。数字听书机中的按摩教程由中国残疾人联合会、中国盲文图书馆共同编制，村民可在家自学专业按摩技术，以此获得更多的就业机会，达到脱贫致富的目的。数字听书机中大量的文学作品不仅满足了村民的精神文化需求，更重要的是解决了当地留守儿童课外读物少、知识面窄的问题。2016年4月19日，习近平总书记在网络安全和信息化工作座谈会上指出：“发挥互联网在助推脱贫攻坚中的作用，推进精准扶贫、精准脱贫，让更多困难群众用上互联网，让农产品通过互联网走出乡村，让山沟里的孩子也能接受优质教育。”[①]解决一个地区的“文化贫困”问题，最重要的是要从提升教育水平做起。数字听书机有效地补充了当地教育资源的空白，让更多留守儿童有大量的书可以读、可以听，通过知识改变命运、改变家乡的未来。

除了定向普及农业科技知识，数字听书机在健康防疫方面也起到了重要作用。2020年春天，新型冠状病毒在祖国大地蔓延，往日农闲时节外出务工者不得不留在家中，居家“抗疫”。辽宁省图书馆组织文化志愿者在家整理了大量科学、有效的防疫知识，并将电子信息通过驻村干部传推送至数字听书机中，在保证村民生命安全方面起到了积极的作用。

五、未来展望

文化扶贫是一项具有复杂性、长效性的工作，需要扶贫单位从全局出发，

---

① 习近平总书记在网络安全和信息化工作座谈会上的讲话[EB/OL]. [2020-09-15]. http://www.cac.gov.cn/2016-04/25/c_1118731366.htm.

科学规划，做好全局统筹工作。数字听书机的发放将使文化精准扶贫资源更加丰富，通过“设备+资源+个性”的定制化服务方式解决农民数字阅读需求。“定制化扶贫”服务作为辽宁省图书馆精准文化扶贫的有益尝试，在实践中总结服务经验、完善操作流程，探索更加科学有效、可复制、实用性强的文化精准扶贫之路，将“定制化扶贫”方式形成规范。辽宁省图书馆拟制定《辽宁省公共图书馆文化扶贫指南》，为公共文化服务提供扶贫方式样本，使贫困地区人民文化素养得到提高，早日达到经济、文化“双脱贫”。未来，辽宁省图书馆将通过已搭建平台，不断地把优秀文化资源送到田间地头，为边远山区的农民脱贫致富打开一扇窗，让知识在农村大地生根发芽。

遍阅经典，博览新知

——“知行合一”的文化扶贫服务模式

历　力（新疆维吾尔自治区图书馆）

一、项目背景

消除贫困、改善民生、逐步实现共同富裕，是社会主义的本质要求，也是中国共产党的重要使命。党的十八大以来，党和国家领导人站在全面建成小康社会、实现中华民族伟大复兴中国梦的战略高度，把脱贫攻坚作为治国理政的重大任务，针对新时期扶贫工作进行了多维度、多层次的阐释，提出了一系列新思想、新观点和新论断，形成了系统全面的思想。文化扶贫作为激发脱贫致富的内生动力，对于总体目标的实现有着重要的意义。它可以推进贫困地区群众形成适应社会发展的正确价值观念，实现与全国同步进入全面小康社会的宏伟目标。而图书馆作为社会文化教育的重要组成机构，有着普及文化教育及促进群众文化素质发展的希冀与职责，在脱贫攻坚的战略之中，着力于从文化精准扶贫的角度积极参与，为全面脱贫战略提供有力的文化支撑。

二、项目理念

“少年智则国智，少年富则国富，少年强则国强”，青少年是祖国的未来和希望。实现伟大中国梦、全面奔赴小康社会，必须从青少年的教育和培养抓起。因此，新疆维吾尔自治区图书馆文化扶贫服务特面向广大青少年群体，针对此群体的特点和需求，以丰富的数字文化资源为支撑，以形式多样的活动为落脚点，将理论与实践相结合，着重于“知行合一”的教育理念。并以优秀文化资源的普及和传播，为青少年浸润精神文明的心田；以智能科技设备，带领青少年站立时代前沿，触摸科技发展的鲜活脉搏。从而得以在知行合一中，带领青少年坚定文化自信，助力脱贫攻坚总体目标的实现。

三、项目内容

以“知行合一”为理念的文化扶贫服务模式，借助“重理论、强实践、促行动”三步联动的可复制传播手段，相辅相成、层层递进。面向青少年打造系列文化活动，内容涵盖中华优秀传统文化、社会主义核心价值观、科技创新体验等；并结合丰富新颖的活动形式，引领青少年们在寓教于乐中遍阅经典，博览新知。以下为部分活动案例：

1.中华优秀传统文化体验活动——“童声雅筑，诵读经典”

（1）活动概述

“天地玄黄，宇宙洪荒。日月盈昃，辰宿列张”，《千字文》作为中华优秀传统文化的重要组成部分，在问世的一千四百多年间，一直是流传广泛的经典童蒙读物，以优美的文笔、华丽的辞藻，高声传颂着蕴含其中的传统文化魅力。因此，新疆维吾尔自治区图书馆开展《千字文》国学经典体验专场活动，实现民族文化与经典国学的完美融合，带领学生着汉服、习古礼、学习《千字文》，最终形成《千字文》国学诵读表演，带领学生跟随背景音乐集体诵读，让传统文化在现代社会再绽芳华。

（2）活动目的

通过开展“童声雅筑，诵读经典”《千字文》国学经典体验活动，带领学生们通过听、识、诵等多种形式，切身感受国学经典的深厚底蕴，并配合着汉服、习古礼，进一步加强体验感和趣味性，促进传统文化的传承和发扬。

2. 非物质文化遗产体验活动——“品味国粹经典，彩绘京剧人生”

（1）活动概述

本场活动以“京剧文化普及培训+手绘脸谱体验”的形式开展，由老师配合课件演示，为孩子们系统讲解京剧文化知识、观看京剧表演视频，并在其对京剧文化形成初步了解之后，现场开展京剧脸谱的彩绘体验活动，进一步加强孩子们对京剧文化的兴趣和认知，提升文化品位，丰富文化生活。

小朋友戴上自己绘制的脸谱后神气十足

（2）活动目的

通过开展京剧文化培训，向青少年普及京剧文化知识，传播优秀传统文化。并结合手绘脸谱体验，进一步加深孩子们对京剧文化的印象，增添活动乐趣、陶冶文化情操。

3. 非物质文化遗产体验活动——“聆听古韵，彩绘心声”

（1）活动概括

油纸伞作为起源于中国的一种纸制或布制伞，内涵丰富，寓意吉祥，深受人们的喜爱。其中，江南分水油纸伞传统制作技艺被专家誉为“中国民间伞艺的活化石”，并被列为“国家级非物质文化遗产”。本次活动通过“油纸伞历史文化培训+手绘油纸伞体验”的形式，向青少年普及油纸伞这一传统工艺品的历史由来及发展变革，在促进青少年对非物质文化遗产了解的同时，增强精神文明建设。

小朋友展示亲手绘制的油纸伞

（2）活动目的

通过对油纸伞起源传承的普及，增强群众对非物质文化遗产的了解。在动手制作的过程中，进一步加深青少年对以油纸伞为代表的非物质文化遗产的兴趣，促进非遗文化的传承。

4. 中国传统文化体验活动——“生肖欢聚，同兆丰年”

（1）活动概括

本次活动以“生肖文化培训+亲子灯笼制作”的形式开展。首先通过十二生肖相关电影或视频的放映、现场工作人员对十二生肖文化知识的讲解，向青少年普及十二生肖相关知识，增进他们对以生肖为代表的传统文化的了解和兴趣。进而，在现场组织亲子共同进行生肖灯笼制作活动，进一步加深青少年对于以生肖文化为代表的传统文化的理解，打造温馨、美好的节日氛围，丰富群众精神文化生活。

（2）活动目的

十二生肖作为中华民族历史悠久的民俗文化符号，在人们的生活中有着不可替代的重要意义。举办以十二生肖为主题的培训活动，旨在进一步向群众普及以十二生肖为代表的中华民族优秀传统文化，并通过亲子共同动手制作生肖灯笼，丰富群众的精神文化生活，为节日增添一份温馨的氛围。

5. 地图拼图大赛——“中国，一点都不能少”

（1）活动概述

本次活动采取“爱国主题影像放映+中国地图拼图大赛”的方式，以影片放映开场，让孩子们在视觉的冲击中，形成对于祖国自豪感的初印象，并在形成初印象的基础之上，趁热打铁，开展中国地图拼图大赛，让孩子们通过亲自动手拼图，进一步加深对祖国疆域的认识，激发爱国热情。比赛所用拼图全数赠予学生。

（2）活动目的

通过影片放映及拼图大赛相结合的方式，帮助孩子们进一步形成对于祖国大好河山的骄傲和自豪，以及对于“中国，一点都不能少”这一正确价值理念的认同，促进正确爱国理念的形成。

6. 3D打印笔体验活动——“神笔马良小课堂”

（1）活动概述

为响应“科技强国，科普惠民”的号召，充分展示科技融合、科技创新重大成就，新疆维吾尔自治区图书馆开展“神笔马良小课堂”活动。活动由“3D打印科普培训”和“3D打印笔实操体验”两部分组成。首先由工作人员以视频培训的方式，让青少年清楚了解平面和立体的概念以及3D打印的形成过程。在由此形成的知识指导下，组织进行3D打印笔体验活动，学习用笔技巧、拼接造型、动态造型及自由创作等，让青少年能够勇立时代前沿，更好地了解先进科技，进一步培养创新意识及科学素养。

3D打印体验现场，以及学生作品

（2）活动目的

充分响应国家号召，“科技强国，科普惠民”，将先进科技带到孩子们的日常生活中去，培养青少年的观察力、思考力、动手操作能力，培养青少年尊重科学、实事求是的科学精神及科学探究方法。

四、项目过程

项目总体分为三个阶段：第一阶段为前期准备阶段；第二阶段为彩排调试阶段；第三阶段为活动开展阶段。各阶段切实落实、步步到位，保障项目整体有序进行。

1.前期准备阶段：条条落实，确保活动顺利开展

（1）资源梳理

活动筹备期，根据活动方案需求及受众特点，查找、梳理对应的数字文化资源，为活动的开展提供理论支持和权威支撑。同时，活动讲师对资源进行熟悉、了解和延展，为活动讲解做好充分准备。

（2）物料采购

根据活动安排及需求，生成细致详尽的物料及设备采购单，并依据采购单进行活动物料及设备的采购，确保活动所需物料及设备按时到位。同时，提前联系活动场地、组织参与群众。

2.彩排调试阶段：高度负责，专业水准加强保障

（1）设备调试及现场布置

活动开展前，至少提前一天，根据活动安排对活动现场进行区域规划及物料摆放，并对活动涉及设备设施进行安装调试，确保活动的顺利完成。

（2）流程彩排

活动举办前，至少提前一天，组织相关工作人员进行活动流程彩排，完善活动举行的每一个环节，保障活动达到最佳效果。

3.活动开展阶段：分工明确，保障活动圆满完成

（1）现场检查

活动当天，工作人员需提前至少1—3小时到达活动现场，根据活动安排及职责分工，对活动现场布置、物料摆放、设备设施等各个方面进行认真细致的检查，确保每个环节落实到位，保障活动顺利进行。

（2）活动举办

工作人员根据分工安排，各司其职，负责各个环节的顺利进行，确保整场活动顺利、圆满完成。

五、成效与影响

由于在活动前期对活动主题的潜心策划、对活动物料及设备的精心挑选、对活动场地的布置打造，以及活动开展期间对现场效果的极致追求、对参与受众的认真对待等，活动引发了当地群众的热烈反响。在与现场群众的互动、对话和交流中，工作人员切实感受到了群众对活动的认可、欢迎和期待，以及他们对于后续活动的热情期盼。工作人员、参与群众和文化内容三者共同造就了一场场生动精彩的文化服务活动，在文化传播中，引领青少年坚定文化自信，激发脱贫攻坚的内生动力，向着全面建成小康生活跨步迈进！

六、分析与总结

1.“因人而异、因地制宜、因势利导”的服务模式

在文化服务的过程中，各地区群众对于精神文化的需求，会因地域、经济、文化、年龄等多方面因素的影响而有所不同。新疆维吾尔自治区图书馆根据各地区群众的现实因素，因人而异、因地制宜、因势利导地选择相应的文化服务内容，从而有针对性地开展对群众有益的文化服务活动，促使每一场活动能够产生切实、恒久的影响。

2.“最好的教育不是给予知识，而是带来行动”

在文化扶贫的过程中，新疆维吾尔自治区图书馆以优质的数字文化资源、专业严谨的公共文化服务以及普及教育、激发脱贫致富内生动力的美好希冀，为贫困地区青少年传播优秀文化、展示智能科技，开展了一系列文化服务活动，取得了群众的一致好评。相比于仅仅呈现一场精彩的文化活动，新疆维吾尔自治区图书馆更注重在服务过程中，通过与青少年的交流、互动、引导以及对优质文化内容、先进科技的讲解展示等方式，引领青少年群体拓宽视野，感受新时代下科技文化发展的迅疾和魅力，并在传播内容之外，倡导一

种主动学习、积极向上的学习态度，化被动接受为主动吸取，从而能够源源不断地获取更多文化知识，真正做到以文化强身、强国。

七、感人事迹及小故事

在整个文化扶贫服务开展的过程中，感动与触动伴着整个团队一起，铺满了服务开展的每一条线路。从一双双充斥着好奇、渴望、热情的大眼睛，到一句句“老师好”“老师辛苦了”的稚嫩童声，都是对此次文化扶贫活动价值的最大肯定。其中最令人印象深刻的是一位老人。一次活动结束后，团队工作人员受邀去老人家里参观，得知活动场地中的图书是老人以个人积蓄购买，免费为村民和孩子们开放观看的。对此，团队深受感动。这位老人，以及与老人一样以自己的力量默默为身边的人、为文化发展作出贡献的人们，与青少年群体共同诠释着祖国未来发展的希望。

文化援疆　助力精准扶贫

——以首都图书馆“童沐书香”讲故事志愿服务项目为例

潘　森　杨芳怀　肖维平（首都图书馆）

一、开展背景

文化援疆是新时代新疆地区扶贫工作的重要内容，关系着贫困地区群众的思想观念转变、自我脱贫能力提升，是加快精准脱贫的综合性、系统性工程。公共图书馆作为社会公共智力资源服务体系，承担着为广大人民群众提供文化服务的神圣使命，是新时代实施文化扶贫援建工作的重要载体。

2018年，首都图书馆（以下简称“首图”）作为“北京市对口扶贫协作领域文化交往交流项目”承办单位，结合新疆和田地区图书馆提出的加强读者服务指导、馆员培训等相关需求，积极探索公共文化扶贫援建之路，通过搭建文化志愿服务平台，持续帮扶和田地区图书馆业务建设，满足民众文化需求，扎实推进文化援疆工作，取得一定成果。

二、主要内容

1.搭建志愿服务平台，开展文化扶贫援建

首图通过实地调研、文案调研、网络调研等方式，在了解受援地区群众实际文化需求的基础上，秉持“应扶尽扶”原则，精心设计了以志愿服务为媒介、以志愿者为服务主体的文化扶贫援建方案。2018年和2019年，首图分两批组织70名志愿者赴和田地区开展文化支援志愿公益活动，累计举办阅读推广活动、阅读指导培训及文化讲座等活动近50场，服务读者近3800人次，惠及百姓近8万人。志愿者累计服务时长近4300小时。

2019年11月，文化志愿者赴和田开展“书香智远，扶志同行”文化支援志愿公益活动

2.和田地区学前儿童汉语教育现状

和田地区位于新疆维吾尔自治区最南端，是少数民族高度聚居地区。总面积24.81万平方公里，总人口232.43万人，其中维吾尔族224.81万人，汉族7.12万人。全地区有图书馆9个，各类学校2098所，在校学生78.31万人。其中，

各类幼儿园1267所，学前师资11949人（包括在编教师、支教教师、临聘教师），在园儿童29.07万人①。和田地区村村建有标准化幼儿园，已实现所有适龄幼儿应入尽入、学前双语教育全覆盖②。但汉语语言环境、教学环境、基础设施和设备相对较差，缺乏汉语水平高、教学能力强、专业技能扎实、综合素质全面的学前教师。各幼儿园的语言特色课开设得比较随意，很多幼儿园只将汉语作为语言来学习，弱化了其在传递思想、传承文化、情感交流等方面的作用。

3.择需择优设置文化扶贫援建项目

“童沐书香”讲故事志愿服务项目是首图结合读者需求和业务专长开展的未成年人阅读推广服务项目。项目开展以来，吸引了众多致力于未成年人阅读推广的志愿者参与其中。由于服务成效突出，该项目于2018年荣获“第四届中国青年志愿服务项目大赛银奖”。

针对和田地区学龄前儿童自主学习能力欠缺、阅读水平较低、汉语教育方式落后、优质阅读资源匮乏的阅读现状，首图结合《新疆维吾尔自治区教育事业发展“十三五”规划》要求，打造了以激发幼儿汉语学习兴趣、提升阅读能力、加强阅读指导为主要目的，以讲绘本故事、做互动游戏、学生活技能为主要内容，具精准性、专业性、创新性的援疆版“童沐书香”讲故事志愿服务项目。

三、项目过程

1.从需求出发，制定项目方案

为保障文化援建工作顺利开展，首图率先成立由文化志愿服务中心成员组成的专项工作组（以下简称“专项组”），责成专人因地制宜制定项目方案。方案就策划、实施、统筹、管理和宣传等工作进行明确分工，以吸引更多未成年人走进图书馆，享受高品质的文化服务。

---

① 和田地区行政公署.和田概况[EB/OL].［2019-05-19］. https://www.xjht.gov.cn/article/list.php?catid=142.

② 马玲娟,高晶.新形势下新疆和田地区学前双语教育情况研究[J].创新创业理论研究与实践,2019,6（12）:100-101.

2018年8月23日，“童沐书香”讲故事志愿服务项目
在和田地区图书馆开展活动

2.从源头抓起，保障项目落地

项目筹备中，首图从源头严把“质量”关。首先筛选2—3名政治过硬、业务过硬、一专多能、时间充裕、身体健康的专家型文化志愿者参与服务；初筛后，符合条件的志愿者按要求填报信息登记表，并结合项目方案，报送3—5个针对不同年龄段、活动体量、活动条件、阅读水平的绘本故事教案；全部材料经专项组评审后，通过审核的志愿者还需要参加不少于8学时的集中专题培训课程，深入了解服务项目及和田地区概况等信息。

3.从细节做起，弥补项目不足

实地服务时，志愿者们会组成工作组完成服务项目。其中，主讲志愿者负责绘本故事的讲述，辅助志愿者则侧重于辅助教学和活动信息的采集。服务结束后，工作组通过归纳现场采集的读者反馈意见和活动信息，梳理服务短板，弥补不足之处。

4.总结经验成果，致力项目推广

项目结束后，专项组坚持“三结合”原则，即结合工作组及个人工作总结，结合和田地区图书馆、受援校服务反馈意见，结合京和两地新闻报道等，多角度、全方位梳理项目流程，整理项目档案，总结项目经验成果，以期与公共图书馆同仁分享工作成果，为公共文化领域有序开展精准扶贫工作提供宝贵经验。

首图文化扶贫工作受到社会各界广泛关注，被《北京日报》《中国文化报》《新京报》等媒体相继报道。2019年“书香援疆”志愿项目荣获首都学雷锋志愿服务“五个100”最佳志愿服务项目。

四、成效与影响

1.提高图书馆公众认知度

提高读者对图书馆的认知度，让更多的读者走进图书馆、利用图书馆，最终实现公共文化服务设施社会效益“最大化”，是摆在和田地区图书馆面前最基本、最重要的命题。

和田地区图书馆自2017年改建开放以来，就深受群众好评。很多学生读者选择在这里进行课外阅读。在首图赴和田地区开展文化扶贫援建后，该馆建设水平、管理水平和服务水平都更上一层楼。每到周末，读书爱好者们在这里欢聚一堂，共品书香、共诵美文、共享阅读之乐。和田地区图书馆也逐步从“藏书馆”转型为当地民众生活“第三空间”。

2019年9月4日，和田地区图书馆“图书流通点”走进天天幼儿园

2.文化志愿服务走进群众视野

“童沐书香”讲故事志愿服务项目的开展，是公共文化服务领域参与精准

扶贫的路径探索，也是文化志愿服务不断丰富内涵品质、回应群众日益增长的精神文化需要的重要体现。

两年来，通过开展文化扶贫援建项目，文化志愿者的形象在和田地区树立起来，文化志愿服务也在当地扎根发芽，越来越多的人加入到文化志愿活动中，越来越多的人享受到文化志愿服务带来的红利。文化志愿服务正以其润物无声的方式涵养着这片土地，逐步夯实了新疆建设发展的基础。

3.开创受援地汉语教学新模式

实践证明，在和田地区有针对性地开展“童沐书香”讲故事志愿服务项目，创新了当地汉语教学模式。

“原来故事还可以这样讲”，是项目在幼儿园进行服务时收集最多的反馈意见。和田地区很多幼儿园原本开设的语言特色课程难以满足学前儿童需求。现场服务的开展，令幼师们茅塞顿开。他们认为，服务的开展不仅丰富了孩子的阅读生活，开阔了孩子们的视野，也提高了幼儿园的汉语教学质量，提升了幼师自身汉语教学能力。他们希望图书馆可以送来更丰富的阅读资源、委派更多的志愿者参与学前儿童汉语教学。为此，2019年和田地区图书馆进一步延伸服务触角，在幼儿园设立“图书流通点”，满足幼儿、幼师、家长的阅读需求。

4.促进京和两地文化交流

和田地区地处南疆，是少数民族高度聚集、经济发展相对滞后、群众教育水平偏低地区。

行前培训时，有志愿者担心因文化差异、饮食习惯和自然环境等因素，影响民族团结和服务效果。服务归来后，很多志愿者表示，文化援疆加深了京和两地人民对中华文化的归属感和认同感，消除了他们行前对新疆的“误解”，更深深感受到以文化的认同推动民族的认同、以文化的力量推动文明的发展的重要意义。

五、分析与总结

1.文化扶贫应坚持政府主导与社会参与并重

文化扶贫离不开政府主导和社会各界的广泛参与。公共图书馆作为政府主导的公共文化服务单位，应坚持问题导向，广泛发动社会力量参与革命老区、民族地区、边疆地区和贫困地区公共文化事业发展，为脱贫攻坚取得全面胜利提供智力支持。

“童沐书香”讲故事志愿服务项目的开展让我们深刻认识到，文化扶贫是新时期精准扶贫的重要途径，公共图书馆是文化扶贫的重要载体。和田地区图书馆作为和田地区重要的信息枢纽和社会教育机构，应更好地吸引社会力量参与和田地区学前儿童汉语教育。未来，可以尝试打造文化志愿服务队伍、建设国家通用语言教学基地、开设“互联网+”在线教育等方式，为当地培训素质全面、能力卓越、技能娴熟的汉语教师队伍，安排他们到有需要的学校、社区、乡村或其他场所开展汉语推广普及工作，为当地群众特别是为学前儿童搭建汉语会话环境，改善落后的汉语学习和阅读现状。

2. 文化扶贫应坚持外部扶持与内在激发并重

“治贫”必先“治愚”。文化扶贫的关键在于切实提高贫困群众的思想文化素质和科学技术水平，通过形成内生动力、激发发展潜力，最终实现全面脱贫。

文化扶贫工作中，公共图书馆应利用政策、经费、资源等优势，做好外部扶持。结合和田地区实际情况，和田地区图书馆应借鉴“首图文化志愿服务模式”，建立自身文化志愿服务队伍，打造文化志愿服务品牌。其次，应凭借文化志愿品牌活动做好内部激发。可以通过持续开展“童沐书香”讲故事志愿服务项目，以儿童喜闻乐见的形式“扶文化、扶思想、扶信心”，让孩子们在不断提高自身文化素养的过程中，激发摆脱贫困的决心和能力，最终从根本上切断贫困的源头。

3. 文化扶贫应坚持硬件建设与软件建设并重

如果说公共图书馆是文化扶贫的硬件所在，那么通过图书馆开展的各类读者服务和文化活动则构成文化扶贫的软件。

进入新时代，加强汉语推广普及面临着新任务新要求。和田地区图书馆应进一步挖掘馆内外资源打造汉语教学基地，通过整合“新疆特色”汉语教师、教学和社会机构等资源组建汉语推广普及专家志愿服务团队、培育汉语教师职后培训课程和易于落地的汉语学习教程，为各族教师搭建开放的专业技术平台和教育资源共享平台，为相关院校以及有志愿参与汉语推广普及的人群提供广阔的实践平台，为有提升汉语需要的各族人民提供均等、便捷的学习平台，发挥公共文化服务在增进文化认同、情感交流和民族团结等方面的重要作用。

4.文化扶贫应坚持传统要素与新兴技术并重

在少数民族高度聚居的和田地区，由于语言文字、历史传统、宗教信仰、生产生活方式不同，各族人民对文化的感受、需求、理解也会存在不同程度的差异。所以，在和田地区开展各项工作的基础就是“扶文化”，率先确保语言相通。

语言是人们进行交流和沟通的工具，学习语言则是在社会关系语境和言语活动中实现的。随着互联网产业、信息化技术的飞速发展，越来越多的新产品、新技术运用于语言教学，产生了积极、科学、显著的成效。

改建后的和田地区图书馆现有阅览座位812个，供读者使用的计算机数量160台，馆内无线网络全覆盖，新馆硬件条件已达到国家二级馆的标准。基于此，我们认为和田地区图书馆已具备开设“互联网+”在线教育的基本条件。和田地区图书馆应转变服务模式，利用技术创新服务，将传统的线下服务模式转化为线上服务模式。同时，还应探索O2O混合教学模式，让优质、丰富的教育资源走去需要它的地方，为当地民众提供更多样、更便捷、更低成本的语言学习方式，提高学习效率，保证学习效果。

5.文化扶贫应坚持文化融合与情感交流并重

亲赴和田参与文化扶贫，让我们认识到语言不仅是沟通交流的工具，还是情感的桥梁，它可以让我们更好地交融、团结，彼此把心贴得更近。

作为政府主导的公共文化服务机构，和田地区图书馆首先应努力发挥社会教育职能，既要重视汉语推广普及，还应开展文化融合教育，让各族人民群众互相学习、博采众长，扩大交往交流，促使文化交融，铸牢中华民族共同体意识。其次，要在语言相通的基础上，进一步加强与贫困群众的情感交流。扶贫工作要坚持文化先行。文化先行则语言相通，语言相通则人心相通。扶贫工作要“接地气”：要用贫困群众听得懂的语言与他们沟通，深刻了解他们的诉求；要和贫困群众打成一片，融为一体，把服务送到群众的心坎里；要成为贫困群众的朋友，甚至是家人，最终获得他们的支持和信任，为赢取脱贫攻坚全面胜利提供重要保障。

发挥文化资源优势　帮助农村电商发展

——广西壮族自治区桂林图书馆文化扶贫案例

钟　琼　谢秋发　黄　萍　韦喜媛　赵　泽
（广西壮族自治区桂林图书馆）

一、项目背景

广西壮族自治区桂林市龙胜各族自治县是国家级贫困县、少数民族自治县、边远山区县，2016年入选“国家电子商务进农村综合示范县”，重点发展电子商务，由此催生了一大批依托互联网平台经营销售农产品的农民群众。但由于农村基础设施不健全、人才匮乏、农民文化素质不高，缺乏电子商务意识和信息技术等相关知识，大多数农产品仍处于低价营销状态，农民群众对于文化知识、电子商务、信息技术的需求越来越大。

公共图书馆是开展人民文化服务、传播知识的主要阵地，文化与农村经济的融合离不开图书馆的参与。近年来，广西壮族自治区桂林图书馆（以下简称“桂林图书馆”）积极贯彻党的方针政策，结合图书馆丰富的资源优势，大力开展文化扶贫工作，助力精准扶贫。经过深入细致的调研，确定将龙胜各族自治县作为文化扶贫的重点县，以文化扶贫为导向，以满足农民实际需求为目标，以服务农村经济为工作思路，以电商扶贫为抓手，协同基层图书馆、文化站、文化室等单位，从信息、文献、人才等方面为农民提供信息知识、资源共享、创业培训等服务，有效地发挥图书馆的文化惠民作用，帮助农村电商发展。

二、项目内容

1.加强农村电商人才培养

桂林图书馆依托“三区”人才支持计划，立足于龙胜经济发展、市场需求，依照龙胜县电子商务进农村项目要求，针对性地设计符合实际情况的培训模式和课程体系，打造本地农村电商人才队伍，为龙胜县电子商务发展提供强有力的技术服务支持和人才保障。

（1）加强电商管理型人才培训。对县、乡（镇）文化站负责人、农家书屋管理员开展电商管理人员培训，邀请桂林电子科技大学教授及广西桂林图书馆专业技术人员为其讲授“互联网+现代农业”推动农村电商可持续发展、乡镇文化站规范管理及要求、公共数字文化资源在乡镇村屯的应用等知识，加强电子商务使用人才和管理人才的培养。

学员利用抖音短视频推广销售产品

（2）加强电商实践型人才培养。组织龙胜县各乡（镇）村民、电商创业者等进行培训，内容涉及电脑操作基础、电商运营技能提升、淘宝开店流程及运营推广方案探讨、微信商城开店流程及运营推广方案探讨等方面。力图通过培训，提升当地村民对电脑使用的熟练度和对电商网络营销的认知度，培养村民的互联网时代新思维，普及电子商务知识和创业技能，达到提升农村电商从业人员实践技能运用能力的目的。

（3）强化跟踪回访，增强培训效果

“实地走访”实现面对面交流。桂林图书馆工作人员通过在生产厂房、田间地头开展“面对面”的走访交流形式，及时了解电商实际困难及需求，调整合理的培训方案及内容。

“电话回访”进行高效指导。培训过后，桂林图书馆工作人员随时对培训人员进行电话回访，了解学员需求，帮助他们利用图书馆资源发展电商经济，激发创业信心。

“微信QQ交流群”实现技术资源共享。桂林图书馆邀请授课专家和培训学员加入微信与QQ交流群，使培训老师与电商之间、电商与电商之间可以相互交流生产技术、创业心得和创业经验，为电商们搭建一个便捷高效的信息交流平台。目前，电商培训班微信群共有70余人加入。

中国图书馆学会公共图书馆分会扶贫工作委员会委员与电商代表进行座谈

2.立足资源优势，全面提高电商素质和文化水平

桂林图书馆根据公共文化服务相关标准，不断完善基础设施。加强电子阅览室建设，实现无线网络全覆盖，完善VPN与基层点相连，信息资源共建共享等。立足本馆数字资源优势，以信息、网络、场地、平台、设备、人员等为融入形式，通过文化信息共享工程为电商提供免费公益服务。免费提供图书文献、电脑以供查阅资料，免费提供图书馆数据库等资源，为电商创业者提供良好的阅读环境和数字资源，并对其免费开展各项使用培训，以提高信息技术使用能力，切实满足电商创业者的数字资源阅读和使用需求。

桂林图书馆充分利用文献资源，结合图书馆宣传周、“三下乡”和图书流通服务车等举措，开展送文化、送信息、送科技服务，将农业知识、国家政策、科学技术方面的书籍送到群众手里，为农村电商提供知识和技术保障。依托桂林图书馆经典诵读、百姓文化大讲坛等阅读推广活动品牌，开展讲座、展览等全民阅读活动，邀请专家学者走近电商，引领电商人员一起学新知、读经典、讲文化，不断增强电商人员阅读意识，提升其文化素养，保障农村电商享受公共文化服务的权利，全面提高电商素质和文化水平。

3.多方合作，深化区域联动

桂林图书馆注重畅通各高校、各地方政府部门的沟通渠道，与各方力量联合举办农家书屋培训、数字图书馆培训、电商培训。邀请桂林电子科技大学教授和龙胜县文体新广体局领导、党校老师为学员们授课，加强农村电商理论学习。指导龙胜县图书馆以信息技术、信息网络和电商培训为服务手段，通过文化信息共享系统为电商提供免费网络使用、电商培训等公益服务。龙胜县图书馆业务骨干利用所学专业知识和实践经验，举办讲座，大力宣传图书馆职能及作用，提高电商们对图书馆的认识，并利用图书馆文献资源、数字资源为电商服务，发展农村电商。结合文化惠民工程，依托龙胜县农家书屋开展电商服务工作，为农村电商的发展营造文化氛围。凝聚图书馆志愿者力量，组织志愿者协助开展数字图书馆推广、数字阅读等数字阅读推广活动，为电商发放使用手册宣传资料，引导电商人员通过登录桂林图书馆网站，免费享受查阅新闻资讯、方针政策、数字资源、书目检索等服务，收到很好的社会效益。

三、创新亮点

1.多方联动，创新服务模式

省馆、县馆、乡镇文化站共同参与文化扶贫工作，分工明确，直接面向乡镇、村屯的农民群众开展农村电商创业培训。省馆负责组织策划和管理，提供技术、资源和人才支持；县馆负责执行和跟踪；乡镇文化站负责调研摸底和信息反馈。同时，借助文化共享工程搭建的省级分中心—县级支中心—乡镇服务点这一多级网络平台，实现数字资源传输和网络培训等功能。

2.项目起步较早，注重发挥省级图书馆的资源优势和人才优势

2016年，桂林图书馆启动电商文化扶贫项目，这在广西图书馆界乃至全国图书馆界都走在前列。经调研确定在龙胜县试点该项目后，桂林图书馆有针对性地收集整理当地土特产品种植、加工的相关资料，并配送到县馆和乡镇文化站；邀请在网站建设和电商运营方面具有丰富实践经验的高校专家担任项目的志愿者，负责培训授课并定期对部分已开店学员进行店铺诊断服务，使学员的学习更加深入，进一步夯实“农村产品”上行基础。

3.注重培养农村电子商务的可持续发展能力

桂林图书馆注重完善培训后服务机制，对已参加培训的学员定期进行跟

踪回访，记录开店率及店铺销售额。对重点学员进行创业就业跟踪服务指导，组织专家现场指导。建立微信群和QQ群，实时开展店铺诊断服务，有针对性地提出学员店铺中存在的问题及需要改进的重点，提升店铺质量与销售额。注重总结经验，推广典型模式，不断扩大示范效应。

四、成效及评价

1.项目成效

通过桂林图书馆一系列文化扶贫工作的开展，农村电商得以发展，取得一定成效。桂林图书馆先后多次在龙胜县、灌阳县、兴安县举办了农村电商培训班，培训人员达600余人，培训对象包括乡（镇）村民、大中专毕业生、电子商务创业者等。通过培训，当地村民基本已经能使用电脑、智能手机进行电商网络营销，达到了提升农村电商从业人员实践技能运用能力的目的。

在龙胜举办农村电商知识培训班

龙胜各族自治县三门镇村民唐志军，原先经营一家以油茶为原料的加工厂，产品只在线下销售。通过参加桂林图书馆和龙胜图书馆联合举办的电商培训班，他学会了各种电商平台的使用和管理技能，不仅开了淘宝店，还利用微信、抖音等平台将产品向大众推广。他向专业老师请教，在包装上进行改良。改良后的产品使用更加便利，更受大家的喜爱。近年来百香果市场价格喜人，他敏锐地察觉到了商机，扩大了黄金百香果的种植规模，同时成熟地运用所学的电商知识，在抖音上自拍特色短视频，收获了不少粉丝，更拓宽了黄金百香果的销售渠道。在今年桂林图书馆的“春雨工程”进西吉的电商成果展中，唐志军的黄金百香果大受西吉人民的欢迎，一下子收获了二百余位潜在客户。唐志军的油茶加工、黄金百香果种植与电商相结合，不仅为村民提供了就业岗位，更带动了周边村民的发家致富。

桂林图书馆多次邀请成功电商在座谈会、经验交流会、微信QQ群、电商培训活动中，分享培训心得、与其他电商人员交流电商经验。村民们从参与者、被培训者成为培训者、经验交流者。2019年，在桂林召开的中图学会公共图书馆分会2019年度图书馆扶贫工作专题会议中，邀请委员们与电商交流座谈。委员们为电商们出谋划策，表示图书馆将进一步为电商搭建更多平台，充分利用图书馆资源服务农村电商。电商们也现身说法，感谢图书馆切实开展的电商服务工作，为其实施农村电子商务培训，提高了他们的互联网知识，扩大了销售渠道。

2.评价

实践证明，图书馆利用文化资源优势，为农民群众免费提供文献资源和数字资源，可以帮助农民有效利用图书馆的信息资源和文化服务，掌握最新的科学技术，通过网络平台进行电商销售，增加收入。这一举措也带动更多的农民走进图书馆，提高了图书广告自身的社会影响力，有助于图书馆实现帮助农村电商发展、助力精准扶贫的目标。

十年帮扶路　情暖基层馆

——西安科技大学图书馆对口帮扶基层图书馆活动案例

冯永财　郭利伟　谭　博　程时星　贾国柱（西安科技大学图书馆）

一、项目背景

为响应2010年3月陕西省图书馆学会、陕西省高校图工委在省图书馆学会理事会会议上提出的《开展省内图书馆结对共建活动，扶持落后地区县级公共图书馆发展》建议案，深入贯彻落实国务院办公厅《关于加快构建现代公共文化服务体系的意见》和七部委《“十三五”时期贫困地区公共文化服务体系建设规划纲要》提出“建立文化结对帮扶工作机制”的精神，同时也为尽早实现陕西省委、省政府提出的2020年陕西贫困县实现“文化脱贫”的任务目标贡献自己的一份力量，西安科技大学图书馆（以下简称“我馆”）于2010年开始积极参与陕西省图书馆学会组织的基层图书馆帮扶活动。2013年起，我馆在陕西省图书馆学会与省高校图工委组织协调下，扛起对口帮扶基层图书馆的大旗，分别与洋县图书馆、佛坪县图书馆、长安区图书馆、凤翔县图书馆、安康市九县一区图书馆等建立长期结对帮扶关系，积极开展对口帮扶活动。

二、项目内容

1.资源对口帮扶

基层图书馆由于经费有限，对于纸质资源补给和数字资源共享的需求迫切。针对基层图书馆资源建设面临的困难，我馆充分发挥高校图书馆的资源特色和优势，通过捐赠书刊和共享资源，对基层图书馆进行资源对口帮扶建设。同时，我馆还积极联系公益基金会及出版商，为基层图书馆争取到北京蔚蓝公益基金会及出版商捐赠的纸质书刊、字画、数字资源等。纸质资源及电子书刊、图片、音视频等多类型数字资源的输入，充实了基层图书馆馆藏，从种类、数量、覆盖范围等方面丰富了基层图书馆的服务内容和形式，有效改善了基层图书馆资源匮乏的窘境。

2.技术有效支持

基层图书馆计算机网络建设滞后、自动化水平低，馆员计算机知识和网络操作技能欠缺，急需相应的技术支持与指导。对此，我馆调动馆内技术人才，深入基层图书馆，对其技术困境进行实地调研，并把先进技术带到实践中，结合基层实际问题进行有效技术指导。通过对基层图书馆进行计算机检修、辅助计算机维护管理、移动图书馆升级、举办读者电脑培训会、互联网基础知识和数据库检索等方面的实践指导，为其提供一系列具体、有效、实用的技术支持。

3.人员专业培训

基层图书馆馆员整体学历偏低，具有图情专业背景的人员少，接受专业培训的机会也较少。我馆馆员竭尽所能，利用周末、暑假时间跋山涉水深入基层图书馆进行现场培训，结合自身业务经验及对新理念、新技术的感知，为基层馆员开展了包括现代图书馆制度建设与服务理念、文献资源建设与共享等在内的专业培训，培训内容系统、丰富。同时，我馆还建立QQ业务交流群，突破时间和空间限制，保证业务培训指导的可持续性。

4.特色文化帮扶

近些年，基层图书馆积极启动“抢救和保护中国人类口头和非物质文化遗产工程”，但人员不足、技术落后等因素限制了其非遗抢救进程。我馆主动帮扶基层图书馆参与地方非遗传承、保护与宣传工作，与其联合开展口述历史项目，帮助其分析非遗文化传承中的问题，结合实情开展网络宣传和营销策划；在基层群众和大学生中宣传普及非遗保护知识，让他们真正了解非遗，更好地担当起非遗传承工作；同时积极参与非遗传承人口述历史采集工作；并对采集到的资料进行整理、加工，制作口述历史档案，为地方非遗文化发展贡献力量。

5.管理制度设计

我国县级总分馆制建设仍处于探索阶段，需要与各类图书馆相互交流、借鉴经验、取长补短，设计出更优化的管理制度。我馆管理层多次赴基层图书馆调研，双方就资源建设、读者服务、空间改造、制度设计及标准设定、公共设施布局及新建图书馆选址等进行交流座谈，为基层图书馆设计管理制度、提供发展规划思路，为其总分馆制建设提供实地业务指导和技术支持，帮助其形成上下联通、运转高效、服务优质的总分馆运行机制，促进公共文化服务供给惠及基层各地。

三、项目过程

1.对洋县图书馆及中学的帮扶活动

2013年，我馆联系北京蔚蓝公益基金会，促成其向洋县图书馆捐赠10万码洋图书。2015年9月，我馆再次联系北京蔚蓝公益基金会，促成其向洋县图书馆捐赠10万码洋图书补充馆藏。2017年11月，我馆派六人参加了由省图书馆学会组织的对口帮扶活动，向汉中市洋县金水初级中学捐赠图书、学习用品、书画作品等。同时，也向洋县图书馆捐赠图书、书画作品等，进行参观并开展业务交流。

2.对佛坪县图书馆的帮扶活动

2015年12月，我馆派五人赴佛坪县图书馆捐赠图书，并对馆内的省文化共享工程计算机进行检修，对其馆员进行业务指导，双方商定在人才培训、技术服务、图书资源共享等方面开展深层次合作。2016年9月，我馆联系北京蔚蓝公益基金会，促成其向佛坪县图书馆捐赠10万码洋图书，用以补充馆藏。2017年11月，我馆派六人赴佛坪县图书馆捐赠图书、学习用品、书画作品等，并进行深入交流。2019年12月，我馆向佛坪县图书馆捐赠图书、书画作品等，并开展业务交流。

赴汉中市洋县金水初级中学进行帮扶捐赠活动

3.对长安区图书馆的帮扶活动

2016年4月，我馆与长安区图书馆开展帮扶共建活动。我馆向长安区图书馆捐赠图书，派出业务骨干考察抱龙峪村农家书屋。两馆在人员培训、业务交流、资源共享等方面达成合作意向。2016年11月，我馆与长安区图书馆开展结对帮扶活动，向长安区图书馆赠送图书，并就两馆开展业务交流、人员培训、技术指导、阅读推广活动等交换了意见。同时，我馆派出业务骨干与志愿者一同前往长安区杜回村、香积寺村农家书屋进行现场帮扶活动。

4.对凤翔县图书馆的帮扶活动

2019年4月，我馆派十二人前往凤翔县图书馆，参加非遗传承人“口述历史”项目论证暨结对签约仪式。我馆向凤翔县图书馆捐赠图书200余册，计划在开展口述历史项目的基础上进行文化帮扶。2019年7月，我馆和凤翔县图书馆结对合作。在校团委支持下，我馆与地质与环境学院共同组织，借助暑期大学生三下乡活动平台，组织大学生深入凤翔县，以“凤翔木板年画”“凤翔泥塑”等一批非物质文化遗产的传承人口述历史采集活动为主线，以调查大学生贫困家庭阻断贫困代际传递情况为支线，开展了第二期西安科技大学图书馆非遗传承口述历史项目。

赴凤翔县图书馆开展非遗传承口述历史项目帮扶活动

赴安康市九县一区开展基层图书馆业务培训帮扶活动

5.与安康市九县一区图书馆的帮扶活动

2019年5月，我馆参与安康市“创建国家公共文化服务体系示范区”项目建设，联合北京蔚蓝公益基金会向紫阳县、岚皋县、镇坪县图书馆捐赠价值30万元纸质图书。2019年7—8月，由我馆实施，安康市图书馆及各县区文旅广电局协助组织的“安康·阅读起跑线”馆员培训项目，先后在安康九县一区举行。培训内容包括：基层图书馆馆员业务素质提升、现代图书馆管理与服务体系建设、信息资源检索与利用、阅读推广组织与策划、图书馆管理系统操作与计算机基础知识等。7月采用业务知识在线咨询及实地业务指导两种形式，8月后转入线上培训。

6.对其他区县图书馆的帮扶活动

2017年1月，为推动西安市“国家公共文化服务体系示范项目”创建工作，提高区县图书馆服务软实力，我馆派七人赴户县图书馆开展对口帮扶。双方进行了图书捐赠与交换。我馆馆员结合《西安市公共图书馆服务产品“一体六翼”供给侧结构改革方案》要求，针对户县图书馆建设与管理中存在的问题做专题讲座，并按照“学徒制”模式对其馆员进行了一对一指导，就长期对口帮扶做了安排。

2017年9月，为持续推动西安市“国家公共文化服务体系示范项目”创建工作，提高区县图书馆服务软实力，我馆派四人赴临潼区图书馆开展对口帮扶活动。四人参与了临潼区移动图书馆升级开通仪式，向临潼区图书馆捐赠图书，对其老年读者进行了电脑操作和上网知识培训与实践指导。

赴临渭区开展非遗传承口述历史项目帮扶活动

2018年7月，在校团委支持下，由我馆、临渭区图书馆、临渭区文化馆三方共同组织，借助暑期三下乡活动平台，组织大学生到渭南市对“秦源影雕黑陶”“阳郭草编”“渭南剪纸”“华阴老腔”等一批非物质文化遗产的传承人进行口述历史采集，并在采集工作完成后进行资料整理、加工，制作口述历史档案。

2019年10月，在省图书馆学会协作协调委员会组织与协调下，我馆派七人赴韩城司马迁图书馆进行业务指导。双方就资源建设、读者服务、空间改造、管理模式等进行了交流座谈，我馆向司马迁图书馆捐赠了图书与字画。

2020年9月，我馆派八人赴铜川市，与王益区文化和旅游局就分馆服务点建设、技术应用、服务拓展等开展业务指导。我馆向王益区文化和旅游局捐赠图书150余册，实地参观了军台岭红色书屋和正在建设的王益城市书房，围绕城市书房的功能划分、内容展示、服务特点、文化体现、理念贯彻等进行交流。

四、项目特色

1.拓展高校图书馆服务职能

我馆充分发挥高校资源和专业服务优势，积极参与基层图书馆建设，打破服务范围和内容局限，践行高校图书馆规程，拓展了高校图书馆服务职能和馆员专业视野，在高校图书馆开展社会化服务方面进行了积极的探索。

2.带动基层图书馆科学发展

我馆以“精准扶贫”为导向，以“结对帮扶”为组织形式，深入调研基层图书馆需求，根据需求为其提供切实帮助。帮扶形式多样、内容丰富，从馆藏资源配置、设备更新、业务升级、功能重构、制度改革等方面入手，使其向更专业、科学的方向发展。这有助于推动陕西省区域图书馆间的合作共赢、共同成长，提升公共文化服务水平，从而最终实现乡村振兴。

3.探索社会力量帮扶基层图书馆新模式

我馆在对口帮扶活动中，坚持“补短板、强弱项、抓重点、促发展”原则，积极动员高校图书馆等社会力量积极参与贫困地区图书馆对口帮扶。这是实现图书馆事业全面发展的重要途径，值得推广。这也为探索其他社会力量参与贫困地区基层图书馆建设提供了思路和方法。

五、经验总结

1.帮扶活动形成长效机制

结对帮扶活动充分发挥了高校图书馆的人才、技术和资源优势。针对贫困地区基层图书馆硬件设施相对落后、文化软实力弱等亟待解决的问题，通过陕西省图书馆学会、省高校图工委组织协调，已经形成我馆与佛坪县图书馆、长安区图书馆的结对帮扶长效机制。

2.结对帮扶工作成效凸显

结对帮扶活动得到基层图书馆的热烈欢迎，活动进展情况良好。结对帮扶双方通过现场沟通交流、捐赠书刊、技术指导、馆员培训等形式开展帮扶工作，为基层图书馆馆藏建设、读者服务、技术支持、管理制度、发展规划等提供支持，提升了基层图书馆馆员的业务素质、服务能力与效能，对国家公共文化服务建设起到积极推动作用，体现了高校图书馆的社会效益和价值。

3.帮扶活动得到社会肯定

我馆十年来的帮扶实践，是高校图书馆践行社会服务职能、参与文化扶贫的具体举措，取得了良好效果，赢得了良好社会声誉。在安康市创建国家公共文化服务体系示范区"安康·阅读起跑线"社会力量帮扶基层图书馆项目中，我馆被授予先进集体荣誉称号，我馆七位同志被授予先进个人荣誉称号。2020年，我馆被陕西省图书馆学会、陕西省高校图工委评为"2010年—2019年全省图书馆结对帮扶先进单位"。

4.理论联系实践，产出系列科研成果

我馆坚持理论与实践相结合，以"高校图书馆与贫困地区公共图书馆结对帮扶"为主题，产出一系列卓有成效的研究成果：发表论文17篇，获批陕西省社科基金等项目3项，成果获厅局级以上奖励8项。这些成果在高校图书馆帮扶贫困地区图书馆建设研究方面有较大影响，在业界得到肯定与好评。

5.面临的困难及下一步工作思路

（1）面临的困难。高校图书馆和基层图书馆存在诸多差异，高校图书馆主要任务是为校内师生教学和科研服务，帮扶基层图书馆对高校图书馆工作承载量和馆员业务能力提出了更大考验，也给高校图书馆的资源、资金、人才队伍、设施设备等方面施加了许多压力。同时，条块分割、法律法规缺失等因素也增加了高校图书馆帮扶基层图书馆的活动成本。高校图书馆帮扶基层图书馆的实践，需要政府、图书馆学会和高校在政策、法规细则、资金、保障措施等方面予以支持。

（2）下一步工作设想。第一，完善帮扶制度。加强帮扶制度建设，进一步明确帮扶责任、目标、内容、模式等，形成可操作、可检查、可评估的工作计划、时间表和路线图，不断完善帮扶计划并建立长效机制，为持续提升帮扶效果做好保障。第二，探索帮扶模式。尽可能建立政府主导的帮扶模式。在帮扶理念、方法及内容等方面进一步探索，为其他区县图书馆后续帮扶工作奠定基础。第三，科学制定帮扶方案。推行“一县一方案”，采用全员参与、多高校馆联动机制对贫困县图书馆进行精准帮扶，同时帮扶工作要与贫困县城镇化建设、经济建设与文化产业发展密切结合，使帮扶工作取得实效。第四，高度重视智力帮扶。加强基层图书馆馆员培训，增强贫困县图书馆自身造血功能，促进自身能力建设，真正促进基层图书馆工作上台阶。

联姻结对脱贫攻坚　情系雪域文化暖心

——渝北区与尖扎县共建公共图书馆汉藏文化交流平台

扎西才旦　张雪梅　陈　群　张吉祥

（青海省黄南藏族自治州尖扎县图书馆）

一、共建图书信息共享的意义

国家扶贫工作的方针要求扶贫先扶志，贫困县的经济社会发展水平、文化科技水平的提升，都依赖于科技知识进步与广大群众文化素养的提高。为贯彻习近平总书记在中央第六次西藏工作座谈会上的重要讲话精神，增进汉藏文化交流，重庆市渝北区图书馆（以下简称“渝北区图书馆”）与青海省黄南藏族自治州尖扎县图书馆（以下简称“尖扎县图书馆”）友好协商，共建联姻结对帮扶，构建公共图书馆汉藏文化交流平台，充分发挥公共图书馆在扶贫攻坚战中的重要作用。扶贫共建工作致力于加强汉藏文化交流，提高公共图书馆的管理能力与使用率，大力培养图书馆管理员骨干队伍，扩大图书馆藏书量，使读书活动更加丰富，传播先进文化，为当地广大群众提供更多知识信息，为开展社会教育和构建现代公共文化服务体系发挥重要作用。扶贫共建工作有助于满足广大人民群众日益增长的文化需求，发挥公共文化服务保障功能，提高服务效能，提升公众对公共图书馆的满意度，促进公共图书馆健康发展。

渝北区图书馆“文化暖心　小书大爱”图书漂流进尖扎

二、共建图书馆信息共享的具体措施

1.培养人才，保证信息共享

在具体建立联姻结对帮扶关系的过程中，双方图书馆主要以加强免费开放服务工作交流，进一步扩大免费开放成果，开展往来参观考察，组织业务研讨会及汉藏文化交流，提高免费开放服务效能等工作为主，促进公共图书馆事业持续健康发展。双方构建馆际文献互借平台，签订馆际互借协议，实现两地文献资源共建共享。双方还加强人才队伍建设，增进人才队伍培训学习，打造业务能力和服务水平过硬的工作团队。双方结合实际工作需要，定期轮流组织单位职工共同参加业务学习、培训，开展学术交流活动，培养新时代的图书馆专业人员。双方还通过开展馆际互借以丰富馆藏。渝北区图书馆在免费开放阵地服务、全民阅读推广和管理工作等方面，如同兄长一般给予尖扎县图书馆极大帮助和支持。双方结合实际工作需要，帮助挖掘、建设藏区特色优秀文化资源并对其进行推广宣传。这些都标志着尖扎县图书馆在跨省馆际交流和馆际资源共建共享方面迈出了新的步伐。

2.建立图书专架，保证知识获得通道

近年来，为了营造全民阅读的文化书香氛围，在尖扎县文体旅游广电局的大力支持下，尖扎县图书馆用心落实国家相关政策，重点强化“公共电子阅览室”建设。一方面，尖扎县图书馆用心与渝北区图书馆负责人联络跟进“公共电子阅览室”建设状况，虚心请教相关技术人员；另一方面，尖扎县图书馆独立探索，根据县读者实际状况，建立较为完善的管理制度。此外，尖扎县图书馆还专门设立“汉藏文化交流平台重庆市渝北区图书馆流通图书专架”，扩大了图书馆在读者群众中的影响力，使读者尽可能在流动与捐赠图书中享受到爱的温暖，获得知识的力量。

3.捐赠爱心图书，拓宽读者眼界

长长帮扶路，绵绵手足情；爱心无止境，联姻见真情。一直以来，渝北区图书馆针对尖扎县图书馆基础薄弱，办馆条件较差，设备、基础设施也相对落后，特别是图书严重匮乏，无法满足社会读者的渴求等现状，先后开展“捐书求知”“文化暖心”“小书大爱”活动，向尖扎县图书馆捐赠价值15余万元的图书4000余册、阿尔法蛋陪伴学习机器人4部，为尖扎县各族群众慷慨解囊献真情，捐书求知送爱心。同时为孩子们增添了新的阅读空间，开拓了小读者们的视野，让孩子们感受到了书本学习知识的乐趣。

一棵小树的成长离不开阳光的呵护，花儿的开放离不开雨露的滋润，“小书大爱”等活动的开展，寄托了重庆市渝北区图书馆对尖扎县图书馆的关爱和殷切希望，见证了渝北区图书馆一直以来心系雪域高原边疆少数民族地区、情系雪域、文化暖心的赤子之心！这不仅是对尖扎县图书馆物质上的关怀，更是对尖扎县图书馆全体工作人员的精神鼓励。

三、共建图书馆信息共享的益处

1.温暖了孩子们的心

一本书，一份爱，成就一个梦想；一部阅读机，一份情，让无限希望启航。共建图书馆的藏书内容涉及童话故事、历史、地理、百科知识等方面，包括杂志、漫画、工具书等多个类别，确实是冬天里的暖阳，冰雪中的炭火，更是沙漠里的一滴水。暖阳可以形成光明，滴水可以变成绿洲，炭火可以形成火焰，这些书本可以更好地开拓孩子们的眼界，启发小读者们的智慧，让孩子们沐浴知识的阳光，享受阅读学习的快乐，让孩子们感受到祖国大家庭的温暖。

2.懂得做人的道理，强化了民族团结

渝北区图书馆的行动寄托了他们对尖扎人民无比的关怀，见证了渝北区图书馆在贯彻落实习近平总书记提出的能够实实在在增强人民群众获得感和幸福感。渝北区图书馆情系藏区民族发展建设，不仅充实了尖扎县图书馆的藏书，也在精神上极大鼓舞了尖扎县图书馆全体职工。尖扎县图书馆全体工作人员相信，通过系列扶持捐赠，不但会引领全县广大读者及小朋友们打开未来世界的大门，更会引领着孩子们学习感恩，学会报恩，学会做人的道理。

授人玫瑰，手留余香，奉献爱心，收获希望。渝北区图书馆的崇高责任将激励着尖扎县图书馆更加积极工作，向更高的长远目标不懈努力。图书是文化传播的载体，一本书传递一份爱，一份爱可以放飞一个人的梦想。尖扎县图书馆秉承文化始终全心全意为各族人民群众服务的宗旨，将所赠图书向大众开放，使全县各族群众能够利用闲暇时间享受阅读的乐趣。

3.传承历史，增强了中华民族一家亲的意识

书是知识的海洋，传承着中华民族五千年的历史。书籍是人类宝贵的精神财富，是全世界的营养品，是人类进步的阶梯。读书使人明智，读书使人聪慧，读书使人明理，读书使人善辩。世界上最美的声音，莫过于朗朗的读书声。捐助图书，利在当代，惠泽千秋，爱心飞扬，图书传情。我们相信，也请渝北区图书馆放心，我们一定会在你们的热心帮助和热忱指导下，更好开展图书馆免费开放工作，确保图书得到充分利用，真正起到其应有的作用。你们心系高原藏区文化发展进步，热心公益事业的崇高责任感的思想品质，必将激发尖扎图书馆全体职工更好完善和改进工作作风，向着更高的工作目标不懈努力。你们的爱心行动远远不止图书的资助，更重要的是精神的鼓励和鞭策。你们的书，你们的业务培训指导，都会融合你们的爱心，汇成爱的

海洋，流淌到我们雪域高原的尖扎县图书馆。

春种一粒粟，秋收万颗子。你们的善举活动，使尖扎读者们的心田更加美好，必将推动尖扎县图书馆阅读工作跃上一个新的高度。有你们兄弟般的鼎力支持，我们一定会把尖扎县图书馆的阅读推广工作做得更好，确保图书阅读机器人得到充分利用，真正起到其应有的作用。我们热切期望高原的读者将这根爱心接力棒传递下去，期盼爱心在越来越多的尖扎读者手中传递，传递爱心，传递文明，传递信任。爱心无界，情义无价，渝北区“博爱、暖心”的行动精神已经将两馆紧密地连在一起。

“文化暖心　小书大爱”图书漂流赠书仪式

四、共建图书馆存在的问题以及解决办法

联姻结对脱贫攻坚，情系雪域文化暖心。渝北区图书馆与尖扎县图书馆共建汉藏文化交流平台，在提升服务能力，助力脱贫攻坚方面取得了相应的成绩。但尖扎县图书馆由于基础弱、底子薄、设施跟不上、人才严重紧缺、资金投入少等客观原因，依然存在馆藏量少、图书资源缺口巨大、数字资源短缺、信息化建设严重滞后、队伍老龄化结构不合理、专业技术人才不足、服务功能不全、服务方式单一等突出问题。尖扎县图书馆下一步将抢抓国家

推进公共文化服务体系建设机遇，以推进县总分馆制建设和公共文化服务单位法人治理体系改革为契机，进一步完善图书馆基础设施，提高人员队伍素质和管理水平，提高服务基层公共文化服务能力和服务效能，以大文化助推大扶贫，以汉藏文化交流平台助力全面推进“书香尖扎”建设。

构建“光明之家”服务体系　推动文化扶贫助残

——山东省“光明之家”盲人数字图书馆项目

吕晓吾（山东省图书馆）

山东省“光明之家”盲人数字图书馆项目是山东省图书馆响应社会扶贫助残的号召，自2013年起持续至今，在文化扶贫方面所做的一项实际工作。

“光明之家”盲人数字图书馆是山东省图书馆专门为全省的盲人朋友打造的一套数字化阅读服务体系，面向全省视障群众开展数字化服务，目的是让视障朋友聆听智慧、触摸文明、沟通世界，让他们的人生从这里开始闪光。其在全国首创“一站、一网、一库”的建设服务模式，是全国首个省级盲人数字图书馆服务网络，通过无障碍网站和光明之家视障阅览室终端服务相结合的方式，向视障朋友提供便捷丰富的公共数字文化服务。自开始运行以来，山东省“光明之家”盲人数字图书馆项目取得了良好的社会效益，造福了广大视障群体。

一、项目背景

党中央高度重视保障公民的基本文化权益，保障群众享受到均等的公共文化服务。同时，近年来，党和国家也高度重视面向残疾人的信息文化服务，从制度上保证了残疾人士享受公共文化平等权利的实现。

据2011年有关资料显示，中国残障人士占全国总人口的比例为6.34%，其中视觉障碍者达900万。山东省盲人和低视力人群数量合计为67.3万人。山东省视力残疾人受教育程度远低于健全人，其中从未上过学占61.9%，小学学历占24.5%，初中学历占10.9%，中专及高中学历占2.5%，大专以上学历占0.2%。总的来看，山东省视力残疾人群体呈现出生活水平较低、文化知识贫弱的显著特点。

残疾人是社会中一个特殊的弱势群体，与普通人群相比，先天的客观条件导致他们在获取信息知识的手段和途径、分享公共资源、享有公共文化权益、获取个人发展机会等方面均处于劣势。数字化技术出现以来，由于先天条件所限，视障人士与普通民众相比，在网络数字化应用的使用方面存在着更大的障碍。如何帮助他们获取文化知识、提高自身素质、平等地参与社会生活，是我们必须面对和解决的一个重要课题，也是实现公共文化服务的均等化、实现社会公平正义的一个重要途径。

享有基本公共文化服务，是政府对包括视障群众在内的每个公民的基本承诺。多年来，在国内公共图书馆界，盲人阅览室的建设和服务已得到相当程度的关注，被列为建馆的必备条件之一。在相关服务工作的开展上，各地都有一些宝贵的经验，同时也取得了相当的成效。但我们不得不承认，从总体上来看，服务效能离我们预期的目标还有相当大的差距。原因主要有以下几方面：一是不接地气。图书馆内的盲人阅览室远离盲人群体，盲人出门难，上门更难。二是辐射人群有限。盲人阅览室的服务对象一般仅限于本地的部分视障读者，其他地区的盲人群体难以享受到服务。三是服务方式落伍。盲人阅读室的服务方式以传统服务为主，数字化、网络化服务有待加强。

针对盲人行动不便的特点，除了传统服务方式之外，把盲人阅读服务推送到盲人身边、就近向盲人提供社区化服务，应当成为一种重要的服务方式。

数字化阅读方式可以有效克服地理距离对盲人的限制，但目前针对盲人的数字化阅读推广难度较大，主要受限于四个因素：一是技术条件，特别是各类文字识别和语音识别技术有待进一步提高；二是盲人的受教育水平，它直接影响了数字化阅读的使用效果；三是数字资源数量，针对盲人的专用数字资源建设有待加强，目前还存在着盲人阅读所需的数字资源数量偏少、适用性不强等问题；四是推广机构的资金问题。

二、项目内容

1.全国首创的盲人数字公共文化服务模式

本项目在全国首创了“一站、一网、一库”技术服务模式，切实解决盲人群众接受数字文化资源服务的路径困难，把优秀的文化资源送到盲人身边。在网站平台方面，全国首创全语音导航、语音指令、UKEY免登录认证及无障碍浏览器等功能。通过这些功能，盲人通过语音与计算机实现了交互。

本项目还在全国首次构建了“光明之家·视障数字阅览室”这一延伸到盲人身边的基层服务网络，按照设定的功能和统一的设备配置标准建立了功能完善的盲人阅读末端服务体系。

2.充分吸收利用各类互联网及数字化技术

山东省“光明之家”盲人数字图书馆项目充分考虑盲人特点，遵循国家无障碍技术及数字图书馆技术规范和标准，采用和吸纳当前先进的网页无障碍技术、语音技术、无障碍专用设备设施，充分利用互联网渠道，构建先进的技术服务平台，切实服务于盲人群体的阅读需求。

盲人读者在使用“光明之家”盲人数字图书馆

截至2020年，山东省“光明之家”盲人数字图书馆核心网站平台上线安全运行超过7年，适用数字资源库群数据存储合计达到15TB，“光明之家·视障数字阅览室”在全省已经建点83个。山东省“光明之家”数字图书馆网站共实现读者访问量300余万，在基层阅览室内接收各类服务的盲人读者达3.5万余人次，取得了良好的社会效益，获得社会各界的高度赞扬。

3.良好的技术支撑和服务

“光明之家·视障数字阅览室”基层服务网络，送服务到盲人身边。利用各类最新的盲用辅具及传统阅读方式，为盲人提供阅读服务。网站平台实现了“三个一”，即用户最少仅仅需要操作一个键盘按键，便可以轻松访问山东省“光明之家”盲人数字图书馆的所有内容；全程采用语音操作，用户仅需一分钟便可学会；科学分类，用户仅需一分钟便可找到所需信息。

三、项目建设要点

基于盲人群体在数字化阅读方面面临的实际困难，山东省图书馆经过认真调研，研发和构建了山东盲人数字阅读服务的“一站、一网、一库”技术服务模式。

山东省“光明之家”盲人数字图书馆总体架构及主要建设内容，包括以下几个方面：

1.建设核心网站平台

现有的数字化资源获取和资源定位导航主要基于视觉识别，对盲人极为不利。即使是基于视觉文本的语音转换技术在现阶段也存在智能性不足的缺点。我们的基本思路是立足于全语音技术，设置全语音内容导航和全语音资源播放功能，建设山东省“光明之家”盲人数字图书馆网站，使其成为针对视障群众的、无障碍的信息知识获取、技能培训及相互交流的数字服务平台。

“一站一网一库”的总体架构

2.建设“光明之家·视障数字阅览室”基层服务网络，完善终端服务体系

本项目旨在把数字图书馆服务的触角延伸到视障人士的身边，构建覆盖全社会、视障人士能够就近获取服务的盲人数字阅读基层服务网络。“光明之家·视障数字阅览室”使残障人士能够方便地享受到数字信息服务。这些站点成为政府向盲人提供公益性文化服务的基本阵地，是视障人士获取信息知识、进行技能培训、共享优秀文化的基本场所。

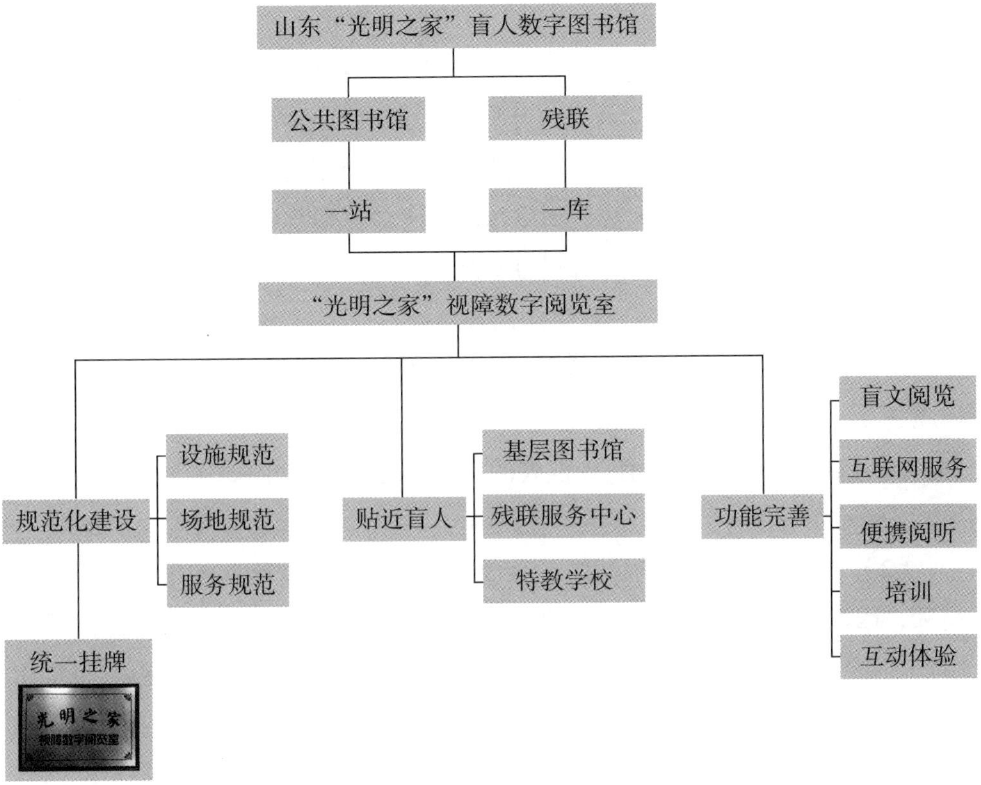

“光明之家”盲人数字图书馆功能架构

3.构建内容丰富的、适应视障人士需求的数字资源库

针对当前盲人数字资源量不多、针对性不强的实际情况，本项目引进和开发一批适用的盲人数字资源，对传统资源进行无障碍数字化改造，重视音频资源的利用，初步构建起盲人数字资源库。

四、主要创新点

山东省“光明之家”盲人数字图书馆项目在建设过程中，充分贯彻了先进性、易用性、规范性、可扩展性及服务优先的原则，充分考虑盲人的特点，采用当前先进的网页无障碍技术、语音技术及无障碍专用设备设施，充分利用互联网、移动通信等服务渠道，构建先进的技术服务平台，总体上达到国内领先水平。

1. 全国首创“一站、一网、一库”技术服务模式

“一站、一网、一库”技术服务模式切实解决了盲人群众接受网络数字资源服务的路径困难，把优秀的文化资源送到盲人身边。盲人群体可以通过多种手段和途径，包括互联网、社区服务站点、个人手持移动设备等体验阅读和知识获取的乐趣。盲人数字图书馆已成为盲人数字阅读和知识获取平台、技能素质培训平台和互动交流沟通的平台。

2. 全国领先的盲人无障碍信息应用环境

由无障碍信息平台和站点无障碍设备构成的盲人无障碍信息应用环境，构成了互联网时代的信息“盲道”，在国内处于开创领先地位。

（1）语音导航。考虑到盲人读者的特殊情况，平台对网站全程设置了语音导航，通过信息内容的语音推送，设计以语音命令方式交互的听觉用户界面。

（2）语音指令。由于现有的键盘鼠标等输入设备对于盲人来说操作过于烦琐，因此平台增加了语音用户界面，即用户通过语音与计算机进行交互。用户在数字图书馆网站的操作中，可以不通过读屏软件、点击鼠标，而是通过语音命令实现部分功能（如上网、翻页，播放、暂停等）。

（3）UKEY免登录认证。平台采用了严格的权限管理机制，用户在插入网站授权UKEY设备的情况下，可以访问与其权限相对应的数字资源。

（4）“光明之家”盲人数字图书馆移动端的App应用。平台在系统原有的语音辅助程序基础上，进行二次开发，对于信息的获取方式进行优化，对网页应用重新设计，使操作更为简单。手机和电脑操作零基础的视障人士，经过短时间学习就可以享受互联网信息技术带来的便捷。

3. 功能完善的盲人阅读终端服务体系

本项目在全国首创了延伸到盲人身边的基层服务网络，建立功能完善的盲人阅读终端服务体系，在视障人士集中的机构和场所（如特教学校、残障人士再就业培训中心、社区等），按照设定的功能和统一的设备配置标准，建立“光明之家·视障数字阅览室”。阅览室内专门配备了盲人所需的多种无障碍数字化辅具，形成功能完善、使用方便、管理便捷、设备先进的服务阵地。平台充分考虑到视障人士的特点，针对不同的人群有不同的服务侧重点。

4.完善的视障文化服务社会化合作和共建共享机制

山东省图书馆与省残联、盲协、教育部门建立了合作共建机制，在建设、运行和技术服务上各司其职。山东省图书馆还成立了“山东省光明之家视障文化服务联盟”，实现各级公共图书馆、各地“光明之家·视障数字阅览室”以及相关社会力量之间的协作协调和共建共享。

五、项目应用情况

山东省图书馆“光明之家·视障数字阅览室”举办电商创客培训

2013年初，山东省“光明之家”盲人数字图书馆核心网站平台上线开展服务，初步建立后台所需数字资源库群，合计数据存储达到15TB。截至2019年底，山东省“光明之家·视障数字阅览室”在全省已经建点83个，开展了丰富多样的培训和服务活动，吸引盲人群众使用我们的服务。截至2020年，山东省“光明之家”盲人数字图书馆网站共实现读者访问量300余万。在已建成83个基层阅览室内接待各类服务的盲人读者达3.5万余人次，取得了良好的社会效益，获得社会各界的高度赞扬。

经过多年的运行和实践，山东省“光明之家”盲人数字图书馆显示出了同传统的盲人读屏软件相比更加方便快捷及易于被盲人读者接受的特点。

“光明之家·视障数字阅览室”从2012年至今经历了由试点到铺开，由少到多的建设过程。建设过程中，山东省图书馆联合山东省残联、山东省盲协，立足已建成站点，开展了丰富多样的阵地服务活动。合作各方先后在日照、济南等地举办了多次宣传和培训活动，利用阅览室内多样的、有针对性的盲人文化资源及专用辅助设备，开展文化宣传、阅读普及、盲文教学及各类技能培训活动。

六、项目产生的社会效益

山东省“光明之家”盲人数字图书馆荣获“2014年全国盲人阅读推广优秀单位”称号，助推了文化扶贫助残工作的效应，增强了盲人就业创业的能力。受限于身体条件和社会环境的影响，盲人所能从事的工种很少，职业选择范围有限。一直以来，保健按摩是盲人能够胜任、从事人数最多的职业。数字图书馆建立以来，一批批盲人学员通过网络培训获得上岗资质，走上就业之路。

“光明之家”盲人数字图书馆拓展了盲人的生活空间。盲人数字阅览室除提供图书资源外，还是盲人追求精神文化生活的场所。许多盲人都以阅读作为精神补偿，愉悦自足。网络阅读是视障人群生活空间拓展的一个重要标志。网络阅读既改变和影响了视障人群的思维方式，又使他们不出家门就能知晓天下事，成为知识信息的“千里眼”和“顺风耳”。

“光明之家”盲人数字图书馆立足盲人朋友的需求，开展个性化服务，帮助盲人解决阅读障碍，及时便捷获取信息，通过网络实现就业、创业，实现他们的美好中国梦。

文化扶贫背景下，贫困乡村儿童阅读辅导实践

——以“木棉花开阅读行动”为例

仇　恢（广州体育学院图书馆）

一、项目背景

伴随着我国新农村建设、精准扶贫、乡村振兴等国家战略实施，国家对农村基层公共文化建设的投入也在逐年增加。但是，受地域、财

政、人力等因素的制约，农村基层公共文化建设面临着复杂的经营环境；农村基层村干部或村镇学校老师也未能充分扮演相关角色并履行相应职责，特别是作为“根的工程，花的事业”的农村儿童阅读服务未能引起重视。

阅读被视为能“改变DNA”的教育，是提高人们综合素质的重要途径。2011年颁布的《中国儿童发展纲要（2011—2020年）》提出通过增加基层图书馆的数量，为儿童创造优良的阅读环境；2016年12月发布的《全民阅读“十三五”时期发展规划》，要求加大农家书屋中儿童阅读资源的配备比例，在国家层面明确了“阅读必须从娃娃抓起”。但是我国儿童阅读推广理论针对农村儿童阅读研究相对较少。“央视频”公益节目《一起上书房》走进“三区三州”深度贫困地区，为乡村学校图书室捐赠图书，此举呼吁全社会关注和支持乡村儿童阅读需求，促进更多物质生活逐渐脱贫的乡村儿童学会阅读、爱上阅读，走进丰富多彩的书籍精神世界。

二、项目内容

1.担当乡村儿童阅读辅导的组织者

“木棉花阅读辅导社”联合社会力量，在广东省保黎小学、水头小学建设了一批“木棉花图书角”。在各个年级的教室建起图书角，每个图书角配置小书架和适合小学生年龄段阅读的书刊，在学生中培养图书管理员进行阅读登记，以保证孩子们在课余随时有书可读；小学校长任命两位老师兼职担任辅导部老师（分别负责高、低年级），管理日常阅读活动；此外，还设计了辅导社的社徽，开通了辅导社的微信公众号。社、校、班联动，主动满足当地农村孩子的阅读需求，共同组织各种阅读活动。

2017年10月保黎小学图书角初建成

2.担当阅读指导的践行者

阅读水平是衡量一个人文明水平的重要标志。在“木棉花开”阅读项目中，“木棉花阅读辅导社”根据高校图书馆自身创新阅读推广模式，结合农村儿童的需求开展评奖、讲座、培训等阅读实践活动，丰富阅读指导形式，加强阅读引导，以弥补粤西北欠发达地区阅读辅导的不足。

3.担当精准扶贫助力者

文化扶贫作为精准扶贫的重要内容之一，对于激发脱贫动力、巩固脱贫成果有着促进作用。“木棉花阅读辅导社”作为实施精准扶贫的助力者，由三部分人员组成：地方高校图书馆馆员、地方政府驻村帮扶干部、地方小学老师。地方高校图书馆馆员负责文化素养教育与指导，地方政府驻村帮扶干部助力文化活动开展和协调，地方小学老师则负责阅读对象的组织和辅助工作。三者联合，共同组成脱贫攻坚精准扶贫团队，在实践过程中从扶贫的手段、渠道、效果、评估等方面尝试不同的文化扶贫模式，真正担当起精准扶贫助力者的角色。

4.担当全民阅读进农村的促进者

《乡村振兴战略规划（2018—2022年）》提出需“推动全民阅读进家庭、进农村，提高农民科学文化素养”。在这个战略指引下，高校图书馆可以凭借其丰富的阅读资源、人才资源、技术资源，成为全民阅读进农村的促进者。“木棉花阅读辅导社”成立三年多来，以最贴近群众的方式深入到农村基层、深入到农村儿童内部开展阅读调研和推广活动，在广东省塑造了“木棉花开”文化扶贫阅读推广服务品牌，助力脱贫攻坚有效实施。

三、项目过程

1.项目启动

2017年6月，广州体育学院图书馆老师随学校扶贫领导小组来到定点扶贫村——广东省茂名市谢鸡镇保黎村参与对口扶贫，为保黎小学捐款捐书捐衣物。小学是不缺图书室的，但它设在最靠边的一角，架上的图书都是一些过时的政治、法律、生活等方面完全不适合孩子们的旧书刊；孩子们也不缺衣服、书包，唯独对带去的儿童名著、绘本、漫画等书刊表现出空前的热情。

4包共计200多册书刊不到5分钟被他们自行拆包后一抢而空，抢到书的孩子就地而坐饶有兴趣地翻阅起来，个别没抢到的孩子放声大哭。孩子们对书刊的热情和渴望深深打动了在场的所有人。从保黎小学回来后，经过几个月的思考、讨论、筹备，2017年9月，由广州体育学院图书馆馆长仇恢牵头，广州地区多个图书馆的馆员参与组建的“木棉花阅读辅导社”成立了。

2.项目落地

（1）成立“木棉花保黎阅读辅导部”。2017年10月21日，在广东省茂名市保黎村保黎小学成立“木棉花保黎阅读辅导部”。下设班级图书角管理分队，由校长任命老师担任阅读辅导部部长（兼职），再由部长任命学生担任班级图书角管理员。阅读辅导部部长职责为：领导、统筹全校所有图书角的协调、管理工作，向“木棉花阅读辅导社”汇报工作情况，在阅读辅导社相关工作人员指导下组织开展阅读推广活动。班级图书角管理员职责为：负责本班图书角图书的管理、借阅和数据统计工作。

2019年成立的木棉花水头阅读辅导部阳光书屋

（2）2018年6月至7月，辅导社开展面向保黎村留守儿童阅读需求的调研（先后共走访6个留守儿童家庭，向保黎小学发放并回收调查问卷92份）。综合运用跟踪调研、动态分析等科学方法，把握农村留守儿童的阅读需求及变化情况，以便有针对性地设计阅读推广服务计划。

（3）成立“木棉花水头阅读辅导部”。2019年12月27日，在广东省清远市水头镇中心小学成立“木棉花水头阅读辅导部”，并共建“阳光书屋”。设立班级图书角管理分队，从师生中任命阅读辅导部部长与班级图书角管理员。协助规范水头“阳光书屋”图书建设，根据水头小学的实际情况制定了图书借阅办法与具体管理制度，使“阳光书屋”顺利投入使用，很快成为同学们阅读、交流的良好平台。

3.项目实施

（1）建设具有基层文化服务设施性质的“木棉花图书角”。项目运行三年多，“木棉花阅读辅导社”共向社会征集优秀儿童读物近3000册，在科学把握农村儿童特殊的生理及心理特征基础上，针对不同年龄段儿童在阅读需求、阅读能力方面的差异，在帮扶点的每个班级设立“木棉花图书角”，并配套书架、电子阅读借阅机、阅读辅导用品、作业本等物资，满足孩子们的阅读需求并保证阅读质量。

（2）开展“木棉花开阅读行动”。项目运行三年多，持续开展阅读推广活动。每学期举行班级“阅读之星”“最佳读书笔记”“最佳小读者”“学习标兵”等活动，依据借阅数据统计和日常阅读行为进行评选，通过学校展览橱窗、班级展示板等平台对儿童的阅读成果进行展示；每学期派出4—6名老师前往帮扶点，组织开展一次阅读推广活动，如读书心得比赛、朗读比赛等，在全校范围内评出一、二、三等奖若干名，对获奖者给予通报表扬（帮扶小学发文）和颁发奖状奖品（“木棉花阅读辅导社”负责提供）；在传统节假日，“木棉花阅读辅导社”联合帮扶点师生举行大型文体游园活动或文艺会演，侧重于现场表演演讲、朗读等文化形式，让农村儿童的阅读成果与更多人分享；在日常工作开展中，通过建立微信工作群，随时交流学生的阅读情况并及时提供阅读辅导。全方位打造“木棉花开”文化扶贫阅读推广品牌。

2018年度学习标兵、优秀图书角管理员

（3）培训乡村阅读推广人。“木棉花阅读辅导社”从成立初始，就让地方政府驻村干部、当地村小学的老师参与其中，从图书角的建设、图书借阅的管理与统计、阅读活动的设计与开展等方面，为其提供相应的培训和指导服务，帮助其提升科学的管理理念和管理能力，提高当地文化服务相关人员的服务素质与服务技能，让文化扶贫效果具有长效性。

四、成效与影响

1.搭建了适合推动脱贫攻坚行动展开的阅读推广体系框架

“木棉花阅读辅导社”成立三年多来，建立了一种以高校图书馆、农村小学、乡村儿童为核心要素的阅读推广服务体系框架。三者联合，共同组成阅读扶贫团队。

2.丰富了高校图书馆社会服务角色

在“木棉花开阅读行动”中，高校图书馆承担起了乡村儿童阅读辅导的组织者、阅读指导的践行者、精准扶贫的助力者、全民阅读进农村的促进者等角色。

3.尝试不同文化扶贫模式

2020年初，新冠肺炎疫情打乱了“木棉花阅读辅导社”原有的工作节奏。为了让阅读不停止，辅导社尝试用“云阅读”“云辅导”“云参与”的方式，在保黎小学、水头小学开展多种主题的阅读推广活动。在实践中，从阅读的手段、渠道以及活动的形式、范围等方面进行了不同的尝试，受到了帮扶点师生的积极回应与热情支持。

4.注重文化扶贫的长效性

“木棉花阅读辅导社”开展的阅读扶贫不光是阅读资源、阅读环境、阅读活动的帮扶，更注重帮扶对象实现造血功能。阅读能使乡村儿童成为阻隔贫困代际传递的有生力量，阅读治愚、阅读扶贫、阅读脱贫的理念将助力精准扶贫实施。少年强则国家强！少年兴则乡村兴！

5.改善农村儿童的阅读环境

项目运行前，因为保黎村和水头村都地处相对偏远、落后的地区，社会经济整体发展水平落后，导致学校教育资源不足，虽然学校都配有图书室，但适合孩子们阅读的书籍不多、辅导不够、环境不好。阅读辅导社设立的“木棉花图书角”“木棉花阳光书屋”，大大改善了阅读条件和环境，既激发了孩子们的阅读兴趣，也丰富了他们的课余生活。

6.阅读脱贫促进儿童身心平衡与健康成长

基于从文化精准扶贫到扶智脱贫的有利契机，“木棉花阅读辅导社”聚焦于我国乡村儿童这一庞大而最需要阅读推广服务的弱势群体，积极开展阅读推广活动，培养其良好的阅读习惯与科学的阅读方法。农村儿童不但有书可读，还有好书可读，而且是在老师陪伴和辅导下读，这必定有利于乡村儿童心理生理的健康成长、良好学习习惯的养成，助力“扶贫先扶智”。孩子们可以在阅读推广活动中增长见识、提高能力、丰富知识、解开心结，提升阅读修养和综合素质，实现乡村儿童的均衡发展。

五、分析与总结

从成立“木棉花保黎阅读辅导部”，到推广“木棉花水头阅读辅导部”，“木棉花阅读辅导社”开展阅读推广活动已走过三年多的历程。与学生面对面地交流、反复阅读他们的读书心得和读书笔记，使我们慢慢走进了孩子们纯真的内心世界，不但逐渐了解并掌握了他们的阅读需求，还进一步感知到他们在成长过程中的迷茫和烦恼。我们通过个别谈心、作品点评等途径，有效帮助学生提高阅读能力和自尊水平，在一定程度上引导他们正确面对和解决成长过程遇到的困难和烦恼。

据悉，“世界上约有2/5的学龄儿童（估算2.5亿）没有掌握阅读和写作等基本技能”[①]，这些孩子大多集中在贫困乡村。因此，后续我们将加大对乡村儿童阅读兴趣和能力等内在因素的实证研究，借鉴其他学科理论或新科技，对孩子们的阅读能力采用客观量化的方式进行培养、训练、干预和帮助，以便更加有效地开展乡村儿童阅读服务。

阅读能力的培养能为孩子的成长发展奠定关键的人生基础，是乡村学龄儿童改变命运的“金钥匙”。我们希望乡村儿童阅读辅导模式能够得到更好的推广，让更多需要帮助的乡村儿童得到良好的阅读服务，从而爱上阅读，健康成长，成为终身阅读者，让阅读成为他们追梦旅程中的航标。

---

① 李超平.阅读书屋：人世间一道温暖的风景[J].图书馆论坛，2019，39（10）：12-13.

六、感人故事

1.“木棉花”与保黎小学孩子们隔空庆“六一”

2020年6月1日，是个特别的儿童节。仲夏暖晴的保黎小学，52名一至四年级的孩子们照例欢庆自己的节日，“木棉花阅读辅导社”精心准备的绘本书和美味零食通过快递如期送到并由学校老师分发给每个孩子。以“分享童书，分享爱”为主题的阅读推广活动如期开展。保黎小学欢乐沸腾！隔空传递的阅读活动，火热了保黎村的夏天，点亮了孩子们渴望读书的眼神。

2020年保黎孩子收到特别的六一礼物

因为新冠疫情，“木棉花阅读辅导社”的成员们没能到现场与孩子们一起活动，但隔离病毒，隔离不了爱，也隔离不了阅读。他们提前一个多月策划准备，根据每个学生的年龄、爱好甚至名字，匠心独具地给每一个人精选一本阅读绘本，并附上手书赠言。孩子们翻开绘本的第一页，就能得到一份意外的惊喜！希望这一小小举动有助于开启孩子们爱上阅读的航程！

2.水头小学2020“六一”数字动漫阅读活动

一场突如其来、席卷全球的疫情，打乱了人们原有的生活和学习节奏。为了让水头小学的同学们阅读不缺席，度过一个充满书香的“六一”儿童节，“木棉花水头阅读辅导部”采用创新阅读形式，开展数字动漫线上答题互动阅读活动，让同学们在阅读精彩有趣的数字动漫的同时参与互动阅读答题活动。活动持续了7天，不足1000名学生的学校有500多人参与，或由家长陪伴或独自完成，不少学生为了拿高分还多次答题。这样在游戏中阅读、在阅读中学习的活动，很受贫困山区孩子的欢迎。多样化阅读辅导活动，提高了孩子们对阅读的兴趣，让他们增长了知识、开阔了视野。阅读真正融入了山区孩子们的生活，阅读逐渐成为他们的习惯。

汇聚社会力量　持续打造文化精准扶贫公益项目

——四川省图书馆“川图·微图书馆”

刘　红　王　燕　牟文兵（四川省图书馆）

十八大以来，习近平总书记多次强调，治贫先治愚，扶贫先扶志，扶贫必扶智。大力开展文化扶贫，潜移默化地改变贫困群众的一些不良习俗和落后观念，是扶志、扶智同步的重要途径，而图书馆是文化扶贫中的重要参与力量。自2015年以来，四川省图书馆党委始终坚持把脱贫攻坚工作当做头等大事，长期致力于普惠化全民阅读推广和推动公共文化服务体系均等化、标准化建设。按照党委书记与馆长亲自抓、分管领导具体抓、全体职工共同抓的扶贫工作机制，积极发挥馆藏资源优势、公共数字文化工程平台优势、古籍保护计划、“三区”（边远贫困地区、边疆民族地区和革命老区）人才计划等项目优势，向帮扶地区倾斜资源和项目。同时在扶贫点基础设施建设、产业支持、教育扶贫等方面，也充分发挥四川省图书馆的力量，给予资金、项目支持，并结合实际开展了一系列文化惠民活动。截至目前，四川省图书馆党委总投入直接帮扶资金约40万元，捐赠书籍约8.2万册，建立“川图·微图书馆”40所，扶贫分馆8个，开展文化帮扶活动20余次。其中，“川图·微图书馆”是四川省图书馆联合四川省直有关部门、汇聚社会力量，持续开展了4年的文化精准扶贫公益项目，已成为四川省图书馆文化扶贫的特色品牌。

一、“川图·微图书馆”概况

“川图·微图书馆”是由四川省文化和旅游厅、四川省直机关工委、四川日报主办，四川省图书馆、共青团四川省直属机关工作委员会、四川省直属机关青年联合会、四川省灾后重建基金会承办，四川省公共图书馆系统协办的一个公益项目。该项目旨在积极响应中央精准扶贫方针和四川省精准文化扶贫战略，面向贫困地区、民族地区、革命老区、边远山区农村学校设立微小型图书馆，以推进全民阅读和提高学生思想文化素质为任务，以培养与引导贫困学生及留守儿童阅读兴趣和文化素质为目的，用实际行动完善城乡文化资源配置，增加农村公共文化服务总量供给，缩小城乡公共文化服务差距。该项目是在构建公共文化服务体系中努力实现城乡文化服务均等化、标准化目标的具体探索，是为当地农村经济发展提供精神和智力支持，扶志扶智同步的一项举措。

该项目于2016年4月23日第21个世界读书日正式启动，已先后向四川省阿坝藏族羌族自治州茂县三龙乡小学、理县薛城镇中心小学，泸州市叙永县向林镇棉竹村小学、永和乡小学，德阳市中江县石垭子小学等40所山区学校授牌建立了“川图·微图书馆”，赠送图书5万多册，捐赠公共文化云一体机等辅助设备价值近百万元，受惠师生达上万人。2017年12月，“川图·微图书馆”获得“四川省十佳志愿服务项目”荣誉。

二、“川图·微图书馆”项目基本内容

项目范围：四川省脱贫攻坚“四大片区”（贫困地区、民族地区、革命老区、边远山区）内满足条件的乡镇学校。

项目规模：项目根据微图书馆设立地点情况，制定不同主题的微图书馆设计方案：具备网络条件的，配备图书的同时配备电脑或电视DVD；不具备网络条件的，建设专门阅读教室。定制针对学生的图书目录、“爱心书单”，种类丰富，适宜不同学生群体。

根据具体情况和条件，“川图·微图书馆”建设分为3种类型，不同类型配备资源不同，具体为：

（1）标准型图书馆：原则上利用被援助学校的空闲教室或其他闲置房屋，面积30平方米左右，对房屋进行简单的装饰，基本配备图书架、课桌椅、电

视1台、电脑1台、图书1000余册等。费用预算为5万—7万元。

（2）普通型图书馆：原则上利用被援助学校的空闲教室或其他闲置房屋，面积为20—30平方米左右，不对房屋进行改造及装饰，配备图书架、课桌椅、电视1台、电脑1台、图书500—1000余册等。费用预算为4万—6万元。

（3）图书角：由被援助学校选择一间教室，在教室的角落设立图书角，进行简单装饰。配备图书架1—2套、图书1000册左右等。费用预算为3万—5万元。

三、“川图・微图书馆”项目职责与分工

为有效推进项目开展，2016年9月12日，举行“川图・微图书馆”公益项目签约仪式。以四方协议的形式明确了各单位职责和义务。其中：

四川省图书馆主要职责：统筹管理整体项目的开展；负责协调图书馆之间的工作开展；协调市州图书馆做好微图书馆的建设与后续管理；进行微图书馆建设进度考核、工作考核和资格任免；把关“爱心书单”目录与接收外界捐赠书籍。

省直机关工委主要职责：设立“川图・微图书馆”项目志愿服务支持中心；统筹项目实施地区的相关厅局团委，以志愿服务形式对项目进行一对一支持；借助项目平台，引导省直机关青联委员、团员青年走进扶贫攻坚一线，深入贫困群众中体验生活；用好省直机关单位的优势资源，在培训指导、丰富项目内容、开展活动等方面对项目持续支持；通过省直机关青联等渠道协调社会力量参与项目。

省灾后重建基金会主要职责：项目所需经费的统筹；开通、管理认购通道；接受各界捐赠和认购。

《四川日报》主要职责：项目社会宣传；派驻记者跟点报道。

四、“川图・微图书馆”项目资金来源

“川图・微图书馆”资金来源主要有三个：一是四川省灾后重建基金会统筹，省图书馆及市州图书馆、省直机关团工委、省直机关青年联合会利用各

自资源平台向爱心企业和人士募集。由基金会开具“四川省公益事业捐赠统一票据”，可享受国家免税政策，机关单位联合颁发爱心证书。二是参与单位向有关政府部门申请扶贫等专项资金。三是省灾后重建基金会通过腾讯公益等进行募集。

五、“川图·微图书馆”项目管理模式

项目采取“谁建立谁管理”模式。四川省直机关团工委、四川省直机关青年联合会与四川省图书馆志愿者联合开展志愿活动，保障图书送达。省图书馆和市州图书馆直接负责微图书馆后续运营，招募、培训当地老师作为志愿者，协助完成图书流转、读者服务等。

志愿者是“川图·微图书馆”项目的生力军。志愿者主要由四川省图书馆在全省范围内统一长期招募，隶属四川省图书馆文化志愿服务支队，按就近原则划分给各市州县配备使用。“川图·微图书馆”志愿者必须严格遵循《四川省图书馆文化志愿者服务支队章程》管理办法，由四川省直机关团工委、四川省直机关青年联合会与四川省图书馆统一培训。志愿者以小时制度计算服务时间，由四川省图书馆开具志愿者证书，年底可评选省图书馆优秀志愿者；同时，共青团四川省直属机关工作委员会、四川省直属机关青年联合下发文件号召省直各部门（单位）及下属单位组织团员青年以志愿者身份参与微图书馆建设。

六、“川图·微图书馆”的建设运行情况

“川图·微图书馆”项目自2016年4月23日启动以来，已面向贫困地区、民族地区、革命老区等建立了40所“微图书馆”。该项目取得了良好社会效益，得到了社会各级广泛关注，参与力量主要有医院、爱心企业和学校、公益组织。同时，活动被泸州老窖纳入儿童爱心成长计划，通过“文创熊猫”定制产品公益售卖募集资金，以“公益+商业”模式，助推更多“微图书馆”建成。部分建设运行情况如下：

“川图 · 微图书馆”正式启动现场

2016年4月23日第21个“世界读书日”，“川图·微图书馆”正式启动。

2016年5月12日开启授牌学校第一站：德阳市中江县石垭子小学，为226名在校学生（主要是当地留守儿童、孤儿）送去800余册读物。

2016年6月14至15日，为四川省图书馆定点扶贫村阿坝藏族羌族自治州茂县三龙乡建立“微图书馆”，共计赠送书籍1500余册书籍。

2016年6月30日，为阿坝藏族羌族自治州理县薛城镇小学建立“微图书馆”，为300名学生（大多数为留守儿童以及单亲家庭子女）送去800余套丛书。

2017年6月1日，“川图·微图书馆”大型公益文化项目启动仪式在乐山市沐川县永福学校举行，主办方省直机关工委捐书1500册，四川省《科幻世界》杂志社捐书300册。中江银龄科技发展有限公司四川分公司联合成都双流蛟龙港医院对全校教职工免费体检，邀请心理健康专家为学生与家长进行知识讲座；省图书馆携手成都体育学院、成都市泡桐树小学给全校师生带来“快乐足球”“动画陪我过六一”活动。四川钰隆广电科技公司、北京超星集团分别赠送数字阅读器、电脑、电视，给学生带来了数字阅读体验，让孩子们多形式地进行阅读，爱上阅读。

2017年11月15日，“川图·微图书馆”走进甘孜藏族自治州丹巴县杨柳坪双语寄宿制学校。为500余名学生捐赠约1800册书籍及电脑、电视、阅读移动终端机等。

2017年12月5日，由四川省文明办主办的“四川志愿·携手圆梦”四川省暨成都市志愿服务展示交流会上，“川图·微图书馆”获得“四川省十佳志愿服务项目”荣誉，是四川省文化和旅游厅系统中唯一获得表彰的项目。

2018年12月17日，“川图·微图书馆”项目走进泸州市叙永县向林镇棉竹村小学，捐赠1000余册书籍。

2018年12月21日，“川图·微图书馆”公益项目25所学校集中捐赠仪式在资阳市安岳县鸳大镇九年义务教育学校举行，项目主办及承办单位、农工党四川省委、爱心企业、新闻媒体、学校师生等共计500余人参加。每个学校赠送图书约1000册及电脑、电视、阅读移动终端机等设备。

同时，项目还不定期调研“川图·微图书馆”使用情况，了解掌握微图书馆利用情况以及学生们的阅读偏好，以便及时更新补充。

2020年，项目主办方在充分征求当地学校师生意见后，为叙永县向林镇棉竹村小学微图书馆补充了100册精心挑选的注音版儿童图书。

七、“川图·微图书馆”的特色

1.多方协作抓“精准”，打破以往文化扶贫单方单干的模式

项目既有政府主导，又有公益事业单位、社会慈善组织及权威媒体等多方力量支持。各方参与力度大、社会关注度高，有效保障了“微图书馆”项目管理与资金的可持续性，在志愿服务、培训指导、项目内容、主题活动等方面具备优势资源。在四川省直属机关工委统筹下，省直机关青联委员、省级机关团员青年共同参与，通过省直机关青联等协调公益组织、爱心企业、社会人士等参与。

2.具有全省联动效应

由四川省图书馆牵头，引领全省公共图书馆在当地开展“微图书馆”计划，形成全省公共图书馆联动机制，营造良好社会效应，让“微图书馆”辐射全省，扩大公共文化服务范围。

3.资金和书籍来源有保障

资金方面，由四川省灾后重建基金会统筹，省图书馆及市州图书馆、省

直机关团工委、省直机关青年联合会利用各自资源平台向爱心企业和人士募集；省灾后重建基金会通过腾讯公益等进行募集。书籍方面，以四川省图书馆为主，向主流书商、出版行业等争取书籍捐赠，并吸引爱心企业、爱心人士捐赠等。

4.积极跟进后期运营管理及维护

以川图为主导，以四川省图书馆文化志愿服务支队为主力军，负责爱心图书的送达，根据实际情况进行图书补充和流转，并在学校开展丰富多彩的阅读推广活动等。

附：已建“川图·微图书馆”学校名单

序　号	学校名称	捐赠物资
1	乐山市沐川县永福小学	基础装修、图书、电脑、电视、书架等
2	甘孜藏族自治州丹巴县杨柳坪双语寄宿制学校	图书、电脑、电视、阅读器等
3	甘孜藏族自治州丹巴县东谷小学	图书、电脑、电视、体育器材等
4	南充市顺庆区顺河小学	图书、电脑、电视、厨具等
5	广元市旺苍县普济镇中小学校	图书、电脑、电视
6	泸州市叙永县摩尼镇新苗实验学校	图书、电脑、电视
7	宜宾市宜宾珙县三合小学	图书
8	甘孜藏族自治州乡城县白依乡小学	图书、电脑、电视
9	甘孜藏族自治州九龙县魁乡中心小学	图书、电脑、电视
10	资阳市安岳县鸳大镇九年义务教育学校	图书、电脑、电视
11	南充市嘉陵区 一立初级中学	图书、电脑、电视
12	凉山彝族自治州昭觉县三岔河乡中心小学	图书、电脑、电视
13	阿坝藏族羌族自治州汶川县卧龙镇中心小学	图书、电脑、电视
14	乐山市马边彝族自治县劳动乡柏香村小学	图书、电脑、电视
15	凉山彝族自治州甘洛县民族小学	图书、电脑、电视

续表

序　号	学校名称	捐赠物资
16	甘孜藏族自治州德格县龚垭乡小学	图书、电脑、电视
17	凉山彝族自治州会东县堵格镇火山小学	图书、电脑、电视
18	南充市嘉陵区大通镇小学	图书、电脑、电视
19	南充市高坪区斑竹乡小学	图书、电脑、电视
20	巴中市通江县兴隆乡中心小学	图书、电脑、电视
21	泸州市叙永县马岭镇麦地小学	图书、电脑、电视
22	泸州市叙永县向林镇太关小学	图书、电脑、电视
23	泸州市叙永县正东镇阳坪村小学	图书、电脑、电视
24	泸州市叙永县观兴镇坝上小学	图书、电脑、电视
25	阆中市千佛镇小学	图书、电脑、电视
26	绵阳市北川羌族自治县坝底小学	图书、电脑、电视
27	凉山彝族自治州会东县鲹鱼河镇笔落小学	图书、电脑、电视
28	巴中市巴州区曾口小学	图书、书架、阅览桌
29	巴中市巴州区第十二小学	图书、书架、阅览桌
30	巴中市南江县沙河区团结乡小学	图书
31	广元市旺苍县大德乡中心小学	图书
32	凉山彝族自治州会东县淌塘中心校	图书
33	凉山彝族自治州会东县老君滩中心校	图书
34	甘孜藏族自治州九龙县烟袋镇小学	图书
35	甘孜藏族自治州雅江县红龙镇中心小学	图书
36	泸州市古蔺县马蹄镇纳盘小学	图书
37	德阳市中江县石垭子学校	图书
38	阿坝藏族羌族自治州茂县三龙乡小学	图书
39	阿坝藏族羌族自治州茂县永和乡小学	图书
40	阿坝藏族羌族自治州理县薛城镇小学	图书

江苏文化援疆助力国家深度贫困地区脱贫攻坚案例

——以南京图书馆援建新疆克州图书馆为例

朱纯琳（南京图书馆）

一、项目背景

2018年，江苏省将支援新疆克孜勒苏柯尔克孜自治州（以下简称“克州”）的“文化援克”项目纳入工作重点。江苏援克前方指挥部与克州党委宣传部及克州文旅局相关领导通过江苏省委宣传部的协调，参观、调研了江苏省广电总台、省演艺集团和南京图书馆。在相关部门的共同努力下，三个文化援助克州项目于2019年正式启动。

2019年初，南京图书馆委派专家组，在克州党委常委、党委宣传部部长的陪同下实地考察克州图书馆现状，并委派笔者长期驻守克州图书馆，全面负责、指导、协调克州图书馆升级建设项目。

二、项目内容

笔者历时2个月，深入克州地区，走访、调研该地区文化结构和整体服务状态，结合克州图书馆的现状，从精准服务、文化提升、全面自动化管理等方面，指导实施对克州图书馆的整体改造。

1.编制精准服务方案，努力做好宣传活动

为做好“扶志”与“扶智”工作，打赢脱贫攻坚战，南京图书馆指派专业人员赴克州现场培训，现场负责、协调、指导整个项目，制定一系列规章制度，进行优化管理。为了更好地宣传图书馆，南京图书馆专业人员借助媒体和各种平台向读者全面地介绍克州图书馆，展示克州图书馆的风貌和亮点，让广大市民了解图书馆的作用。还增设图书馆主页和微信公众平台，让读者能更好地了解图书馆资源，指导市民使用图书馆资源。

2.制定全方位管理模块，加强总分馆建设

南京图书馆派专人制定克州图书馆全方位管理模块，将克州图书馆的管理分为人员管理、资源管理和服务管理三个模块，如人员管理是建立绩效考核为评估条件的用人机制，依据部门管理特点设置工作岗位。积极争取资金，为基层综合性文化服务中心配备数字服务设施设备，并实行总分馆制，为200个村建立分馆，每个点配纸质图书400册，实现统一配书、通借通还、联合共享。

3.启动自动化管理，加快克州图书馆大流通建设

启动克州图书馆整改工作预案，完成基础设施改造，建立统一门禁的大流通服务模式，倡导一站式服务，发挥综合服务与人文服务为一体的全域服务机制的作用。对克州图书馆全面实行自动化智慧管理，包括门禁、自助办证、自助借还和图书馆管理系统等方面，如图书馆管理系统由南京图书馆派专人负责提供管理软件，并负责安装与运行以及后期升级。还通过总分馆制的建设，整合克州的公共阅读资源，实现克州总馆主导下的文献资源统一采购、编目、配送、通借通还和人员的统一培训与培养机制。

三、项目过程

1.确定整改方案

此次整改项目彻底解决了克州图书馆馆舍布局不合理，馆藏数量少、藏书结构不合理，自动化管理水平低下、读者服务效能发展缓慢，缺少必备设备和设施等问题，并新增了智能自助服务设备。克州图书馆总体改造方案项目详见表1。另外还对克州图书馆人员进行了更换，例如：协调克州文旅局党组更换了能力更强的干部担任克州图书馆馆长，申请到2名长期志愿者，解决了人员不足的问题。

表1　克州图书馆总体改造方案

名　称	预算（万元）	内　容
功能区改造	98.11	进行二次装修，增加网络数据线和电源线，设计总服务台，新增借阅室及各功能区
设备设施采购	225	家具、书架、RFID、信息化设备、智能自助服务设备
资源建设	300	补充图书10万册；建立基本的数字图书馆服务，包括电子图书、电子期刊、少儿数字资源等
业务管理系统和平台建设	—	采用力博图书馆管理系统应用，建设网站和微信平台
岗位调整	—	增设行政管理、采编加工、总服务台岗位各2人，少儿服务、成人借阅综合服务岗位各4人，活动策划和管理岗位1人，安防保卫、保洁岗位各2人

2.项目过程

（1）参照行业标准，政府各部门鼎力支持

笔者多次参与克州文旅局党组会和图书馆全员会议。在南京图书馆前期调查的基础上，经与克州各级政府、领导多次的协商、修改，结合第六次公共图书馆评估标准细则，克州图书馆升级改造项目规划于2019年3月确定。克州图书馆升级改造项目涉及面广，需要多个部门合作与审批。本项目由笔

2019年7月29日克州图书馆正式对外开放

者主导，克州文旅局领导配合，经过数十次联系协调，请示报批州政府、党委宣传部及各职能部门，于2019年5月1日正式开工。随后，书架家具、信息化设备、RFID、自助设备等设备也相继开始招标，并通过多部门、多次会议协商初步解决了手续烦琐的问题。

南京图书馆派专人现场培训克州图书馆人员

（2）南京图书馆给予全方位援助

南京图书馆对克州图书馆的项目给予了前所未有的支持，提供价值300余万元技术及纸质图书支持，包括捐赠力博图书馆管理系统（并提供永久免费服务），一次性援建7.2万册已加工好、录入系统的图书，并加工江苏凤凰集团捐赠的2.2万册图书。南京图书馆与克州文旅局签订《南京图书馆援建新疆克州图书馆》协议，承诺长期提供南京图书馆自制数字资源、外派人员培训克州图书馆人员等。经过南京图书馆读者服务部、后勤保障部、业务部等多个部门的协作，2019年5月底，分两批将约45吨纸质图书发往克州，且先后两次派5名同志赴克州，在20天内完成约10万册图书的整理、分类、上架和力博系统的安装以及90课时的培训工作。通过系统培训，解决了克州图书馆专业人员缺乏和业务能力差的问题。克州图书馆在克州职业技术学院、江苏援克前方指挥部、大型社区各投放一套智能图书漂流柜，以满足各类人群的阅读需求，实现了馆外的自助借还、统一管理、一卡通和统一配书。经过江苏援克前方指挥部、克州党委宣传部和南京图书馆各方的努力，改造后的克州图书馆于2019年7月29日正式全面对外开放。

3.基础业务工作开展

通过3个月的努力，克州图书馆的业务能够有序开展。经过改造，克州图书馆按照书籍特点将阅览室分为地方文献阅览室、少儿借阅室、电子阅览室、视障阅览室等，并根据用户需求增设书吧、母婴室等人性化服务设施。与此同时，还增设身份证识别系统、自主办证机等服务设施，以满足数字时代图书馆发展需求。

4.活动开展情况

克州图书馆依托南京图书馆各类资源和新的理念相继开展各类活动，详见表2。

表2　克州图书馆一年来开展的活动

时　间	主　题	备　注
2019年4月21日	克州文化志愿者招募开始	2019年底累计招募文化志愿者近30名
2019年4月23日	“同城共读、万卷共知”活动	以克州文化中心为主会场，麦依村和巴格拉为分会场
2019年5月	“你读书　我买单”活动	克州图书馆联合克州新华书店开展
2019年5月1日—4日	纪念五四运动100周年主题志愿活动	组织文化志愿者赴克州智障学校与克州老年中心开展演出、捐赠图书等活动
2019年7—8月	少儿3D打印体验与培训	先后开展4场
2019年8月	举办庆祝建国70周年书画摄影展活动	联合克州文联、克州美术馆共同开展
2019年8月	克州图书馆庆祝中华人民共和国成立70周年主题书目推荐	联合克州文联、克州美术馆共同开展
2019年9月21日	庆祝中华人民共和国成立70周年青少年集体绘画及祝福留言活动	联合克州部分学校共同举办
2019年9月28日	“信仰的力量、不忘初心”主题展览	开展为期1个月主题展览
2019年12月2日—6日	文化进万家系列展览活动	分别在阿图什市哈拉俊乡和阿合奇县各乡镇开展23场（次）

续表

时　间	主　题	备　注
2019年12月	“祖国万岁宣传画”展览、“我和我的祖国”书画展和“爱我中华 盛世华诞”展览	累计开展44场（次）
2019年12月29日	2020年“迎新年　礼赞伟大的祖国”图书朗诵比赛	联合克州文化馆共同举办
2020年2月	“停课不停学、闭馆不闭网”线上活动	疫情期间线上活动
2020年4月22日	克州“美丽女性、幸福家庭”读书月活动与“爱心一元捐”活动	世界读书日活动
2020年4月23日	“笔者见证、中国力量”线上主题活动	疫情期间世界读书日线上活动
2020年4月24日	“书香社区、全民阅读”活动	联合社区与16号警务站赴克州图书馆开展
2020年7月23日	“宅在家如何利用图书馆资源呢？”活动	疫情期间线上活动

四、成效与影响

建成后的克州图书馆新增0—6岁幼童借阅室、7—15岁少儿借阅室、少儿活动室、书吧、多功能厅、学术报告厅、研讨室、地方文献室和读者自修区等人性化功能区，启用了力博图书馆管理系统、自助办证机、自助借还机、图书检索机、自助微信预约系统等软件和硬件设施，建立了高效便捷的网络服务平台，实现了扫描二维码即可阅读的“云体验”。图书馆功能区面积由原先的730平方米增加到6240平方米，日接待能力由不足20人次增加到了能够同时接待300多人，藏书也从原有的不足8万册增加到约18万册，数字资源从0增加到3TB，书目数据从0增加到1GB。

克州图书馆已经成为馆藏丰富、功能齐全、新疆领先的现代化州图书馆，人才培养也从输血转变为造血。克州图书馆升级改造项目成为江苏文化援疆的标志性成果，得到了新疆维吾尔自治区和江苏省两地领导的肯定和赞许，并被学习强国、《新疆日报》、江苏卫视、克州电视台等多家媒体多次报道。为表达对江苏人民的感激之情，中共克孜勒苏柯尔克孜自治州委员会和克孜勒苏柯尔克孜自治州人民政府共同写了感谢信寄往中共江苏省委宣传部。2020年6月，克州图书馆被新疆维吾尔自治区社科联授牌成为克州首家“新疆维吾尔自治区社会科学普及基地”。从南京图书馆正式派笔者赴克州援疆至今，克州图书馆累计开展各类活动140余场（次），参与群众数万名，被各类媒体报道数十次。

五、分析与总结

南京图书馆全面改造克州图书馆发展方案，同时对硬件条件（馆舍、家具、资源）和软件设施与服务提出了有针对性的方案，以提升该地区的文化总体发展水平，进一步为该地区的文化发展赋能。

1.改造服务空间，开展有效的阅读推广活动

在全面打造克州图书馆发展规划时，充分体现具有现代民族气息的克州自身特色，形成人民大众喜闻乐见的文化服务机构[①]。克州图书馆空间改造采取大流通的服务模式，实现咨询、流通、服务一体化服务，各阅览区域按读者类型分割，每个阅览区域设自助借还机，开辟学习、信息、新技术新媒体体验区，建立集多功能空间体验于一体的空间服务。

借助南京图书馆各类资源，克州图书馆建立以读者为导向的数字资源库，开展的阅读推广活动更加精准，真正发挥阅读推广活动的作用，从而提升公民的阅读素养。例如，在开展阅读活动之前，对主题的阅读背景进行趣味盎然的介绍，激发公众对此次阅读活动参与的兴趣，可以采取问题导入法、背景导入、话题导入等方式引领阅读活动有效切入[②]；之后，采取直观形象的模式，以视频选段、话剧表演、真人图书馆等方式加深公众对阅读内容

① 侯雪婷，杨志萍，陆颖．基于SWOT分析的公共图书馆文化精准扶贫战略研究[J].图书情报工作，2017(11)：29-36.

② 牛雪晖．基于精准扶贫战略的公共图书馆文化扶贫路径探析——以山西省部分公共图书馆为例[J].河北科技图苑，2019(1)：13-16，33.

的理解，活化人物灵魂，点燃公众阅读兴趣[①]；最后，在阅读推广活动中，采取主题微信公众音频、真人引领活动，选取有表演欲望及朗读欲望的读者在公众面前展现自己，让公众在阅读活动的成功体验中培养兴趣，将阅读持续、长久进行[②]。

2.建立总分馆，提供多种形式的服务

在克州图书馆融入互联网+的思维，以文化服务为主导融入新的业态，共同促进公共图书馆的整体发展，如同行业融合、跨行业融合等。坚持资源共享、开放获取、互相补充的原则，让更多的读者享受资源的红利[③]。克州图书馆在克州所辖200个村建立村阅读室，实现统一配书、通借通还、联合共享的总分馆制，并且时常通过流动图书车下村进山、举办展览等各种形式开展阅读推广服务。

克州图书馆整合数字资源平台，搭建微信公众平台，借助南京图书馆馆内资源，在资源获取途径上增加了移动终端的获取方式，平台上开放共享教育课程，使读者获取最新、最权威、最专业的教育资源，使读者足不出户就能获取资源，提升了克州图书馆的服务效能。

3.由“输血”变“造血”，成立志愿服务团队

文化援疆是转变援助方式的突破口，要改变深度贫困地区的落后面貌，就需要变“输血”为“造血”。也就是说，不光是要把内地专业的文化人才引进过来作为短暂性的缺口补给，更要把培养当地人才作为新疆文化事业的强心针。为此，克州文旅局克州图书馆启动了文化志愿者招募活动。

2019年5月4日，在“纪念五四运动100周年　争创文明单位　履行社会责任”主题活动中，由克州图书馆组织的文化志愿者开展了内容丰富、形式多样的文化志愿服务，如城市阅读书屋、亲子家庭阅读和代际阅读等服务。

---

① 公共图书馆文化精准扶贫的社会职能与对策思考——基于《中华人民共和国公共文化服务保障法》扶助老少边穷地区公共文化条款的解读[J].图书馆理论与实践，2018(3):93-97.

② 东方.公共图书馆在国家文化精准扶贫中的社会效用及实现模型[J].图书馆理论与实践，2018(1):74-78.

③ 丁勇.公共图书馆助力文化精准扶贫的思考[J].新世纪图书馆，2018(11):20-23.

4.关注留守儿童，加强阅读指导与引领

克州图书馆根据少数民族少年儿童的特点，配备相应的专业人员，加强对少年儿童的阅读指导和社会教育活动，开展面向农村留守儿童的基础阅读促进工作。克州图书馆联合克州各政府单位、各系统、各社会团体及个人，策划开展弘扬民族文化、形式多样、寓教于乐的讲座和少儿活动，让更多的儿童了解图书馆、走进图书馆、利用图书馆。在世界读书日、六一儿童节等重大节日，有针对性地开展阅读辅导、送书上门、“你选书我买单”等活动，为其更好地融入社会提供帮助。

六、结语

通过克州图书馆升级建设项目，笔者深深地体会到：在文化援疆工作中必须打破原有的惯性思维，要结合地情、民情和馆情，以全新的视角不断拓展思路，深入挖掘文化特色，通过构建多层次交往平台，确保对口援疆综合效益的提升。

阅读培智　书香嘉兴

——嘉兴市城乡一体化公共图书馆服务体系文化扶贫案例

胡　萍　王晓兰　郑　昀（嘉兴市图书馆）

一、项目背景

随着国家一系列扶贫政策的实施，扶贫工作已经取得了阶段性胜利，进入了“决战决胜”阶段。2015年《“十三五”时期文化扶贫工作实施方案》提出“发挥文化在脱贫攻坚工作中‘扶志’‘扶智’作用”，到2018年政府工作报告强调“扶贫同扶志、扶智相结合”，这些都表明文化扶贫已经成为我国当前脱贫攻坚战略的重要内容。精准脱贫已进入以“文化”为核心的提质增效阶段，是扶智到培智的潜移默化的过程。

图书馆作为公共文化服务体系的重要组成部分，积极推动与参与文化精准扶贫是其履行社会责任、践行使命担当的要求，同时也是图书馆拓展、巩固服务领域，实现社会价值的需要。自2016年开始，嘉兴市图书馆依托已建成十余年的全国样板级总分馆服务体系，逐步开展面向农村的精准文化扶贫服务。一方面将文献资源进行统一采购、编目、配送，通借通还，数字资源共建共享，从源头上扫清文化扶贫的“路障”；另一方面，以阅读活动为助推器，加速文化精准扶贫，针对学龄前儿童、少儿、中青年、老年和特殊群体的系列阅读品牌活动下沉到农村。菜单式、订单式、互动式的供需运行机制，把“精准扶贫”送到基层的每个角落，引导基层群众获取最新阅读信息，夯实文化的获得感，提升文化素养和技能。

二、项目内容

嘉兴市图书馆以阅读服务为文化扶贫的触手，针对不同年龄的群体，设计了多元阅读服务，以此打造“全民阅读”的立体式文化扶贫。

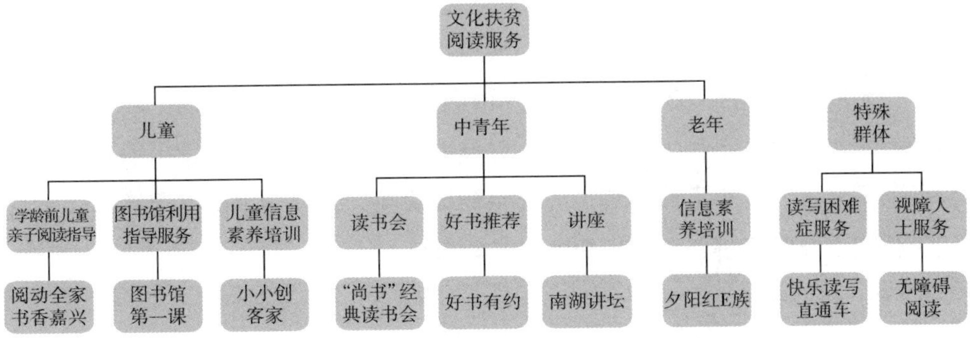

嘉兴市城乡一体化公共图书馆服务体系文化扶贫阅读服务

1. 0岁起步的阅读文化扶贫

（1）“阅动全家·书香嘉兴”阅读推广项目

该项目针对城乡儿童之间的阅读差距，借助城乡一体化公共图书馆服务体系，将亲子阅读的指导知识传递给农村家庭。以“三·三·三”课堂即好宝贝课堂、好家长课堂、领读者课堂为抓手，围绕如何做一个让孩子爱上阅读的好父母、如何给学龄前儿童进行阅读指导、如何开展阅读推广三个主题进行课堂架构。推动农村的亲子阅读，缩小城乡儿童之间的阅读差距。2019年开展了80场活动，有80位阅读推广志愿者、2097人次学龄前儿童及家长参与，发放阅读礼包2000份。

（2）图书馆第一课

“图书馆第一课”的出现弥补了公共图书馆缺少图书馆利用指导服务这一空白，借助图书馆基层站点，将图书馆的服务内容（通识教育、资源服务、阅读指导等）以一堂推介课的形式带进校园，让小读者们认识图书馆的功能和服务，并邀请他们走进图书馆亲身体验，充分体现了从“扶智”向“培智”的转变。2018—2019年，该项活动在15所乡镇小学开展189场，有1.2万名小学生及家长参与，发放1.1万份阅读礼包。

（3）小小创客家

“小小创客家”项目是针对青少年学生开展的科普教育公益培训系列活动，旨在提高青少年学生的信息素养和科学素养，培训内容包括3D打印、scratch趣味编程和机器人DIY等。由专业老师定期送活动到镇村分馆及小学，专门组建农村孩子的队伍参加信息素养的比赛。

2.中青年阅读文化扶贫服务

（1）“尚书”经典阅读读书会

“尚书”读书会是嘉兴市图书馆和中小学联合推出的阅读推广项目。活动以“一本书读懂一个作家”为主题，以经典书目为内容，鼓励学生通过小组汇报、课本剧展演、个人演讲等形式展示阅读成果。每期读书会以直播形式进行线上传播，让基层群众足不出户便能参与其中。

（2）好书有约

“好书有约”是嘉兴市图书馆联合《嘉兴日报》、嘉兴市新华书店主办的阅读推广活动。从2014年开始，以总分馆设置主题专架、书店专架出售、日报专刊推荐等形式，每月推荐新出版图书4种，数字资源同步跟进。该活动在2014年被评为嘉兴十大文化品牌。

“尚书”经典阅读读书会之大桥镇中学国庆70周年专场

（3）南湖讲坛

南湖讲坛是中共嘉兴市委宣传部主办，嘉兴市图书馆承办的以“服务百姓、提升素质”为宗旨的公益讲堂。自2004年以来，每年举办30场内容各异的讲座，年均有6000多人次参加，嘉兴电视图书馆将视频资源同步推广，全市用户可以通过点播观看，文化服务触手可得。

3.“夕阳红E族”老年信息素养培训

该活动是2014年推出的面向城乡老年群体的信息素养培训项目。围绕老年人信息获取、媒介利用等方面开展科技扫盲，帮助老年人认识、了解和使用各种信息化产品和服务，提升信息素养。

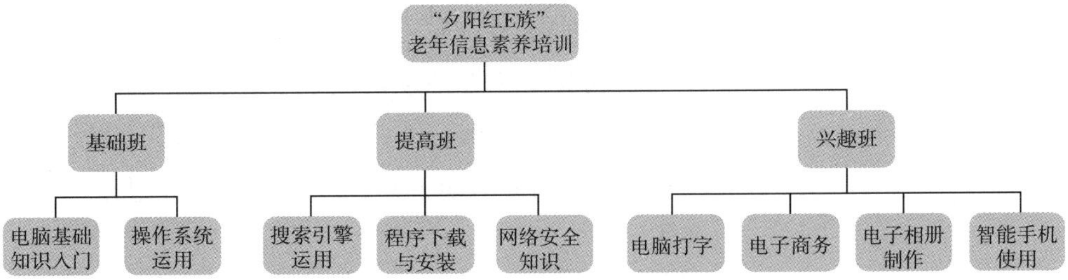

“夕阳红E族”老年信息素养培训项目

4.特殊读者的阅读扶贫

（1）快乐读写直通车

“快乐读写直通车”学习体验营以读写困难儿童为对象，以针对读写困难儿童编制的教材为基础，运用多元化、多感官教学法对读写困难儿童进行读写技能训练，提高儿童的阅读、书写能力。从2014年至今，有2600人次参与近200课时的学习，相关的知识讲座、展览也同步推出。

视障读者在盲人数字阅读推广活动中学习使用智能听书机

（2）无障碍阅读

消除视障人士阅读障碍是公共图书馆必不可少的文化扶贫内容。嘉兴市本级总分馆都设有视障阅读专区，提供盲文图书借阅和数字资源。2018年起，嘉兴市图书馆已为当地视障读者发放700台智能听书机，为他们提供免费的数字阅读体验。

三、项目过程

1.阅读系列化活动规划与设计

（1）顶层设计，打造模板

活动的顶层设计决定着活动的质量和效果。顶层设计考量得越充分，模板推行出现的问题就越少。活动前需要考虑活动的主题、目标、受众人群等多方面。活动内容的设计经过实地反复实践、专家认证等评估，以此打造通用的模板。活动推广中要因地制宜地调整活动方案，以此推进精准服务。

（2）有形展示，强化宣传

课程的可视化展示是延伸活动生命力的体现，可以带给读者延续性的阅读服务，让活动宣传更深入人心。课程的有形展示包括海报、阅读礼包、活动视频、活动logo等。例如“图书馆第一课”阅读礼包中含小学生阅读参考读本、阅读地图、《走进图书馆综合实践活动课程》等内容，将活动内容通过礼包进行延伸。

2.“以点到面”的立体式阅读推广

（1）试点先行，逐步推广

试点的选取是根据顶层设计的目标而来，以读者需求为主要考虑因素。从试点形成实践经验后，通过总分馆体系不断地推广，形成可持续的模板。

嘉兴市洪合镇凤桥村智慧书房是嘉兴市第一家村级智慧书房，现有藏书1.5万余册，专门设置了少儿学习活动区，并配备人脸识别系统、自主借还设备、3D打印设备等，服务辐射周边居民5000余人，其中以年轻家庭居多。正是有这样的文化服务需求以及该点硬件建设的试点性作用，从2018年开始，图书馆系列扶贫活动在该点逐步开展，并打磨成活动模板推广到各个村（社区），起到了较好的典范作用。

（2）线上线下，同步推广

为了扩大受众人群，加大文化扶贫力度，嘉兴市图书馆在重视线下活动扎实开展的同时，充分利用新媒体的传播技术，将活动相关资源通过线上同步传播，实现多终端的服务体验，跨越时空限制，为城乡居民提供高效、高质的文化服务。

如2019年推出的适宜0—3岁婴幼儿亲子家庭的“故事时间”活动，每日开展现场活动，结合微信公众号上每日的音频+绘本+扩展推荐+征集音频，线上线下同步呈现，让农村的亲子家庭也有机会展示阅读能力。

3.阅读推广团队孵化与培养

（1）社会化合作营造双赢局面

社会力量加入图书馆阅读推广团队是一个双向共赢的局面，也是公共图书馆推广服务的必然趋势。嘉兴市图书馆在阅读推广中非常重视社会化合作，吸纳各方力量，尤其是基层志愿者，以此形成多元化、专业化的扶贫队伍。以图书馆行业标准对其进行孵化，为其提供锻炼、展示的平台。

（2）阅读志愿者平台对接需求

嘉兴市图书馆于2019年搭建了阅读推广志愿者服务的线上平台。基层服务点可将活动需求发布到平台，志愿者根据自身能力和时间对接活动。同时，阅读推广者可发布特色活动，读者可预约参加。该平台对阅读推广志愿者进行统一管理，根据相应的管理细则和激励机制定期对志愿者群体进行业务培训和指导。通过这一举措，阅读供需双方得到有效对接，打通了阅读公益组织参与路径。

4.阅读反馈推进精准扶贫

在文化扶贫系列活动推广中，一方面建立相应的考核机制对阅读推广项目从上而下进行评估；另一方面，通过调查问卷、现场调研等形式从下而上对其进行评估，将反馈分门归类，以此推进精准阅读。如“阅动全家·书香嘉兴”调查问卷反馈中，发现家长对于亲子阅读的共性问题，从而推出“亲子阅读常见问题解答”微视频，以可视化形式在基层服务点进行宣传。

四、成效与影响

1.精准推广，促进社会效益显著提升

图书馆扶贫系列活动在整个服务体系内逐层推进，基本达到全覆盖，促使借阅量、到馆人次、读者活动等主要社会效益都有不同程度的提高。据统计，镇分馆到馆人次年均增长3%以上，少儿类图书的借阅量每年增长约10%，例如“阅动全家·书香嘉兴”项目开展的服务点，图书借阅量增长约5%。随着“夕阳红E族老年电脑培训”活动的开展，每年约有1000人次的农村老人走进镇、村图书馆，学习电脑、智能手机的运用。农村群众对图书馆的认知和利用都有了明显的变化和增长，扶贫服务的辐射面逐步扩大。

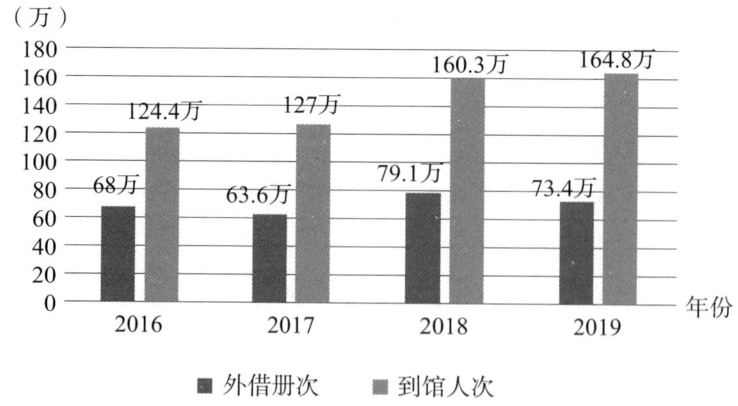

嘉兴市图书馆分馆外借数、到馆人数统计

嘉兴市图书馆分馆平均活动场次

2.服务到底，推动基层设施再升级

随着体系内系列扶贫服务的力度不断加大，可持续的扶贫服务模式基本形成，乡镇更加重视基层服务点的升级改造。2019—2021年，嘉兴地区计划建成城乡智慧书房200家，完成30%农家书屋的提档升级，并创新推动以图书馆服务为主，空间融合其他领域宣传展示，资源共享的建设模式，让乡村文化礼堂成为文化精准扶贫的重要平台。考评机制也同步调整，乡镇分馆绩效考核分值中，有关经费、人员、设施保障措施的分值占22%，与阅读推广相关的内容占25%，推动村（社区）开展读者服务的分值占14%，充分体现了“建”与“管”的同步发展。

3.社会化合作，助力扶贫服务持续开展

为缓解农村文化服务人力不足、缺乏专业能力的问题，嘉兴市图书馆以图书馆行业标准对社会组织进行孵化和培训，通过系列化课堂培育阅读推广人、文化扶贫志愿者。以“培”带“练”的合作模式，不仅建立了专业化的志愿队伍，也保障了各类扶贫活动的持续开展。同时，总分馆57%的专职馆员也直接或间接参与扶贫活动，其中亲自参与各类活动的策划、主持、课程教学的馆员达到30%。部分活动项目成功申报市重点文化创新团队、创新项目，项目经费保障了活动的持续推进。

4.媒体关注度高，宣传有效到位

近年来，《光明日报》、《人民日报》、中央电视台等国家级媒体，对嘉兴市图书馆城乡一体化服务体系和阅读推广情况的相关报道多达30次。《中国文化报》《图书馆报》等行业媒体也多次报道嘉兴图书馆品牌阅读活动深入农村的开展情况。例如，《中国文化报》2017年12月27日对“图书馆第一课”项目进行了专版报道，指出嘉兴的做法“在风靡全球的‘阅读起跑线’活动基础上，有扩展、有推进、有创新，体现了图书馆人以阅读开启人生、塑造精神、完善自我的职业情怀和追求，是公共图书馆贯彻落实公共文化服务保障法和公共图书馆法的生动实践”。

五、分析与总结

嘉兴市图书馆服务体系文化扶贫阅读系列活动的开展，充分利用了健全的服务网络和共享资源平台，将品牌阅读活动推广到公共文化服务的最末端，有效扩大了图书馆扶贫服务覆盖面。多层次的阅读推广服务对象，丰富的立体式活动模式以及产生的成效及影响，充分体现了文化“精准扶贫”理念，为图书馆的农村扶贫服务提供了一条可复制的可持续发展道路。

文化扶贫是一个长期的需要系统运作的“扶智”工程。根据项目推进的实际情况，几个方面尚有待加强。首先要重视专业人员队伍建设，可以考虑政府购买服务方式，设立文化扶贫和公共文化服务专项岗位，完善激励机制。其次加强阅读推广制度化、标准化建设，明确活动目标，制定合理计划，配合推广的反馈结果不断完善。最后要建立有效监督与评价机制，把文化扶贫考核重点放在执行过程中，注重活动的评估，特别是民众对活动的评估。

六、真实故事

王店镇分馆的一位特殊读者

沈宇立，19岁，王店镇分馆读者。他因从小患有疾病导致腿脚不方便，平时不太出门。2019年8月，王店镇分馆搬迁到了原粮管所改建的馆址，离小沈家不远。他每天由外公送到图书馆，看书学习一待就是一整天。考虑到外公年纪大了来回接送不方便，工作人员破例允许他在馆内吃午饭。

因为疾病的原因，小沈没有上过学，从小就在妈妈的辅导下自学。他爱看的图书类型较多，最喜欢看历史类的图书。看书间隙，工作人员常常会耐心地与他交流，并推荐适合他阅读的书籍，如“好书有约”“尚书”活动中推荐的优秀图书。如有适合他参加的阅读活动也会鼓励他参加，如阅读积分打卡等。来的时间长了，小沈学会了用电脑检索馆藏图书，在工作人员的协助下试着自己找书。热门图书借不到纸质的，还会试着下载电子书看。看得兴起就和工作人员聊起了书里的情节，中午吃饭的时候也常常和外公聊书里的人物。这样的推荐和交流几乎每天都在进行。小沈外公说，自从来图书馆看书学习之后，宇立的性格变得开朗了，也愿意和别人交流了，每天回家之后和家人说得最多的就是在图书馆的所见所闻，看了什么好书，真的是非常感谢图书馆的工作人员。

以书香浸润川西高原　用文化滋养藏彝乡风

——四川师范大学图书馆扶贫工作纪实

杨　杰　赵崇荣　吴薇薇（四川师范大学图书馆）

习近平指出：“扶贫必扶智。让贫困地区的孩子们接受良好教育，是扶贫开发的重要任务，也是阻断贫困代际传递的重要途径。”[①]长期以来，四川师范大学图书馆（以下简称“川师大图书馆”）积极响应党中央号召，全力参与扶贫攻坚工作，以实干、能干与巧干彰显图书馆人的责任与担当。

一、帮扶西昌民族幼专，助力大凉山脱贫攻坚

四川省凉山彝族自治州是深度贫困地区，是四川省脱贫攻坚战的主战场。西昌民族幼儿师范高等专科学校（以下简称“西昌民族幼专”）是在国家扶贫

① 给“国培计划（二〇一四）”北师大贵州研修班参训老师的回信［N］.人民日报，2015-09-10（01）.

攻坚、大力发展民族教育事业大背景下，于2018年3月新建的一所公办全日制普通高等专科学校。建设好西昌民族幼专，对于以教育来阻断贫困的代际传递，助力凉山州脱贫攻坚具有十分重要的意义。

1.责任重大，使命光荣

西昌民族幼专自创建以来，得到了国家、省、州的高度重视，党和国家领导人孙春兰、胡春华等莅临学校视察调研，教育部副部长孙尧、钟登华以及四川省委、省政府主要领导到校考察指导。2019年，四川师范大学（以下简称“川师大”）向省委省政府主动请缨，牵头对口支援西昌民族幼专。川师大在制定援建方案时，把该校图书馆建设放在突出位置，使我们深感责任重大，使命光荣。

2.精准帮扶，提升图书资源建设质量

2019年10月，川师大图书馆积极贯彻落实学校相关工作要求，明确“路线图”，排出“时间表”，扎实推进帮扶工作。为了把有限的帮扶资金用到“刀刃”上，川师大图书馆在帮扶精准性上下足功夫。西昌民族幼专图书馆当前的最大难题是藏书量不足，为此，川师大图书馆报请学校研究，同意由川师大图书馆牵头组织实施，向西昌民族幼专捐赠新书，每年1万册，连续三年共3万册。

在启动采购工作时，正值新冠肺炎疫情暴发的高峰期，在居家办公的条件下，川师大图书馆只能通过网络及电讯开展采购论证工作。在采购策略上，大家一致认为，要充分考虑凉山地区民族文化特色，紧密结合西昌民族幼专的专业设置、学科特色以及科研项目等，力求做到专业针对性强、精确契合教学科研需要，以满足民族地区个性化需求。川师大图书馆初选的书目采购清单，均传送给西昌民族幼专图书馆最终审核确定。

在图书配送环节，川师大图书馆力求做到精准投送，使命必达。虽然疫情原因造成书商供货受阻，但我们紧盯事项进展，要求书商务必把所购捐赠图书及时配送到位。我们根据西昌民族幼专的实际需求，将所有图书都预先按其要求完成相应的加工服务，以便让受赠新书能尽快提供给该校师生利用。供应商也克服在疫情期间的种种困难，完成图书的下订单、收发货等工作。至2020年4月，我们先后完成了两批捐赠图书的采购、配送及验收工作，共计2万余册，价值近100万元。2020年4月23日，在川师大对口帮扶西昌民族幼专图书捐赠仪式上，该校师生对川师大图书馆所付出的努力给予高度评价。

川师大向西昌民族幼专捐赠两万册图书

3.提升馆员业务能力，构建帮扶长效机制

在完成两年2万余册图书的捐赠后，西昌民族幼专图书馆的馆藏文献资源质量得到显著提升。但脱贫不能脱钩，我们还要继续支持他们做好“软件”建设，即做好馆员业务能力的提升及管理体系的完善。

2020年5月15日，川师大图书馆派出工作组前往西昌民族幼专开展图书馆相关业务指导和培训。在培训讲座中，工作组重点围绕特藏文献建设、读者服务、学科服务、阅读推广服务、馆员信息素养提升、志愿者队伍建设等方面进行讲解和指导，让该校的馆员们进一步提升业务工作水平，开阔眼界，拓展图书馆建设发展的思路。

为了将帮扶工作常态化，川师大图书馆还搭建了两馆馆员的业务交流网络平台，尤其在制度建设、数字化建设、特色数据库建设、宣传推广等方面将持续为他们提供智力帮扶。此外，两馆间还将通过远程教育和面授教育相结合，不定期开展一些业务培训，合作举办经验交流研讨会等，以帮助他们能更好地适应现代信息技术所带来的环境变化，力求做到精准帮扶、高效帮扶。

工作组在西昌民族幼专图书馆了解所捐赠图书到馆及验收加工情况

二、云端上的文化扶贫之路

平均海拔在4000米以上的四川省甘孜藏族自治州理塘县素有“世界高城”的美誉，然而，高寒、缺氧、强辐射等恶劣的生存条件制约了这里的经济发展。理塘县是四川省委指定川师大对口帮扶的贫困县，学校在制定帮扶方案时，把教育扶贫与文化扶贫作为最重要的两个抓手，而图书馆正是文化扶贫的重要力量。

“励志笃行，止于至善”——川师大这八个字的校风深深地烙进图书馆人心中。我们不怕艰苦，敢为人先，勇于担当，在充分调研，集思广益之后，制定出了一系列帮扶计划和路径措施，豪迈地踏上了雪域高原扶贫之路。

1.联合学校电子出版社，编写“脱贫攻坚　乡村振兴”系列读本

在扶贫实践中，我们深刻认识到在民族地区开展文化扶贫，有必要编写一套具有本土化、民族化特点的书籍读物提供给当地民众学习。让广大人民群众深刻理解国家实施的脱贫攻坚战略以及乡村振兴战略的重大意义与自身的密切关联，并真心拥护和积极参与其中，才能使文化扶贫工作取得事半功倍的效果。我们随即联系学校电子出版社，组织校内专家学者，为理塘县、普格县脱贫攻坚、乡村振兴工作量身定制编写系列读本。专家们先后深入理

塘、普格进行实地调研，多次召开论证会，历时近一年时间，编写出“脱贫攻坚 乡村振兴”系列读本。该系列读本于2019年10月17日第六个“国家扶贫日”，在理塘和普格两地同时发布。

该系列读本分为两种类型，一是供“一村一幼”幼儿园和村级学前教育点使用的学前绘本，二是针对农民朋友推出的四类普及型读本。这两种系列读本的出版，符合中央精神以及当前推进实施乡村振兴战略的实际需要，具有很强的针对性、适用性，尤其对于推进贫困地区教育事业发展具有重要的现实意义。

2.与民主党派共同捐建“同心阅览室”，传递爱心和希望

捐赠图书送到理塘县甲洼镇“同心阅览室”

川师大图书馆馆长曹成建作为学校民主党派的重要成员，积极推动学校各民主党派及无党派人士踊跃参与到川师大图书馆开展的各项文化扶贫工作中来。在川师大图书馆的精心组织和大力推动下，自2016年以来，全校330余名党外人士积极捐款，在理塘县和普格县捐建了5个“同心阅览室”，捐赠图书7000余册。“同心阅览室”宽敞明亮、藏书丰富、管理规范，目前捐建已经形成机制，在当地广受欢迎，取得了良好的社会反响。

3.心系高原，联合学校工会开展扶贫捐书活动

2020年4月初，川师大图书馆联合学校工会，在全体教职工中开展“脱贫攻坚捐赠图书”专项活动，助力理塘县甲洼镇脱贫攻坚。全体教职工积极响应捐书号召，截止到2020年8月底，共收集捐赠图书1000余册，均已运送至理塘县甲洼镇中心小学“同心阅览室”。

4. 创新捐赠模式，与社会公益基金会合作，建设高质量县级图书馆馆藏资源

2020年，理塘县新区图书馆建成，基础设施设备齐全，但图书资源极为匮乏，不能满足当地人民群众对文化学习的需求。2020年初，川师大党委决定向理塘县图书馆捐赠一万册图书，由于经费不足，川师大图书馆开创性地引入社会力量合作完成此项任务。北京蔚蓝公益基金会是一家慈善公益机构，已开展相关捐赠工作近十年，经验丰富，运作高效、专业，且社会反响良好。我们决定与其合作，以三方合作的方式向理塘县图书馆捐赠图书。

从2020年5月底提出合作方案，到2020年7月15日，理塘县图书馆收到了由北京蔚蓝公益基金会配送的捐赠图书11653册，整个捐赠工作只用了一个多月时间，效率相当高。这一万多册图书都是理塘县图书馆工作人员根据当地实际需求亲自挑选的，均是正规出版社近五年新出版的图书，总价值超过50万元。通过社会公益基金会来完成捐赠，既能满足理塘县的需求，又能更快地达成我们的既定目标，取得事半功倍的效果。

北京蔚蓝公益基金会捐赠的图书送达理塘县图书馆

三、经验与总结

脱贫攻坚是我国实现共享发展的伟大创举。川师大图书馆所开展的文化扶贫工作也是颇具开创性的事业，之前没有太多案例和经验可借鉴，因此川

师大图书馆只能在实践中一边探索，一边总结。经过这几年的扶贫实践，川师大图书馆总结出了以下几点经验：

1.扶贫攻坚，注重精准性

习近平指出，扶贫“贵在精准，重在精确，成败系于精细”。图书馆在推进扶贫工作中要取得实效，就必须在精准性上下足功夫，尤其在川西民族地区开展扶贫工作，充分调研，精准施策，精准管理，精细化运作尤为重要。四川藏区和彝区地处边远，电信与网络等基础设施建设相对滞后，还不具备普及电子产品和电子资源的条件，我们就把帮扶的方向主要放在援建图书室和捐赠纸质文献方面，并紧密结合当地的基础教育状况、民族文化特点等因素，制定不同的帮扶方案，让各项帮扶措施精准受益于当地民众。

2.积极调动各方资源共同参与，形成合力

决战决胜脱贫攻坚，是党对人民的庄严承诺，是全面建成小康社会的必然要求。服务国家重大战略需求，一个人或一个单位的力量十分有限，往往难以达成所愿，必须采取集中力量办大事的“实干+能干+巧干”的方法和路径，积极调动各方资源，共同参与，形成合力，方能攻坚克难、无往不胜。为此，我们以扶贫项目为支点，以服务国家重大战略需要为驱动力，积极调动各方资源共同参与，形成合力，有力推进工作，形成共建共享共赢的良好局面。

3.充分利用网络化信息化手段助力精准扶贫

川师大图书馆开展的每一项扶贫工作，都离不开现代化网络和通讯科技手段的使用，尤其在当前疫情防控背景下，现代化科技手段的利用显得尤为迫切。我们在为西昌民族幼专图书馆开展馆员能力提升培训时，主要利用网络视频会议、网络视频讲座等方式开展帮扶工作，效果令人满意。在捐建理塘县图书馆的项目中，参与合作的四川师范大学、北京蔚蓝公益基金会、理塘县图书馆在地理上相距遥远，天各一方，但整个项目从开始沟通联系到业务谈判再到项目落地，三方相关工作人员的主要工作都是通过网络和电话完成的。捐赠图书从打包、运送到接收，也是通过专业物流公司来完成，极大地节省了人力物力成本。

4.着眼长远，久久为功

习近平指出：“打赢脱贫攻坚战不是搞运动、一阵风，要真扶贫、扶真贫、真脱贫，要经得起历史检验。”文化扶贫是一项长期的持久的工程，不能一蹴而就，尤其需要践行水滴石穿、久久为功的精神和信念。我们在扶贫工作中，特别注重长效机制的建立，让我们的帮扶项目持续不断地发挥作用，产生效益，行稳致远。我们在凉山州、甘孜州的每一项扶贫攻坚实践中，不仅注重“硬件”帮扶，还更注重“软件”建设，使图书捐赠、业务能力提升、资源共享等长效机制在西昌民族幼专和理塘县、普格县持续不断发挥作用，实现春风化雨、久久为功的美好愿景。

四、结语

一枝一叶总关情，一点一滴显担当。扶贫之路，道阻且长，虽一路艰辛，一路汗水，但也收获着一路欢歌，一路感动。川师大图书馆将以强烈的责任感和深厚的为民情怀，以更加扎实的作风、更加有力的措施，不忘初心，砥砺前行，在脱贫攻坚的战场上，继续勇担责任，积极作为，在实现民族复兴、国家富强的征程中贡献图书馆人的力量和智慧。

创建“先锋集结号” 打造“书香”新农村

——南安市李成智公众图书馆文化扶贫案例

黄桂治（南安市李成智公众图书馆）

一、项目背景

福建省南安市梅山镇蓉中村，位于梅山镇南部，不靠山不靠海，资源贫乏，原是“四无”村庄（耕种无土地、就业无岗位、生计无着落、创业无出路）。近年来，在村两委的带领下，在福建省南安市李成智公众图书馆（以下简称“李图”）的支持下，蓉中村不仅实现了全面脱贫，还实现了物质文明和精神文明建设的“双丰收”。在此期间，李图积极创建“先锋集结号”，扎实为蓉中村保驾护航，打造“书香”文化新农村。该村先后获得全国文明村等国字号荣誉4项。李图也在创建过程中获得泉州市“文明单位”称号，阅读延伸点增加至南安北部各乡镇，阅读人数持续攀高，成为南安北部的一张文化名片，影响力不断扩大。

二、项目过程

1.吹响“冲锋号”，强化扶智力度，激发农民阅读兴趣

由于地处蓉中村界，李图自建立之初，即定位为服务基层村民的文化单位。但在李图，从2016年以来的借阅数据显示，成人每月的借阅次数明显比未成年人低20%。针对这一现象，李图工作人员主动到村里走访，通过参加村小组会议、村民大会等形式，积极听取群众意见。走访发现群众思想上存在的问题有两个：一是“去图书馆是娃娃的事，大人有那么多事要忙活，没必要去”；二是“去图书馆就是看看书，其他的好像也没有什么作用”。

针对这一现象，李图决定协助村两委转变村民的观念，从强化扶智力度率先抓起，持续激发农民的阅读兴趣。一是加大业务宣传。李图会同村两委一班人，通过上门走访、散发宣传传单海报、微信公众号推广等形式，深入一线群众中，引导群众了解阅读的乐趣以及陪伴子女阅读和交流的必要性。截至2020年9月，已走访了90%村民，村民参与阅读的意愿逐步增强，从根本上扭转了群众对于阅读、图书馆的认识误区。二是创新服务形式。李图创新图书馆服务方式，增强图书馆魅力，吸引村民走进图书馆，邀请周边的法庭、派出所、学校、镇老协会等兄弟单位到馆开展法律、交通、教育、心理等各类培训讲座，以群众喜闻乐见的主题入手，全面扩展村民的视野。三是引导特定群体。在传统节日、读书月等重要节点里，举行形式多样的亲子活动，带动家长参与图书馆活动。针对25家村企的外来务工人员，李图在企业设置了报刊及杂志阅览室，定期为工人送书上门。李图还为村里的群团组织成员办理信用借书卡，方便随时借阅，并为村民量身定制一季度一次的“你荐书，我买单”活动，大大提升了村民的阅读兴趣。

2.唱响“主打曲”，搭建学习平台，满足群众阅读需求

农村阅读是乡村图书馆的主业。李图始终秉持建馆初心，不断唱响阅读“主打曲”，搭建村级学习阅读平台，满足群众阅读需求。2012年，在李图的支持下，村里创建了福建省最大的农家书屋，还提炼总结了“大馆带小屋”的经验做法，被福建省委宣传部全面推广。伴随着电子阅读风潮的兴起以及纸质书籍难管理、易折旧等问题的凸显，原有的农家书屋的运营模式难以为继。在对比、查阅多地百姓书房的运行模式，并借鉴兄弟馆建设经验和充分听取村民建议后，2020年7月，李图决定创新运用“互联网+书房”模式，在百姓书房内规划布置有声阅读设备，建成福建省首个“有声百姓书房”——“蓉声书院”。这一经验被学习强国、中国文明网、福建电视台等主流媒体刊发报道。

（1）融合现有优势。在原有的农家书屋基础上进行改造，不另起炉灶，不大拆大建，在环境布置、图书整理和排架、阅读活动等方面给予支持，既实现了资源整合，又实现了“一馆多用”。

（2）创新阅读形式。新的百姓书房除了传统的纸质图书外，还设置一面有声图书墙，手指拨一拨，手机扫一扫，运动、工作时都可以随时收听，方便快捷，让读者能够不受时间、地点、空间限制，随时随地通过“听”的方式体验阅读带来的快乐，真正打通阅读的“最后一公里”。

（3）制定活动计划。每个季度定时更新有声图书墙二维码里的书籍内容，制定好活动计划，听中国好声音，讲中国好故事，开展多样的读书活动，满足农民群众与时俱进的科普、文化活动需求，有效巩固了农村文化阵地，持续推进农村精神文明建设，真正让乡风民风、文化生活美起来。

3.奏响“协奏曲”，创建文艺分队，激活文艺内生动力

长期以来，不少蓉中村民忙于经济建设和个人事务，对村里事务和文化建设不够重视，甚至出现了“断层”的现象。针对这一问题，李图积极和村两委、老人协会、艺术组织等做好对接，主动挑起村里文化协管员的担子，奏响文艺“协奏曲”，创建乡村文艺小分队，持续激活文艺内生动力。

（1）打造文艺品牌。李图帮助村里组建女子腰鼓队、广场舞团队、农民合唱团等12支文化队伍，引导有文艺才能的馆员，利用空余时间对各个团队进行指导，引导群众提升文化内涵和审美水平。2016年以来，李图带领村广场舞队参加各级比赛，斩获不少荣誉。舞蹈《幸福像花儿一样》获得福建省

第三届村级文化协管员技能大赛二等奖，舞蹈《走向复兴》获得泉州第二届广场舞大赛二等奖，多项作品获得南安市级比赛一等奖。村里群众主动参与文化活动的积极性大大提高。

（2）策划主题活动。为了活跃村民的文化氛围，李图每年都会联合村里组织、策划和主持大型晚会，如“两学一做”学习教育文艺晚会，学习贯彻党的十九大精神“昂首迈入新时代，开启筑梦新征程”文艺晚会。其中，2019年，李图举办了“不忘创业初心，接力改革伟业”献礼改革开放40年大型文艺晚会，东方歌舞团的两位老师莫元季和蔡金樑前来助演。

（3）创新作品形式。根据上级宣传口径变化，李图及时把上级精神融入抢答、朗诵、村民自编小品、三句半等艺术形式中，以群众喜闻乐见的方式展现出来，让村民在乐中学、学中乐，进一步深入了解、学习、理解习近平新时代中国特色社会主义思想，进一步激发了农民群众自主参与文化活动的积极性，提升农民生活幸福感。

4.编制“进行曲”，助力文化建设，绘就基层文化蓝图

蓉中村实现全面脱贫、完成致富任务后，即打造了“蓉中村贫困致富带头人培训基地”。2019年8月9日，在蓉中村帮扶下脱贫的下党乡的几位党员还为蓉中村带来了习近平总书记的回信精神。期间，李图工作人员积极随队参与文化扶贫方面的工作，担任培训基地的现场文化教学导师，不断助力文化建设，绘就了基层的文化蓝图。

目前，在李图的全面参与和全力支持下，蓉中村已打造出一个包含“一书院、两中心、三场馆、四广场、十走廊”的基层文化圈。“一书院”是福建省首个“纸质+声音”的百姓书房——“蓉声书院”；“两中心”是蓉中村综合文化活动中心和蓉中村户外休闲中心；“三场馆”是福建省首个农村一级图书馆李成智公众图书馆、“活力党建 美丽蓉中”党建展馆、福建省家风家训乡贤文化馆芙蓉李氏家风家训教育基地；“四广场”是村部大楼广场、进士第广场、莱克文化苑广场、休闲活动中心广场；“十走廊”是遍布在全村的双拥文化走廊等10条户外健身走廊。李图利用蓉中这一文化圈，从弘扬时代新风，到蓉中李氏家风，从蓉中脱贫故事，再到蓉中扶贫故事，平均每年举行100场次的文化宣讲活动，为村民、学员，上好蓉中文化脱贫第一课，传播蓉中扶贫大爱故事。

三、成效与影响

蓉中村与李图的文化深度合作取得了双赢的成效：村民知识水平不断上升、图书馆美誉不断凸显。2019年以来，蓉中村民的知识受众率和文化活动受众率接近100%，多次被南安市级以上媒体报道。2020年1—9月，由李图和蓉中村共同组织的文化活动，有8篇次媒体报道，其中双方共同拍摄的公益微视频《让我们赶“筷”行动》和活动《开学第一课》分别于4月2日和9月2日登上了学习强国平台。2020年，蓉中村入选福建省福建乡村振兴试点示范村，其文化振兴案例被南安市文化体育和旅游局选送参评福建省“文化振兴乡村”案例。蓉中以文化为引领，全村工农业总产值从2016年的13.85亿元上升到2019年的16亿元，村民平均上缴税收达18300元，实现了全民脱贫。

李图在蓉中村“资源共享、活动共融”的文化实践案例取得以下成绩：

（1）以点带面，打造“书香小镇”。李图以蓉中村为辐射点，引导梅山镇其他村居建好“百姓书房”，助力梅山镇建设“书香小镇”。工作人员走进梅山镇其他村居，策划和设计百姓书房，并义务整理图书近2万册，从分类、编号、录入、上架到阅读环境的布置，事无巨细，让书房华丽变身，成为村民学习娱乐的好去处。目前，全镇各村均设有“百姓书房”，纸质书籍平均2000册，积极开展“一村一特色”的文化活动，比学赶超，全镇文化氛围浓厚。

（2）以小带大，打造文明乡风。新冠肺炎疫情期间，李图依托自身影响力，主动发声，会同镇村两级，发动返乡大学生成立“i心公社”公益团队。团队在坚守防疫一线的同时，不忘进行文化服务，开展“手绘文化墙”“创意轮胎”“手绘木头文化墙”等活动，让文化与文明相衔接、相呼应。团队还为残疾贫困户推销农产品，为其孩子送书上门，开展一对一的学习帮扶，为生病的五保户摘花生，让他们在小康的路上不掉队。李图的系列做法得到了梅山镇党委的肯定，梅山镇以此为契机成立“新时代文明实践所”，让小行动带动大文明，让文明之风浸润侨乡。这些事迹被学习强国、中国文明网、福建电视台、文明风、《泉州晚报》、《海丝商报》等媒体报道宣传。

疫情期间，李图工作人员进农户关心孩子阅读

（3）由内及外，助推个人成长。5年来，李图与蓉中村共同组织532场次的文化实践活动，得到南安市各级各部门的充分肯定和大力支持。罗东、向阳、九都、乐峰、码头等周边乡镇多次邀请李图工作人员参与建设“百姓书房”。支部副书记黄桂治被南安市评为“2015—2017文化示范户”；2018年撰写《牢记使命、多措并举共搭服务平台助力乡村文化振兴》并获南安市纪念中国共产党成立97周年理论征文活动二等奖；2018年被评为全市“岗位学雷锋标兵”；2019年被南安市委市政府评为“2016—2018年度南安市精神文明建设先进工作者”；2020年参选南安市道德模范。李图其他工作人员也多次获得各类表彰，获得不断成长。

四、扶贫小故事

“桂治，重阳节快到了，我们一起组织个尊老敬老的文化活动？”说话的正是蓉中村的村委李德川。

谁能想到曾经的他，曾经沉迷麻将不务正业。当初，在了解到他家的情况以后，李图工作人员和村委会三番两次上门做思想工作，可他却要起无赖，工作人员内心充满无奈而又心酸。

但随后不久，在一个雨夜里，黄桂治突然接到李德川老婆带着哭腔的电话，原来，是他儿子突然肚子疼。黄桂治忙联系上村委，冒雨一起把他儿子送到街上卫生院挂号、交费，经检查后，发现是急性肠炎，得到了及时诊治。

次日一大早，李德川破天荒来到图书馆，站在门口支支吾吾不敢进门。黄桂治赶紧趁机把他请到办公室泡茶聊天。

从此，图书馆、村里倒成了李德川的常驻地。他偶尔到图书馆做志愿者，偶尔去村里帮帮忙。村里也给他安排了个安全员的工作岗位，协助维持秩序。就这样，从思想到行动，他一直在改变着。

由于工作表现突出，2020年，村里把李德川纳入村委成员，分管安全、卫生、调解、文化等工作。每当李图的工作人员到了村里，每每村里有什么需要，他总是第一个主动跑到图书馆，和工作人员一起协调工作。

足见，李图工作人员用的是实实在在、看得见摸得着的实际举措，沉下心来，俯下身去，一步一个脚印，用实际行动影响着村民，从而为蓉中村文化建设画上浓墨重彩的一笔。

五、分析与总结

2020年是脱贫攻坚的决胜之年，文化扶贫是脱贫攻坚中的重要一环。由于条件限制，农村严重缺乏专门的文化扶贫人才队伍，文化工作开展难以取得成效。

乡村图书馆工作人员作为基层的文化工作者，要有社会责任感，要主动融入社会服务中，充分发挥先锋模范作用，实现基层间资源共享、优势互补、共同提高、共同发展的初衷。服务过程中，双方可以互学互鉴，通过共建共促，架设服务桥梁，为群众解决实际困难，才能让群众获得实惠。

当地党委政府也要重视自身的文化建设，干工作不能等、靠、要，要重视农村文化惠民工作的建设，更要培育他们的文化意识，要鼓励更多的本土文化人才，或者从扶贫一线和基层选拔专门人才进行培训，打造一支永远“赶不走”的文化扶贫队伍。

总之，必须挖掘广泛存在于民间的特色文化和传统文化，充分发挥基层党委和文化工作者的作用，通过双方努力实现“文化造血”，以文化引领经济，实现乡村振兴。

以文化人，点亮心灯

——湖北民族大学图书馆立足民族地区服务脱贫攻坚案例

马定莲　胡　源　李远明　罗世家　周　劲（湖北民族大学图书馆）

一、项目背景

2013年11月23日，国家主席习近平在武陵山区湖南省湘西土家族苗自治州花垣县十八洞村首次提出“精准扶贫”要求[①]。两年后，《中共中央国务院关于打赢脱贫攻坚战的决定》[②]（下文简称《决定》）颁布，其第六条要求“广泛动员全社会力量，合力推进脱贫攻坚”，对精准扶贫工作进行全民总动员。湖北民族大学图书馆作为一所位于武陵山区的民族高校图书馆，积极响应党的号召，激励馆员发扬风格，下沉基层开拓创新，利用专长服务扶贫，不忘初心牢记使命，全身心投入到脱贫攻坚的伟大战斗

湖北民族大学图书馆为恩施州建始县三里乡小屯村社区马家湾居民点建立“马家湾儿童书屋”

① 【图集】习近平到湖南考察[EB/OL].[2013-11-05]. http://cpc.people.com.cn/n/2013/1105/c64094-23440116-9.html.

② 中共中央　国务院关于打赢脱贫攻坚战的决定[EB/OL]. [2015-12-07]. http://www.gov.cn/xinwen/2015-12/07/content_5020963.htm.

中去。本案例是该馆服务扶贫工作的成果之一。项目选点在湖北省恩施土家族苗族自治州建始县三里乡小屯村社区马家湾居民点。这是一个位于武陵山连片贫困区贫困县贫困村的人口密集的自然村落，回、土家、苗、汉等民族错落杂居，也是项目第一负责人马定莲同志的家乡。

在《决定》第三条“实施精准扶贫方略，加快贫困人口精准脱贫”精神引领下，“劳务输出”成为村民脱贫致富的主要方式，从而导致十分严重的“三留守”（留守老人、留守妇女、留守儿童）问题，其中留守儿童问题尤为迫切。经过摸底调查，发现社区留守儿童占儿童总数九成以上。经过与城镇家庭健全学生现状进行对比研究发现，留守儿童普遍存在心理缺乏关爱、亲情缺乏沟通、互帮互助美德缺失、家庭教育主体缺位、权益保护力度不够、身心健康状况较差等一系列心理、安全、教育、健康问题。随着社会经济的快速发展，这些问题不但没有得到解决，鸿沟还在不断拉大。长此以往，寒门难出贵子，穷根难以拔除，农村人才问题将成为制约乡村振兴的拦路虎。

如何破解这一难题，已引起全社会共同关注。教育扶贫是新时代图书馆人的责任担当。为落实《决定》精神，湖北民族大学图书馆尝试一条助学扶贫的新路子，在贫困地区人口集中的居民点成立留守儿童书屋，解决扶贫路上“最后一公里”难题。图书馆人化身“点灯人”，通过阅读推广点亮农村儿童心灯，从而达到“以文化人”的终极目标。

二、项目内容

为抚平留守儿童心灵深处的“留守”创伤之痛，弱化标签意识，我们特意去掉“留守”二字，将项目命名为“马家湾儿童书屋”。

1.项目性质

该项目属于公益性质，为社区居民点（包括邻近村庄）的所有儿童及其家长提供免费的、持续性的阅读服务和家庭教育指导。

2.项目主体

社区全体儿童是该项目的主体。项目组织者、参与者、留守儿童监护人、本土乡贤及社会各界爱心人士都是为主体服务的志愿者。

3.物资来源及支出

物资来源于爱心捐助，主要支出为添置图书、设备及主题活动经费。项目建设公益基金20050元，全部由募捐渠道得来。书屋现有图书800多册，渠道为购买和捐赠。其他物资，如书架、烤火隔离桌、冬季取暖用木柴等由村民自主捐赠。所有志愿者不拿酬劳，无私奉献。乡贤马定锋免费提供场所，不收房租还承担水电费。

4.管理模式

项目采取“图书馆引领+乡贤主导+村民自建+社会参与”模式，由儿童当家做主，家长协助管理，组织亲子结对值班，每个家庭每周轮流值班一天，周五全员大扫除，对公共区域进行彻底清洁。

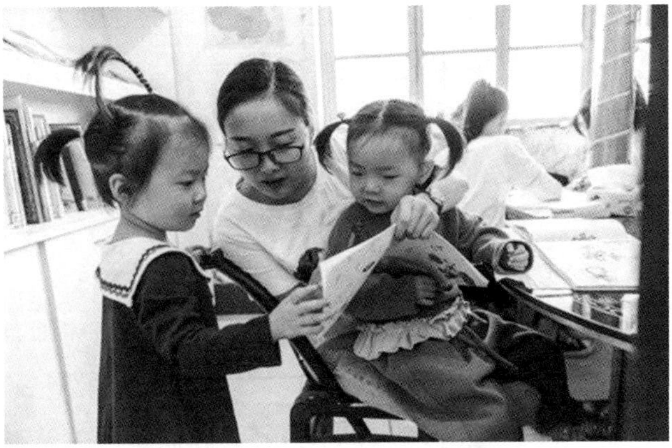

建始县三里民族初中的马莉老师在儿童书屋为孩子们辅导家庭作业

根据学校放学时间，结合村民实际情况，确定书屋开放时间为：每天19：00—20：30；周末15：00—17：00（该时段有乡村学校的老师担当志愿者，专门为留守儿童讲解家庭作业）。雨天不开放。

三、项目过程

项目已经持续开展两年零五个月，共分为五个阶段：

1.筹备阶段（2018年4月23日—2018年11月30日）

2018年4月23日“世界读书日”，马定莲决定在农村推广全民阅读，筹建留守儿童书屋，着手拟订方案，募集项目资金，招募志愿者，制定规章制度。

2.留守儿童书屋成立，为探索管理模式阶段（2018年12月1日—2019年4月30日）

2018年12月1日，马家湾儿童书屋正式成立。由于没有现成的模式可供借鉴，只能在察村情、听民意的前提下，激发受助者内生动力，在“留守儿童本位”思想指导下带领村民共同探索出一套切合乡土实际的自主管理模式。

3.共建留守儿童“心灵家园”（2019年5月1日—2020年1月23日）

湖北民族大学图书馆发挥组织力量，领导留守群体共建“精神家园”，始终以全民阅读推广为使命，集合社会力量举办了10次具有浓郁乡土味道的主题活动，主要为：

（1）农历五月初五“端阳节”，“众人齐心裹粽香，自己动手过端阳”；

（2）农历七月十二“月半节”，“月半祭祖，感恩生命”；

（3）2019年9月6日，“城乡互联，结对帮扶——湖北民族大学图书馆赴马家湾儿童书屋捐赠活动”；

（4）农历八月十五“中秋节”，“中秋月圆桂子飘香，前人栽树后人乘凉”；

（5）2019年9月28日，“纪念至圣先师，推广全民阅读”；

（6）2019年10月2日，养蜂人李景奎分享“秋天的蜜蜜行动”；

（7）2019年10月19日，秋游尖峰岭，喊出“我的理想”；

（8）2019年11月3日，北纬30度·恩施户外俱乐部首次结队帮扶，并组织了地理、摄影主题活动“神秘的北纬30度”；

（9）2019年11月17日，三里民族小学李哲慈老师组织主题活动“找秋天”；

（10）2019年12月1日，北纬30度·恩施户外俱乐部第二次帮扶暨“马家湾儿童书屋周年庆典”。

4.居家抗疫阶段（2020年1月24日—2020年8月31日）

新冠疫情波及乡村，村民全体居家抗疫，儿童书屋关闭，服务方式随之调整，阅读服务进入图书外借服务模式，家庭教育服务进入线上指导模式。

5.学校复学，儿童书屋同步恢复开放（2020年9月1日至今）

在儿童书屋的呼吁下，三里乡民族小学首先解决“留守儿童家庭作业辅导难”问题，此举得到村民的一致好评。

有了慈善机构参与，“留守儿童书屋”有望提档升级建成“乡村社区文化传承中心”，下设“留守儿童中心”“文艺活动室”“老年活动室”“农民教育培训基地”“非物质文化遗产传承中心”“农耕文化展示馆”等。

四、成效与影响

1.创设儿童书屋，文化助力精准扶贫

脱贫攻坚收官在即，精神扶贫任重道远。该项目通过文化扶贫手段助力精准扶贫，倾力打造书香家园，人人自得其乐，老少各有所乐。

2.帮扶留守儿童，提升家庭教育能力

留守儿童书屋作为家校联系的渡口，在联合乡村学校、帮扶留守儿童家庭提升教育能力的探索初步取得成效。

3.营造阅读生态，推广全民阅读活动

大国崛起需要文化自信，文化是未来创新发展的核心动力，阅读是获取文化自信的重要途径。本项目以文化建设的最薄弱处为突破口，营造良好的阅读生态环境，逐步唤醒乡村文化自觉，把推广全民阅读的理想落在实处。

4.完善文化设施，推进乡村文明建设

现阶段，城乡差距客观存在，农村文化设施严重不足。本项目实施过程中，公益性设施在助力精准扶贫、推进乡村文明建设等诸方面起到了重要作用，居民点的人文环境因此得到改观。

5.引领社区风尚，促进各民族大团结

全民阅读促进了社区民族大团结。小屯村历史上属于屯军之地，村民多是屯军戍边的军户后裔。特殊的历史背景导致当地民风尚武，村民性情彪悍。同时，多民族错落杂居，也导致民族矛盾时有发生。文化扶贫改进了当地的落后民风，引领了社区新风尚，扭转了以家族为中心、强族大姓逞能斗狠的局面。

五、分析与总结

1.创新点

“马家湾儿童书屋”已成为留守儿童群体心之所向的“心灵花园”，初步实现了“点亮心灯，以文化人”的目标。其创新点有以下几方面：

（1）精准性。项目选址在连片贫困地区人口集中的多民族杂居村庄，以

“立足民族地区，助力精准扶贫，下沉基层社区，决战脱贫攻坚”为使命，突出精准性。

（2）公益性。志愿者服务是核心，其公益性特点表明它是汇集爱心之善果、凝聚智慧之结晶。

（3）专业性。以推广全民阅读为使命，在图书馆专业框架下开展专业的扶贫服务活动，计划周详，方案可行。

（4）门槛低。项目启动资金仅五千元，零房租和零酬薪。后期爱心人士积极捐款捐物，儿童书屋逐步得以完善。

（5）效果好。通过项目实施，留守群体享受阅读，学习家庭教育方法，非遗传承意识觉醒。各族人民团结互助，家风建设日益高涨，社会风气转向良好。

（6）创新性强。本项目既接地气又高屋建瓴，实现了个人行为—乡贤响应—图书馆领导—社会参与—慈善机构跟进，层层推进，激发受助群体内生动力。

（7）影响力大。《湖北日报》以《山里娃有了“精神家园”》为题，对本项目进行了报道。

（8）可持续。建立长效机制，引领乡村振兴，自主探索了一整套独具特色的运行模式。

2.思考

本项目作为服务扶贫成果，在推广、复制过程中需要注意以下问题：

（1）项目负责人的精神追求。项目负责人全程谋划深度参与，其个人精神追求与品格关乎项目建设的成败。项目负责人具有图书馆人推广全民阅读的远大志向、乡贤心系故土的家园情怀、具有志愿者必备的公益活动经验等个人素质，是项目得以顺利开展的关键性要素。

（2）图书馆领导层参与扶贫服务的意愿。领导的大力支持是项目成败的重要保障，保证了项目建设的方向性、科学性、持续性、完整性。

（3）项目选址与精准扶贫目标一致。项目要落脚于经济发展水平相对滞后的洼地，选址在贫困地区贫困村人口集中的居民点。

（4）当地基层政府的支持。项目实施初期，基层政府认识不够，参与意识淡薄。项目建设取得一定成效后，逐渐引起基层政府的关注。他们的积极参与对项目后期建设具有重要促进作用。

（5）社会各界力量的广泛参与。社会力量的参与是本项目持续发展的推动力，主要包括以下几个方面：①重视乡贤的力量。乡贤群体作为跳出农门的“锦鲤”，是留守儿童向外眺望的窗口。难以割舍的故土情怀促使他们热衷故乡公益活动。②民间力量的支持。本项目注重将民间爱心力量汇集到乡村振兴大潮中来。③乡村在校大学生是一支生力军。他们抽出寒暑假时间为留守儿童讲解假期作业，开展各种体育活动。④高校图书馆勤工助学馆员。他们大多具有农村背景，对留守儿童的处境感同身受，参与热情高涨。⑤社会公益机构的参与。本项目得到恩施州助学扶贫促进会、恩施义工协会等公益机构的大力支持。

（6）制定奖励制度鼓励公益行动。项目实施过程中，在年度考核中制定相关标准，对个人和集体定期下沉基层社区开展公益活动的行为给予肯定，并将之纳入年度考核“优秀”与否的重要指标。

六、感人事迹

1.不拿钱的图书管理员

项目实施过程中，奉献最突出的是姚宏元奶奶。她是低保户，属于家庭意外变故致贫人员。三年前丈夫和儿子相继得癌症去世，两个孙女年纪尚小。虽有农村低保托底，一家人生活无忧，可精神压力令她愁眉紧锁。后来她担任义务图书管理员，带领孙女伴着儿童书屋共同成长，现在一家人心态积极，乐观向上，幸福洋溢在脸庞。

2.八旬老太成为读书达人

八十岁的孙祖英奶奶将民歌书籍当宝贝。只上过半年私塾的她克服文化底子薄弱的困难，逐字逐句地啃，如痴如醉地唱，硬是将《建始民歌欣赏》这本长达680页的民歌书籍烂熟于心，成为社区读书达人。

3.拆墙壁捐书柜的马定华

长年外出打工的经历令马定华的两个孩子饱受留守之苦。项目落地之初，他便率先响应，将家里一整面墙6个壁柜拆下捐作书柜，节省了一大笔资金，为项目建设立下汗马功劳。

4.好义工后勤部长何光菊

何光菊的家庭是全社区唯一非留守家庭，过着温馨圆满的家庭生活。项目落地之初，她自发担任后勤部长，热情招待大家吃农家饭，解决义工吃饭难题。她还动员全家支持项目建设，安排儿子担任儿童书屋义务安全员，定期维护水、电、门、锁等设施的安全，儿媳协助留守儿童值班。

八旬老太孙祖英老人在“儿童书屋”教孩子们唱民歌

5.民间“妇联主任”马定桂

留守妇女是农村人口中最辛苦的群体，受到身体辛苦和精神孤独的双重困扰。书屋让孩子们有了着落，她们开心地跳起乡村民间舞蹈。马定桂是不拿钱的义务教练，村民们封她个“妇联主任”的空头衔，撑起农村一片艳阳天。留守老人说：“马家俩姐妹，个个心肠好，莲妹妹扶小，桂姐姐抚老！”

传递书香筑梦山区儿童　志愿服务助推文化扶贫

——以广东省立中山图书馆“书香暖山区”援建爱心阅览室文化志愿服务项目为例

李毅萍　黄小华　李文红　陈剑晖（广东省立中山图书馆）

一、项目背景

在广东，与发达的珠江三角洲地区相比，粤东西北经济欠发达地区的基层公共文化服务体系比较薄弱。与此同时，珠三角等发达地区图书资源丰富，资源更新速度快，导致大量的图书资源特别是城市学生课外读物闲置。如何整合盘活这些闲置的图书资源，便成为图书馆人思考的问题。

2011年4月23日，由广东省立中山图书馆打造的首个由省级公共图书馆运营的公益性图书捐赠交换平台“广东省捐赠换书中心”正式揭牌。同年，为落实中央关于文化扶贫与基层文化建设的精神，该馆与广东广播电视台共同创办“书香暖山区”援建爱心阅览室文化志愿服务项目（以下简称“项目”），广泛开展图书募集活动，并定期将图书配送至全省欠发达地区的中小学、打工子弟学校以及文化站，援建爱心阅览室。近年来，在习近平总书记的精准扶贫思想指导下，项目稳步推进，推动文化惠民助力精准扶贫，开展了更多惠及山区学校的图书捐赠与阅读推广活动。

二、项目内容

本项目由广东省立中山图书馆与广东广播电视台共同创办，依托广东省捐赠换书中心，联合社会爱心人士与机构，以募集图书、捐赠图书、援建爱心阅览室、开展阅读推广的方式，为广东省欠发达地区的中小学、打工子弟学校以及文化站输送文化资源，是以推进公共文化普惠均等建设为目标的文化精准扶贫志愿服务项目。

1.项目理念

（1）关爱乡村儿童，鼓励城市对农村进行文化帮扶。项目以“同在蓝天下，共享读书乐”“捐出一本书，成就一个梦”“阅读助飞梦想，知识改变命运”为服务理念，主要为乡村儿童、外来务工人员及其子弟提供图书捐赠与阅读推广服务，推进全民阅读，建设书香社会，助力精准扶贫。

（2）弘扬奉献、友爱、互助的志愿服务精神。项目主要以在相关机构设立固定捐书点、接受企业捐赠图书与文体用品、共建志愿团队的形式开展合作。

（3）倡导绿色环保理念，建设资源节约型社会。项目盘活了珠三角市民家中闲置图书，促进图书的循环利用。

2.开展模式

（1）公益为本大爱无疆。项目通过弘扬志愿服务精神，广泛吸引专业文化工作者和社会各界人士参与基层文化建设。随着项目品牌影响力的不断扩大，越来越多的爱心人士加入了志愿队伍。

（2）多元合作。项目采取“图书馆+”的创新模式，打造多元公益合作平台，积极探索跨界合作、共生互惠模式，得到众多事业机关单位、高校、医院、国企、私企、外企等机构的支持。

3.建设管理

（1）定期举办图书募集活动，为爱心阅览室的持续援建提供充足的图书资源。定期在本馆广场、南国书香节、广州迎春花市、大型居民街道社区等地举办图书募集活动，长期接受社会各界和个人图书捐赠、图书捐资认购。

（2）开展调研分析，专业指导爱心阅览室的建设管理。对援建学校进行调研、分析，选择合适的图书进行捐赠。同时挑选资深专业馆员志愿者奔赴爱心阅览室，辅导和培训校方管理员开展阅览室管理。

（3）举办阅读推广活动，盘活爱心阅览室图书资源。每次援建活动都会加入适合当地教育情况、文化水平的精准阅读推广，并与学校教师分享阅读推广的方法。定期举办全省“书香暖山区”阅读创作大赛，鼓励学生充分利用阅览室图书资源，形成良好的阅读习惯。

三、项目过程

1.多渠道募集图书，盘活民间闲置资源

图书募集活动指南

项目积极创新图书募集方式，以活动为抓手，多渠道筹集图书资源：开设图书捐赠和图书捐资认购平台，长期接受社会各界爱心人士的图书捐赠和认购，鼓励民众将闲置的图书资源实现最大化地利用；组建志愿团队，在广东省立中山图书馆广场、陈家祠等广州市内大型社区广场不定期举办图书募集活动；借助“广州迎春花市”“南国书香节”等大型品牌活动的影响力，开展图书募集活动，呼吁广大民众关注偏远山区儿童的阅读现状；与中小学校、大型企业、政府机构开展合作，设立捐书点；与中国邮政广州市分公司合办“你捐书，我包邮”活动，民众足不出户即可将个人闲置图书统一捐赠。

2.精准扶贫，援建爱心阅览室

项目结合受援建单位的实际情况，制定科学合理的支援流程，实现精准扶贫。首先项目组根据本馆辅导部、省内基层图书馆、各地市教育部门提供的信息以及山区学校提出的申请，拟定受援对象；实地考察学校情况，综合考量学校面临的实际困难和迫切需求，确定受援对象；馆员志愿者根据受援对象的现状和阅读需求等，制定相应的帮扶计划及图书清单；最后志愿团队前往受援单位，设计阅览室功能分区，组织图书分类、上架，传授图书管理的方法，完成爱心阅览室援建工作。

3.策划阅读推广活动，激发阅读兴趣

深入乡村援建爱心阅览室的同时，项目组青年馆员依托爱心阅览室图书资源，结合各校在校生情况，同步开展形式多样、生动有趣的阅读推广活动，如经典诵读、成语竞猜、诗词接龙、漫画共赏、心灵故事会、主题班会等，通过阅读推广活动与孩子们亲切互动，激发孩子们的阅读兴趣。

项目组青年馆员开展有趣的阅读推广活动

项目组举办了全省性的“书香暖山区”阅读创作大赛。每届大赛拟定不同的主题，鼓励山区孩童充分利用爱心阅览室的资源，并根据自身的阅读体验，创作书法、绘画、征文作品。项目组还与广东省内、香港、澳门各地图书馆联动，开展“粤港澳”共读半小时活动，深入“书香暖山区”受援学校，与学生们一起朗读经典文本，用富有仪式感的活动营造书香氛围，传递文化的信念和力量。

四、成效与影响

项目自2011年开展至今，一直持之以恒，坚持不懈，致力于盘活闲置图书资源，为粤东西北偏远山区留守儿童、空巢老人、低收入人群、外来务工人员及其子弟等特殊群体输送图书资源，开展阅读推广活动。截至2020年12月，共开展近200场图书募集活动，募集图书30余万册；举办了上百次送书下乡活动，足迹遍及全省20市（区）38县（镇），行程25000多公里，在省内经济欠发达地区的中小学、打工子弟学校以及文化站援建“书香暖山区”爱心阅览室106间，惠及山区孩子和村民10万余人。项目得到了上级部门和社会各界的高度评价，获评2015年度广东省“文化志愿服务优秀项目”、2018年广东省学雷锋服务先进典型宣传推选活动“最佳志愿服务项目”，为公共图书馆界开展志愿服务和文化扶贫发挥了引领示范作用。

1.开展精准帮扶，深入推动全民阅读

“书香暖山区”项目通过举办各类形式的阅读推广活动，盘活爱心阅览室图书资源，深入推动全民阅读，使更多山区学生好读书、读好书和善读书。以全省性的“书香暖山区”阅读创作大赛为例，截至2020年12月，已举办四届广东省山区学校阅读创作比赛，共有6000余名山区学生参与活动，400名中小学生获奖，成为阅读小达人，获奖作品被制作成展板巡回展出。其中前三届分别以“我与爱心阅览室的故事”“我最喜欢的一本书”“妙笔礼赞祖国”为主题。2020年11月举办了主题为“脱贫攻坚决胜年，家乡旧貌换新颜”的第四届阅读创作大赛。

2.媒体追踪报道，助力宣传推广

项目得到南方都市报、广东广播电视台的长期支持。每次举办大型的图书募集活动、爱心阅览室援建活动，都会有新闻媒体的跟踪报道。此外，学习强国、中国图书馆网、触电新闻直播间等权威媒体平台均报道过“书香暖山区”的相关活动。

第三届“书香暖山区”阅读创作大赛部分书画投稿作品原稿

为提高项目的影响力，项目持续在广东省立中山图书馆的官网、微信公众号、抖音App等平台发布活动最新动态，加强活动宣传和推广，吸引更多的企业以及普通民众参与。

3.凝聚社会力量，弘扬志愿服务精神

项目组积极探索馆企联动、跨界合作、共生互惠模式，打造多元公益合作平台。项目得到了广东省社会科学界联合会、保利地产、星巴克、碧桂园等多家机构的支持和援助。通过常态的图书募集活动，项目吸引了广东三九脑科医院、广东省人民医院、康宝莱保健品公司各销售网点等机构的参与，各机构纷纷设立图书募集点。越来越多的文化志愿者们积极响应，加入阅读推广团队中。如专业文艺工作者为孩子们朗诵经典；广州的高级教师给孩子们上课；动漫协会的老师教孩子们画漫画、赏漫画；广州市重点小学与乡村小学成为姐妹学校，开展“手拉手，共读乐”读书活动。

五、分析与总结

1.精准扶贫，志愿同行

在项目实施过程中，图书馆员化身为文化志愿者，坚守初心。一方面，他们深入大型社区、学校、企事业单位及南国书香节、广州迎春花市、广府庙会等公共活动的场所，拓展图书募集渠道，号召市民热心捐书，盘活图书资源；另一方面，他们制定科学合理的援建计划，实地考察确定受援对象，援建爱心阅览室的同时因地制宜策划开展形式多样、生动有趣的阅读推广活动，并举办主题鲜明的阅读创作大赛，激发山区孩子们的阅读兴趣，培养阅读习惯，丰富文化生活。

2.持续有效，开拓创新

项目内容多元形式创新。项目运用“图书馆+企业”“图书馆+融媒体”创新模式，馆企联动、馆媒联动、跨界合作，打造多元公益合作平台，助力志愿服务持续发展。与爱心机构建立合作关系，共建志愿团队爱心接力。联合广州邮政推出“你捐书，我包邮”活动，接收捐书免费邮递。与广东广播电视台等主流媒体合作，面向社会广泛宣传公益志愿精神。还运用互联网，在网站、微博、微信、短视频平台、新闻App、自媒体等网络平台全方位开展宣传推广，并被推荐到学习强国平台，传播正能量。

3.专业迭代，影响广泛

项目运行机制健全，依托本馆“中图之友”志愿管理机制，队伍日趋壮大。项目组不断迭代丰富项目内容，依托爱心阅览室图书资源，并结合各校在校生情况，同步开展形式多样、生动有趣的阅读推广活动，通过阅读推广活动激发阅读兴趣，进一步发挥爱心阅览室的服务效能。

项目与广东广播电视台等主流媒体合作，极大地提升了项目的社会知名度。广州著名音乐人陈辉权、梁天山携手创作书香暖山区公益活动主题曲《暖流》，广为传唱。广东电视台主播云菲担任项目代言人，积极宣传推广，扩大了活动影响力。

六、感人事迹及小故事

1.不忘初心，图书馆人的坚守

2011年，广东捐赠换书中心成立后，由于一次偶然的机遇，广东省立中山图书馆图书借阅部主任黄小华同志联合广东广播电视台促成了第一次下乡赠书活动。以此为契机，该馆联合广东广播电视台，共同创办“书香暖山区”援建爱心阅览室文化志愿服务项目，凝聚社会公益力量，促进“书香岭南”目标早日实现。

自此之后，黄小华带领同事们以更好地服务留守儿童、外来务工人员子弟为己任，带着公共图书馆关注弱势群体的社会责任感，长期坚持举办图书募集和爱心阅览室援建活动，丰富山区孩子们的阅读生活。每到一处，他们都与志愿者们一道教孩子们唱歌、朗诵和画画，谈心互动。他们离开时，孩子们依依不舍，都说那是他们最快乐的一天。

2. 书香沁人，小读者的成长

2013年4月22日，为了给山区孩子们送上一份读书日礼物，志愿者们到达英德市大湾镇中心小学，援建了第30间爱心阅览室。但遗憾的是，2014年8月，英德市遭遇了百年一遇的大洪水。阅览室里的图书虽然大部分已经转移，但里面的木质书架却受到洪水破坏不能再使用。接到消息，志愿者们马上发动社会力量伸出援手。同年12月，志愿者们带着热心市民和企业捐赠的2000册图书和铁质书架，又来到了大湾镇中心小学，爱心阅览室终于重开了。

大湾镇中心小学的何翠妃小朋友的父母常年外出打工，平时都是跟爷爷奶奶一起生活，总觉得很孤独，常常躲在被子里哭，哭累了就拿起以前妈妈给她讲故事的故事书来看。但家里仅有的那几本翻了无数遍的故事书无法安慰小妃孤独的心。爱心阅览室在大湾镇中心小学建立后，小妃终于有机会尽情地看书了。有了书籍的陪伴，小妃变得充实和快乐起来，学习成绩也越来越好，爱上了写作和绘画，也爱上了写读书笔记。2020年7月，小妃以全校第一名的好成绩考入广大附中英德实验学校。

3. 心手相依，热心市民的馈赠

如何给贫困山区孩子们送去更多优质的精神食粮，怎样更好地推广分享阅读快乐的理念，是项目团队不断思考并为之努力的目标。

2015年底，“书香暖山区”图书募集活动开始走进校园。这一计划首先得到了广州市荔湾区芦荻西小学的肯定与大力支持，被列为该校“大爱”教育的重要内容。学校开展了以班级为主体的爱心图书捐赠活动，组织学生们制作精美的心意卡附在一本本书中。2016年3月，七位师生带着捐赠的1200多册少儿图书，与志愿者一起来到封开县金装镇大府小学，开展“手拉手”活动，举办以“书本和阅读”为主题的分享会，现场气氛十分活跃，在两地孩子们心中撒播了分享和爱的种子。

山海携手　文化脱贫

——上海市徐汇区对口文化帮扶石屏县案例

黎　苑　张　财　袁小东（云南省石屏县图书馆）

一、项目背景

歌曲《东方明珠》中唱道：“让那海角天涯不再遥远，每颗心都跳荡着爱的火焰，让我梦想成真的翅膀飞翔，展开张张的笑脸。”上海与云南相距2000多公里，跨越山海携手共进。云南省石屏县与上海的文化交流从百年前石屏县图书馆建馆之时就已经开始。1912年5月，云南唯一的状元袁嘉谷倡建石屏县图书馆，在建馆之初曾收到一百多种来自上海的图书。现在这些书还藏在石屏县图书馆的特藏室，见证了石屏和上海超过百年友谊。1996年，中央确定上海市对口帮扶云南省。2007年，石屏县图书馆收到来自上海市奉贤区的捐赠。2019年，上海市徐汇区对口文化帮扶石屏县。我们在真挚频繁的交往中，结下深厚情谊，用责任和担当书写了东西部扶贫协作的精彩答卷。

二、主要内容

上海市徐汇区对口帮扶石屏县，山海携手，主要是由上海提供资源，石屏严格落实责任，以群众为中心，推动文化发展，重焕名邦风采。上海市徐汇区在充分发挥政府主导作用的基础上，积极发动宜家（中国）、上海徐汇渔书社区公益发展中心等企业、公益慈善机构，多方共同参与对石屏的文化精准扶贫，汇聚社会扶贫力量、营造公益扶贫氛围。

上海市徐汇区与石屏县准确把握东西部扶贫协作新要求，紧紧围绕“两不愁三保障”目标，压实工作责任，细化落实工作措施。石屏县图书馆制定

《石屏县图书馆东西部协作对口帮扶实施方案》，成立工作领导小组。全体员工注册成为文化志愿者，参与文化脱贫工作。文化帮扶项目依托上海提供资源，按照各乡镇需求，将图书精准配送到各村委会。文化帮扶结合志愿者活动，参与图书馆活动，为乡镇分馆、村委会服务点录入书目数据，开展阅读推广、绘本阅读活动。注重文化基层工作者培养，实现基层文化造血功能。

上海市徐汇区政府与上海徐汇渔书社区公益发展中心、宜家（中国）合作，向石屏县图书馆定期捐赠图书，参与总分馆建设。帮扶工作持续稳定进行，延伸至石屏县深度贫困村学校，从娃娃抓起，让文化融入和支撑扶贫。石屏县与上海徐汇渔书社区公益发展中心合作，在石屏县图书馆古城分馆做出尝试，让社会公益组织通过提供图书、家具赞助活动和服务。

截至2020年，帮扶项目已接收超过400万元的物资捐赠，并通过新媒体传播、政府与商会实地考察调研等方式，吸引更多资源落地石屏。中共上海市委统一战线牵头民革上海市委、民盟上海市委、上海慈善基金会“两新”组织公益同行专项基金，针对古城分馆建设的捐赠资金40万元已到账，为石屏县持续提供文化帮扶。

三、项目过程

2019年，上海市徐汇区援滇干部胡弢来到石屏任副县长，用真情、以行动为我们脱贫攻坚、跨越发展贡献智慧和力量。胡弢副县长上任伊始，便到图书馆调研。我们向他反映了现阶段图书馆存在的藏书，特别是少儿绘本不足、分馆计算机老旧损坏的问题。他马上就联系上海市徐汇区康健新村街道办事处，募集到了图书。康健新村街道办事处将图书馆汇总分类后发现其中的儿童绘本较少，无法满足石屏县儿童阅读需求，便又找到上海徐汇渔书社区公益发展中心，双方携手，将募集到的图书协调为3000册儿童绘本，连同43台计算机，送到石屏。这些计算机被配送到古城、异龙等分馆，绘本则被全数及时上架，供读者借阅。此后，石屏县图书馆开展了暑期儿童绘本阅读活动，通过阅读激发孩子对科学的兴趣，传承弘扬传统文化。此举搭建起了上海市徐汇区和石屏儿童之间共享、沟通的桥梁。

在胡弢副县长到馆调研后，石屏县图书馆随即制定《石屏县图书馆东西部协作对口帮扶实施方案》，成立工作领导小组，明确工作目标，落实责任。

2019年7月，在了解到各贫困村图书缺口较大后，上海徐汇渔书社区公益发展中心将捐赠的40769册图书，分包后精准配送到116个村综合文化服务中心。石屏县图书馆通过设立阅读服务点，流动图书下乡等举措，让知识流动起来，明显改善了贫困山区“乏书可读”的状况。石屏县图书馆依托捐赠图书，开展书香家庭阅读活动7次，启动第一届“书香之家”评选活动。“书香之家”评选活动吸引了各乡镇各民族群众参与，形成了以书香家庭为点，向周围辐射借阅的新模式。评选出的书香之家自发组织家庭读书会，带动家庭成员开展阅读。评选活动中涌现出一批阅读氛围浓厚、阅读成效显著、能够充分展现群众读书风采和民族优秀读书传统、能够鼓励带动周围群众阅读的优秀家庭。2020年，第二届“书香之家”评选活动也已经启动。

胡彀代表上海市徐汇区向石屏县捐赠图书、电脑

宜家（中国）心系石屏群众阅读环境，先后两次实地考察，针对群众阅读需求，为石屏县图书馆改建了一个简洁、自然、人性化的阅读空间，包括方便小朋友取书的踏脚凳、桌角防撞护角、适合不同年龄段的桌椅。宜家（中国）介绍了新空间功能，并组织北欧茶歇，开展画木头人活动，让西南边陲小城的孩子得以感受北欧风情。石屏县图书馆利用这批桌椅开展户外阅读活动，推广全民阅读。云南和上海共饮长江水，精准文化扶贫，为石屏的少年们提供了良好的阅读学习环境，让他们得以通过阅读体验了解历史、探索未知，继承先贤“发奋忘食，乐以忘忧”的勤奋求学而闻达天下的精神。这一

举措让文化以石屏少年为起点融入和支撑扶贫，实现精准文化扶贫和乡村文化全面振兴。

2019年11月，石屏县图书馆馆长赴上海交流，学习上海先进经验。她参观了上海市徐汇渔书社区公益发展中心，考察在石屏县图书馆古城分馆通过公益组织直接投资、赞助活动、提供产品和服务，以及采取公益创投、公益众筹等方式进行建设的可能。

2019年12月，徐汇区工商联合会康健街道商会到石屏县图书馆考察调研。康健街道继续对石屏文化复兴及乡村振兴发挥了积极作用。石屏县图书馆举办“三区”人才培训班，利用上海捐赠图书，让基层图书管理员现场挑选图书并录入数据，通过理论与实践相结合的培训，提升图书管理员业务水平。

2020年1月，上海石屏文化对口帮扶工作持续推进。石屏县委政府决定启动文旅功能融合试点工作，在石屏古城建设图书馆分馆。

2020年1月，石屏县图书馆从捐赠图书中挑选了包含法律、心理健康、童话故事等内容的图书，送书到石屏县第四中学。石屏县第四中学是一所比较特殊的学校，是一所对不良行为未成年人施行行为矫治、思想教育、人格重塑与感化的学校。我们期望通过阅读吸引和调动少年的读书求知热情，使他们珍惜来之不易的读书机会，在这所特殊的校园内成长成才。

2020年1—2月，石屏县图书馆深入深度贫困地区，开展迎新春活动，先后到哨冲村、慕善村、许家营村、幸福村等地，组织书法志愿者为村民书写春联，开展石屏春联征集活动。石屏县图书馆组织了猜灯谜活动，并通过流动图书车流动借阅，推广中国图书馆学会“扫码看书　百城共读”“码上同行”等数字阅读活动，向群众介绍微图书馆功能。在融合数字阅读的同时，也注重在地文化，开展家史、村史征集活动，记录乡村，让石屏故事、名邦文化能通过书本、楹联等方式继续传承，繁荣兴盛农村文化，焕发乡风文明新气象。

2020年5月，上海市徐汇渔书社区公益发展中心秘书长席晓鸣到石屏县考察调研，决定支持在石屏县为民巷朱家花园建设儿童绘本教育中心，并为石屏儿童绘本教育中心提供书香助力。同时还在石屏县牛街镇老旭甸小学举办“感恩母亲　浓情五月”文化进校园活动，实地了解学校的阅读情况，2020年9月，后续针对老寻甸小学的1000册图书已送达。孩子们在新学期有新书阅读，更多大山里的孩子得以在书本中领略大山以外的精彩世界。

2020年7月，上海徐汇渔书社区公益发展中心捐赠的第三批5.5万册图书落地石屏，为建设“康健大书房”提供了基础资源。2020年7月13日，上海市徐汇区委副书记钟晓咏携上海市徐汇区党政代表团到石屏县图书馆总馆及古城（朱家花园）分馆调研，期待以文旅融合驱动高质量发展。2020年7月15日，康健街道办事处副主任徐滨携康健商会企业代表到石屏县图书馆考察调研，参加“康健大书房”揭牌仪式。“康健大书房”的建成持续扩大了图书馆的影响力，推进贫困地区和困难群众在物质脱贫致富的同时丰富精神文化生活，将扶贫内涵向扶智、扶志拓展。

上海捐赠的5.5万册图书到达石屏

2020年8月，石屏县图书馆2020年总分馆制培训班开班。培训中，为了让图书管理员熟悉掌握相关知识，做好公共文化服务工作，派他们分批到石屏县图书馆古城分馆挑选上海捐赠图书并完成数据录入工作。暑期期间，石屏县图书馆邀请幼儿园教师参加图书管理员培训，推广少儿阅读。

2020年9月，中共上海市委统一战线牵头募集古城分馆建设所需资金，民革上海市委捐赠5万元、民盟上海市委捐赠5万元、上海慈善基金会“两新”组织公益同行专项基金捐赠30万元用于古城分馆建设，有效完善公共文化服务网络。乡镇分馆、学校挑选接收图书，夯实筑牢了乡村人文精神根基，让经济扶贫与文化扶贫相互作用，推动文化扶贫、乡村振兴工作实现持久飞跃。

四、成效与影响

石屏县图书馆以捐赠图书为基础，精准分配，提高藏书数量质量；以家庭、服务点带动周边群众，覆盖面网状延伸，全面高质推广阅读。石屏县图书馆先后为陶村中学、异龙小学、老旭甸小学等学校提供1000册图书。乡镇分馆方面，截至2020年5月，捐赠前后图书藏量变化，见表1。

表1　捐赠前后图书藏量变化

分馆	异龙	宝秀	坝心	大桥	牛街	新城	龙朋	哨冲	龙武
面积（㎡）	60	90	50	60	80	50	50	60	80
原藏量（册）	3176	2059	1588	3339	1787	7509	2442	2695	1590
现藏量（册）	7838	6642	6173	7935	6685	12090	6902	7229	6014
增长量（册）	4662	4583	4585	4596	4898	4581	4460	4534	4424

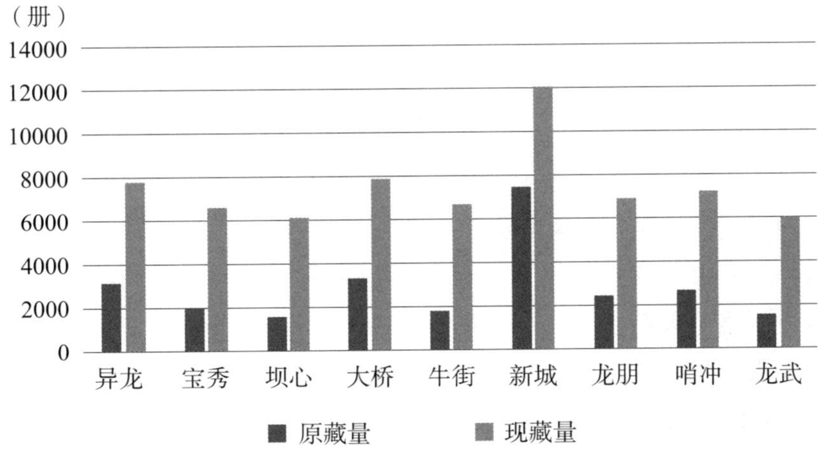

捐赠前后图书藏量对比图

石屏县图书馆在全县范围内开展阅读推广工作，随着图书管理员培训、乡镇一级阅读推广活动举办次数的增加，数字阅读工具使用频率也得以提升。年均举办阅读推广活动次数从2018年的7次提升到2019年的13次。石屏县图书馆利用互联网，建设微图书馆，在各分馆推广数字阅读、数字展览，让分馆与总馆实现资源共享。图书藏量的增长拉动了借阅人次增长，2019年石屏县图书馆乡镇分馆图书流通情况见表2。

表2　2019年石屏县图书馆乡镇分馆图书流通情况

分馆	流通人次	外借人次	外借册次
异龙	2330	67	829
大桥	1800	45	200
坝心	2000	60	800
龙朋	2120	72	809
新城	1080	52	260
牛街	1200	65	415
龙武	1420	52	619
哨冲	1330	70	229
宝秀	2080	71	690

志愿者团队人数进一步增长。截至2020年，登记在册志愿者人数达80人，比2015年增长40人，志愿者业务素质进一步提升。依托志愿者力量，石屏县图书馆已先后举办阅读活动6次。

石屏县图书馆因地制宜发展传承乡村文化，以特色图书、专题片为载体，广泛宣传，配合乡村文化室，挖掘特色文化旅游资源。符家营村村史整理完成，实现了从输血到造血的转变。

石屏县图书馆依托上海文化对口帮扶资源，建立起较为有效完善的公共文化服务网络，吸纳社会资源，盘活公共文化资源。图书馆认真做好新闻撰写工作，进一步宣传，扩大影响面积，把古城分馆建设成为一个文化网红打卡点，仅在试运营的一个月时间内，到馆群众便突破一万人次。

五、分析与总结

1.真情实感持续强化帮扶

各级参与者都高度重视沪滇帮扶合作，共同探索完善帮扶机制，推动人才交流。挂职干部动真情、真扶贫。其中，挂职干部胡弢副县长从石屏需求出发，深入基层融入群众，带着对石屏的一腔热情开展工作，为石屏县图书馆提供了急需的资源帮扶。

2.社会参与度提高

上海市徐汇区企业和商会、石屏手艺人、志愿者都积极参与帮扶工作。社会各界人士对石屏的帮扶力度、宽度不断加大，帮扶日益精准。石屏县图书馆也竭力用好资源，创造最大效益。

3.工作中注重创新

帮扶工作集两地智慧，实现了从输血到造血。一方面，石屏县图书馆开展“书香之家”评选活动，利用帮扶资源建成家庭小图书馆，辐射周围，形成自发阅读氛围。另一方面，在总分馆建设中，石屏县图书馆与上海徐汇渔书社区公益发展中心合作，在图书馆古城分馆尝试探索社会公益组织通过提供赞助活动和服务，采取公益众筹等方式，依法依规有序参与总分馆制建设。双方合作，使石屏县图书馆古城分馆成为红河州第一家政企合作图书馆。参与帮扶工作的社会各界急滇所需，尽沪所能。两地山海同心、共建文化石屏。

六、扶贫小故事

2019年7月，石屏县图书馆收到了来自上海市徐汇区的第一批帮扶图书。我们利用流动图书车，送书到哨冲小学，开展一对一图书帮扶活动，帮扶图书主要为绘本、名著、石屏地方文献等。哨冲镇水瓜冲慕善村孙卫荣就是帮扶对象之一。通过对接，我们发现孙卫荣为视力四级残疾，但又特别喜欢阅读，我们便为他专门送去大字版四大名著与视障读者听书机。满足每一个阅读者的需求，是我们的追求。2019年8月，宜家（中国）来到石屏，我们一起举办了北欧茶歇，换个方式阅读北欧。参与过我们活动的何蕊、杨柳逸，于2020年8月报名参加石屏县图书馆的暑期志愿者活动，协助石屏县图书馆完成来自上海的捐赠图书录入工作。从上海来的图书，通过石屏志愿者的努力，得以为石屏群众提供阅读服务，同时也让这一批小朋友从读者成长为参与者。

上海百年前为石屏县图书馆捐赠的那一批关于新学的图书，让爱阅读的石屏人了解了当时的世界，让他们能够借着书籍，在云南的近现代史上留下浓墨重彩的一笔。百年后的今天，上海市徐汇区的帮扶也将影响着新一代石屏人，让他们亨受阅读，更好地了解自我和世界，探索未知，勇攀高峰。对口帮扶，让山这边的云南和海那边的上海不再遥远，参与到其中的每颗心都跳荡着爱的火焰。让我们梦想成真的翅膀飞翔，展开张张的笑脸。我们山海携手，共同推进多层次、多形式、多领域、全方位扶贫协作，以文化为基础，为经济社会发展、贫困地区群众脱贫致富、民族团结进步和边疆繁荣稳定注入了新动力。

“书香伴读·聆听你我”脱贫攻坚文化助残服务案例

谢　娟　黄晓玉　齐小南　江　曼（湖北省图书馆）

一、项目背景

2020年是全面建成小康社会目标实现之年，是全面打赢脱贫攻坚战收官之年。在这场没有硝烟的攻坚战中，文化扶贫写下了浓墨重彩的一笔。文化扶贫是精准扶贫、精准脱贫的重要内容。扶贫不仅要扶物质，也要扶精神、扶智力、扶文化。这对于贫困地区群众丰富精神文化生活、提升自我脱贫能力意义重大。自2015年底脱贫攻坚战打响之后，各级各类图书馆积极响应号召，发挥了应有的社会作用，文化扶贫的“软实力”已经成为脱贫攻坚的“硬支撑”。

在脱贫攻坚中有一个特殊的群体，他们是7000万贫困人口中最特别的存在。据2006年第二次全国残疾人抽样调查主要数据公报统计，湖北省有380万残障人士。截至2014年5月，湖北省有66.2万符合条件的残障人士被纳入城乡最低保障范围，20万城乡特困残障人士每人每月获得50元生活补助，此外还有一些由于种种原因未纳入低保的残障人士。由此可见，湖北省残障人士的贫困率接近1/5，也就是说每5个残障人士中就有一个是贫困人口。残障人士大多不同程度失去了一定劳动能力，难以正常参加工作实现自身价值，因此生活水平普遍偏低。经济上贫困是可见的，而精神上的贫困却是无形的。

残障人士普遍受教育的机会十分有限，对知识需求的缺口相当明显。以视障人士为例：目前，湖北省只有一所盲校，在校学生192名；在襄阳和蕲春有两个盲班，所有年龄层的视障人士一起上课。另外，即便是信息爆炸的互联网时代，也有90%—95%的书籍不是视障人士可以阅读的无障碍格式，视障人士面临严重“书荒”。在精神和经济双重困扰下，他们的脱贫之路走得比别人更加艰辛。

湖北省图书馆始终以支持阅读推广、关注弱势群体为主线，以盲文图书馆为主要服务阵地，为广大残障人士提供阅读服务。自文化扶贫工作开展以来，湖北省图书馆聚焦残障人士脱贫事业，以“扶贫先扶智”“治贫先治愚”为基本方针，为残障人士普及科学文化知识，活跃残障人士精神文化生活，着力推进智力扶贫。湖北省图书馆拥有840万册馆藏资源并且以每年30万册的速度递增，素有“楚天智海”的美誉。在庞大的资源体系支撑下，湖北省图书馆先后创办了多个无障碍阅读品牌，为残障人士分享基本文化权益提供更加便利的条件，帮助其学习知识、接受教育。2016年，湖北省图书馆成功创建了全国第一家为残障人士提供一站式文化服务的平台——“光明直播室”；2018年又在此基础上拓展延伸，打造出集合多方文化助残志愿者服务力量、融合各方优势资源的深层次、陪伴式、聆听式双向交流活动“书香伴读·聆听你我”；2020年抗疫期间推出“书香伴读·聆听你我”系列主题之“书邮你心·点亮光明”，开展无接触式免费快递盲文书籍到家活动。与此同时，湖北省图书馆通过创业帮扶、免费出借听书机、制作光明直播室广播节目、引入志愿者、加强盲文数字资源建设、举办文化助盲骨干培训班、邮寄免费盲文图书、开办农家书屋等一系列举措，保障残障人士精神文化生活、提升其文化素养，滋养残疾群众的心灵，帮助其在思想上“脱贫”，激发脱贫致富内生动力。

二、项目概述

“书香伴读·聆听你我”是湖北省图书馆联合湖北省残联、湖北资讯广播、武汉科技大学共同打造的面向残障人士特别是视障群体的长期性阅读交流活动，由图书馆员、普通读者、志愿者和残障人士共同挑选新书、经典书和热门书，采取“四进”模式即“4E”+“4W”模式，走进学校（Entering into Schools）、走进社区（Entering into Communities）、走进家庭（Entering into Families）、走进团体（Entering into Groups），与残障人士进行面对面陪伴阅读，残障人士读者（Who）可自由选择在方便的时间（When）在家、社区等地（Where）通过现场伴读或广播、网络等方式多渠道获取阅读服务（In Which Channel）。在活动中，志愿者和残障人士都具有传达者和受众的双重身份，平等表达观点、分享感悟，实现两者的双向交流。活动旨在通过双向交流、交互反馈的形式促进残健互融，为所有参与活动的读者构筑一个心灵互鉴的平台和平等互惠的渠道，打通公共文化无障碍服务的最后一公里。

三、项目内容与项目过程

活动前期，我们通过文献调研、问卷调查、用户回访、经验累积等方式了解残障读者在阅读和生活上的需求。问卷设置涵盖书籍形式、书籍内容、阅读地点、文化服务形式等方面的内容，以便提供更有针对性的阅读服务。我们面向残障读者发放500份调查问卷，共回收271份有效问卷并进行数据分析，回访有效率为54%。结果表明，残障人群存在迫切的精神文化需求和强烈的沟通欲望，希望获得如送书到家、手语、志愿者等更为人性化的便捷服务；期望阅读的图书内容包括心理、历史、创业、技能学习等方面。

“书香伴读 · 聆听你我”活动以志愿者陪伴阅读、分享心得、交流思想为主要形式，帮助视障读者在书中寻找光明和心灵的滋养。活动内容主要有推荐书目、阅读引导、听书机等辅助设备的使用帮助，盲文图书馆无障碍网站使用指导，文献资料收集与整理，以及接送视障读者到馆或走近读者身边等，深入社区和家庭，在温馨和谐的氛围中引导残障人读者表达思想、展示自我，共同分享书里书外的

志愿者走进社区

感悟和多彩多姿的人生。

1.活动数量

项目开展以来共举行活动52场。其中到馆伴读12场；馆外伴读17场，志愿者和馆员们走进7个社区6个家庭2个学校2个团体为残障读者提供伴读服务；特色专题活动13场，如残障人士播音主持培训、无障碍电影解说、关爱自闭症群体“守望星空”公益音乐会、“读你，世界因你而精彩”全民阅读真人图书残障人士专场等；“书香伴读·聆听你我”《自强人生》广播节目10期。除“四进”活动外，“书香伴读·聆听你我”还不定期举行专题特色活动，如残障人士播音主持培训、无障碍电影解说等。在真人图书残障人士专场活动中先后邀请了6位残障人士嘉宾作为真人图书，包括坐在轮椅上的“幸福大使”知了女士、湖北省盲人协会主席刘汉云等，分享他们的人生故事。2018年，以湖北省残疾人文化周为契机，举行了“书香伴读·聆听你我”残疾人读书活动启动仪式，首次全方位宣传了书香伴读活动，仪式上6位嘉宾从6个角度以6个独立场景实景呈现他们与阅读的故事。2019年湖北省残疾人读书活动“听党话·跟党走·同心圆梦”暨“书香伴读·聆听你我”系列主题读书活动启动仪式上，以“走近你身边的阅读”为主题，邀请了刘细谷等阅读先锋、湖北省慈善总会谈笑爱心基金创始人谈笑、书香伴读文化助盲志愿服务队等嘉宾通过伴读、荐读、共读的形式共同展示书香伴读活动成果。活动最后举行了一场别开生面的“我和我的祖国”大型快闪活动，来自武汉市盲童学校、武汉市按摩医院、武汉市残联、鄂州市残联、武钢残联、崇阳县残联的百余名残障朋友先后加入，残健同行，共同向新中国70周年华诞献礼。

开展真人图书馆残障人士专场活动

2.活动形式

湖北省图书馆不断探索多样化的呈现方式，构筑立体化阅读体系，丰富残障读者阅读体验。举办的活动主要有：在“光明直播室”录制书香伴读广播节目，邀请优秀残障人士代表在节目中朗诵经典、推荐好书、分享读书感悟；在真人图书馆邀请优秀残障人士代表现场讲述他们特殊的人生经历、人生感悟，启迪残障读者的思想与人生；在纸本阅读的基础上开展同主题的无障碍电影、音乐欣赏等，用立体阅读形式带领读者深入作品内核。

3.数字资源与技术

由于残障群体获取普通的数字资源存在困难，因此海量数字资源的出现反而进一步拉大了残障人群与健全人之间的信息资源鸿沟。盲文阅览室购买“心声·音频馆”盲人数据库、移动智能听书机等资源和设备，助力残障读者阅读，为其提供轻松、便捷的信息资源、获取方式和丰富的阅读资源。此外，湖北省图书馆还开发了无障碍网站，将各种信息资源整合并进行无障碍化处理，使残障读者可在网上使用各种免费的有声读物、回放往期活动音频、推荐书目、提出意见与建议等。

4.疫情间的无接触式残障服务

2020年，为配合新型冠状病毒疫情的防控部署，湖北省图书馆联合中国邮政集团公司武汉市分公司共同推出“书香伴读·聆听你我”系列主题之“书邮你心·点亮光明”无接触式免费快递盲文书籍到家活动，为广大视障读者提供更加便利的借还书服务，保障全省残障人士疫情期间的阅读活动。“书邮你心·点亮光明”活动打通文化阅读服务最后一公里，为残障朋友提供均等化、多元化、便捷化、特色化阅读服务。

四、成效与影响

自活动开展以来，共有约953名志愿者加入伴读队伍，820名残障人士享受到现场伴读服务，共读纸质图书230本、真人图书6本，伴读时长超过280小时，向残疾读者推荐图书1640本，包括文学、历史及习近平推荐图书等。通过电台、网络、社交媒体等渠道辐射380万残障人群，参与面与覆盖面较广。值得一提的是，2016年6月1日，在全国助残日期间、“六一”儿童节之际，湖北省图书馆、湖北省残疾人联合会、湖北资讯广播在“光明直播室”举行了签约仪式。仪式后还举办了光明直播室的开播晚会并向视障儿童捐赠了价值5万元的书籍和设备。

目标用户反馈：为残障人群阅读提供了更多机会和可行性措施，丰富了视障阅读资源，激发了残障读者的求知欲和表达欲，在提升精神生活品质的同时促进残健融合。残障读者类型由单一的视障群体发展为集视力残障、听力残障、肢体残障、精神残障为一体的综合型群体；数量由首期16名上升到820名，其中固定受众316名；年均阅读量显著增加，由被动邀请变为主动参与，阅读交流明显增多。

社会效益反馈：社会参与度上升、合作机构增加、活动范围扩大，创造了多种社会力量共同参与的新格局，改善公共图书馆服务局限性，在全社会形成浓厚的助残爱残气氛。先后有共计二十余家官方机构和主流媒体（如新华网、《湖北日报》、《楚天都市报》、荆楚网、长江云等）宣传报道30余次，其他媒体频繁转载，总浏览点击量达140万次；志愿者队伍具有人数递增、类型多样、职业分布多样化的特点，随着活动的推进，志愿者的积极性、主动性也显著增强。

行业评价反馈：湖北省图书馆助盲活动多次荣获图书馆界的各项奖项："光明直播室"在2017第一届中国公共图书馆创新创意作品征集推广活动中，荣获"最佳创新奖"，2018年获由上海市图书馆学会主办的"2018阅读推广案例分享交流会"优秀案例一等奖。"书香伴读·聆听你我"获中国图书馆学会"2018年全民阅读优秀案例"称号，2019年获得中国图书馆学会学术论文和业务案例征集活动一等奖，2019年获中国图书馆学会第二届创新创意征集推广活动三等奖，2019年获中国盲文图书馆"五星级文化助盲志愿者团队"称号。

五、分析与总结

1.以独特视角助力残障阅读，创新形式推动残健互融

活动突破传统形式，用志愿者伴读的方式解决残障读者的阅读困难并为其提供心灵上的慰藉与温暖。阅读过程强调双方的交流与互动，在温馨的气氛中引导残障读者表达思想、展示自我，帮助其打开心扉、建立自信，达到使其融入社会的目的。

2.延伸残障人士阅读形式，拓展图书馆服务功能

活动对阅读资源进行整合，从单一的纸本阅读转变为集电子资源、有声

录制书香伴读《自强人生》节目

资源、图文资源、广播资源、真人图书资源为一体的综合性资源服务；拓展了服务渠道，从单层次借阅转变为集网络平台、电台广播、残障服务网站、移动端为一体的融媒体推送服务；延展了服务空间，从到馆借阅转变为主动推送阅读内容进学校、进社区、进家庭、进团体（“4E”模式）的多地点就近阅读渠道；丰富了阅读体验，从纸本阅读转变为书香伴读广播节目、真人图书馆、无障碍电影、交流分享等多种形式相结合的多元化、立体化阅读。

3.发挥融媒体优势，加快公共文化无障碍服务数字化进程

活动通过参与主体联合推广、多种服务阵地推广、特色活动中推广、特邀媒体推广等方式，在社交平台（QQ、微信、微博）、官方网站、移动端App、电视台、广播、报刊、主流媒体等融媒体渠道上发布信息与报道，达到“爆炸式”传播和推广效果；通过录制音视频、书香伴读广播节目，建立无障碍网站等方式，利用网络资源和移动应用优势打造立体阅读空间。

4.探索多式联合，彰显品牌合力

2018年由湖北省图书馆发起，联合湖北省残疾人联合会、湖北广播电视台资讯广播、武汉科技大学多方合作共同创建的“书香伴读”活动品牌，开展3年以来已拥有固定群体和较好的知名度。各级残联是中国残联的地方组织，为残疾人提供帮助和服务；公共图书馆拥有丰富的馆藏资源和无障碍服务经验；各类融媒体有着丰富便捷的直通服务渠道。三者目标统一、资源互补。“书香伴读”活动借助各平台的丰富资源和优良渠道，迅速打开知名度、扩大受益面，实现品牌推广同时也扩充了活动形式与内容，为残障群体打开了随时随地与世界互动的窗口。

5.融合社会力量参与，探索公共文化无障碍服务新模式

“书香伴读·聆听你我”活动联和协会、媒体、高校、志愿者等各种社会

力量参与公共文化无障碍服务，密切了与其他社会团体、单位、个人的联系，激发了潜在社会力量，构筑了共同发展的多赢格局。同时，活动还加深了协同创新的推广阅读模式，使阅读推广职能得到更进一步发挥。

六、文化助残者掠影

2019年1月17日，习近平在天津市考察时，为志愿者们点赞，称赞他们是为社会作出贡献的前行者、引领者。在“书香伴读·聆听你我”文化扶贫助残事业中，湖北省图书馆涌现了一批优秀的助残志愿者。

黄晓玉是湖北省图书馆助残活动的骨干成员，2019年度获得中国盲文图书馆“四星级文化助残志愿者”称号。黄晓玉以“书香伴读·聆听你我”活动为契机深入残障人士之中，并与他们成为朋友。武汉盲校盲童范欣蕊是湖北省图书馆的固定读者，因为她平时要上学，只有周末有时间。得知这个情况后，黄晓玉就利用周末时间为其提供上门服务。在接触中得知范欣蕊喜欢小说《饥饿游戏》后，黄晓玉组织了一场特殊的伴读，通过角色扮演和多人对话的形式展现书中经典片段，让精彩绝伦的故事情节仿佛呈现于眼前，获得了范欣蕊的喜爱。在之后几年学习和生活中，范欣蕊亲切地称其为黄老师，每年教师节都会送上祝福和问候，黄老师也像对待学生那样对待范欣蕊。从最初的读者与馆员，到途中的朋友关系，再到最后的学生与老师，助残道路上的倾心付出带来的是自我价值的体现，而收获的信任与肯定也是作为志愿者工作最大的快乐与回馈。

湖北省图书馆书香伴读活动不仅关心残障读者文化资源获取情况，还关注残障读者自身成长，多次组织、报送残障读者参与全国赛事。在全国盲人讲故事比赛中，视障读者张洋获得征文比赛全国一等奖并作为代表在现场发言。湖北省图书馆志愿者郭巍陪同张洋赴京参与现场会议。为了保证获奖选手往返途中安全，参与颁奖活动顺利，与其他馆获奖选手沟通方便便捷，志愿者郭巍在整个行程中充当了“安全员”“服务员”“联络员”“生活员”的角色，在与视障读者沟通时凭着爱心、良心、责任心、同理心践行精准扶贫、文化助残的理念，让温暖之光照进视障读者的内心世界，为他们提供了前进的力量。

关爱留守儿童，助力文化扶贫

——河北交通职业技术学院图书馆暑期社会实践活动

布秀敏　郭军城　孙　亮　王子平　靖彩玲
（河北交通职业技术学院现代技术教育中心）

农村儿童阅读推广活动是深化教育扶贫，以文化扶贫助推精准扶贫的具体体现。本案例的活动分别响应了2015河北省大学生和青年教师“体验省情，服务群众”创新创业主题实践活动方案，2016“学习李保国精神，做扶贫攻坚榜样”、推进“善行河北·立德树人”宣传教育活动主题，《2017年暑假河北省大学生和青年教师“体验省情·服务群众”“砥砺品质·磨炼意志，拓展高校思政课堂”主题实践活动方案》，《2018年暑期河北省大学生和青年教师“体验省情·服务群众”“改革开放·开创美好，永远跟党走”百万师生主题实践活动方案》，《关于开展“青春心向党　建功新时代”2019年河北省大中专学生暑期“三下乡”社会实践活动的预备通知》文件精神。河北交通职业技术学院图书馆通过农村儿童阅读推广实践活动，探索了高职院校图书馆服务创新与实践新方式，践行了高职院校图书馆服务社会的重要职能，是我院图书馆走进农村、服务社会的有益尝试。

一、项目背景

随着经济的快速发展，人们越来越重视精神文明素养提升，全民阅读备受关注。然而随着我国城镇化建设的快速发展，越来越多的农村劳动力来到城市打工，由此导致农村存在大量留守儿童，他们的阅读环境并不理想。这些儿童阅读水平落后，普遍存在阅读意识淡薄、阅读资源匮乏、阅读环境落后等问题，这些问题会对这些孩子们的行为、学习等方面产生不良影响，进而出现诸多教育问题。可见，农村儿童这一群体急需政府、学校、公益组织等团体的帮助。各方要共同出力，推动农村儿童阅读事业的快速发展。

河北交通职业技术学院图书馆充分发挥作为高校图书馆的人才优势，积极组织师生成立暑期实践小分队深入农村基层，开展公益阅读志愿服务活动。一方面拓展图书馆服务范围，关爱农村儿童，推广阅读理念，鼓励引导农村儿童多读书，读好书；另一方面普及科学知识，传播文明教育理念，传递爱心和温暖，并举办国学、安全、爱国等多种主题活动，为促进社会和谐发展贡献青春正能量。

二、项目内容

1.公益赠书

针对不同年龄层次的儿童，河北交通职业技术学院图书馆选购图书共计千余册，还采购了铅笔、彩笔等大量文具，篮球、足球、跳绳等文娱用品。其中，分年龄段为孩子们选购优秀儿童故事绘本、儿童文学、世界名著典藏等丛书，在活动开展过程中分批分册发放给孩子们，并结合实际从读书目的、读书建议等方面对孩子们进行了有针对性的指导，使孩子们对阅读逐渐产生浓厚的兴趣。

此外，还针对山区农村土地特点，购买农林科技图书，在活动中赠送给当地村委会，增加山村科技储备。

给小朋友讲绘本

2. 主题教育

实践活动内容主要包括儿童故事绘本阅读、感恩、安全、环保及相关扩展主题教育等方面，将优秀儿童读物与文娱活动带到孩子们身边，寓教于乐。并通过亲子阅读、儿童剧排演、趣味游戏等活动，让孩子们享受到阅读与知识的乐趣，开拓孩子们的想象力及创造力，让他们在活动中感受到爱与责任。

在改革开放40年，新中国成立70周年之际，我们还增加了爱国主题教育活动，通过宣讲革命先烈故事、分享优秀红色著作阅读心得、优秀爱国主义影视作品赏析等活动，培养山区孩子的爱国情怀。此外，还进行寻访村中老党员，听老党员讲别样党课，倾听革命故事等活动，寻找初心根源，拓展了大学生志愿者们的思政课堂。

3. 农村儿童阅读情况调研

通过实地调研活动村儿童群体的阅读现状，我们通过调查问卷与访谈的形式来获取样本数据，得到农村儿童阅读兴趣、阅读场所、阅读目的、阅读媒介统计数据。通过此次调查，发现山区儿童阅读条件受家庭、学校、社会等环境影响较大。因此，山区儿童阅读离不开家庭、学校及社会的共同关注与努力。各方要共同努力，创造良好的阅读环境，提高山区儿童的阅读意识。

4. 致贫脱贫情况调研

通过入户走访，发放调查问卷等形式，我们对东坪村贫困户致贫、脱贫及收入来源等情况进行调研，得出统计结果，形成统计报告，为我省精准扶贫工作总结经验，为我单位对口帮扶提出建议。

三、项目过程

1. 组织筹备

本案例活动自2015年暑期开展以来，得到学院领导高度重视，由现代技术教育中心（图书馆）负责活动策划、组织实施，并得到学院驻村工作组大力支持。

2. 确定主题

本案例活动开展5年以来，每次活动主题都结合当年团省委、省教育厅关于暑期活动实践文件要求，确定主题分别为：2015年“快乐阅读，健康成长”；2016年“巍巍太行，书声琅琅”；2017年“科技文艺下乡，助力精准扶贫，筑梦留守儿童”；2018年“文化科技下乡，助力乡村振兴，筑梦留守儿童”；2019年“美好70年，助力乡村振兴”。

3.团队选拔

本案例活动中实践队员团队由青年教师2—4名、大学生志愿者4—6名共同组成，其中图书馆青年教师具备丰富学生阅读推广活动经验，大学生志愿者为学院读者协会与学生会优秀干部成员，学习与生活表现优异，并具有丰富的学生活动经验，多才多艺、真诚热情，二者组合，为志愿活动的开展提供了人才保障。

4.物品采购

实践队员团队针对本案例活动，前期制作了活动条幅、实践队员队服，并针对各类人群选购大批图书，内容涵盖儿童文学类、幼儿教育类、老年人养生保健类、科技养殖类等，并采购铅笔、彩笔等文具用品，彩泥、拼图等益智玩具，篮球、足球、跳绳等文体用品。为了扩展山区儿童视野、提高授课质量，还准备了投影设备使用的多媒体课件、音频视频资料，以便为山区村民们贡献最大力量。

5.活动进行

本案例中每一年的活动均制订了详细的活动计划表，并且在活动过程中，根据实际情况随时调整，比较完美地实现了活动计划目标。

6.活动总结

每次活动结束，团队都会对活动进行总结，并按照团省委、省教育厅关于高校暑期实践评优要求，报送活动总结材料，多次获得优秀实践团队和优秀指导教师荣誉称号。

四、成效与影响

2015年，本案例活动在河北省委教育工委、河北省宣传部、河北省农村工作部、河北省教育厅、河北省扶贫开发办公室、团省委联合举办的河北省大学生和青年教师“体验省情·服务群众”创新创业主题实践活动中获得先进小分队、优秀指导教师、优秀实践队员荣誉称号。活动开幕式上，当地县电视台还针对活动进行采访和报道。“快乐阅读，健康成长”枣园暑期亲子阅读活动，在2015年度河北省“图书馆服务创新”奖评比活动中，荣获三等奖。

2016年，本案例活动在河北省委教育工委、河北省宣传部、河北省教育厅、河北省扶贫开发办公室、团省委联合举办的河北省大学生和青年教师“体验省情，服务群众”“学习李保国，做扶贫攻坚榜样”主题实践活动中获得先进小分队、优秀指导教师、优秀实践队员荣誉称号。《河北青年报》2016年9月2日也对本次活动进行了采访报道。

2017年，本案例活动在河北省委教育工委、河北省宣传部、河北省教育厅、河北省扶贫开发办公室、团省委联合举办的河北省大学生和青年教师“体验省情，服务群众”主题实践活动中获得优秀团队、优秀指导教师和优秀实践队员荣誉称号。同年所做的《农村留守儿童阅读现状调查与分析》荣获2017年“挑战杯”河北省大学生课外学术科技作品竞赛二等奖。“不忘初心，为爱前行——河北交通职业技术学院图书馆暑期社会实践活动案例”荣获中国高职图书馆发展论坛（2017）二等奖。

2018年，本案例活动在团中央、人民网、中国青年报社等部门联合举办的全国大中专学生志愿者暑期“三下乡”社会实践“千校千项”成果遴选活动中，获得“最具影响好项目”奖项。《创新驱动下的高校图书馆阅读推广实践与探索——以河北交通职业技术学院读者服务月为例》获得全国高职高专图书馆服务创新（2018）论文三等奖。“知识文化下乡，助力精准扶贫——河北交通职业技术学院图书馆暑期社会实践活动案例”获得中国高职图书馆发展论坛（2018）三等奖。

“千校千项”荣誉证书

2019年，本案例活动在全国大中专学生“三下乡”暑期社会实践“千校千项”评选中获“优秀团队”“优秀实践者”两项称号；在河北省委教育工委、河北省教育厅、团省委联合举办的河北省大学生和青年教师“体验省情，服务群众”“壮阔70年，助力扶贫攻坚，拥抱奋进时代”主题实践活动中获得优秀指导老师、优秀实践队员荣誉称号。此外，本案例活动被河北电视台公共频道“新闻六号线”栏目2019年7月17日报道播出；《河北青年报》2019年7月17日A6版也对本次活动进行了采访报道。

2019年5月，本案例设计的活动，在全国职业院校精准扶贫协作联盟组织的“职业教育精准扶贫经验交流会”上进行了交流，作为联盟院校精准扶贫成果进行了展示。

五、分析与总结

1.留守儿童能力训练

本案例活动在给孩子们带来优秀图书、精彩文娱活动的同时，还注意培养孩子们的阅读能力和情感表达能力。

（1）阅读能力训练

分年龄阶段给孩子们推荐好书、新书，有适合小班孩子们读的优秀儿童故事绘本，有适合大孩子的儿童文学、世界名著典藏、青春小说系列等方面图书，将这些书在活动期间分批分册发放给孩子们，并结合实际对孩子们进行了有针对性的指导。课堂上孩子们听得很专注，课间时常见孩子们或翻着，或认真研读着给大家发的课外书。经过本案例活动的阅读推广，孩子们对阅读也逐渐产生了兴趣。

（2）情感表达能力训练

除了相关阅读指导，还进行了主题鲜明的爱国主义教育活动和结合自身成长经验的感恩主题教育，力图通过此类活动培养孩子们的语言、情感表达能力。通过老师给孩子们布置的“我想对你说”作业，幼儿班孩子们为父母们绘制散发浓浓爱意的图画，少年班孩子们给父母写下了饱含浓浓亲情的感恩之言。

2.结合社会实践拓展高校思政课

本案例活动目的在于全面推动习近平总书记系列重要讲话精神和治国理

政新理念新思想新战略进教材、进课堂、进头脑，着力推动高校学生日常思想政治教育和思政课建设深度融合，紧密结合思政课教学重点难点问题，紧密围绕学生最关心、最直接、最现实的理论困惑和实践难题，引导广大学生正确认识世界和中国发展大势，正确认识中国特色和国际比较，正确认识时代责任和历史使命，正确认识远大抱负和脚踏实地，不断坚定中国特色社会主义道路自信、理论自信、制度自信、文化自信，切实增强学生对思政课的获得感。

3.探索高校服务创新与实践新方式

高校拥有丰富的教育资源与学生储备，近年来，服务社区成为高校服务社会职能发展的一个重要方向。本案例活动在总结以往社会实践活动经验的基础上，以更加丰富的活动内容，更具吸引力的活动形式，深入山区开展爱国主题教育活动，丰富了教育对象。教育对象由象牙塔下的天之骄子，变为贫困山区的留守儿童，拓展了河北交通职业技术学院服务职能与范围，在实践活动中增强了每一位参与师生的社会责任感、使命感。

4.活动总结

本案例所述社会实践活动是河北交通职业技术学院图书馆首次走出校门，走下基层，利用自身资源优势和专业技能，服务农村儿童，做出的有益尝试和探索，为推动农村儿童阅读事业发展发挥了积极作用。这些实践活动为河北交通职业技术学院暑期实践工作积累了宝贵的经验，为今后的阅读推广工作积蓄了力量，同时，也为其他院校图书馆实施相关实践活动提供了参考，为大学生服务基层、培养创新创业能力打下了坚实的基础。

五年来，从海边渔村到大山深处，河北交通职业技术学院图书馆暑期实践小分队的脚步从未停歇，我们会继续为服务社会而努力，也愿携手有志同仁为全民阅读事业贡献力量，为农村留守儿童阅读推广工作继续奋斗，不忘初心，为爱前行！

六、感人瞬间

在每一次活动中，我们都使出浑身解数为孩子们带来丰富多彩的活动。大班就主要以阅读指导为主，小班主要以讲故事为主。

小班孩子大多聪明活泼，能记住老师们讲的每一个小故事。有一个课下活跃课上却怎么也不敢上台讲故事的小姑娘，经过老师们的多次鼓励，在最后一天汇报表演时，终于上台和小朋友们手拉手，表演了好几个节目。孩子的奶奶也在下面为她鼓掌。大孩子们很喜欢我们给他们带来的经典系列丛书。我们给他们讲中国传统文化、读书方法、感恩主题教育等内容，孩子们都听得认真而专注。

还记得小孩子们课下与老师们的嬉闹，还记得大孩子们给老师们带的核桃，晚上看电影驱蚊子等这些不经意间对老师们的关照。还记得临别时孩子们塞给志愿者手中的纸条，歪歪扭扭地写着“老师，我爱您们”等一句句感人的话语，绘出的那一幕幕爱的图画，胜过千言万语。

深入红色革命老区，探索优秀传统文化精准扶贫道路

——广东农工商职业技术学院花漾压花助力海丰精准扶贫服务创新案例

林春华　刘　彬　曾小英　岳海林　范华红
（广东农工商职业技术学院）

一、项目背景

精准扶贫是全面建成小康社会的内在要求。高等院校作为人才、智力、科技的集中地，承载着服务社会职能，是精准扶贫的生力军。本案例主要探讨高职院校图书馆积极响应党中央扶贫政策，贯彻落实《中共中央国务院关于打赢脱贫攻坚战的决定》精神，以自身优势和特点深入扶贫第一线，利用优秀传统文化助力精准扶贫，探索为乡村振兴贡献力量的服务创新道路。

广东农工商职业技术学院（以下简称“农工商学院”）隶属广东省农垦总局，创建于1952年，是广东省唯一“农”字头的高职院校。学校有在校学生

两万多人，开设专业涉及农业、工业、商业、外语等领域。广东农工商职业技术学院图书馆（以下简称“农工商图书馆”）拥有职工30人，其中国务院特殊津贴专家1人，高级职称7人，硕士8人。农工商图书馆秉承“耕读传家久 诗书继世长”的馆训文化，结合馆员自身专业特长，搭建花漾校园压花工作室（以下简称“花漾压花工作室”），将岭南园林、红色文化等融入压花艺术作品创作，深入贫困地区开展精准扶贫工作。

二、项目内容

农工商图书馆花漾压花工作室团队先后利用“广东省压花学会理事单位”“广东省南亚热带休闲农业工程技术研究中心”“广东省农村科技特派员项目承担单位”“广东农垦经济与乡村振兴研究中心”“广州市女科技工作者社会服务工作室”等省市研发平台，搭建校内外实训、实践、校企合作基地8家，承担乡村振兴省市项目10项，撰写在休闲农业园区和红色乡村搭建压花工作室、推广压花艺术等建议1万多字，培养压花人才100多位，开展活动50多场，受益人数达1万多人次。花漾压花工作室将压花艺术这一植物科学与艺术结合的充满趣味的表现形式向学校、社区、农村辐射，不断深入海丰县贫困村进行压花艺术应用与推广，为贫困地区人口培训压花技能，拓宽其增收致富渠道，在全面打赢脱贫攻坚战中发挥重要作用，为精准扶贫不返贫做出示范。

三、项目过程

1.组建花漾校园压花工作室

2017年，农工商图书馆与广东省压花学会、广州市女科技工作者协会、农工商学院热带农林学院、艺术设计学院联合成立花漾校园压花工作室，面向教职工和学生开展压花体验和教学活动，同时深入社区、中小学、企业和农村开展压花体验和教学活动。专业指导教师团队包括国务院特殊津贴专家、园艺学博士、农林、艺术学专业讲师、图书馆员。农工商图书馆负责花漾压花工作室管理工作。

2.定方案、育团队、搭平台、建基地、做规划

压花艺术是花卉与艺术结合的交叉学科，具有很强的艺术性和趣味性。它将传统文化要素以体验的方式融入生活，帮助人们提升审美、减轻压力。压花艺术于2017年被列入广东省广州市天河区非物质遗产名录。农工商图书馆利用人才优势成立花漾压花工作室，并制定压花艺术“定方案、育团队、搭平台、建基地、做规划”五步走方案，将压花艺术与红色文化、休闲农业结合，建立服务乡村振兴和精准扶贫战略的模式，探索优秀传统文化精准扶贫道路，让当地村民在家门口就业，实现就业不离家的愿望，为精准扶贫建立长效机制做出示范。

第一步：制定实施方案。

农工商图书馆花漾压花工作室自成立之初就立志以传统文化优势资源为精准扶贫贡献力量，为全面打赢脱贫攻坚战提供强劲动力。为了实现这一目标，花漾压花工作室制定了精准实施方案，希望用五年的时间，完成培育工作团队、搭建交流平台、建立压花基地、进行产业规划等工作，立足实际，发扬好海丰县的红色革命文化，培育特色文化产业，让贫困地区村民在家门口就业。

第二步：培育工作团队。

农工商图书馆花漾压花工作室坚持志愿服务精神，无偿在校内外开展压花体验活动，普及压花知识，传播压花文化，为传统文化精准扶贫培育师资团队。

一是举办校内压花体验活动。花漾压花工作室面向教职工和学生开展压花体验和教学活动，吸纳压花爱好者，每个月举行2—4次压花体验活动，举行“三八”妇女节专场活动，教授压花爱好者花材采集、花材压制等方面知识，压制贺卡、圆珠笔、相框等各种工艺品，在教职工和学生中培养大批压花爱好者。

二是将压花纳入读书月活动。农工商图书馆每年坚持组织春季和秋季读书月活动，在读书月活动组织活动吸纳学生参加。花漾压花工作室成立以来，将压花体验活动纳入读书月活动中，吸引了大批学生爱好者参与，开展了多次学生优秀压花作品展览。

三是举行压花比赛活动。花漾压花工作室在校内每年开展一次压花作品

比赛，并将比赛中产生的优秀作品推荐到国内外的压花大赛中去。校内的压花作品先后获韩国国际压花比赛、中国花博会压花比赛和广东省压花学会首届压花比赛特选奖、银奖等多项荣誉。通过参加各种压花大赛，促进了压花作品创作，为精准扶贫和服务乡村振兴奠定基础。

四是深入中小学开展压花美育教育活动。压花具有很强的艺术性和趣味性。在中小学推广压花艺术，既可以充分调动学生的想象力，激发学生创作热情，实现美育教育，又能锻炼青少年的动手能力，使其身心健康成长。同时，将岭南园林、红色文化等融入压花艺术作品创作，还可以在培育和提高青少年美育素养的同时传扬岭南优秀传统文化。花漾压花工作室先后走进广州市天河区华阳小学、广州市增城区实验小学等10多家学校，免费开展压花体验活动，普及压花知识，传播压花传统文化。

五是进社区开展压花志愿服务活动。花漾压花工作室先后深入广州天河区粤垦路、增城区中心镇，佛山市小农街，汕尾市海丰县新山村、永红村、联平村等多个社区，开展压花体验志愿服务活动，丰富了人们的精神生活，有效缓解人们的精神压力和紧张情绪，带给人们更多的情感交流，增加了生活情趣和美学享受。

开展暑期“三下乡”压花培训课程

通过以上多方面的活动，团队成员的压花能力和技巧得到锻炼，为开展压花艺术传统文化精准扶贫组建了一支以图书馆馆长领衔，由花漾压花工作室成员、图书馆馆员、压花技能优秀学生为主体，加之专业压花社团共同组成的强大精准扶贫团队。

第三步：搭建交流平台。

以农工商图书馆为主体，先后搭建了广东省压花学会理事单位、广东省南亚热带休闲农业工程技术研究中心、广东省农村科技特派员项目承担单位、广东农垦经济与乡村振兴研究中心、广州市女科技工作者社会服务工作室等省市研发交流平台，广泛开展压花技能培训、教学和交流，为推进压花传统文化精准扶贫集聚校内外资源。

第四步：建立压花基地。

海丰建县于东晋咸和六年（331年），历史久远，人杰地灵。海丰县也是中国第一个红色政权诞生地，有深厚的红色革命文化，但因地理位置等原因，其在广东省范围内经济发展较为落后。其中梅陇镇有31个村，有8个是省定贫困村。

海丰县梅陇镇设立压花工作室

花漾压花工作室团队自从2018年以来，数十次到海丰县梅陇镇、附城镇调研，挖掘海丰县的自然元素、文化元素、红色元素，并结合这些元素开展压花艺术在休闲农业中的应用与推广，在当地妇女、贫困户、贫困村居民中开展多次压花技能培训，受到了广泛欢迎和好评。花漾压花工作室先后与汕尾市海丰县农业农村局、海丰县妇女联合会、汕尾市合利农业发展有限公司、海丰县台农农庄、海丰县附城镇新山村等合作开展压花工作坊组建，建立压花基地和压花工作室，打造花漾压花品牌。花漾压花工作室在农工商学院热带农林学院园林专业学生和花漾压花工作室优秀压花学生中选拔培养压花人才，在梅陇镇、附城镇选拔培养有意向从事压花事业的优秀人才，进行压花理论与实践课程培训，培训后的人才在海丰县压花基地和压花工作室上岗，在当地开展压花艺术科普和培训，为进一步推进压花精准扶贫奠定基础。

相关压花培训工作等被学习强国、广东省妇女儿童发展规划信息网、《汕尾日报》、海丰县人民政府网站、海丰县广播电视台、海丰县妇女联合会等多家媒体宣传报道。

第五步：推进压花产业规划。

2020年8月，农工商图书馆承接了海丰县梅陇镇高中村的休闲农业园区规划项目，将压花体验项目纳入高中村休闲农业园区规划，开设花漾压花工作室微信公众号等互联网平台账号，同时专门为“红色海丰”设计压花水晶球、压花水杯等旅游纪念产品，录制“特色蔬菜与休闲农业”公益课程，定期在互联网更新培训课程，让进入园区的游客可以动手参与压花作品制作，体验压花艺术。

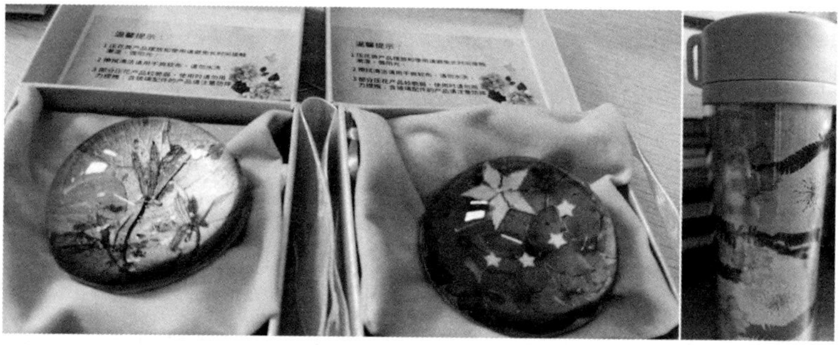

花漾工作室定制的工艺礼品：压花水晶球和压花水杯

通过压花项目的实施，海丰县贫困村将富余的花草变废为宝，通过经营花材和压花旅游产品增加收入，让当地的村民在家门口就业，为精准扶贫建立长效机制做出示范。

今后，农工商图书馆将强化示范带动和先进模式的推广，激发贫困户致富信心，鼓励他们将压花产业融入休闲农业，带动他们通过压花产业实现精准脱贫。

四、成效和影响

1.助力精准扶贫，推动乡村振兴

农工商学院是省示范性高职院校、一流院校建设单位，农工商图书馆立足自身涉农专业优势和资源，将压花艺术科普和培训送入贫困地区，努力实现“技艺一个、幸福一家”。

通过项目实施，农工商图书馆撰写在休闲农业园区和红色乡村搭建压花工作室、推广压花艺术等建议1万多字，培养压花人才100多位；对海丰县新山村、永红村、联平村、北平村等500多位村民开展压花技能培训，增强了其脱贫致富的能力；为高中村开展以莲藕生产和压花项目为特色的休闲农业产业规划，助力海丰乡村振兴和精准扶贫。

2.科普红色文化，弘扬红色正能量

红色文化是社会主义文化的重要组成部分，是在长期的革命实践中形成的优秀文化。农工商图书馆将压花传统文化艺术与革命老区红色文化资源结合，以压花作品为载体，开发具有红色意义的休闲农业项目和旅游纪念品，有助于弘扬红色文化、弘扬正能量，推进红色旅游，发展革命老区红色经济。

3.成为服务社会助推器

花漾压花工作室自从成立以来，先后开展进学校、进社区、进家庭、进农村“四进”活动50多场次。通过策划活动，将这一植物科学与艺术结合的、充满趣味的表现形式向社会推广，并与休闲农业结合，推广到产业科普基地，受益人数已超过1万人次，成为农工商服务社会的助推器。

4.推进学生美育教育和劳动教育

压花具有很强的艺术性和趣味性，在中小学和大专学校推广压花艺术，可以充分调动学生的想象力，激发学生的创作热情；同时，让学生参与花材的制作劳动，也能锻炼学生的动手能力和实践能力，促进其身心健康成长。在培育和提高学生美育素养的同时，有效推进美育教育和劳动教育结合，提升学生综合素养。

5.成为党建活动品牌

农工商图书馆将推进压花艺术“四进”活动与党员志愿活动相结合，通过压花艺术活动有效激发了党员的工作热情，主动参与压花艺术进农村，助力精准扶贫。压花体验和培训活动已成为图书馆党支部的党建品牌特色活动，成为学校党支部党员“双目标”考核中的亮点做法和品牌活动。

6.促进学生就业

花漾压花工作室与企业共建休闲农业实践基地，为学生提供实习和实践机会，促进学生健康成长和就业。社团成员在校内外各级压花比赛中屡屡获奖。很多学生因为压花学习和实践经历，从事相关工作或成功创业，在传播压花知识的同时主动传播传统文化和正能量。农工商图书馆成为学校“立德树人，文化育人”的重要阵地。

7. 打造宣传和交流平台

农工商图书馆搭建花漾压花微信公众号及休闲农业专业网站，定时定期发布压花体验活动动态、课程信息等，为精准扶贫打造学习、宣传和交流平台。

五、感人事迹

林春华，花漾压花工作室发起人，广东农工商职业技术学院图书馆馆长、享受国务院特殊津贴专家、二级研究员、广州市女科技工作者协会副会长、广东省压花学会理事兼副秘书长，长期从事休闲农业和压花艺术研究。

为了在海丰县设立休闲农业压花工作室，帮助贫困地区精准扶贫，林春华在2018—2020年期间数十次前往海丰县，与海丰县农业农村局、汕尾市合利农业发展有限公司、海丰县台农庄、海丰县附城镇新山村等合作，深入贫困地区调研，写出了数万字的调研和可行性分析报告，并领衔设计红色旅游压花作品等。

2020年8月，林春华将休闲农业和压花艺术紧密结合，带领团队与海丰县梅陇镇高中村签署合作协议，利用学校科技教育优势和力量，在海丰县高中村开展以莲藕为主题的休闲农业规划项目，将压花体验项目纳入高中村休闲农业园区规划内，为当地贫困户创造更多就业机会，为精准脱贫不返贫做出示范。

关注文化弱势群体，点亮儿童阅读梦想

——以杭州图书馆“温暖阅读”项目为例

周宇麟　陈　荠　童　桉（杭州图书馆）

一、项目背景

十九大报告中，习近平总书记明确指出2020年是全面建成小康社会决胜期，要坚定实施科教兴国、人才强国、乡村振兴、区域协调发展等战略，突出抓重点、补短板、强弱项，特别是要坚决打好防范化解重大风险、精准脱贫的攻坚战。在决胜全面建成小康社会，坚决打赢脱贫攻坚战的背景下，2019年在雅典召开的第八十五届国际图联大会对公共图书馆参与社会变革，提升民生福祉提出了新的要求。会议以“图书馆：通过对话实现变革”为主题①，号召图书馆需要在区域发展中展现能力，体现价值。对外发布的《国际图联战略报告（2019—2024）》②，明确提出“促进图书馆成为发展规划中所必需的关键要素和重要合作伙伴”，以图书馆价值、宗旨和服务，在消除贫困、保持健康生活、推动持续、包容的经济增长等多方面，提升图书馆的话语权和存在感。

在决胜脱贫的时代背景下，根据图书馆行业的发展趋势，如何进一步挖掘公共图书馆资源，深化服务方式，进一步提升图书馆履行社会责任、践行使命担当的价值和能力，进一步支持全国脱贫工作，全面参与文化精准扶贫，都是我国公共图书馆所面临的新的挑战和机遇。“温暖阅读”项目正是在此背景下应运而生、开花结果的。

二、项目内容

“温暖阅读”项目是由杭州市图书馆事业基金会、杭州市关心下一代基金会、杭州市文化广电新闻出版局、杭州文化广播电视集团、杭州日报报业集团、杭州图书馆、杭州之声等单位共同发起，以履行社会责任为初衷，旨在开展精准文化扶贫，体现杭州的城市温度。项目自2018年创立至今，关注文化弱势群体的阅读状况，通过“互联网+”的文化扶贫模式和点对点的专项扶贫模式，逐步填补文化贫困人群的阅读缺口，让书香遍布全国，用阅读温暖人生。经过两年多的不懈努力，杭州市关心下一代基金会、浙江千训爱心慈善基金会、浙江锦麟公益基金会等多家基金会，杭州娃哈哈集团有限公司、中国九阳集团等近五百家企事业单位通过不同的方式参与“温暖阅读”项目，共募集到了阅读专项资金34万余元，已向全国范围内31个省（自治区、直辖

① 图书馆:通过对话实现变革[EB/OL].[2020-08-18]. https://www.ifla.org/node/92499.

② 国际图联战略报告(2019—2024)[EB/OL].[2020-08-18]. https://www.ifla.org/strategy.

市）的人员赠送书籍16万余册，受惠群众达十余万人，初步形成了“温暖阅读”品牌，获得了良好的口碑。

1.文化扶贫对象

正如《国际图联0—18岁儿童图书馆服务指南》（2018年修订版）中所强调的：促进和鼓励为所有能力的儿童提供有效的图书馆服务是我们的基本要求[①]。“温暖阅读”项目就把文化扶贫主要对象锁定在了留守儿童及经济欠发达地区儿童群体。

（1）留守儿童

随着杭州城市的发展，新杭州人已逐渐发展成为600多万人的庞大群体，他们在为城市发展注入生机活力的同时，与子女分隔两地也成为一种社会现象。由于长期与父母分居，老家的留守儿童在亲子教育、文化培训、阅读熏陶等方面得不到父母的关爱和指导，甚至得不到基本的满足。因此，在“互联网+”的时代背景下，“温暖阅读”项目融合网络申请与实地赠送的模式，让在杭打拼的父母为家乡的孩子们选书、赠书。此外，项目在每年暑假期间举办各项文化活动，增加和丰富“小候鸟”们的知识和阅历，并进一步培养和增进亲子感情。

（2）经济欠发达地区儿童

根据相关儿童阅读调研数据显示，超过56%的中国乡村儿童一年的课外书阅读量不到3本，近20%的乡村儿童连一本课外书也没有。课外阅读资源的匮乏，在极大程度上局限了乡村儿童特别是经济欠发达地区儿童的成长发展。“温暖阅读”项目精准文化扶贫，通过为经济欠发达地区乡村小学儿童筹建爱心书房、捐赠书籍，点亮乡村儿童阅读梦想，帮助他们丰富精神世界，让知识与爱在孩子们的手中传递。

2.文化扶贫路径

积极履行社会责任，精准开展文化扶贫工作，支持和鼓励文化扶贫对象更好地应对挑战，实现文化扶贫最大成效，是“温暖阅读”项目的初衷。根据扶贫对象的差异化，项目对文化扶贫工作的路径做出相应的思考和选择，

---

① 国际图联0—18岁儿童图书馆服务指南（2018年修订版）[EB/OL]. [2020-08-18]. https://www.ifla.org/publications/node/67343?og=51.

力争保证帮扶措施的精准性和有效性。

（1）网络赠书通道。截至2019年6月，我国网民规模达8.54亿，互联网普及率达61.2%，网民使用手机上网的比例达99.1%[①]。“温暖阅读”项目根据现状，筹划开展网络文化扶贫，邀请专家组综合参考教育部指定阅读经典书目及“中国阅读”图书推荐榜，选出百种优质书籍编入赠书书目，准备共计万余册适合不同年龄段孩子们的经典图书。申请者只需在“温暖阅读”微信公众号填写申领信息，自行点选所需书籍，留下自己的祝福和思念，经项目组审核后，留守儿童便可收到父母来自异乡的赠书，实现个性化、点单式的文化扶贫。

（2）线下伴读活动。在实现网络扶贫推进工作进程中，“温暖阅读”项目积极通过线下活动提升扶贫工作的有效性。一方面在暑期举办“小候鸟”夏令营，项目组为孩子们送去图书礼包，利用杭州图书馆及主题分馆的特色资源，开展游学、伴读、培训等系列活动，为他们带去数十场内容丰富的阅读体验活动并开展阅读指导；另一方面，项目组拓展服务范围，为贵州绥阳县四个村的200余位未成年人持续提供伴读活动，提高孩子们的阅读兴趣和阅读成效，实现扶贫工作的长期有效。

“温暖阅读”小候鸟暑期特别活动

① CNNIC发布第44次《中国互联网络发展状况统计报告》[EB/OL].[2020-09-07]. http://www.cac.gov.cn/2019-08/30/c_1124939590.htm.

（3）图书导读推荐。“温暖阅读”项目在开展文化扶贫工作的过程中，创建“与你共读”栏目，邀请社会知名人士录制书籍推荐视频，如北京大学、人民大学等知名高等学府的文学博士为赠书活动中最受欢迎的图书录制时长约30分钟的语音经典导读，构建起整本书科学阅读引导方法体系。通过互联网大范围推送，引导孩子读好书、好读书，帮助扶贫对象加深理解经典著作，为文化扶贫工作助力。

（4）对口帮扶，设立长期阅读推广点。“温暖阅读”项目通过层层筛选优质捐赠图书，派出专项工作人员实地考察，集中输送匹配度高的优质阅读资源。在近两年，项目组在杭州、恩施、黔东南、淳安、建德等地设立四家“爱心图书角”、二十家“爱心书房”，三十家“米粒图书馆”，助力杭城扶贫扶智工作层层推进，共计捐赠优质书籍9万余册。所在站点派出扶贫助力人员负责开展阅读推广活动，并与贵州省龙里县教育局展开合作，为当地阅读资源最贫乏的11所小学、幼儿园送去共计49000余册适龄优质书籍。

对口帮扶，设立长期阅读推广点

（5）慈善反哺，保障扶贫工作的稳定性。在积极开展各类文化扶贫工作的同时，“温暖阅读”项目已清醒地认识到自我造血的重要性，保障项目的可持续的发展。从2018年“温暖阅读专项基金”成立伊始，“温暖阅读”项目就充分意识到，光靠有限的启动资金无法满足长期不断扩大的文化扶贫需求，建立自我造血机制势在必行。项目一方面建立网上募捐通道，另一方面在图书馆、书店、社会服务中心、地铁站点、风景区、园区企业、综合体等区域长期设置“捐书点”，积蓄社会力量，有效保证了文化扶贫资金安全，确保文化扶贫活动的长期稳定开展。

三、项目过程

1.活动缘起：温暖在这里汇聚

2014年因“乞丐也能进图书馆”事件，杭州图书馆被网友们称为“最温暖的图书馆”，而其中的一位人物典型便是韦思浩。2015年末，韦思浩遭遇车祸不幸离世，其儿女们在整理遗物时，意外发现韦思浩老人藏着很多捐资助学的证明和受助孩子们的感谢信，众多社会热心人士发起韦思浩爱心雕像公益众筹，特别邀请中国工艺美术大师朱炳仁先生来设计制作韦思浩老人铜像。2018年1月23日，韦思浩铜像在杭州图书馆揭幕，以“精神世界的拾荒者”为主题的韦思浩个人事迹展同期在杭图展出。现场，朱炳仁先生将铜像制作费用悉数捐出，韦思浩的三个女儿也同时捐款，意在将温暖继续传递下去，帮助更多热爱阅读的人。温暖的故事又辗转回到了“最温暖的图书馆”。杭州图书馆联合杭州市图书馆事业基金会正式命名并设立“温暖阅读专项基金”，专项基金主要用于提升弱势群体的阅读现状，鼓励更多人关注慈善助学。

2.正式启动：爱心从杭州出发

2018年“六一”儿童节当天，“温暖阅读”第一届公益活动：“温暖阅读·你点我送”大型赠书活动在杭州图书馆启动，文化扶贫工程正式起航。首届活动通过互联网报名参与、个性化点送模式，向超万名在杭务工的外来人员子女免费寄送了各类经典图书礼包。温暖图书突破地区限制，寄送范围覆盖了全国大部分地区，活动影响人数超过1000万，帮助了更多需要文化扶助的偏远地区留守儿童。“温暖阅读”第一届活动的成功举办，明确了项目扶贫对象，构建了扶贫基本框架，为下一阶段持续发力打下了基础。

3.持续升温：文化扶贫在路上

在第一届公益活动取得较好品牌影响力和社会效益的基础上，第二届及第三届“温暖阅读”项目进一步细化扶贫对象，保障项目的可持续性发展。项目组把捐赠目标锁定在了杭州边远山区和杭州对口支援地区湖北恩施及贵州黔东南的中小学生，通过助建“爱心图书馆”的形式，向山区小学图书室捐赠图书。同时积极联合社会力量，先后加入杭州市关心下一代基金、浙江锦麟公益基金会、浙江千训爱心慈善基金会等力量，树立“先予后取”理念，成功带动了大众的公益热情，不断点亮新杭州人留在老家的孩子们的希望。

四、感人故事

2018年“温暖阅读”项目正式启动，启动仪式现场热心市民纷纷为“温暖阅读”项目捐款。从事教育咨询工作的周子添在线上捐款520元，表达对孩子们温暖的善意。短短一个多月，活动平台就收到了3500多条留言。建筑工程师赵海民随着工程项目来杭州工作，两个女儿都留在老家，面临隔代抚养带来的家庭教育和文化资源的缺失，无能为力。此次通过“温暖阅读”项目送给女儿的图书和随之而来的反馈视频，让这位壮年男人在工地红了眼眶。又如大桥头乡中心小学的班主任老师，给“温暖阅读”项目组寄来一封回信，字里行间中充满了感激、温情和憧憬。

五、成效影响

“温暖阅读”项目积极响应习近平总书记的乡村振兴战略，成功引导公众关注弱势群体阅读状况，号召全社会爱心人士共同参与，促进政府扶持与社会力量的融合，助力文化扶贫工作持续进行。项目重点面向阅读资源较为匮乏的未成年人群体，结合扶“智”与扶“志”，为他们送去知识、温暖与希望，使文化弱势群体与书香常伴，让全民阅读蔚然成风。

1.扶贫受益人群广

“温暖阅读”活动开展至今，有13000余户留守儿童家庭通过“温暖阅读”线上平台成功申请到书籍，4个爱心图书角、10余所贫困地区学校、20个爱心书房和30家米粒图书馆的扶持书籍通过专车或专人派送落实到位。同时，项目面向未成年人群体，开展“小候鸟”夏令营等阅读指导活动42场，参与人次超12000人。此外，通过提供图书语音导读及图书领读推荐视频，使受益人群遍及全国。

2.扶贫传播力大

“温暖阅读”项目通过传统媒体集中造势。在《浙江日报》《钱江晚报》等传统媒体集中宣传的同时，充分应用新媒体，在新浪、抖音等平台发起“温暖阅读”专门话题，以书单推荐、图文直播、话题互动等方式提高活动热度。“温暖阅读”活动被相关信息媒体争相报道转载，相关新闻网络点击量达数十万，活动在新浪浙江网络平台累计曝光量近3000万人次，#温暖阅读#话题阅读量近400万人次，讨论量破3万条，新浪图文直播间累积观看量破百万人次。“温暖阅读”在抖音平台发起“温暖阅读—晒书大作战”话题，播放量已超一亿七千万。

3.社会力量踊跃加入

“温暖阅读”项目不仅仅是一个扶贫项目，更为社会扶贫搭建了一个平台。项目运作过程中，项目以资源共享、新书裂变等方式成功激发社会公益热情，带动城市家庭和企业将闲置图书捐赠给留守儿童和贫困地区儿童，近两年，已有五百余家爱心企业及超过16000个城市家庭参与了活动。

4.政府认可度高

“温暖阅读”项目总计影响人数超千万，获得了良好的社会反响，项目连续两年入选杭州学习节“年度杭州学习型城市建设十大事件”，并获评2018年“最潮活动”。

“温暖阅读”项目的实践是图书馆融入社会，担当社会责任，参与社会发展的集中体现。项目的实施为图书馆如何主动链接社会资源，搭建社会扶贫平台开创了思路；项目的实施过程，从路径选择、对象分析到扶贫产品的匹配，为图书馆开展文化精准扶贫提供了样本；同时项目本身也为社会力量参与文化扶贫工作提供了参考案例。项目充分调动社会资源，提出“先予后取”的慈善理念，积极拓展合作对象，将政府机构、社会组织、媒体、企业等各类资源形成合力，发动城市家庭和爱心企业，双向传递阅读价值理念，发挥出1+1>2的作用。这些都是“温暖阅读”项目给予公共图书馆界参与文化扶贫工作的有益参考。

“黑土地上流动的讲堂”

——吉林省图书馆“扶贫大讲堂”用责任与创新推进精准扶贫

焦明华（吉林省图书馆）

一、项目背景

2015年，吉林省有国家级贫困县8个，省级贫困县7个，是经济欠发达地区。

2015年12月，《中共中央国务院关于打赢脱贫攻坚战的决定》明确提出，确保到2020年农村贫困人口实现脱贫。按照打赢脱贫攻坚战的总体要求，“充分调动贫困地区干部群众积极性和创造性，注重扶贫先扶智，增强贫困人口自我发展能力。”“鼓励文化单位、文艺工作者和其他社会力量为贫困地区提供文化产品和服务”和《中共吉林省委、吉林省政府关于全面推进脱贫攻坚的实施意见》精神，为扎实有效地推进“精准扶贫”工作，充分发挥文化为经济发展提供精神动力和智力支持的作用，吉林省图书馆决定创办“扶贫大讲堂”，并制订了未来五年工作计划。

二、项目过程

吉林省“扶贫大讲堂”是在吉林省文化和旅游厅指导下，由吉林省图书馆主办，以吉林省国家级（省级）贫困县为对象，以“助推精准扶贫，服务吉林发展”为目标，以“扶贫先扶志，扶贫必扶智”为宗旨，以“内容丰富，形式多样”为手段的公益讲堂。

2016年8月，“扶贫大讲堂”项目在安图县启动。

2017年，“扶贫大讲堂”在总结首期经验的基础上，秉承内容不断丰富、受众不断增加、社会影响更广的原则，以全省巡讲的方式进行。巡讲活动以吉林省国家级贫困县为重点，兼顾省级贫困县，覆盖吉林东部、南部、西部，惠及汪清、图们、龙井、和龙、长白、柳河、大安、镇赉、洮南、通榆10个市（县），共10场。

2018年，为贯彻落实党的十九大精神，进一步扩大“扶贫大讲堂”覆盖范围和受众群体，讲堂对全省巡讲的方式进行细化，设白城、松原—四平、延边、靖宇4条线路，覆盖全省8个国家级贫困县（安图、汪清、和龙、龙井、靖宇、大安、镇赉、通榆）、4个省级贫困县（双辽、长岭、洮北、图们），共12场。

2019年，“扶贫大讲堂”组织“志愿扶贫扶智小分队”，分赴柳河、通化、临江、靖宇、农安、通榆、洮南、镇赉、大安、扶余等10个县（市），开展公益赠送活动。

2020年，受新型冠状病毒疫情影响，按照国家疫情防控总体要求，暂停“扶贫大讲堂”，待疫情平稳后，继续开展工作。

三、项目内容

2016—2017年，“扶贫大讲堂”先后邀请吉林省著名文化学者曹保明，吉林省人力资源和社会保障厅政策法规处处长、政策研究室主任黄明，长春市委党校副校长、吉林省讲师团讲师吴彦杰，全国著名心理学专家、吉林大学教授黄冬梅，分别以“打赢扶贫攻坚战 如期建成小康社会”“如何做好农民工返乡创业工作”“让心灵冲出压力的阴霾”为主题进行巡讲，内容既有国家关于精准扶贫的指示精神，也有吉林省各地开展脱贫工作的实践经验；既有吉林省关于扶持农民工返

2017年“扶贫大讲堂”全省巡讲（通榆站）现场

乡创业的政策，也有创业项目选择的方法；既有心理压力的疏导，也有和谐家庭的建设。一系列巡讲内容不仅着眼于地方政策，更与百姓的物质和精神生活紧密相连。

2018年，“扶贫大讲堂”结合党的十九大精神，邀请吉林财经大学党委书记、吉林省有突出贡献中青年专家周知民，吉林财经大学教授、吉林省杰出创新创业人才安明友，分别进行“解读习近平精准扶贫思想——小康路上一个也不能少”“吉林省农业现代化路径选择”专题巡讲。巡讲内容既有学习习近平总书记精准扶贫思想的体会，也有对吉林地域优势资源开发及利用的思考。

2019年，吉林省图书馆在吉林省“扶贫大讲堂”公益巡讲基础上，将巡讲视频进行编辑加工，增加中华传统文化、科技致富等内容，涉及励志人物、家庭教育、科技致富、地方物产、地方文化等方面，刻录光盘10000张。同时，将巡讲内容进行文字整理，编辑印制《扶贫大讲堂专辑》5000册，由“志愿扶贫扶智小分队”分赴柳河、通化、临江、靖宇、农安、通榆、洮南、镇赉、大安、扶余等10个县（市），免费赠送。

四年来，“扶贫大讲堂”巡讲活动，得到了巡讲各地市（县）委、市（县）政府高度重视。各地积极组织市（县）直属单位领导，乡镇（村）长，主管扶贫工作的领导，各社区党工委书记，省、市、县包保驻村干部，各村第一书记以及关注扶贫工作的群众代表等参与活动，设立村级分会场80个。巡讲全程累计受众12000余人，发放科技致富光盘5000余套。

四、项目特点

“扶贫大讲堂”在策划和实践的过程中突出“专”“精”“全”“多”“广”几个特点。

1.专：讲堂专为“精准扶贫”而创立

“扶贫大讲堂”内容与贫困地区脱贫致富、百姓创业紧密相关，讲堂受众更突出“脱贫”群体。主要参与者为巡讲地县直各部门领导、乡镇长，主管扶贫工作的领导，省、市、县各级包保部门下派驻村干部，以及创业企业法人及关注扶贫工作的群众代表。

2.精：讲堂专家队伍精

从2016年始，邀请吉林各领域知名专家、学者走进“扶贫大讲堂”，确保讲堂的高品质。

曹保明，吉林省著名文化学者、吉林省政府参事，熟悉吉林自然环境、各地生态资源，是吉林乡土专家。

吴彦杰，长春市委党校副校长，吉林省讲师团讲师，掌握政府宏观经济政策，吉林省各地脱贫措施及现状。

黄明，省人力资源和社会保障厅政策法规处处长，政策研究室主任，中国吉林高新技术人才市场指导委员会主任，了解掌握吉林省关于扶贫、脱贫人员创业相关扶持政策，是扶贫政策专家。

黄冬梅，全国著名心理学专家，吉林大学教授、博士生导师，了解扶贫人员、创业人员心理压力疏解方式。

周知民，吉林财经大学党委书记，吉林省委决策咨询委员会委员，吉林省有突出贡献中青年专家，全国百位优秀社会科学普及专家，了解吉林省各地精准扶贫工作开展情况。

安明友，吉林财经大学教授，吉林省杰出创新创业人才，吉林省有突出贡献中青年专家，了解掌握吉林省农村金融政策、税收政策、土地政策。

精良的专家团队，保证了讲堂“有思想”“有新意”“接地气”“暖人心”，避免了“空谈”和“水土不服”。

3.全：讲堂“精准扶贫”内容全

“扶贫大讲堂”的内容既有国家关于精准扶贫的指示精神，也有吉林省各地开展脱贫工作的实践经验；既有吉林省关于扶持农民工返乡创业的政策，也有正确选择创业项目的方法；既有心理压力的疏导，也有和谐家庭的建设；既有学习习近平总书记精准扶贫思想体会，也有有关吉林生态资源开发利用的思考。不仅着眼于地方政策，更与百姓的物质和精神生活紧密相连。

4.多：讲堂传播方式多

“扶贫大讲堂”除采取现场讲授的方式外，还依托互联网技术开办直播分会场，通过发放脱贫致富光盘和《扶贫大讲堂专辑》等方式作为补充，进一步扩大受众群体。

5.广：讲堂覆盖贫困地区广

四年来，“扶贫大讲堂”遍及吉林省全部国家级贫困县（8个），省级贫困县（7个），实现了吉林省贫困地区全覆盖。

五、成效及评价

图们市委组织部副部长、图们市返乡创业领导小组成员麻常祥表示：首先，“扶贫大讲堂”的针对性非常强。2017年5月，吉林省出台了《进一步推进农民工等人员返乡下乡创业的政策措施》。图们市对这些政策进行仔细研究，也初步制定了图们市返乡创业人员8类30项优惠政策。然而在具体制定出台本市相关政策时，对省里个别政策把握不够精准。但听了黄老师的“如何做好农民工返乡创业工作”讲座中对省里22条针对农民工返乡创业政策的解读后，我们的理解更深、更具体了，这对今后工作有很好的指导意义。其次，讲座也使图们市对省里的政策导向有了更深入的了解，尤其是省里对农民工返乡创业基地给予80万资金补贴等一些前瞻性政策，对图们市政府推动返乡基地创业工作具有很强的推动作用。

龙井市返乡创办生态农业公司的农民高锡东表示：“这个讲座介绍了很多资金方面、土地方面、规划方面的新政策，指导我们农民如何解决在返乡创业中遇到的实际问题，给我们讲明了方向。”

安图县委宣传部部长崔文德表示：2018年是安图县“脱贫攻坚”工作的关键年，在县委县政府深入开展“双扶”工作之际，“扶贫大讲堂”的巡讲活动为安图县的脱贫攻坚工作注入了内容，丰富了“双扶”活动载体，用专家的专业力量，夯实了“双扶”机制。

龙井市委常委、宣传部部长金虎表示：我们会把握好“扶贫大讲堂”这样难得的学习机会，结合龙井市实际，支持、帮助贫困村屯群众的文化教育普及工作，积极发挥“开民智”“树新风”“传播知识”的作用，持续将文化惠民的春风送到群众的身边。

图们市文化广播新闻出版局局长许明花表示：巡讲与全省“精准扶贫”工作紧密相连。我们将借鉴经过实践的成功案例，增强我市贫困群众脱贫的内生动力，用现代科学技术和先进的思维理念管理装备农业和农民，为打造高产、优质、低耗的农业生产体系，建设富庶的农村做出扎实有效的努力。

六、荣誉与奖励

“扶贫大讲堂”自创办以来受到了国务院扶贫开发领导小组办公室网站、农业部网站、新华网、光明网、CCTV新闻直播网、中国日报中文网、吉林省政府新闻办公室、吉林日报、吉林网等多家媒体的广泛关注，得到了政府和社会的广泛认可，对吉林省扶贫脱贫工作起到了积极的推动作用，被称为“黑土地上流动的讲堂”。2018年3月，“扶贫大讲堂”荣获第一届公共图书馆创新创意案例优秀奖。2018年12月，“扶贫大讲堂”荣获全国图书馆文化扶贫乡村振兴案例一等奖。

七、分析与总结

“扶贫大讲堂”的创意与实践，紧密结合新时代的发展和全面建设小康社会的需求，变封闭式服务为开放式服务，变被动服务为主动服务，经历了由点及面、稳中求变、扩大辐射的探索过程。

图书馆作为公共文化服务的重要部门，向贫困地区倾斜，通过举办讲堂这种最直接、面对面、无距离的服务方式答疑解问，为政府脱贫攻坚服务，为有脱贫需求的企业、百姓服务，不仅是职能、责任所在，更是践行习近平总书记对图书馆“传承文明、服务社会”初心的坚守，因此具有很强的可复制性与推广性。

同时，通过本案例的实践，图书馆可以充分发挥优势，搭建平台，广泛利用社会资源，开展各类活动（不仅限于公益讲座），为政府、企业、社会等更多的群体提供有针对性的专项服务，有效创新图书馆的服务手段和服务范围。

今后，“扶贫大讲堂”将继续关注吉林省扶贫工作，进一步扩大受众群体，丰富讲堂内容，将其打造成传播党的扶贫政策的窗口，百姓创业脱贫的参谋，和谐家庭建设的课堂，为建设社会主义文化强国再立新功。

湘潭大学图书馆帮扶张家坪村农家书屋建设纪实

陈以敏　周　琦（湘潭大学图书馆）

农家书屋工程是发展社会主义先进文化、保障农民群众最基本的文化权益、推动农村经济社会发展的民心工程。高校图书馆贯彻“坚持大扶贫格局，注重扶贫同扶志、扶智相结合”的十九大指示，依托明显的专业技术人才、信息资源、大学生志愿者服务等优势，主动地帮扶参与农家书屋建设，做好扶贫协作和对口支援工作，对提高农民文化素质、促进新时期农村经济社会绿色和谐发展具有现实意义。

一、项目背景

湖南省湘西土家族苗族自治州泸溪县洗溪镇的张家坪村是国家重点扶贫村，距离湘潭大学460多公里。这里绿水青山，民风朴实，但地处大山深处，交通不便，经济落后，文化教育薄弱。2018年3月，根据湘潭大学校党委的安排，湘潭大学驻村扶贫工作队来到张家坪村，展开为期三年的扶贫工作。工作队调查张家坪村实际情况并结合湘潭大学的资源和优势，制定了《湘潭大学2018—2020年驻村帮扶工作计划》《湘潭大学结对帮扶工作方案》，计划重点在加强基层党建、修建5条通寨公路、发展产业和壮大集体经济等方面开展帮扶工作。此举得到湖南省领导的肯定。湖南省人大常委会副主任、湘西自治州州委书记叶红专一行，实地调研称赞湘潭大学驻村帮扶工作队。

为深入贯彻落实湖南省高校服务脱贫攻坚推进会议精神，进一步抓实驻村帮扶工作，2018年10月18日至19日，湘潭大学校党委书记黄云清及单位负责人赴张家坪村调研指导驻村帮扶工作并走访慰问困难群众。驻村工作队负责人详细汇报，脱贫工作已经在基础设施建设、易地搬迁、危房改造和教育方面取得了较大成果。

二、项目内容

2019年6月21日，湘潭大学图书馆党总支书记朱志坚带队，图书馆一行9人赶赴湘潭大学对口扶贫点——湘西泸溪县张家坪村，在校驻村扶贫工作小组的协助下，开展“爱心扶贫、书香传情”帮扶农家书屋建设活动。

这次活动受到湘潭大学图书馆高度重视。周琦馆长亲自前往张家坪村实地考察，并组织馆员精选图书。此次共计捐赠4000余册图书和8列书架，图书馆涵盖习近平总书记系列著作、农业技术、人文历史、法律法规、心理健康、儿童读物、电商等方面，价值10万余元。湘潭大学图书馆在张家坪村建立“乡村爱心书屋”，并培训指导兼职图书管理员，管理爱心书屋，为张家坪村的发展提供文化、技术支持，受到村民的热烈欢迎。“乡村爱心书屋”的建立，对提高村民的文化素养将起到长远的作用。张家坪村的负责人表示，一定会妥善保管好、充分利用好受赠的图书，引导村民勤读书、多读书。

湘潭大学图书馆帮扶张家坪村农家书屋建设的同时，实施了多项举措：明确张家坪村农家书屋的绿色发展定位，即节约、环保、惠民；完善推进张家坪村农家书屋绿色发展规划，完善人力、资金、技术投入规划；制定绿色发展平台；倡导建立绿色服务体系，即以村民自治组织为基础的保障体系和以企业、非政府组织、志愿者为补充的支持体系，夯实农家书屋绿色发展的社会基础，让农家书屋真正为民所有、为民所用、为民所乐，为民谋福。

湘潭大学图书馆在张家坪帮扶建设爱心书屋

三、项目过程

党的十八届五中全会提出了“创新、协调、绿色、开放、共享”的五大发展理念。绿色是发展的方向，湘潭大学党委宣传部副部长申永丰分别在2016、2017年CSSCI来源期二类刊《中国出版》发表论文《农家书屋绿色发展路径分析》《基于ACSI的农家书屋村民满意度测评指标体系研究》，提出绿色发展理念是引领农家书屋发展的先进价值观，绿色发展道路是充分发挥农家书屋文化惠民功能的必然选择。在理论上开展了对农家书屋发展的论证。即“农”是创造绿色、保护绿色的重要力量。农家书屋是与“农”密切相关的公共产品。探索农家书屋绿色发展路径，便要不断破解农村文化共享与发展难题，充分发挥农家书屋的文化惠民功能，引导农民形成绿色价值取向、绿色思维方式、绿色生活方式。要将公众满意度引入农家书屋发展视域，以提高村民满意度为切入点推动农家书屋发展，建立健全农家书屋村民满意度测评指标体系。这对于完善农家书屋建设标准、改进农家书屋管理模式、增强农家书屋使用实效，具有重要的实践价值。农家书屋建设是文化建设融入绿色乡村理念、高校图书馆对接农家书屋的创新公益服务。

四、成效与影响

张家坪村是湘潭大学的对口扶贫对象，湘潭大学图书馆是湘潭大学一支重要的“注重扶贫同扶志、扶智相结合”文化队伍，具有不可忽视的文化、教育扶贫力量。

2019年8月24日，湘西生活网报道《湘潭大学发挥校友资源优势助力张家坪村脱贫》：“湘潭大学校图书馆捐赠了理论学习、种养殖业、科技、法律、电商等方面价值10万余元的书籍，在张家坪村建立了乡村爱心书屋，为贫困村发展提供智力支持。”“正是因为有湘潭大学校友会及师生等一大批社会组织的关心，我们村乡亲们的获得感、幸福感越来越强，望着‘校友’‘捐赠’‘捐建’等字牌，感觉我们村都快成一个励志村了。”张家坪村村主任龙修旺如是说。

2019年11月7日，湘潭大学校长李伯超、校纪委书记董康明赴湘潭大学校结对帮扶点张家坪村，调研校队驻村帮扶工作，走访慰问结对帮扶对象。专项检查彻执行上级脱贫攻坚决策部署和政策情况，各类扶贫资金的投入、管理和使用情况，驻村扶贫工作队的工作纪律、工作作风等7个方面的工作。

"李伯超一行先实地察看了新村部、湘大爱心书屋和村卫生室。在新村部的建设过程中，我校为完善村部配套建设给予了大力支持。新村部内，由我校图书馆捐建的湘大爱心书屋，书籍种类多、门类比较全，已成为了村民获取新的知识和技能的重要场所。"（湘潭大学新闻网报道）

五、分析与总结

随着项目的推进，湘潭大学图书馆逐步认识到要根据张家坪经济社会发展实际情况，了解不同村民的具体诉求，增强农家书屋供给与村民需求的契合程度的绿色定位，以期有效提升农家书屋建设质量、服务标准和管理水平。

随着财力、硬件等条件的改善，为农民群众提供上网设备和网络出版物，将成为越来越多地区农家书屋建设的必备选择。发展现代化绿色农业，必须使农民兼具现代化的理念和技术，这是数字信息所追求的目标。农家书屋向农村数字信息馆转变，将着力于用真实、快速的信息，以文字、图像、音频、视频等形式求证现代农业的信息，并在专业培训的同时，提供更易理解的讲述方式和宣传展示功能，使农民接受、使用基础的技术设备，在技术上为农民提供可见、可视、可解的指导，慢慢形成"生态农业""观光农业"的绿色农业理念①。在实际运用中，需要进一步完善指标体系，特别是要注入个性化的元素，同时又要为农民提供大而广、强有力的智力和法律保障。这项工作虽困难重重，不是一朝一夕就能解决的，但一旦走上轨道，便可恩泽万众。这也正是建设农家书屋向农村数字信息馆绿色发展的意义所在。

---

① 邵玩玩,梁春芳. 建立我国农村数字出版服务系统的有效途径[J]. 编辑之友,2008(5):18-20,23.

湘潭大学《民法典》宣讲团到张家坪上门普法

六、感人的小故事

故事一：

2019年7月9日，张家坪村爱心书屋才建成不久，湖南省文联驻泸溪县且已村工作队长肖双良、五矿二十三冶驻泸溪县楠木冲村工作队长熊伟著来到爱心书屋，专门寻找冬瓜种植、油茶培育和管理等方面的种植技术书籍进行学习。肖队长讲：在农村能有这么一个关于农业种植、养殖方面的图书室实属不易，村里发展产业的人和我们工作队在发展产业遇到困难时，还可以到图书室这儿来充下电。

故事二：

2019年10月11日，泸溪委书记杜晓勇同志到张家坪村进行脱贫攻坚调研，当得知湘潭大学为张家坪村捐建了一个村书近6000册的爱心书屋后，便到图书室进行参观，并指着习近平总书记的著作说道：乡村图书室是基层党组织开展学习，提升政治觉悟，提升村务管理能力的好地方，也是假期孩子们的学习乐园。

“志”“智”双扶书香路　跨地帮扶暖心怀

——天长市图书馆文化聚力跨地扶贫案例

王　震　朱　虹　孔　月（天长市图书馆）

一、项目背景

2017年10月18日，习近平同志在十九大报告中指出，要动员全党全国全社会力量，坚持精准扶贫、精准脱贫，注重扶贫同扶志、扶智相结合。精神贫困是造成整体贫困的重要因素之一，精准扶贫离不开文化扶贫，文化扶贫刻不容缓。图书馆是文化扶贫工作中的中坚力量，在积极推动文化精准扶贫进程中负有不可推卸的责任。

2018年，安徽省天长市图书馆接到市文旅局下发的工作任务，结对帮扶安徽省宿州市萧县这一贫困县。天长市图书馆将这一任务列为工作重点，“以公共文化服务推进精准扶贫，在精准扶贫中实现公共文化服务”，坚持质量导向，助力全面脱贫，为实现贫困地区公共文化建设与扶贫工作互助双赢摸索出了一条“图书馆+精准扶贫”的新路径。

二、项目过程

1.制定工作方案和活动计划

萧县地处安徽省最北部，全县共有贫困人口9.64万户21.29万人，贫困面积大、贫困人口居住分散、发展能力弱。天长市位于安徽省最东部，南临江苏省会南京，东连历史文化名城扬州，有安徽“东大门”之称，毗邻长三角经济区，具有区位优势，经济较发达。萧县和天长相距312公里。面对这样一个跨区域的“东—北”结对帮扶工作，2018年春，天长市图书馆多次召开全体馆员会议，制定切合实际的帮扶方案，在充分考察萧县贫困现状的基础上，与萧县图书馆共同签订《天长市图书馆、萧县图书馆合作共建协议书》。

双方围绕三个方面探讨共建计划的制订。

第一是衡量图书馆扶贫资源的实际效用，确认扶贫资源是否能够为真正有需要的被帮扶人员提供帮助，能否满足萧县贫困地区的需求。

第二是判断图书馆扶贫资源的配送是否到位，资源的数量与种类能否达到供需平衡。

第三是评估公共图书馆扶贫资源的实际利用效率，即贫困家庭是否能够真正享受到扶贫资源，萧县图书馆如何充分利用扶贫资源进行文化帮扶。

只有扶贫活动有明确的针对性和指向性，才能使扶贫者与扶贫对象共同积极参与扶贫活动，促进整个扶贫项目实施效率的提升。

2.建立创新扶贫服务模式，完善长效机制运行

在制定好帮扶计划，明确帮扶对象后，天长市图书馆确定了帮扶方式，连续三年针对贫困户的不同情况，采取了捐赠图书、定期巡回展览、开展专题志愿者服务等具体精确的文化帮扶措施，把扶贫资源精准派送到扶贫对象手中。

天长市图书馆作为国家一级公共图书馆，馆藏资源丰富。图书馆精准文化扶贫的做法得到了市政府和文旅局领导的高度重视，连续三年，图书馆得到市政府和文旅局在购书资金上的支持。此外，天长市图书馆还积极向社会各界广泛征集资金与图书，捐赠给萧县图书馆，让社会闲置资源流动起来，惠及更多萧县群众。

三、项目特色与创新

1.硬件帮扶助资源提升

天长市图书馆进一步落实《天长市困难群众帮扶暨县域结对帮扶萧县工作实施方案》，2018年、2019年、2020年连续三年累计捐赠图书3000多册，累计捐书金额逾10万元。

2019年10月16日上午，“献爱心、助脱贫”的千册图书捐赠仪式在天长

市图书馆四楼会议室举行，捐赠仪式上，天长市向萧县捐赠图书1000册，价值3万多元，内容覆盖农、林、畜牧、教育、科技、文化等方面。天长市和萧县文化和旅游局负责人参加活动。

2.“移动”讲堂展优势，图书、文化相结合

“千秋大讲堂”是天长市图书馆举办的公益讲座品牌，长期免费举办各类公益讲座，是天长市民的“百家讲坛”。天长市图书馆在扶贫中，充分发挥了这一公益品牌优势，百里送讲座，将讲座搬到了萧县图书馆。

2018年10月31日，天长市图书馆“千秋大讲堂文学创作培训班”公益讲座在萧县图书馆开讲。（天长籍）知名作家苏北、钱玉亮担任讲师为萧县的文化工作者开展文学专题讲座——“认真阅读和细心观察”，讲座受到了该县文化工作者的热烈欢迎。大家纷纷表示，加强学习，提高个人修养，提升好自己的文化软实力，才能更好地提供文化服务。

天长市向萧县捐赠图书仪式

“千秋大讲堂”公益讲座

天长市图书馆还邀请文化馆的同志们到萧县开展慰问演出，帮助组织村民参加迎元旦、庆中秋等自己的节会表演，以文娱活动凝聚民力，鼓舞贫困群众脱贫士气，丰富基层群众精神文化生活，营造健康向上的农村文化生态，把文化的种子埋进群众心里，增强文化“造血”功能，助推文化精准扶贫。

3.专业志愿服务团队助力文化推广

天长市图书馆在每年寒暑假志愿者招选的过程中积累了大量的专业志愿者资源，专门成立了“帮扶萧县志愿小队”。小分队每年寒暑假期间赴萧县进行对口帮扶。志愿者团队通过实地走访，深入贫困户的家中，为他们送去相

关书籍，并教会他们利用智能手机上网，查询和使用数字图书馆资源，如在线图书、讲座资源等。同时也教会他们利用天长市图书馆微信公众号接收资源，增加贫困户信息阅读量，提升其文化素养。

4.助力特定项目帮扶，提供个性化针对服务

天长市图书馆助力萧县围绕“融入脱贫抓党建，抓好党建促脱贫”思路，坚持“五个一”模式，实现基层党建和脱贫攻坚互融共赢。天长市图书馆为萧县县委县政府送去一批“中国特色社会主义学习书目”，积极推进基层党建与脱贫攻坚同频共振。

萧县的葡萄、胡萝卜、辣椒制种、芦笋、白山羊为当地特色产品，当地政府有意围绕该产业打造紫、黄、红、绿、白“五彩”扶贫产品。天长市图书馆得知消息后，立即辅助进行该项目申报立项，同时为当地书屋捐赠了大量相关养殖、种植专业的书籍，为农户学习专业农技知识提供平台。萧县成功申报了“五彩”扶贫产业品牌。

5.携手高校，拓展帮扶资源

天长市图书馆与滁州学院合作，配合高校“三下乡”暑期实践调研活动，开展帮扶萧县志愿活动，吸引更多社会关注。滁州学院的志愿者们每年暑假跟随天长市图书馆“帮扶萧县志愿小队”前往萧县实地调研，通过参与志愿服务活动，深入了解贫困原因及现状，以形成高质量的《萧县扶贫调研报告》，参与“三下乡”优质调研评比，通过高校宣传报道，吸纳更多社会资源帮扶萧县。

6.微信公众平台提供便民服务

萧县地区基础设施服务落后，信息闭塞是导致村民思想落后、固守传统农业生产方式，经济效益低下的重要原因。天长市图书馆在加强基层公共图书馆建设的基础上，充分发挥互联网在助推脱贫攻坚中的重要作用，增强民众信息素养、为他们打造信息平台，提供脱贫致富方法。

天长市图书馆向萧县图书馆分享自身公众号推广经验，帮助萧县图书馆打造自己的公众号和小程序，利用公众号后台收集贫困户的需求，如转发岗位招聘公告、在线收看创业就业免费公益培训、查看农林牧渔相关资料等，拓展民众获取信息的渠道，精准传递信息。

四、成效与影响

"志""智"双扶书香路，跨地帮扶暖心怀。天长市图书馆帮扶萧县的系列创新做法得到了市领导的高度重视和萧县贫困人民的热烈反响，这一跨区域的（东—北）帮扶行动，为远距离的扶贫工作提供了实践经验。帮扶活动实现了萧县图书馆、天长图书馆两地资源互补、信息共享。萧县的公共文化设施和服务水平有了显著提升。特色志愿服务活动有力促进了文化宣传和全民阅读推广。

2020年4月29日，安徽省政府发布公告，萧县等9个县（区）正式退出贫困县序列。

文化扶贫构建起乡村儿童阅读生态圈

——以济南市图书馆"七彩泉"乡村助读项目为例

王　海　聂卫红　张振康（济南市图书馆）

一、项目背景

1.社会的现实需求

2020年是我国脱贫攻坚决战决胜之年。由于经济社会发展的不平衡性，我国城乡发展差距很大，导致贫困人口多集中于乡村地区，而在这些贫困人口中，少年儿童占比很大。乡村地区的贫困不仅表现在物质上，还有精神上的，习近平总书记在十九大报告中指出的"注重扶贫同扶志、扶智相结合"[①]，就是为了解决人们精神上的贫困。青少年是祖国的未来，但他们现在的精神

① 习近平在中国共产党第十九次全国代表大会上的报告（全文）[EB/OL].[2017-12-03].http：www.qstheory.cn/llqikan/2017-12/03/c_1122049424.htm.

贫困很可能会造成将来的物质贫困。因此，帮助广大乡村儿童摆脱精神贫困是决胜脱贫攻坚的重要一环，不可谓不重要。文化扶贫，就是解决儿童精神贫困的最佳路径，在这方面，公共图书馆责无旁贷。

2.优秀的合作团队

“七彩泉”乡村助读项目由济南市图书馆（济南市少年儿童图书馆）与天涯海角心连心助读团联合发起、共同实施。天涯海角心连心助读团是由山东省实验中学的四位退休老师自发组建的为贫困乡村学校提供教学、阅读推广、家庭教育支持的公益志愿服务组织。这些老教师都有在乡村支教的经历，对乡村教育症结深有感受，对乡村孩子的精神状态心怀忧虑，他们倡导通过阅读推广改善乡村孩子的成长环境，“让阅读点亮孩子的心灯”。天涯海角心连心助读团负责人高慧燕老师表示，该团队已经由最初的四人发展到现在的几百人，他们的目标是“未来每个村庄和社区都有一个故事书屋，让更多的农村孩子有人陪伴、有好书可读、会读好书”。

3.济图的扶贫情怀

多年来，济南市图书馆始终把乡村儿童阅读推广作为自己的神圣使命和履行社会职责的一部分。只是，过去的工作方式比较简单，只停留在简单的乡村学校图书室和流动图书站建设，以及流动图书车进乡村等传统服务上。近年来，政府对乡村教育越来越重视，很多学校都建设了自己的图书馆，硬件资源已有了很大改善。但是，只是简单地把书送过去，并不是完整意义上的乡村阅读推广。为了切实突破传统延伸服务遇到的困境，创新服务内容和形式，打造乡村儿童立体阅读生态圈，使面向弱势儿童的文化扶贫工作得以可持续发展，2016年，济南市少年儿童图书馆借助自身“七彩泉”这一少儿活动品牌成立了“七彩泉”乡村助读团队，与天涯海角心连心助读团合作启动了“七彩泉”乡村助读项目。

二、项目内容

“七彩泉”乡村助读项目主要包括：发起并组织多种形式的爱心捐赠，开展丰富多彩的阅读推广活动，在儿童节、暑假等时间节点开展城乡儿童阅读推广联谊活动，引导乡村儿童参与创作文化作品，等等。该项目的最终目的是通过不断为乡村儿童提供阅读资源，拓展乡村儿童阅读视野，让他们均等享受到济南公共文化事业发展成果，构建起资源丰富、氛围浓厚、城乡联动的乡村儿童阅读立体生态圈，切断因文化资源匮乏造成的精神贫困以及由此带来的贫困代际传递现象，让乡村儿童成长为身心健康、有思想、有见识、有能力的时代新人。

三、项目过程

1.搭建资源交流桥梁，缩小城乡儿童阅读鸿沟

乡村学校图书室和乡村儿童家庭普遍缺乏优质阅读资源，城市孩子家里又经常有很多闲置图书。这是一种客观存在的社会现象，也是一个矛盾，但这个矛盾恰恰为公共图书馆文化扶贫提供了机会。为此，济南市图书馆以搭建城乡优质少儿阅读资源流通平台为目的，于2016年儿童节前夕在读者群中发起了第一次爱心书刊捐赠活动，后来该活动受到越来越多读者特别是少儿读者关注，有的幼儿园借助该平台开展了全园书刊爱心捐赠。为鼓励更多孩子和家长参与捐赠活动，济南市图书馆还举办了多场“书香连心，书送希望”线下换书捐书大集，孩子们纷纷把自己看过的图书捐到乡村，或与他人交换，现场氛围十分热烈。2018年寒假，还开展了“让爱流动，衣旧情深”为留守儿童捐赠棉衣活动，将城市儿童八成新以上的爱心衣物送到乡村贫困家庭孩

换书捐书活动

子们手中，寒冬中流动的是满满的温情和感动。

2.推送品牌阅读推广活动，营造乡村儿童阅读氛围

“七彩泉”乡村助读团队成立以来，联合儿童作家、中小学教师、家长、大学生志愿者等各界人士，多次走进天桥区大桥镇香王店小学、长清区崮云湖街道大刘小学、历城区柳埠镇李家小学等贫困乡村学校，将生动有趣、参与性强的“七彩泉”谈书吧、“七彩泉”故事会、“七彩泉”诗词课堂、“七彩泉”思维课堂等“七彩泉”品牌系列活动送到学校，以此营造乡村学校阅读氛围，提高孩子们的阅读兴趣，丰富他们的阅读生活。

2020年春节后，受新冠肺炎疫情影响，“七彩泉”公益少儿活动转到线上，以故事、童书推荐、诗词、云上旅游等多种形式呈现。期间，济南市图书馆主动与几所固定帮扶的贫困乡村小学和打工子弟学校联系，了解他们的需求，有针对性地推荐适合他们的线上活动。2020年2月26日，济南市图书馆向全市小读者发出“致敬最美逆行者”征集令活动，鼓励中小学生采取诗歌、散文、绘画、书法、短视频、歌曲、摄影作品、绘本创作等多种形式宣传抗击疫情过程中所涌现出的感人事迹和英勇壮举，对战斗在防疫一线的工作者进行讴歌和赞颂。活动共收到各类稿件491件，其中来自贫困乡村学校和打工子弟学校的稿件有96件。

在香王店小学开展助读活动

2020年暑假，济南市图书馆面向全市中小学生征集“好书推荐”视频。视频征集共分两期，第一期征集时间为7月，第二期征集时间为8月，择优在

济南图书馆微信公众号陆续播出。乡村学生若喜欢其中推荐的图书可与图书馆联系，图书馆会为其免费邮递到家。

3.组织城乡学生联谊游学，拓展乡村儿童阅读视野

2017年5月7日下午，济南市图书馆与天涯海角心连心助读团联合将商河白桥镇学校的200名学生请到图书馆，与市区学生一起参加山东省首届户外教育论坛暨“启路未来”户外教育服务平台上线仪式活动。活动现场，不仅有山东赴肯尼亚野生动物保护义工讲述自己的经历，还有中科院动物学博士张劲硕教授讲授新鲜有趣的动物科普知识，更有野生动物摄影展、“儿童心中的地球村”现场绘画活动，等等。2019年元旦，邀请贫困乡村学校师生、家长到馆参加新年泉城少儿诗词故事会，与市区十余所学校的小演员一起以诗歌诵读、故事表演等形式，抒发热爱生活、热爱祖国的美好情怀。现场，山东省妇女儿童活动中心专业老师通过生动的讲解及示范性的表演生动讲述“如何讲好一个故事”，大家听得津津有味。2019年暑假，开展“济南文化一日游”活动，邀请贫困乡村学校学生参观市内景区及图书馆，并在图书馆与城市孩子们一起学习体验陶艺制作。2020年国庆节期间，举办爱国诗文朗诵会，城乡学生同台表演，共同祝愿祖国越来越好，表演结束后，孩子们互赠了礼品，城乡学校之间也签订了友好共建协议。

四、成效与影响

“七彩泉”乡村助读项目实施4年来，共接收城市学校和儿童为济南市部分街镇的贫困学校和幼儿园捐赠图书8977册，衣物521件，受益儿童千余名，商河县白桥镇教育办专程送来受捐证书表示感谢；共在3所贫困乡村小学建立图书流动站，更换书刊1200册，所选书刊多为荣获国内外各种奖项、深受儿童喜爱的优秀图书、绘本及期刊；共开展各类乡村阅读推广活动16次，组织举办城乡儿童、亲子联谊活动6次，促成4所学校友好共建。这些工作的开展，使得一个资源丰富、氛围浓厚、城乡联动的乡村儿童阅读立体生态圈正在形成，让乡村孩子体会到了阅读的快乐，点燃了对未来的希望。“七彩泉”乡村助读项目得到了中国图书馆网、齐鲁壹点、《齐鲁晚报》、《济南日报》、《济南时报》、大众网、东方头条、新浪看点等各类媒体多次报道。

五、分析与总结

1.探索“互联网+”环境下家庭教育形式创新，营造有利于留守儿童健康成长的家庭氛围

贫困乡村学校90%学生是留守儿童，他们与祖辈生活在一起，父母外出务工，很少有时间陪伴孩子，更难有时间关注孩子的精神状态。第17次全国国民阅读调查报告[①]显示：2019年我国0—8周岁儿童图书阅读率为70.6%，较2018年提高了2.6%；0—8周岁未成年人的人均图书阅读量为9.54本，比2018年增加了2.44本。这组数据说明，是家庭陪伴推动0—8岁儿童阅读率增长。孩子的梦想大致形成于童年期和青春期，阅读对于孩子实现梦想具有十分积极的意义[②]，但留守儿童缺少父母陪伴，精神文化贫困已成为延续代际贫困的重要原因。

“互联网+”可以通过技术手段改变贫困地区文化环境，使贫困地区居民足不出户接触多元文化[③]。图书馆一方面可以抓住移动互联网普及的数字环境，开展贫困地区家庭教育讲座和培训，普及先进的家庭教育理念，提高贫困地区年轻父母的责任心和教育能力、信息素养，缩小贫困家庭的“教育鸿沟”；另一方面，还可以收集贫困地区人口数字阅读大数据，挖掘和分析贫困地区不同年龄、不同家庭状况人员在数字阅读偏好、搜索路径等方面的重点和特点，开展精准、个性化的资源推送，引导年轻父母掌握陪伴孩子、关心孩子、教育孩子的知识与技能，为留守儿童健康成长营造良好的家庭氛围。

2.以增进留守儿童自主阅读动力为原则，建立阅读推广活动考核激励机制

新时代，儿童阅读的重要性已受到社会的普遍认同，儿童阅读推广成为公共图书馆的重要工作。面向贫困乡村留守儿童的阅读推广活动应以增进其自主阅读动力为原则。柳埠镇李家小学商校长是一位充满爱心的智慧校长，

---

①② 未成年人读书时间增加，成年人期待更多全民阅读活动[EB/OL].[2020-08-18]. https://k.sina.com.cn/article_1984847913_764e602902000nnud.htm.

③ 向宏华.“互联网+”视角下图书馆文化精准扶贫策略研究[J].图书馆工作与研究，2020(5).

他每次带领学生到图书馆参观或参加城乡儿童联谊活动之前，都会给学生制定目标，这些目标需要经过努力才能达到，达到要求的学生方可参加活动。这无形中提高了学生的阅读主动性。活动之后，他还会让孩子们谈感想，进一步激发他们学习和阅读的自主性。

公共图书馆为乡村留守儿童开展阅读推广活动必须有系统计划，从活动策划、活动组织到反馈收集及后续跟进等各环节都要一丝不苟，并且要探索建立适合的工作评价机制，确保活动实效。一是严格过程评价，设置合理的考核指标，规范考核程序，建立文化扶贫阅读推广活动档案；二是注重结果评价，跟踪了解扶贫地区单位、家庭的需求和意见；三是形成激励机制，搭建平台促进业内沟通交流，及时推广先进经验，广泛宣传先进典型，增强图书馆文化扶贫的积极性。

3.实现优质文化资源的常态化供给，城市公共图书馆文化扶贫必须与县级图书馆总分馆体系联动

乡、镇、村图书馆（室）规范化建设和常态化运行是打通公共文化服务“最后一公里”的基础。《中华人民共和国公共图书馆法》第31条明确规定，县级人民政府应当因地制宜建立符合当地特点的以县级公共图书馆为总馆，乡镇（街道）综合文化站、村（社区）图书室等为分馆或者基层服务点的总分馆制，完善数字化、网络化服务体系和配送体系，实现通借通还，促进公共图书馆服务向城乡基层延伸。

据不完全统计，我国有2300万名流动儿童、6900万名农村留守儿童[①]，加强公共图书馆对留守儿童和流动儿童的特殊照顾和常态化阅读服务意义重大。城市公共图书馆一定要为县级图书馆总分馆体系建设提供指导和帮助，借助县级图书馆总分馆体系营造积极健康的乡村阅读环境，助力流动儿童、留守儿童健康成长。

图书馆文化扶贫是个系统工程，地方政府必须高度重视、大力扶持县级公共文化体系建设，着力提升基层公共图书馆的服务能力。基层公共图书馆应该摒弃传统简单的工作方式，把建设乡村儿童阅读生态圈作为最终目的，

① 未成年人阅读权利更要有保障[EB/OL]. [2020-08-18]. http://www.xinhuanet.com/zgjx/2017-07/27/c_136476750.htm.

使贫困乡村儿童能在浓厚的阅读氛围中成长为身心健康、有思想、有见识、有能力的社会主义事业建设者和接班人。

六、小故事

2017年5月7日下午，山东省首届户外教育论坛暨“启路未来”户外教育服务平台上线仪式在济南市图书馆新馆举行。商河白桥镇学校的200名学生来到图书馆，与到场的市区学生一起参加活动。孩子们在野生动物照片前流连忘返，参加“我心中的地球村”现场绘画活动；认真倾听山东赴肯尼亚野生动物保护义工讲述其义工经历及中科院动物学博士张劲硕教授的讲座，在互动提问环节，孩子们稚嫩的提问引来阵阵欢笑，孩子们还讨论了野生动物、非洲大草原、勇敢的野生动物保护义工。“长大后我也要到非洲大草原去做野外动物保护志愿者。”一个男孩说，晶亮的眼睛闪动着向往的神采。

赠建新时代文明实践驿站　深化东西部扶贫协作

——张家港市图书馆文化扶贫服务项目

李忠影（张家港市文体广电和旅游局）
缪建新　李　倩（张家港市图书馆）

一、项目背景

精准扶贫是全面建成小康社会、实现中华民族伟大复兴中国梦的重要保障。党的十八大以来，确定了到2020年全面建成小康社会的目标，其中最难实现的就是农村贫困人口如期脱贫问题。为此，中央坚持以人民为中心的发展思想，出台了一系列有关扶贫工作的重大政策措施，举全党全国之力推进脱贫攻坚。党的十九大报告提出要坚决打赢脱贫攻坚战，同时指出要坚持大扶贫格局，注重扶贫同扶志、扶智相结合，深入实施东西部扶贫协作。

贵州省铜仁市沿河土家族自治县作为国务院扶贫开发领导小组挂牌督战的全国52个未摘帽贫困县之一，贵州省9个未摘帽的深度贫困县之一，也是铜仁市脱贫攻坚的最后一个战场。2017年3月，张家港市与沿河县正式建立东西部扶贫协作对口帮扶关系。三年来，张家港市始终坚持以促进人的全面发展理念指导扶贫开发，把扶贫与扶志、扶智相结合，两地不断深化协作内涵，拓宽协作领域，推动东西部扶贫协作不断往深里走、向实里去。

二、项目内容

2018年开始，张家港市分批向沿河县赠建1家24小时土家书房和4家24小时新时代文明实践驿站，帮助沿河县完善公共文化服务，从文化层面入手解决贫困地区民众意识和观念的问题，潜移默化带动沿河县贫困群众脱贫奋进、崇德向善，助推沿河县打赢脱贫攻坚战。

2018年8月3日，位于沿河县民族文化广场的24小时土家书房正式启用，建筑面积26.25㎡，藏书3000册，总投资60万元。建筑主体采用集装箱箱体，既有现代建筑气息，又有传统的土家民居风格。内设土家族文献专柜以及土家族文献数据库等，是学习、研究、展示土家文化的新窗口。土家书房在全国首创人脸识别智能管理系统，读者可以通过人脸识别、身份证、微信三种途径入室借阅；在全国24小时自助图书馆中率先引入儿童优先的阅读理念，专设少儿阅读区，增加少儿图书比重，布设阅读成长测量尺，推动婴幼儿早期阅读，为全国贫困地区建设24小时自助图书馆提供了范例。

2019年11月，分别位于沿河县政府广场、民族风情街的两个24小时新时代文明实践驿站正式启用，两个驿站面积分别为60㎡、40㎡，藏书分别为4100册、3100册。县政府广场24小时新时代文明实践驿站设有思想学习区、亲子阅读区、科普阅读区、文艺阅读区、数字阅读区等；民族风情街24小时新时代文明实践驿站内专设了习近平新时代中国特色社会主义思想学习专区，提供相关理论读物，依托文化志愿服务队伍，开展宣传宣讲党的政策、树立文明风尚、培育良好家风、持续深入移风易俗等活动。

2019年11月，位于沿河县政府广场的24小时新时代文明实践驿站正式启用

2020年5月，两个位于易地扶贫搬迁安置点的24小时新时代文明实践驿站建成开放，分别是位于沿河县官舟镇和舟社区与思州B区黄板社区的24小时新时代文明实践驿站，面积分别为130㎡、95㎡，藏书各5000册。其中，位于黄板社区的24小时新时代文明实践驿站配备了新时代文明实践志愿服务指导中心。驿站都采用智能管理，24小时开放，围绕《新时代公民道德建设实施纲要》设计主题学习、自助借还、图书阅览、创作涂鸦、活动开展、志愿服务、积分兑换等功能，是沿河人民学习思想政治、开展全民阅读、提升市民道德的重要文化阵地。

2020年5月，沿河县本地儿童在新时代文明实践驿站内阅读

三、项目创新特征

24小时新时代文明实践驿站是深化东西部扶贫协作的文化纽带，是助力沿河决战决胜脱贫攻坚的智慧武器，是开展文化扶贫、技术扶贫、机制扶贫的有力之举，也是张家港“书香城市”建设和图书馆总分馆建设先进经验在沿河落地生根的创新探索。

1.以新思想为统领，打造最具特色的主题图书馆

2018年建成开放的24小时土家书房以传承和弘扬优秀土家文化为重点；2019年建成开放的县政府广场、民族风情街的24小时新时代文明实践驿站分别以学习习近平新时代中国特色社会主义思想和贯彻落实习近平总书记“注重家庭、注重家教、注重家风”指示精神为重点；2020年建成开放的团结街道黄板社区、官舟镇和舟社区的24小时新时代文明实践驿站，以贯彻落实中央《新时代公民道德建设实施纲要》为主线，分别以学习英雄模范和弘扬工匠精神为重点。一个24小时土家书房和四个家不同主题的“24小时新时代文明实践驿站”齐发力，让习近平新时代中国特色社会主义思想“飞入寻常百姓家”。

2.结合沿河特点，赠建最为先进的自助图书馆

将张家港在全国首创的图书馆驿站技术，创造性地与沿河实际结合，开创了贫困地区建设24小时自助图书馆的先河。读者可以通过人脸识别、身份证、微信三种途径入室借阅，同时还具有自助借还、远程监控等功能。书房自带服务器，导入县图书馆书目数据，能开展图书的远程加工等业务活动，业务建设与县图书馆现有基础相适应，与全县图书馆事业发展目标相衔接。网络采用更符合贫困县实际的ADSL，远在千里之外的张家港市图书馆能为之提供远程技术支持。内置的自助售卖机和户外电子显示屏可以增加部分收入，弥补书房日常运行经费开支。同时，户外电子显示屏还定期播放知识讲座、就业信息和农产品市场行情等，成为扶贫攻坚的助推器。这一举措为全国贫困地区建设24小时自助图书馆提供了范例，有效破解了贫困地区文化设施相对落后、日常运行经费严重不足、图书馆总分馆体系尚未建立、图书馆专业人才缺乏、市民文明素养相对不高等诸多难题，彻底改变了沿河县阅读服务水平低、能力低、效率低等现状，使沿河县的全民阅读和“书香沿河”建设

进入全国县级先进行列。

3.开展对口业务培训，辅助制定业务流程制度

张家港市图书馆辅助制定《沿河土家族自治县24小时土家书房操作指南》《沿河土家族自治县图书馆文献分类工作细则》《沿河土家族自治县图书馆普通图书著录规则》《沿河土家族自治县图书馆图书条码取号规则》《沿河土家族自治县图书分编规则》《沿河土家族自治县志愿服务工作流程》等一系列业务制度，从根本上建立起科学的管理机制，提高服务质量。2019年8月，对到张家港市交流的沿河县土家族自治县图书馆工作人员，开展为期十天的业务培训，以“参观学习+理论培训+跟班学习”的模式，对图书馆基本理论知识、分类编目实践、活动组织策划、自动化设备日常操作管理、志愿服务招募管理等进行系统培训，进一步提升工作人员业务能力，提高运营水平。

2019年8月，张家港市图书馆对口帮扶沿河土家族自治县图书馆业务培训班开班

4.组建志愿服务队伍，辅助建立志愿服务机制

建立了供需对接、志愿服务和服务评价三项机制，依托“新时代文明实践服务队”“亲子阅读启蒙教育队”“脱贫攻坚政策宣讲队”三支文化志愿服务队伍，开展文化志愿者招募，了解并向县文明实践中心反馈市民需求，承接或组织开展形式多样、内容丰富的文明实践志愿服务活动等，成为志愿服务者集聚交流、开展服务的家园和阵地。沿河县新时代文明实践志愿服务指导中心专门为沿河定制了“志愿沿河”网。“志愿沿河”网具有网上登记注册、

志愿服务项目发布、志愿服务成功对接、报名参加活动、自动定位并计算志愿服务时长、自动积分、实时显示志愿服务动态、自助积分礼品兑换、志愿服务宣传培训等功能，使沿河的志愿服务进入了科学化、规范化、常态化发展的轨道。

四、项目过程

1.开展理论研究

项目初始，项目组利用张家港市图书馆的数字资源开展文献调研，对国内外文明实践建设、文化精准扶贫理论与研究现状进行调研，为新时代文明实践驿站的建设提供基础。

2.制定建设方案

2017年至2019年年初，张家港文化工作者先后几次赴贵州沿河自治县开展实地考察，结合沿河县建设市情，对沿河县新时代文明实践驿站的建设模式、建设重点、建设内容等进行实地考察调研分析，形成建设方案，明确其功能、外观、选址、定位、制度、服务、业务规范等内容。

3.施工建造并试运行开放

2017年至2020年，张家港市图书馆根据建设方案，有序推进24小时自助图书馆赠建项目的施工建设，在规定的时间节点内，建好馆舍阵地、调试设备、做好图书加工、健全借阅制度、完善氛围布置，确保项目成功运行、对外开放。2018年8月，位于沿河县民族文化广场的土家书房正式运行；2019年11月，位于沿河县政府广场、民族风情街的驿站正式运行；2020年5月，位于沿河县官舟镇和舟社区与思州B区黄板社区的驿站正式运行。

4.开展业务培训

2019年8月，张家港市图书馆对到张家港市交流的沿河县图书馆工作人员，开展为期十天的驿站运行业务培训。

五、成效与影响

贵州沿河县土家族24小时土家书房和24小时新时代文明实践驿站的建设

是张家港深化东西部扶贫协作的一项创新举措，它的建成满足了社会公众的文化需求，不仅拓展了图书馆的服务时间、空间，打通了城市阅读“最后一公里”，真正体现了全民阅读的公益性、基本性、均等性和便利性，能够进一步推动沿河全民阅读和“书香沿河”建设，为打好沿河脱贫攻坚战提供强大的知识支撑和智力支持。第一家驿站对外开放一个月，借阅量便远超沿河图书馆一年的借阅人次。截至2020年8月底，驿站拥有总藏书20200册，注册读者总数3542人，接待读者223882人次，外借图书20512册次，已成为沿河人民学习新思想、获取新知识、掌握新动态的首要去处。

全国多家媒体报道了张家港向贵州沿河县赠建24小时土家书房和新时代文明实践驿站的做法。2019年11月29日，人民网贵州频道刊发通讯《铜仁：张家港与沿河县千里携手圆梦大山》，介绍了2019年张家港市人民政府赠建沿河的两个24小时新时代文明实践驿站的具体情况和志愿服务内容；2020年5月27日，中国文明网刊发通讯《江苏张家港：“文化大礼”送贵州沿河　着力推动文明共建》，介绍了2020年新建成的两个24小时新时代文明实践驿站和沿河的文化志愿服务网情况。

六、感人事迹

在向沿河县赠建24小时新时代文明实践驿站的过程中，发生了一系列感人的故事，这些故事从微小处深刻体现了文化帮扶的深远意义。

张家港文化工作者第二次赴沿河开展新时代文明实践业务辅导期间，工作人员在乘坐的出租车上交谈。当出租车司机听说是张家港的工作人员时，立马说：“我知道你们张家港！”工作人员随即询问司机原因，司机说，他家附近有家24小时土家书房，他的孩子经常去那里看书。这件小事从侧面反映出土家书房实实在在拉近了沿河县人民和张家港人民的距离，土家书房确确实实为沿河当地百姓提供了文化帮扶，得到了当地百姓的认可。

在项目建设初期，与张家港文化工作者对接的沿河县工作人员仅有5名，并且几乎都是退休人员，对专业的图书馆学知识全然不懂。经过张家港几年来的连续帮扶，沿河图书馆工作人员及志愿者的专业素养和业务水平不断提高，比如图书上架业务，便从最初的由张家港工作人员前往帮助整理上架转变为由当地图书馆员指导当地志愿者整理上架，各项业务由联合开展逐渐变为独立开展。

2019年，张家港在沿河易地扶贫搬迁点赠建了两家新时代文明实践驿站。5月的某一天，张家港工作人员正在驿站内进行开放前的设备调试工作，门口突然出现了六七个小朋友，好奇地向里面张望。他们的眼睛里闪烁着对知识的渴望，对书香世界的向往，怯生生地问："可以进来看看吗？"工作人员不忍心拒绝他们，破例让他们首先进入驿站。在工作人员的带领下，他们了解了各种新奇设备，并对里面的少儿书籍爱不释手，看了一本又一本，迟迟不愿离开。在交谈中，小朋友们告诉工作人员，他们都是从深山里面搬迁出来的留守儿童，父母外出务工，他们平时没有课外书可读，所以特别想到新建的驿站里面看书，获取知识，并且希望将来可以去外面的世界看看。

营造书香校园，保障山区少年儿童基本文化权利

——重庆市綦江区图书馆"读写未来"山区儿童助教行动暨"流动校园阅览室"活动

韩　丹（重庆市綦江区图书馆）

近年来，重庆市綦江区图书馆全力助推教育脱贫攻坚，"治贫先治愚，扶贫先扶智"。教育在阻断贫困代际传递中有着基础性和持久性的作用；教育精准扶贫的目的在于让贫困地区的孩子都能接受公平的高质量的教育；稳定的有质量的师资是基本保障，优质的阅读资源则是扶智的载体。

一、项目背景

綦江区隶属于重庆市，地处四川盆地与云贵高原结合部，位于重庆市南部，素称"重庆南大门"。綦江地貌多姿，全区以山地为主，地势呈南高北低

走势。全区现有各级各类学校165所，其中公办学校105所，民办学校59所。其中地处綦江高山边远山区的学校共计19所。社会日新月异的发展和地方城镇化建设进程加快，导致这些边远山区学校生源数量呈逐年下降趋势，形成校小、班少、学额不足的现状，学校提供的图书种类单一，多以教辅资料为主，加之经费有限，长时间未更新图书，有些学校的图书室已形同虚设。

学校图书室是学生学习的第二课堂，是对学生进行素质教育的重要阵地，是学生开阔视野、陶冶情操、培养审美情趣、获取知识的有效途径，是他们成长、成才的基地。它可以为学生提供丰盛的精神文化大餐，塑造一个良好的校园文化环境，用潜移默化的方式给予学生文化的熏陶，发挥对学生的教育功能。

为了弥补綦江山区边远学校普遍存在的课外读物少、过时图书多、学生读写能力弱的短板，保障山区青少年儿童享有公共阅读的权利，发挥公共图书馆教育扶智的社会职能，"读写未来"山区儿童助教行动暨"流动校园阅览室"活动应运而生。

二、项目内容

重庆市綦江区图书馆联合綦江区作家协会，在綦江山区边远学校共同开展"读写未来"山区儿童助教行动暨"流动校园阅览室"活动。通过为边远山区学校增加优质的图书阅读资源，倡导好读书，读好书，营造书香校园，并邀请10位綦江区本土作家志愿者对学生进行专题阅读与写作辅导，从而强化学生们的阅读与写作能力；在提升学生阅读与写作水平的同时，带动家庭成员共同参与阅读。綦江区图书馆通过这一活动，在智力扶贫、文化扶贫上履行图书馆的社会职能，带动当地群众共同脱贫攻坚，迈向小康。

三、项目过程

綦江区图书馆与綦江区作家协会在"读写未来"山区儿童助教行动暨"流动校园阅览室"活动中，开展了以下六个方面的工作：

（1）通过媒体向全社会发出《"送给童年一本好书"：关于开展山区学校

流动图书室图书认购活动的倡议》。这一活动很快得到多方支持，连四川、贵州等临近省的不少朋友也积极响应，捐钱赠书。綦江区图书馆另外选配3000余册适合儿童阅读的各类读物送达开展活动的学校，与学校共同建立起“流动校园阅览室”，活动周期为每年一届（可选择多所学校共同开展）。在各班级中建起“流动图书角”，班级“流动图书角”之间的图书在校内定期进行轮换。待活动结束后，区图书馆留下1000册图书在学校建立图书外借点，并与学校签订“图书外借点”建立协议。学校除了负责图书的日常管理、师生借阅登记等外，还在校内持续开展读写征文、阅读演讲等活动，从而巩固“流动校园　读写未来”活动成果，在孩子们心灵深处播种下喜爱阅读和写作的种子，努力营造良好的阅读氛围。区图书馆负责根据学校师生的建议和需求定期更换图书并开展读书活动指导工作，以活动促进阅读推广，以阅读提升写作水平，家校共育，提升文化素质，助力脱贫攻坚。

（2）组织学生有序开展课外阅读征文、读后感写作等比赛，促使学生一至两周读一本好书，养成良好的阅读习惯，提升阅读水平，要求全校学生半年人均阅读图书10本以上。

（3）由区图书馆组织区内10位本土作家志愿者，每月定时到活动开展学校进行阅读与写作专题讲座，并对学生的主题作文和读书笔记进行面对面点评，手把手指导，进而提升学生的写作水平与能力。开展以“知识的重要性”“阅读的好处”“如何阅读”等为主题的讲座，向山区儿童及其监护人宣传教育的重要性，提高山区学生学习的积极性和不服输的冲劲，鼓励山区学生通过学习科学文化知识，改变自己的命运。

（4）适时开展读后演讲比赛活动，如“我的七彩生活”“读书趣事儿多”“向你推荐一本书”等主题演讲赛，让每个学生参加三次以上演讲。通过上述活动，在鼓励学生多读书多写作的同时，还增加了他们的个人舞台经验，锻炼了他们的语言表达能力与胆识等。

（5）开展读书征文比赛活动。以“真善美在身边”“我的读书方法”“慈爱亲情秀”“读乐乐·众乐乐”等为主题，每月开展一次读书征文赛。活动开展学校（古剑学校）7年级二班的向蜜同学在活动中不仅阅读20多本好书，而且撰写读书笔记89篇，读书征文8篇，其中《我的第一次蛋炒饭》在《重庆晚报》发表，另有3篇在区级媒体发表。同时，每月评选出的读书先进奖、写作进步奖、演讲选手奖、读书征文奖，都要对获奖学生张贴喜报，列入学校的宣传专栏，大张旗鼓进行表彰，营造浓浓的读写氛围。

（6）适时进行评选和总结表彰，在活动学校评选出进步作文、优秀作文，并对获得优秀演讲选手称号的学生进行表彰奖励。将优秀作文报送至《创作》《重庆晚报》《綦江文艺》等刊物上发表，编印《綦江区“读写未来”优秀作文选》等，将孩子们写作的文字变成印刷的铅字，让更多的人传阅。这是每位爱好写作的人的梦想与追求，对于山区的孩子们来说更是一种特殊的礼遇与自豪，对孩子们今后的写作、创作有益无害。通过活动的开展，发现优秀的阅读写作苗子，建立了“小作家培训基地”。

四、成效与影响

通过以上活动的开展，不仅在学校营造出浓郁的阅读与写作的氛围，而且使边远的山区学生养成了良好的读写习惯。这一活动得到老师、家长和社会的一致好评，引起社会各界的高度关注。2015年，重庆市儿童救助基金会和重庆市福利彩票发行中心正式将本活动列为两部门联合开展的全市首届公益创投活动资助项目，并命名为“‘读写未来’山区儿童助教行动暨‘流动校园阅览室’读书活动”。2018年，活动开展学校綦江区东溪镇福林学校获得重庆市教育委员会颁发的“重庆市最美校园书屋”称号。

五、分析与总结

根据《中华人民共和国公共图书馆法》第三十四条“政府设立的公共图书馆应当设置少年儿童阅览区域，根据少年儿童的特点配备相应的专业人员，开展面向少年儿童的阅读指导和社会教育活动，并为学校开展有关课外活动提供支持”和第三十六条“公共图书馆应当通过开展阅读指导、读书交流、演讲诵读、图书互换共享等活动，推广全民阅读”，公共图书馆有义务发挥公共图书馆功能，保障山区青少年儿童读者基本文化权利，提高山区青少年儿童读者的科学文化素质。

从实际情况看，山区学校与城区学校相比，存在师资力量薄弱、硬件设施不完善、生源差、信息闭塞等问题。山区学生也多为留守儿童，家庭条件有限，不可能像城区的孩子一样参加各种补习班、特长班。山区学生可以阅读的课外书较少，且离綦江区图书馆较远，来区图书馆阅读机会少。綦江区图书馆开展“流动校园，读写未来”系列活动，旨在通过开展一系列读书活动，拓宽山区学生的视野，激发山区学生对美好生活的向往，增强其通过不断努力改变命运、走出大山的信心，让他们在阅读中受到鼓舞，创造美好的未来。

“读写未来”山区儿童助教行动暨“流动校园阅览室”读书活动，前两届先后在綦江区石壕小学、古剑学校、紫荆学校等偏远学校成功开展。第三届活动落户于东溪镇福林学校。第四届活动落户于綦江区最南端、海拔1200多米的打通镇大罗学校。目前，第五届活动正在綦江登瀛学校有序开展中……

提升图书馆阅读服务，助力脱贫攻坚

——新县图书馆服务脱贫攻坚案例

汪　迪（河南省新县图书馆）

一、坚持文化扶贫，以阅读服务助力脱贫攻坚

1.新县图书馆基本情况

河南省新县图书馆始建于1978年，2016年新县县委县政府投资3400万元新建了5031平方米的新馆，占地面积8.7亩，主体建筑为三层，功能齐全，是新县唯一向公众免费开放的综合性图书馆。新县图书馆馆藏图书13万册，自2012年实行免费开放以来，每周开放时间不少于56小时，保障了公共文化服务体系的健康稳定发展。新馆内设展览区、读者休息区、阅览室、学术报告厅、红色文献区等多个功能分区，动静分区明显，无障碍设施齐全，排水消防设施、通风系统等附属设施齐备。馆内设有近500个阅览座席，可以容纳

2000名读者在馆阅读，并实现无线网络全覆盖。新县图书馆采用区域图书馆集群自动化管理系统，实行全自助借还。微信公众号微服务大厅全力打造智慧型的数字图书馆，定期进行服务数据公示，借助大数据智慧墙平台分析，对门禁系统的进馆数据进行采集、加工、分析，生成每月的可视化报表，为图书馆管理人员提供准确时段数据，有利于图书馆根据人流量的变化进行人员的合理调配和管理分工，安排人员工作，避免人员闲置，提高图书馆的服务水平和质量。在日常工作中，为了能够统筹协调好各项工作的顺利开展和保证正常运转效率，在每个服务台设立检索图书的平台，使读者在家足不出户就可以对所需书目进行检索、阅读。

新县图书馆二楼红色文献区

2.措施得力，效果显著

（1）坚持以党建引领脱贫攻坚

新县图书馆作为新县唯一的开放性综合性图书馆，组织全体干部职工深入学习领会习近平总书记给国家图书馆八位老专家的回信，贯彻习近平总书记考察河南时的重要讲话精神，全面展示我县文化部门脱贫攻坚新举措、新成效、新气象。新县图书馆通过多措并举的方式激发贫困户的内生动力，不仅丰富了居民的文化生活，更用喜闻乐见的脱贫攻坚知识问答形式让老百姓对党和政府的脱贫攻坚政策有了更深刻的认识，唤起他们对美好生活的追求。从2015年开始，新县图书馆派驻8名骨干人员结对帮扶建档立卡贫困户，精准扶贫，通过产业扶贫、就业培训、宣传政策等，充分发挥支部的战斗堡垒作用，把脱贫攻坚工作当做重点工作来抓。他们积极组织帮扶干部开展政策宣讲、大走访、昼访夜谈、送图书下乡下村等工作，真正深入帮扶贫困户家庭，因户施策、研究具体帮扶方案，切实解决难点，为他们顺利脱贫保驾护航。帮扶干部还为贫困村智慧乡村建设出资出力，帮扶贫困村八里畈镇郑坳村村民钟思海，为他宣传各种党的扶贫政策，帮助他切实享受到国家的医保福利，为他解决了一大难题，并帮他通过申请小额贷款盖起两层楼的楼房。通过一系列举措，让特困、残疾等特殊群体切实感受到社会的温暖，共享经济发展的雨露。

新县图书馆的扶贫干部们始终坚持倾真心、用真情帮扶困难群众。在新冠肺炎疫情期间，他们为参与网课“一个都不能少”活动的建档立卡贫困家庭的受教儿童购买手机、书籍等用品；并组织图书馆高学历图书管理员到贫困户家庭为学生辅导课程，不让他们因为疫情落下学习进度；派党员先锋队5人分别到贫困户家庭为他们理发，保障他们正常的生活学习需要。根据每年的帮扶脱贫计划，落实帮扶责任，充分发挥党员干部的先锋模范性作用，吃苦在前，筑牢了党组织堡垒。通过五年来的帮扶，被帮扶的贫困户收入普遍逐年提高，不少贫困户收入都达到脱贫标准。

2017年5月，新县图书馆馆派驻第一团支部书记到新集镇董店村协同村两委开展工作，加强基层脱贫攻坚战斗力量，积极对贫困户家庭做好帮扶政策宣传。他们经常入户走访，及时掌握动态，做好分析研判，针对个人帮助制定年度脱贫计划。很多贫困户家庭子女通过文化扶贫和教育扶贫，顺利考上大学、研究生，实现稳定脱贫。

新县图书馆扎实开展帮扶工作，立足自身文化优势，坚持文化扶贫，扶志扶智。五年多以来，新县图书馆围绕全县少年儿童、老年人、贫困户、退役军人和老红军开展了丰富多彩的文化活动，以“文化乡村　书香新县”为建设目标，举全县之力，聚多方之智，全面促进文化事业繁荣发展。在老年服务方面，新县图书馆联合城乡公益服务中心、绿和公益协会开展“倡树敬老新风　促进社

新县图书馆走进光荣院活动现场

会文明”宣传慰问读书活动，精心挑选时事新闻类、营养保健类、文学类等书籍和期刊，使老年人足不出户就可以享受图书馆优质服务。

在图书馆服务宣传周，新县图书馆联合鄂豫皖苏区烈士纪念馆，到新县光彩实验学校开展“传承红色文化　争做出彩青年”宣传教育实践活动，传承红色基因，讲述红色故事，让红色基因代代相传。

新县总面积1612平方公里，辖15个乡镇，2个管理区206个行政村，人口36万。河南省公共文化研究中心主任时明德在新县调研后表示：“几年来，新县坚持高标准定位、大融入建设，推动文旅融合和文教融合，在古村落保护、非遗传承、农村文化活动开展，县域公共文化服务体系建设等方面效果显著。”

（2）健全阅读服务体系，实现文化脱贫

2017年，新县图书馆新馆建成，河南省少年儿童图书馆在此建立“河南省少年儿童图书馆新县分馆”。2018年是乡村振兴的开局之年，新县图书馆围绕社会教育职能，利用流动图书车坚持做好流动图书借阅服务，切实打通了公共文化服务最后一公里。为加快构建现代公共文化服务体系，提高公共文化服务效能，新县将图书馆总分馆建设列入全县民生实事和重点工程项目。新县文化和广电旅游体育局以《河南省县级文化馆图书馆总分馆制建设基本标准》为依据，建立了以新县图书馆为总馆、乡镇各文化服务中心为分馆的总分馆服务网络。2020年7月，为17个乡镇、街道办事处分馆全部配备自助图书借还机，并选派新县图书馆17名工作人员兼任各个分馆馆长，配备2000册次的图书编目服务外包，实现真正意义上的图书互联互通。引进图书馆自助借还机，利用借书卡，通过互联网、云计算使读者进入到大数据管理系统中，借书卡、图书自助借还机与图书电子芯片三者的合力运营共同构成了管理图书借还的一个闭环，取代最初纸质档案登记借还的模式。通过这些举措，新县图书馆实现了基础设施标准化、文化资源共享化、服务网络系统化、管理运行一体化，使广大的基层群众享受的基本公共文化服务内容更加丰富，途径更加便捷，稳步推进实现服务均等化的目标。

总分馆体系在文化助力脱贫中，开展了一系列阅读推广和文化活动，通过全民阅读推广，提升了老区人民的综合素质。

例如，为响应国家复工复产的号召，2020年3月28日，田铺大塆开展“春归赏花济　华灯映小康”连廊猜灯谜活动。新县图书馆多次组织支部党员干部深入贫困村、学校开展“牢固思想谋胜利，脱贫攻坚抓打赢”“秉持初心担使命，凝心聚力促发展”“精神扶贫送文化，党员先行到农村”等主题党日活动，集中支部党员干部智慧同村两委交流梳理贫困村在脱贫攻坚和乡村振兴工作中切实存在的问题，为贫困村争取文化器材，开展送春联进乡村活动，把实实在在的实惠送到困难群众家门口。

近五年，新县图书馆组织流动图书车走进乡村、学校开展送文化送图书下乡200多场次。每年联合学校开展关爱青少年儿童爱心捐赠及读书活动，为建档立卡贫困户家庭孩子送去文具、书籍与笔记本，点亮他们心中的梦想，让他们感受阅读的魅力，提高文学素养。2020年，新县图书馆还将线上活动带进了校园，通过在教室集中收看云端趣阅读——“六一”直播，学生们足不出户就共享了千里之外的知识。

随着防控疫情形势不断向好，图书馆充分发挥社会教育职能，弘扬大别山精神，采取线上线下相结合的方式，走进社区，组织干部职工线下赏读线上推荐书目，并特别为贫困村浒湾乡黄墩村的留守儿童组织了“六一”儿童节“看城里的世界　在阳光下成长”进城实践活动。

为了更好地拓展服务半径，新县图书馆在73个贫困村建立流动图书点，实现全民阅读服务均等化。新县图书馆还为新县退役军人事务局、新县光荣院、贫困村居委会、千斤乡分馆、七龙山村分馆、乡镇中心校、八里畈镇分馆、香山湖管理区等配送图书，以满足基层群众文化需求。河南上市企业羚锐集团也建立了羚锐分馆，还与大别山干部学院专题图书馆建立资源共享馆。

三年多来，新县图书馆已迅速成为服务全县人民群众的重要文化服务阵地。在新县县委、县政府的高度重视下，在县文广旅体局的正确领导下，在省市图书馆的大力指导帮助下，经过全体干部职工的共同努力，新县图书馆的服务效能不断提升，先后荣获县级文明单位、国家一级县级图书馆、河南省少年儿童图书馆优秀分馆、信阳市社科普及基地等荣誉称号，并于2017—2019年连续三年被河南省文旅厅评为“全民阅读先进单位”。

二、通过服务脱贫攻坚，推动图书馆事业发展

1.助力脱贫攻坚为新县图书馆带来了巨大的发展机遇

脱贫攻坚工作以来，图书馆员真正有机会长时间深入一线，贴近贫困群

众，深入了解广大贫困群众文化贫瘠的现状，极大地促进了图书馆的单一性服务向多层次、多领域、多角色转型发展，使新县图书馆真正成为服务全县广大读者的公共文化服务窗口。

新县图书馆始终坚持为广大读者提供优质的公共文化服务，特别关爱特殊人群，主要举措有：关爱残障人士，专门为残障人士设立盲人阅览室，全馆进行无障碍设施改造，配备无障碍图书、盲杖等用品，添置了50台盲人听书机；关爱留守儿童，2019年3月，新县图书馆走进新县董店村高敬亭小学，让他们感受到社会的温暖和关爱；关爱乡村农民读者，为他们送去乡村振兴方面的图书，解决读者借书难看书难的问题。作为信阳市社会科学普及基地，新县图书馆还开展了一系列活动：“我们的中国梦”文化进万家，“全民阅读　书香新县”送文化下乡，“4·23”世界读书日流动图书车走进苏河、泗店、沙窝、八里畈镇初级中学以及周河乡、沙窝镇、郭家河乡等乡镇，科普进景区、进社区、进校园。将流动图书车开到基层读者家门口、校园内，让他们足不出户，就可以体会到阅读的乐趣，极大地满足了新县基层群众的文化生活需求。新县图书馆先后走进17个乡镇居委会、30多所学校，服务馆内读者达85万人次，服务馆外基层群众49000人次，平均每人每年阅读1.02册书籍，使全县广大读者享受到高质量的公共文化服务。

新县图书馆到有建档立卡贫困户的郭家河乡九年一贯制学校开展阅读进校园文化扶贫活动

2. 不断创新工作方式方法，在全力做好疫情防控工作的同时，做好文化扶贫工作

自2020年1月24日新县图书馆因疫情闭馆以来，长达半年的时间，图书馆与读者间的沟通交流由线下交流互动转移到线上。图书馆每天安排管理人

员和负责宣传的工作人员24小时与读者沟通，缓解因闭馆带来的不便，减少了读者的疑虑和因长时间图书未还的担忧。为践行社会主义核心价值观，弘扬中华民族优秀传统文化，营造爱读书、读好书、善读书的阅读氛围，在2020年4月23日世界读书日到来之际，新县图书馆在全县范围内开展“同心抗疫　声暖人心”线上朗读活动，组织读者朗读优美的传统文化及抗疫相关题材作品，弘扬培育以“爱国主义”为核心价值观的民族精神，激励人们时刻心系民族命运和国家发展，将爱国情感转化为刻苦学习、发愤图强的动力。读者与图书馆携手营造浓厚的阅读学习氛围，共同建设美好中国，凝心聚力共同打赢这场战疫。此次活动得到了全县各中小学以及社会各界人士的支持，共收到录音作品700条，投票数达52819。图书馆还结合全民阅读开展线上答题赢礼品活动，围绕中华上下五千年的知识瑰宝开展四场成语答题挑战赛、诗词问答挑战赛、国学知识答题赛、学霸知识挑战赛，共有350人参与答题，成语、国学类答题人相对较多，答题记录达15111条。

三、结语

综上所述，新县图书馆全力推动新县率先脱贫，2020年全面推进总分馆制建设进程，实现全县图书馆分馆通借通还，不仅为读者提供了优质的信息服务平台，同时使图书馆形成有序网络体系，真正实现资源共享、共建书香新县的目标，最大限度地满足全县范围内爱好图书者的需求。同时不断探索数字环境下读者服务的新模式，进一步完善公共图书馆各项服务功能，更好地提升了图书馆的服务效能。随着智慧时代的来临，图书馆的数字资源和服务，会成为大家心中的一束光和一点温暖。

新县图书馆将措施落实到基层，扩大图书馆文化扶贫影响力，关注用户焦点诉求，不断更新全民阅读的各项活动形式，更多地把图书资源倾向公共文化基础较弱的乡村，集中人力、数字资源优势增强图书馆与读者的互动，切实为读者打造布局合理、馆藏更加丰富、服务更加优质的图书馆。面向未来的发展，我们将以更加积极进取的创新思路，为图书馆事业谋划更大的发展空间，不断拓展自身的社会教育功能，创新服务形式，使人民能够享受公共文化带来的实惠。

打造“三位一体”模式 点亮“乡村阅读之灯”

——瑞安市图书馆“七彩阳光行动”扶贫项目

谢作力 林微微 温 怡（瑞安市图书馆）

一、项目背景

为实现农村贫困人口脱贫，全面建成小康社会，我国近年来大力实施精准扶贫战略。习近平总书记多次强调，治贫先治愚，扶贫先扶智。智力扶贫、文化扶贫作为精准扶贫战略的重要组成部分，是决胜扶贫攻坚的基础性工程，也是彻底稳定脱贫的必由之路。只有从文化和精神层面给予农村贫困地区以帮助，才能促进贫困群众的文化素养和技能水平提高，从而带动当地的经济发展和社会进步，最终实现脱贫致富。特别是要让贫困家庭子女能接受到公平而有质量的教育，提升自身综合素质，从而有效阻断贫困代际传递，真正实现精准扶贫的强基固本。

由于我国长期存在的城乡二元结构，农村的公共阅读基础设施相对落后，阅读资源相对匮乏，阅读推广人才紧缺，城乡公共阅读供给不均衡，导致广大农民的阅读需求得不到有效满足。公共图书馆作为科学知识、信息情报和文化资料的集结地，应当积极发挥智力扶贫、文化扶贫、精准扶贫服务方面的职能作用，保障农村群众的基本文化权益，营造扶贫扶志扶智的环境，推动人的素质先脱贫，为推进贫困地区精准脱贫作出应有的贡献。因此，浙江省瑞安市图书馆推出“七彩阳光行动”扶贫项目，努力解决城乡公共文化供给不平衡的问题，助力乡村文化振兴与贫困地区脱贫致富。

二、项目内容

浙江省瑞安市图书馆“七彩阳光行动”扶贫项目以满足乡村文化需求为

出发点，通过“资源送过去、读者请进来、服务种下去”三位一体的扶贫服务模式，将公共阅读服务延伸到偏远山区与乡镇，实现公共图书馆对乡村读者群体的零距离服务，促进城乡公共文化服务发展均等化。

1.资源送过去

该项目依托汽车图书馆，向乡村地区输送图书、数字资源等静态文化资源和讲座、公益培训、绘本故事等动态文化资源。一方面在乡村学校设立服务点，以少儿阅读推广为切入点，根据各幼儿园和中小学校学生的阅读特点精心挑选图书资源，定时定点提供办证、图书借还、参考咨询等服务。目前，已在林川镇金川学校、桐浦镇中心小学、陶山镇荆谷幼儿园等12个乡村学校与幼儿园设立服务点，每两周开展一次流动服务。另一方面，大力实施“汽车图书馆+读者活动”模式，将图书馆形式多样的品牌活动，送到学校、农村文化礼堂。基本上在图书馆阵地能够开展的品牌服务都尽量实现送下乡，如换书大会、童书评选、名师讲座、专题展览等。

2018年10月10日汽车图书馆开进林川镇金川学校

2.读者请进来

公共图书馆对于城里的孩子来说是再熟悉不过的了，但对于大部分乡村地区的孩子却是十分陌生的，甚至有些孩子还未曾走进过图书馆。本项目设立“图书馆日”，即每月安排一天，邀请乡村学校的学生及留守儿童来到图书馆，体验图书馆、认识图书馆。孩子们从上午开始，参观图书馆、听馆员讲解、参加绘本故事、做创意手工，中午在图书馆用餐，下午一起阅读、赏析电影，在图书馆度过快乐而有意义的一天。特别是在端午、中秋等传统节假日，图书馆还开展“图书馆日”主题活动，让小孩子们在图书馆过一个特殊的节日。并且，在“图书馆日”活动之后，瑞安市图书馆始终与乡村学校保持良好的互动交流，不定期邀请广大师生来到图书馆开展读书会活动，分享乡村学校的读书生活。

2019年5月1日首个图书馆日活动

3.服务种下去

“授人以鱼”不如“授人以渔”，文化不仅要送下去，更需要种下去，形成内生发展态势，让文化扎根乡村。瑞安市图书馆一方面在乡村广泛招募阅读推广人，邀请各乡村幼儿园园长、中小学校校长成为阅读推广人，然后带动普通老师相继加入，就近因地制宜、因人制宜设计活动形式和载体，开展各类阅读推广活动，使阅读推广服务在农村落地生根。另一方面，还积极培育乡村文化人才，为知识渊博、道德高尚、身心健康且具有奉献精神的广大乡村教师、文化青年、农民等提供展示自我、学习交流的平台，邀请他们举办或参与讲座、沙龙、展览、读书会等文化活动，不断提高他们参与文化创造及公共文化服务的水平，进而实现文化造血功能。

2019年5月1日阅读推广人小姚老师带来电影赏析课

三、项目过程

1.供需对接，提供精准服务

乡村地区图书资源相对贫乏，群众对公共阅读的需求强烈，而且学校学生、留守儿童、农民、老人等各群体要求各异。做好乡村阅读推广与文化扶贫工作，不仅需要解决好阅读资源数量的配置，还需要科学“把脉”乡村读者的需求，优化阅读资源的质量，实现供需对接，提供精准服务。瑞安市图书馆根据幼儿园、中小学生、农民等不同读者群体的特点，采用问卷调查、借阅统计、意见反馈等方式，深入调查掌握乡村读者的阅读喜好，对汽车图书馆车内的文献进行系统的分类调整，优化图书资源结构。同时，以乡村读者的文化需求为导向，制定详细的活动方案，推出丰富的活动内容，开展“菜单式”“订单式”服务，送去受乡村读者喜爱的文化资源，如健康养生讲座、传统节日展览、温州鼓词音像制品等。

2.塑造品牌，提升服务效益

形式单一的阅读活动不仅会影响到读者参与的兴趣，也会让组织者感到乏味。在乡村地区推进阅读推广与文化扶贫工作，只有不断创新活动形式和内容，丰富服务内涵，塑造出服务品牌，才能吸引群众广泛参与到阅读活动当中。瑞安市图书馆陆续推出了“幸福小书包”阅读计划、“小蜜蜂采书蜜”绘本故事、“春泥计划”暑期快乐营、“心兰讲堂”讲座、“心兰展窗”展览等诸多品牌活动，通过分级阅读、寓教于乐、启蒙阅读、名师讲座、特色展览等多种不同的活动形式，提升阅读推广服务效益。特别是首创的“幸福小书包”阅读推广模式，在乡村地区推广获得良好的效益。此模式根据学生的阅读积分，将他们由低至高划分为9个等级，分别给予“进士”“榜眼”“状元”等称号，并且赠送不同的图书礼包，让乡村地区的孩子们不出校门就可以阅读到各类书籍。通过交换图书、推荐好书、摘录读书笔记、分享阅读心得等方式，同学们可以赚取阅读积分，晋升阅读等级，还可以兑换文创礼品。这一活动极大地激发了大家的读书热情，受到广大师生及家长的一致好评。

3.广泛宣传，扩大社会影响

加强宣传是向读者传达服务信息、引发社会关注、吸引更多群众参与、推动阅读推广与文化扶贫工作见成效的重要途径。为进一步宣传“七彩阳光行动”品牌，形成全社会共同关注乡村文化发展的良好氛围，瑞安市图书馆开展多渠道、多形式的持续性宣传。宣传活动主要分为三类。一是项目形象宣传，设计制作了项目LOGO，用生动的标志形象表达活动主旨，并创作了一些符合主题的口号标语，如“书香伴我行，助力乡村振兴”“书香漂流，爱心传递”“点亮乡村阅读”“借书其实不必远方”等。汽车图书馆每次下乡服务，都在车身上悬挂这些标语，用最直接的方式向周边民众传达活动信息和服务主旨。二是自媒体宣传，将服务内容、活动信息在图书馆网站、微信公众号等平台进行发布，并定期对学生的读书笔记、阅读心得、征文作品等阅读成果在微信平台进行集中展示，吸引民众关注。三是新闻媒体宣传，多次邀请电视台、日报社等新闻媒体对活动进行宣传报道，提高群众知晓度，扩大社会影响力。

4.多元合作，形成长效机制

推进乡村文化扶贫工作是一项长期性、系统性的工程，有赖于社会各方力量共同参与。瑞安市图书馆充分利用图书馆总分馆、城市书房、汽车图书馆等公共文化设施，联合各乡镇（街道）、学校、企事业单位、爱心团体等社会各界力量，并调动教师、阅读推广人、志愿者等人力资源，实现优势互补、资源共享、协同创新，形成多元的阅读推广合力，共同推进乡村地区公共文化建设。同时，推出积分管理制度，让阅读推广人通过服务工作赚取相应的积分，除了能够用积分兑换文创礼品之外，还可以享受到职务荣誉、借阅权限升级、优先参加图书馆的各类活动，以及免费使用活动场地等权益，从而吸引更多社会人士加入到阅读推广人队伍，提升服务工作的积极性，形成项目的长效机制。

四、成效与影响

自“七彩阳光行动”扶贫项目从2018年推出以来，广受乡村群众的好评，服务成效显著。汽车图书馆在乡村学校设立服务点，每次开展服务都是大排长龙，深受乡村学校师生的欢迎。例如，2018年3月，汽车图书馆下乡开进金川学校，因图书管理员首次操作办理借书证，加上设备出现故障，无法及时办理，学生排队等待了许久。为了第一时间拿到读者证去借阅，有些学生甚至不去吃午饭也在守候，场面让人十分感动。2018年11月22日，“小蜜蜂采书蜜”绘本故事走进陶山镇荆谷学校，阅读推广人“苹果姐姐”被操场上的学生团团围住，如“众星捧月”般，可见学生对阅读推广人的喜爱，对绘本的渴望。这些都更加坚定了我们图书馆人服务乡村儿童的决心。

在两年多的时间里，汽车图书馆共计在乡村学校办理借阅证8000多个，借阅图书3.2余万册。近年来，已面向乡村学校送出“幸福小书包”阅读礼包2000余个，开展“小蜜蜂采书蜜”绘本故事、“春泥计划”兴趣班、名师讲座、专题展览、数字资源推广等活动300多场，受益师生达2万多人次。2019年5月推出首场“图书馆日”活动以来，已有近千名乡村学生及留守儿童欢聚图书馆共享书香，受到社会各界的广泛好评，引起新闻媒体的争相报道。通过该项目的持续开展，极大地激发了乡村学生的阅读兴趣，在全社会形成了良好的阅读氛围。同时，“小蜜蜂采书蜜”绘本故事、“春泥计划”暑期快乐营、“幸福小书包”阅读推广等品牌活动，在乡村阵地取得良好的服务效果，得到上级部门的肯定和鼓励，在中国图书馆学会、浙江图书馆组织的业务案例与服务品牌评选中多次获得奖项。

五、分析与总结

“七彩阳光行动”扶贫项目，创新公共文化服务供给模式，将传统的被动式服务变为主动式服务，整合社会资源和力量，将公共文化服务延伸到瑞安市广大乡村地区，初步形成以点带面、多元服务、协作互动的乡村阅读服务网络，进一步补充完善了全市的公共图书馆服务体系，为促进公共文化服务标准化和均等化，推动乡村文化振兴和文化扶贫建设发挥了积极作用。

对于“七彩阳光行动”项目的下一步发展，瑞安市图书馆还需继续加强管理创新，完善措施保障，进一步发挥项目的引领作用。一是要加大公共文化服务设施投入，增加汽车图书馆服务网点数量，提升流动服务能力，以满足更多乡村读者的文化需求。二是要加强乡村阅读推广人的培养，在不断发展壮大乡村阅读推广人队伍的同时，通过加强培训学习，提高阅读推广人的专业知识和能力水平，大力培育本土文化人才，为乡村公共文化服务建设提供有力保障。三是要完善公共文化服务管理机制，健全完善阅读推广人荣誉制度以及积分管理机制，提升社会组织与个人参与图书馆服务的积极性，促进形成公共文化服务的长效机制。通过项目的持续深入建设，要实现服务范围覆盖绝大部分乡镇，可持续发展的保障机制初步形成，资金人才保障有力，阅读服务供给相对充足，有效解决城乡文化发展不平衡不充分问题，助力乡村文化振兴与农村地区文化扶贫。

六、结语

文化扶贫是公共图书馆肩负的职责与使命，公共图书馆要为推进贫困地区精准脱贫作出应有的贡献。瑞安市图书馆“七彩阳光行动”扶贫项目以“资源送下去、读者请进来、服务种下去”三位一体的服务模式，打通乡村文化建设的“最后一公里”，营造起扶贫扶志扶智的环境，促进贫困群众的文化素养和技能水平提高，为实现农村地区精准脱贫、全面建成小康社会发挥了重要作用。

少儿阅读服务　助力文化扶贫

——营口市少年儿童图书馆文化扶贫实践

王　薇　张振林（营口市少年儿童图书馆）

文化扶贫是真正意义上的扶志、扶智，习近平总书记多次强调“扶贫先扶志”“扶贫必扶智”“要从小学习立志，志向是人生的航标”。少儿图书馆作为文化事业的重要组成部分，在开展文化扶贫中发挥着重要的作用；作为专门为少年儿童服务的公共文化服务机构，承担着为未成年人、教育工作者、家长提供免费服务的重要责任。营口市少年儿童图书馆于2016—2019年期间为乡村的学校和未成年人提供阅读服务，提升乡村未成年人的科学文化素养。

这是少儿图书馆文化扶贫工作的重点，更是少儿图书馆的社会责任。

一、项目背景

乡村未成年人的阅读条件与阅读现状与城市里的相比，还有较大差距。本项目旨在通过少儿阅读服务助力文化扶贫，改变乡村未成年人的思想观念，通过阅读提升他们的素质，增强他们创造美好未来的信心。

1. 乡村未成年人缺少阅读陪伴

现阶段农村人口结构的特点是年轻的父母外出务工，老人在家照顾未成年人。本身没有接受过良好教育的老人难以让未成年人热爱阅读和体验文化活动，没有阅读陪伴的未成年人缺少童年阅读的快乐。

2. 乡村学校图书匮乏

偏远乡村的很多学校缺少图书及课外读物，无法为未成年人提供优秀图书、满足他们的阅读需要，无法让未成年人有更多的文化活动体验，导致未成年人缺乏内生动力，无法从根本上认识贫困、改变贫困。

3. 乡村未成年人缺少阅读环境

乡村学校的图书馆（室）建设滞后，书架、阅览桌椅等设施不健全，导致未成年人没有阅读空间；学校合并，校车定时接送，导致未成年人没有时间阅读。空间和时间都限制了乡村未成年人的阅读。

二、项目内容

营口市少年儿童图书馆开展文化扶贫进乡村活动，以丰富多彩的形式为乡村学校、幼儿园的未成年人送去文化资源，增加学校的文化氛围，改善乡村未成年人的阅读环境。

1. 延伸服务触角，建立乡村学校分馆

为推进文化进乡村、阅读进校园，开展精准扶贫，营口市少年儿童图书馆把乡村的中小学校和幼儿园纳入其阅读服务体系，在营口地区建立分馆29家，定期为分馆配送、更换图书，丰富学校的藏书；同时为学校建设良好的阅读环境，为有需求的分馆送去儿童书架、阅览桌椅等阅读设施。

2.发挥资源优势，将优秀图书推荐给乡村未成年人

营口市少年儿童图书馆积极向乡村未成年人推荐优秀图书，让他们得以阅读经典。首先，分级、分层推荐未成年人喜爱的经典图书，从国内到国外，从连环画到绘本，从童话到名著，从人物传记到历史故事；其次，荐读形式多样化，推荐纸质书、电子书、有声书等，通过多种形式吸引未成年人阅读经典，让他们得以在轻松愉悦的过程中学习知识、提升文化素养。

3.拓展服务空间，将“四小”品牌服务推向乡村学校

将“四小”品牌活动开展到乡村。“四小”即“小夫子讲堂”“小手拉大手亲子阅读汇”“小浪花图书漂流”“小小志愿者在少图”。营口市少年儿童图书馆通过差异化服务将品牌活动重新定位，确定以乡村未成年人为目标，深化品牌活动内容，创建乡村模式，推动乡村未成年人的阅读推广工作，体现营口市少年儿童图书馆文化扶贫工作的精准性。

4.树立大服务意识，开展“少年儿童阅读年”进乡村

“少年儿童阅读年”活动方案以乡村阅读推广活动为重点，开展大型公益阅读推广活动，如少儿书法大赛、诵读大赛、读书读报大赛等，将乡村学校、幼儿园分馆作为活动的重点，带动乡村阅读推广活动的普及，为乡村孩子搭建同城市孩子共同参与、相互交流的平台，普及阅读推广在文化扶贫工作中的示范作用。

乡村学生家庭参加营口地区第九届家庭读书读报知识竞赛

5.注重宣传效果，将优秀作品推向全国

营口市少年儿童图书馆将乡村学生的优秀作品推荐到全国进行参评，并在全国性的平台上进行展示，每年都有书法绘画大赛、征文展、朗诵大赛等活动的作品参与全国评奖，并获奖，吸引了更多学生参与阅读推广活动。

三、项目过程

营口市少年儿童图书馆针对未成年人、教育工作者、家长推出的文化扶贫项目主要集中在图书资源、设施、符合乡村需要的阅读服务方面。文化扶贫项目延续开展，过程年年更新，将文化根植于乡村，让阅读推广于学校，使文化扶贫向纵深推进，巩固和提升帮扶的成效。

1.利用图书馆网站平台，开展“E悦读、进乡村”活动

营口市少年儿童图书馆以网站为平台，推荐数字化少儿读物，让更多的乡村学生可以阅读数字资源。营口地区的柳树中心小学、榜式堡镇初级学校、团甸学校、汤池镇中心小学等10余所乡村学校通过“E悦读”讲座对数字阅读进行推广和展示，让更多的乡村学生学会运用数字化少儿读物进行阅读。网络化和数字化的信息手段，让学生们完全沉浸在了阅读的快乐中，学校也进一步把图书馆的数字资源用于教学。

营口地区10余所乡村学校通过“E悦读”讲座对数字阅读进行推广和展示

2.关注乡村未成年人阅读环境，开展“情暖乡村少年　爱心桌椅进校园”活动

为乡村学校建立分馆，为师生搭建阅读、学习、交流的平台，是开展文化扶贫的重要举措。营口市少年儿童图书馆为大石桥市水源镇学校提供儿童书架47个、阅览桌20张、阅览椅96把，提供图书2000余册。帮助老师、同学不出校园就可以享受到图书馆的图书借阅服务。营口市少年儿童图书馆成为广大教师教学科研的重要平台，学生拓展知识的第二课堂，大大改变了乡

村未成年人的阅读环境。

3.引领乡村未成年人文化建设，开展“阅读推广进乡村”活动

营口市少年儿童图书馆在营口地区的乡村学校开展“阅读推广进乡村”活动，在大石桥市汤池学校、黄土岭镇学校开展了“书是你一辈子最给力的朋友”的读书报告会、传统文化知识竞猜、经典绘本插画展、古典益智玩具推广、儿童阅读现状调查等活动。以阅读推广进乡村为主线，不断拓宽文化扶贫的触角，为乡村的学生送去最优秀的文化服务，助力乡村振兴。

大石桥黄土岭镇学校开展“阅读推广进乡村”活动之传统文化知识竞猜

4.关爱乡村未成年人健康成长，开展“小浪花图书漂流”活动

营口市少年儿童图书馆依托小浪花志愿服务队，开展“小浪花图书漂流”活动，为万福学校、梁屯学校、高坎中心小学、石佛中心小学等学校送去“新中国成立70周年红色经典故事图片展”“乐儿讲堂进乡村”“古典益智玩具推广”等有益未成年人身心健康的活动。以“四小”品牌阅读活动为着力点，推动文化扶贫工作的持久性。不断整合和利用文献资源，广泛地开展阅读推广活动，彰显公共文化服务的公益性、均等性、基本性和便利性，进一步推动少儿图书馆文化扶贫工作的有序开展。

四、成效与影响

1.取得的成效

营口市少年儿童图书馆针对文化扶贫进乡村活动开展了不同形式、不同内容、不同规模的阅读推广活动，试图从更多的方面引导乡村未成年人的阅读习惯，让他们接受更多的文化知识，树立正确的人生观、价值观、世界观，切实培养其阅读兴趣。一是通过送书、送桌椅等设置改善乡村未成年人的阅

读环境；二是通过送图书资源满足乡村未成年人的阅读需求；三是通过符合乡村需要的阅读活动提升乡村未成年人的文化生活；四是通过送优秀作品在全国展示，拓宽乡村未成人获得知识的深度与广度。通过这些举措，让更多的乡村学生持续参与阅读，开阔视野、体验阅读的乐趣，培养良好的阅读习惯，在文化上对未成年人进行精准帮扶。

营口市少年儿童图书馆在对乡村阅读推广活动的积极探索中奠定了扶贫基础，实现了品牌活动在文化扶贫工作中的价值。“实施‘四小品牌’战略助力少年儿童阅读推广”案例在2019全民阅读活动典型案例征集活动中荣获“2019全民阅读活动典型案例”，《营口市少年儿童图书馆阅读推广进乡村》荣获辽宁省图书馆学会2019年学术年会暨“图书馆创新服务与文化精准扶贫”专题论坛活动三等奖。

2.产生的影响力

营口市少年儿童图书馆的文化扶贫工作受到营口市委宣传部、市文旅局、市文明办等相关领导的重视和参与。主要表现在以下几个方面：首先，形成了全社会参与的合力。与教育局、妇联、文联等政府机构和社会教育机构合作，紧紧把握国家基础教育的方针和政策，配合国家的教育改革，为乡村未成年人开展有针对性的阅读推广服务，充分利用各自的资源优势，形成统一的阅读平台，推动乡村文化活动的开展；其次，组建了“小浪花”志愿服务队，择优选择有“奉献、友爱、互助、进步”精神的馆员加入“小浪花”志愿服务队，为乡村未成年人提供专业阅读推广服务，保证文化扶贫的持续性；再次，确保资金保证，每年都在免费开放经费中保证固定的文化扶贫工作的费用；第四，融合特色少儿数字阅读资源，构建线上线下的阅读平台，利用新媒体和自媒体平台实现点对点的专业化服务，推进文化扶贫的专业性。

“阅读推广进乡村”活动两次被《辽宁新闻》报道，《营口新闻》《营口日报》及其他媒体也分别给予报道。“E悦读、进乡村”活动、“情暖乡村少年爱心桌椅进校园”活动、“小浪花图书漂流”活动均受到相关媒体的关注，分别被《辽宁新闻》《营口新闻》《营口日报》及其他媒体给予报道。

五、分析与总结

营口市少年儿童图书馆文化扶贫的目标是，促进未成年人阅读，让未成年人在成长的过程中通过阅读循序渐进地改变他们的人生，帮助他们通过阅读获得改变生活质量的能力，以健康积极的价值观引导未成年人树立正确的人生观。

第一，明确我馆的扶贫定位，实现精准帮扶。明确自身在文化扶贫工作中的使命和宗旨，准确定位服务群体为未成年人，结合精准扶贫的具体要求，通过对未成年人的引导和教育实现精准帮扶，开展文化活动，进一步完善乡村阅读推广模式，实现文化扶贫的精准化。

第二，总结经验，完善制度，建立长效机制。坚持与乡村学校合作，为学生送去图书、报刊、数字资源、设施及阅读推广活动。将文化扶贫工作和精神文明建设与小浪花志愿服务队相结合，建立适合少儿图书馆扶贫工作的相关制度，使文化扶贫工作实现可持续发展的长效机制。

第三，加强馆员及志愿者的培训，提高工作能力。重点培养一批业务能力较强又具有一定实践经验的工作人员，定期培训。除掌握扶贫的相关政策外，还要求他们能结合我馆的业务活动，开展文化扶贫工作，在实践工作中，不断提升他们文化扶贫工作的能力。

第四，调动乡村未成年人的积极性，发挥主观能动作用。未成年人作为我馆扶贫工作的主体，是文化建设活动和推广阅读活动的主要对象。发挥我馆的文化扶贫作用，便要调动未成年人的积极性和主动性，引导未成年人乐于参加我馆开展的阅读活动，培养未成年人的文化素养。

第五，加大宣传力度，营造良好氛围。一是通过阅读推广活动，提升未成年人对文化扶贫工作的认知和理解；二是利用新闻媒体和自媒体进行宣传，展示扶贫成效；三是形成扶智、扶志的舆论氛围，宣传社会主义核心价值观、传统美德等内容。

文化扶贫的道路上，我们有很多问题亟待解决，主要有：需要做到具体问题具体对待，做到精准帮扶；还要做好长远规划，做到长期坚持，为脱贫攻坚、巩固扶贫成果提供更加有力的文化支撑。

六、感人的小故事

在我馆的文化扶贫工作中，发生了很多感人的小故事。这些小故事激励了我们坚持文化扶贫的信心、恒心、爱心。2018年的世界读书日，我们驱车一个半小时来到大石桥黄土岭镇学校开展阅读推广活动。活动结束后，我们在操场上等待将活动物品装车返回馆里。这时候正好赶上学生的下课时间，学生们看到我们还没有走，都聚到了古典益智玩具附近。学生们在得到馆员的允许后，把刚才在课堂上还没玩够的古典益智玩具“抢”了起来。他们三五人一组，七八人一群，拿着我们所有的益智玩具玩了起来。对于怎么“玩”，他们你一言、我一语地讨论开了，有的说这样对，有的说那样才正确，有的是实践派动手操作，有的是深思熟虑再动手。每一位同学都在展示自己的聪明才智，聚精会神地寻找正确的解决方案，全神贯注地想第一个完成自己手中的“作品”，都在表达他们对古典益智玩具的热爱。学生越聚越多，讨论声越来越大，热情越来越高，上课的铃声淹没在同学的讨论声中。最后还是学校老师让同学整理好玩具还给我们，他们才依依不舍地将所有玩具还给我们。我们的车子已经启动了，同学们还久久没有散去。同学们说的话一直萦绕在我耳边：“老师，你们还来吗”“老师，下次来的时候多待一会儿呗”“老师，我们特别喜欢这些益智玩具”“老师，我们希望你们还能来”……朴实的话语，真诚的邀请，让我们深深地感受到文化扶贫工作的重要性。我们的社会责任任重道远，我们将在文化扶贫的道路上披荆斩棘，越走越远，尽我们所能为营口地区的乡村学生带去希望和未来，任他们展翅翱翔，将我们的乡村建设得更加美丽。

鄞州区图书馆“爱心漂流书库”案例

陆幸幸　王　欣　符金威（宁波市鄞州区图书馆）

“习近平总书记指出：扶贫先扶志；扶贫必扶智。扶志就是扶思想、扶观念、扶信心；扶智就是扶知识、扶技术、扶方法。有了奋斗的愿望和意志，扶起来的贫困群众才能硬得起腰杆、迈得开脚步，走上奔小康之路。有效的扶贫需要精准的设计，需要对贫困者观念、知识、技能等方面进行全面提升。扶志，是对贫困群众的思想引领和文化教育，激发他们脱贫致富的勇气和信心。

扶智，是传授给贫困群众走出困境的方法和技能，提升他们脱贫的能力。因此，要从根本上摆脱贫困，必须智随志走、志以智强，实施‘志智双扶’。”①

2020年是全面建成小康社会的决胜之年，是中华民族伟大复兴历史征程中的重要时间节点。高度的文化自信，可以激发全民族的凝聚力和创造力，为中华民族伟大复兴征程汇聚精神力量。而阅读是人类汲取知识、积淀文化、增长智慧的必由之路，是一个国家、一个民族精神发育、文明传承的重要途径。图书馆尤其是公共图书馆更要积极担当起文化窗口的责任，发挥文化扶贫的社会职能。鄞州区图书馆“爱心漂流书库”经过14年的沉淀，试图探索出一条兼具特色和可行性的文化扶贫服务道路。

一、项目背景

鄞州区图书馆曾对30名外来务工者及其子女做过一个随机调查。结果显示：90%的外来务工者反映子女缺少课外读物，60%以上的外来务工者是到地摊买那些不健康的非正规的一元一本或几本的刊物，85%的外来务工家庭渴望有适宜的、免费的、健康的书……一方面，我们图书馆每年都会下架一些过刊，需要寻找合适的出路；另一方面，城里孩子们的父母给他们买很多的课外书和教辅书，有的来不及看，有的连书皮也没拆，有的看完了静静地躺在自家的书架上……而山区和外来务工人员的子女却没钱买书，缺书与看不完的书形成了鲜明的对比。为了让一双双渴望求知的眼睛能看到丰富多彩的书籍，2006年10月，我馆在素有宁波鄞州“青藏高原”之称的杖锡村开展了“给你一本书，送你一片天”的主题活动。那里海拔860余米，山高路远，经济相对薄弱。村里唯一的一所完小只有79名学生，这些学生主要是来自周边山村或跟随祖父母生活的留守儿童。山村学校的硬件设施很好，但是课外读物一直十分欠缺。鄞州区教育局和图书馆当即出资一万多元购买了500多册课外书，我们又在图书馆选了200册少儿期刊，一册册堆积起来的图书资源让孩子们欢呼雀跃，跃跃欲试，能帮助他们打开知识的大门②。此次活动给我馆的工作人员带来了极大的

---

① 惠恭健.扶贫先扶志　扶贫必扶智[EB/OL]. http://news.gmw.cn/2020-09/08/content_34163698.htm

② 马一萍，费冲.“爱心漂流书库”的运作与影响[J]. 图书馆研究与工作，2011(4)：53

鼓舞与震撼，也为“爱心漂流书库”项目的推广提供了明确的方向与指引。用图书汇聚爱心，以书香温暖人间，让闲置的书籍流动起来，让每一个爱书之人都有书可读，让每一本书都能发挥出它应有的价值。为了这一美好的愿景，鄞州区图书馆“爱心漂流书库”一直在路上。

二、项目内容

鄞州区图书馆自2006年10月就创建了“爱心漂流书库”。经过14年的不断发展壮大，“漂流书库”已经建立92个漂流点。鄞州区图书馆总馆以及各乡镇、街道图书馆年均征集图书上万册，漂流足迹遍布山区偏远学校、外来务工人员子弟学校、军营、企业、新鄞州人聚居区，远涉江西、河南、贵州、湖南、云南等地，并与大学生社团积极协作，通过赠书、送课的方式向贫困地区学校推广阅读知识。

爱心图书漂流提供的不只是物质上的援助，更多的还有精神上的鼓励和鞭策，让每一个爱书之人都能阅读到爱心书本。

三、项目过程

1.日常活动

（1）爱心捐书箱

在鄞州区图书馆二楼大厅始终摆放着两只大书箱，上面印有“鄞州区图书馆爱心捐书箱”“捐书公约”等字样。爱心捐书箱不仅在鄞州区图书馆定点摆放，在条件允许的乡镇、街道馆也设有专位，是“爱心漂流书库”的主要图书来源。爱心漂流书库的志愿者们每月定期整理读者们捐赠的图书。

升级后的“书循环”爱心捐书箱

“爱心漂流书库”“以书换书”活动现场

这些图书经挑选后搬入爱心漂流书库保存，以备在“以书换书”、“图书义卖”、图书捐赠等大型活动时漂流出去，让知识流动起来。2019年，在中共宁波市委宣传部、宁波日报报业集团的支持下，鄞州区图书馆爱心捐书箱全新改版再升级，改单一捐赠模式为“借阅+捐赠”模式，上层借阅，下层捐赠，绿色循环，分享阅读。此举在“书漂流”的基础上实现了“书循环”，更及时，更高效，让书香持续得更久远。

（2）“以书换书”活动

“以书换书”活动是鄞州区“爱心漂流书库”的另一常规性活动。每隔一段时间，爱心漂流书库的志愿者们便会从新近收集到的捐赠图书中挑选一定数量的书籍，在图书馆二楼大厅门口设立书摊，集中展示爱心书籍。读者们可拿着自家闲置的书刊换取相应数量的爱心书籍，在换书的过程中还可与其他读者交流读书感悟，让读书更具人情味。

2.特色活动

2010年6月，鄞州区图书馆“爱心漂流书库”走进新疆阿克苏地区阿瓦提县。针对当地部分学校双语（汉语、维吾尔语）教学的实际情况，“爱心漂流书库”专门为新设立的阿瓦提县漂流点购置了4万元2000册双语书籍，帮助一位在宁波中学读书的新疆女孩———伯勒克孜圆了在她的家乡她的母校建立一个图书馆的梦想。此后，阿克苏阿瓦提县还专门派摄制组到宁波拍摄专题片《让江南的雨滋润天山的树》。

2012年12月，鄞州区图书馆“爱心漂流书库”与宁波日报社、鄞州银行慈善基金会合作，远漂宁夏吴忠市红寺堡区2000册图书，捐款15000元。在文化部通报表扬的2012年“春雨工程”——全国文化志愿者边疆行示范项目中，“鄞州区图书馆‘爱心漂流书库’进宁夏”活动高票入选。

2013年10月，鄞州区图书馆“爱心漂流书库”为宁夏吴忠市红寺堡区捐赠5万元购书经费和3000册爱心图书，相关事迹由《鄞州日报》《宁波日报》等媒体报道。

“爱心漂流书库”走进宁夏

2014年8月，鄞州区图书馆“爱心漂流书库”参加共青团鄞州区委员会主办的“青春夜市·公益晚会”活动，义卖200册图书，所得善款全数捐给鲁甸灾区，为云南祈福。

2015年1月，鄞州区图书馆“爱心漂流书库”为四川甘孜地区库溪绒小学捐赠300册爱心图书，书籍由寒假前往支教四川的宁波理工学院大学生志愿者一并带去。

2017年5月，鄞州区图书馆“爱心漂流书库”为新疆阿克苏库车县第十三小学捐赠300册新书。该校是一所民汉双语学校，本次捐书充分考虑其特殊情况购置新书，后续又从爱心书库挑选500册优秀图书，为孩子们送去更多的精神食粮。在此之前，鄞图与该校结对帮扶已有两年的经验，2015年捐赠500册爱心图书，2016年捐赠1.1万元购书经费和314册爱心图书。

2018年1月，鄞州区图书馆“爱心漂流书库”联合浙江大学宁波理工学院志愿者团队向俞家小学捐赠图书百余册，志愿者还为孩子们上了一堂以阅读为主题的综合性体验课。活动得到鄞州区图书馆、浙江大学宁波理工学院和俞家小学三方面的高度评价。

2019年5月，鄞州区图书馆“爱心漂流书库”携手“支教奶奶”周秀芳，将1000册爱心书籍捐往湖南溆浦宝山天三希望小学。赠书种类涵盖科普、文学艺术、教育、工具书等多个方面，约700多名师生受益。

2020年10月，鄞州区图书馆“爱心漂流书库”继续和宁波“支教奶奶”合作，为陕西、湖南等地的贫困山区学校、爱心图书室捐赠书籍。

三、成效与影响

2011年，“爱心漂流书库”成功入围鄞州区区团委举办的十大爱心公益创投大赛，并取得第六名。2012年，入选文化部“春雨工程”——全国文化志愿者边疆行示范项目。项目活动事迹被《鄞州晚报》《宁波日报》等媒体报道。

四、分析与总结

优点：爱心图书漂流提供的不只是物质上的援助，更多的还有精神上的鼓励和鞭策。它是一个志愿服务品牌，从爱心捐书箱日常的整理、图书收集到赠书活动中的阅读体验课，无不依赖文化志愿者的鼎力支持；它还是一个阅读推广品牌，以书换书、图书换绿植等活动，以环保低碳的形式吸引着更多的市民关注阅读。

不足之处：由于空间、时间等现实因素的限制，鄞州区图书馆“爱心漂流书库”的操作模式暂时主要处于纯粹的捐书赠书层面，偶有大学生志愿者支教帮扶内容的补充，但占比不多，离图书馆的精准扶贫层面还有一定差距。接下来的项目内容建设将在精准细化服务上下功夫，推动欠发达地区人们公共文化服务发展。

五、感人事迹

自2019年起，鄞州区图书馆便与宁波“支教奶奶”周秀芳取得密切联系。受周秀芳老师支教事迹的感染，鄞州区图书馆与其一同策划了捐书捐赠活动。

周秀芳，2016“感动湖南人物”，怀化市第四届“十大道德模范”。2015年，为了实现自己的“支教梦”，从浙江省宁波市江东区李惠利小学退休的周秀芳放弃高薪返聘机会，来到湖南省溆浦县北斗溪镇支教。两年里，她筹款300余万元，让一个又一个爱心学校在溆浦的大山深处拔地而起。

阅读扶贫　点亮心灯

——长沙市图书馆“阅读伙伴·共同成长”案例

李　屹（长沙市图书馆）

一、项目背景

作为公共文化服务窗口单位和公共文化设施学雷锋“志愿服务先进站点”，长沙市图书馆充分发挥自身优势，积极履行社会教育职能，于2013年成立长沙全民阅读志愿者联合会（以下简称“全志联”）。成立时，全志联组建了党员志愿服务队，将主题党日活动与全民阅读志愿服务活动紧密结合，积极开展“阅读伙伴·共同成长”党员志愿者送课下乡活动，践行图书馆共产党员初心与使命，为乡村少年儿童送去各类精品课程，有效发挥了图书馆在加强未成年人思想道德建设上的重要作用。

全志联目前拥有志愿服务品牌8个，注册志愿者4463人，志愿者团队38个，统筹各界社会力量，建立由总馆到分馆，再到流动服务点、特殊服务学校，最后抵达偏远地区的5层服务架构。截至2020年9月，已建成阅读推广阵地89个，其中分馆服务阵地30个、流动服务点29个、特殊学校服务点2个、偏远地区服务点28个，实现了新时代文明实践阵地全域“开花”。全志联获评湖南省“文化志愿服务推进年”示范项目、湖南省文化志愿服务“十大先进站点”等荣誉称号。

由全志联主办的“阅读伙伴·共同成长”品牌项目，每年组织志愿活动，将图书、数字资源、阅读活动送到基层、送到农村、送给困难群众，践行“为人民服务”这一根本宗旨。通过援建基层图书室、捐书、送课等形式，开阔学生的眼界，激发他们的求知欲望，引导和培养他们的阅读兴趣、阅读习惯和阅读技能，同时为城乡学生搭建共读的桥梁，推进公共图书馆服务的均等化。

五年来，“阅读伙伴·共同成长”品牌项目已为浏阳、望城、湘西、宁乡等地乡村学校的孩子们捐赠了价值数万元的书籍，并送去十余门文化、科普课程及精彩的诗词吟唱表演。活动面向乡村学校和少年宫的精准帮扶、阅读推广工作，体现了长沙市图书馆文化志愿服务的公益与奉献宗旨，为城乡学生搭建了共读平台。

二、项目内容

1.助力乡村阅读空间建设

为进一步推动全民阅读，长沙市图书馆通过软件、硬件两手抓，累计捐赠书籍、物资十余万元。张军副馆长在基层挂职期间，以专业阅读服务助力脱贫攻坚，在株洲茶陵尧水小学援建基层图书室，引入社会资源，建成青苗分馆，共享现代公共图书馆发展成果，缩小城乡差距，逐步推动馆校的融合，让贫困地区的孩子也享受平等、开放、无障碍的阅读服务。长沙市图书馆还帮助湘西州龙山县茅坪学校建设图书室、向岳阳县月田镇爱心读书吧捐赠书籍，走进长沙县团山村赠送海量有声听书资源给村民及留守儿童，积极打造儿童友好的阅读空间。

2.推进城乡阅读服务均等化

以中小学校为服务阵地，长沙市图书馆开展“阅读，一个都不能少”活动，将免押金读者证和满载书籍的流动图书车送进校园，将主题活动、阅读课程、文化展览带到孩子的身边，使农村及其他偏远地区的孩子也能获得公共文化服务。“阅读，一个都不能少”馆校共建项目自2019年9月启动以来，已发展“和阅联盟校”30多家，为30000多名中小学生办理了免押金读者证。除了家门口的200多家总分馆和流动服务点能够借还图书，流动图书车还定期前往偏远的学校为学生带去丰富的图书资源和阅读活动，让每一个孩子都享有阅读的权利。

3.整合阅读资源建立智库

长沙市图书馆建有独立的志愿者信息库——“志愿者家”，已有注册志愿者4463人，智库设立“阅读伙伴·共同成长”专栏，可以根据扶贫需求实时发布活动信息，结合注册信息匹配专业志愿者开展阅读推广活动。

4.因地制宜挖掘特色课程

志愿服务队结合馆藏资源和志愿者个人专业特长，研究制定具有长沙市图书馆特色的创客系列课程，一方面，邀请电商专家结合长沙市长沙县团山村发展情况，进行有针对性的乡村创业指导，另一方面，馆员主讲如何通过抖音带货农产品。

5.品牌建设持续优化升级

“阅读伙伴·共同成长”由馆员负责为项目的对接帮扶对象建立档案，明确需求制定方案，再由志愿者认领课程服务。为了让志愿服务品牌更具有标识性，设计了专门的品牌标识。活动之前邀请老师对志愿者进行统一培训，培训内容有：绘本讲解策略与方法、儿童视角下的阅读、阅读指导课设计等，从受众心理、授课技巧、课程设置等多角度全方位进行培训，确保教学效果最佳。每次活动结束后，还将进行复盘总结，不断优化迭代，为更好地开展活动提供借鉴。

6.多渠道宣传，经费有保障

长沙市图书馆“线上”在官方微信号发布活动相关报道，“线下”在场馆内设置专栏介绍品牌，在志愿者年刊介绍活动动态，不断提升品牌知晓度。《长沙晚报》、新湖南等省市各类媒体均有报道，广泛的报道吸引更多专业阅读推广志愿者加入，不断充实团队的人才储备。“阅读伙伴·共同成长”活动经费、物资主要由上级领导单位长沙市文明办、长沙市图书馆及社会公益组织如“阅读之光专项爱心基金”等托底保障。

三、项目过程

2016年7月7日上午10：30，为缅怀贺龙元帅，传承历史文化，加强青少年阅读交流，长沙图书馆启动“阅读伙伴·共同成长”公益援助项目，让城市的孩子与贺龙元帅家乡桑植澧源镇中学的孩子结成阅读伙伴，一起交流读书心得，共享阅读的乐趣。

2016年公益读书活动启动式——“阅读伙伴 · 共同成长”活动海报

2017年6月，“希望工程 · 走进湘西”——长沙共青团“精准助扶贫 · 龙山公益行”活动在湖南省龙山县茅坪小学举行。长沙市图书馆分别向茅坪小学捐赠价值2万元的物资、2万元的图书。同时，参加活动的爱心人士与56名贫困学生现场结对，并为他们奉献爱心。7月，长沙市图书馆合作推广部主任陈冀宏代表长沙市图书馆带着总价值2万元的图书，冒着酷暑驱车80公里赶往宁乡县双凫铺镇中心小学，给宁乡县横市片区少年宫的孩子们送去丰盛的文化大餐。

2018年“阅读伙伴 · 共同成长”共开展活动18次，服务群众1217人。长沙全民阅读志愿者联合会“送课下乡”系列活动，体现了长沙市图书馆文化志愿服务的公益与奉献宗旨，为城乡学生搭建了共读平台。面向乡村学校和少年宫的精准帮扶、阅读推广工作取得了实实在在的成效。

2019年1月4日上午，位于严塘镇尧水中心小学的长沙市图书馆、茶陵县图书馆分馆——青苗分馆正式开馆。长沙市图书馆副馆长张军、茶陵县图书馆副馆长肖力敏、尧水学校校长段建福等出席开馆仪式。为全面贯彻落实长沙市精神文明建设指导委员会《关于开展文化志愿者走进乡村学校少年宫活动方案》精神，长沙图书馆党员志愿者、“书香长沙 · 百师千课”公益讲师团和“大巴童书会”百余名志愿者共同开展了“阅读伙伴 · 共同成长”活动，研发长沙图书馆“创客系列课程”“禁毒小常识”“垃圾分类”“非遗传统文化”等活动送往基层，以开阔学生眼界，激发他们的求知欲望，培养他们的阅读兴趣、阅读习惯和阅读技能，同时为城乡学生搭建起共读的桥梁，让城乡学生得以共同成长。

2020年，长沙全民阅读志愿者联合会为其子品牌“阅读伙伴·共同成长”设计了标识。全志联与青少年基金会等公益组织合作向湖南岳阳县月田镇免费读书吧——“上善文坊”捐赠价值两万元书籍共计620册，并与免费读书吧建立长期联系，为其图书采购和阅读推广活动开展提供专业建议。全志联走进长沙市长沙县团山村，邀请电商专家结合团山村发展情况进行有针对性的乡村创业指导，馆员给村民培训如何通过抖音带货农产品，还为村民及留守儿童赠送了海量有声听书资源。

四、成效与影响

1.延展了图书馆服务的深度和广度

公共图书馆是开展社会教育、传播优秀文化和丰富精神生活的重要工具，图书馆不仅要开门办馆，更要走出去办馆。通过开展送课下乡活动，长沙市图书馆将服务的触角延伸到偏远的乡村学校，积极推动了公共文化服务资源向基层延伸、向农村覆盖，也进一步推动了阅读服务的均等化。接受送课的乡村学校校长们表示，长沙市图书馆志愿者们带来的不仅是新颖有趣的课外知识，更带来了丰富的图书馆知识，教育引导孩子们认识图书馆、利用图书馆，这也是对孩子们享受公共图书馆服务权利的切实保障。

2.丰富了党员的组织生活

组建党员志愿服务队伍，开展送课下乡活动，是党务与业务工作的一次有机结合，丰富与创新了党员组织生活的形式与内容，充分发挥了长沙市图书馆党员的先锋模范作用和专业特长，在馆内起到了很好的示范带动作用。这一举措吸引了更多的年轻馆员加入送课下乡的队伍，有力推动了“不忘初心、牢记使命”主题教育在全馆的深入开展，认真落实了“践行初心使命，为群众办实事好事”工作。

3.深化了乡村未成年人思想道德建设

送课下乡活动是帮助未成年人“扣好人生第一粒扣子”的一种有效形式，

在职党员志愿服务队结合时代热点及乡村未成年人阅读需求等，打造了如阅读素养培养、国学导读、创客文化、禁毒常识、垃圾分类等十余门文化、科普精品课程。在轻松愉悦的课堂氛围中，孩子们学习到了丰富的知识，拓宽了视野，思想品德、人文素养等在潜移默化中不断得到提升。

志愿者陈老师教宁乡煤炭坝的孩子们制作中国结

截至2020年9月，“阅读伙伴·共同成长”活动已开展近70场，活动范围覆盖了浏阳、宁乡近28所乡村学校，服务乡村未成年人近4012人，受到了老师和学生们的热烈欢迎和一致好评，取得了良好的成效与社会反响。2018年，长沙全民阅读志愿者联合会获长沙市精神文明建设指导委员会、湖南省学雷锋志愿服务工作委员会颁发“优秀志愿服务组织”称号，2019年，“阅读伙伴·共同成长”荣获长沙市直机关工作委员会“长沙市直机关基层党支部主题党日优秀案例”。

五、分析与总结

“阅读伙伴·共同成长”系列活动体现了长沙市图书馆文化志愿服务的公益与奉献宗旨，从帮扶对象的实际需求出发，利用数字化信息技术建立人才智库，以最便利、最受群众欢迎的方式深入基层、深入民间开展阅读推广活动。除了向基层输送符合其个性化需求的图书资源、有声数字资源之外，还将拥有扎实专业技能、丰富人生阅历的“真人”图书馆带到基层，激发脱贫的内生动力。

长沙市图书馆党总支书记王自洋强调，开展“阅读伙伴·共同成长”党员志愿者送课下乡活动是长沙市图书馆党务与业务工作创新结合的生动实践，是对习近平总书记给国家图书馆老专家回信精神的深入贯彻，也是对“不忘初心、牢记使命”主题教育要求的具体落实，体现了新时代图书馆对“传承文明、服务社会”初心的坚守。

今后，长沙市图书馆将继续坚持以党建为引领，抓党建促业务发展，有效提高图书馆服务水平与服务效能，矢志践行为民服务宗旨，切实满足人民群众日益增长的精神文化需求，不断增强人民群众的文化获得感与幸福感。

“公益书屋”助力精准扶贫

张　岩　刘建波　李卫珊　李　亮　欧云倩（深圳图书馆）

一、项目背景

2012年11月，深圳图书馆与深圳市关爱行动组委会办公室（以下简称“关爱办”）、深圳报业集团联合创办深圳捐赠换书中心（以下简称“中心”），凝聚图书馆、媒体与社会力量，倡导阅读分享理念，面向全体市民，接受读者捐赠、交换家中优质闲置图书，提供换书服务，并组织与捐赠、换书、阅读相关的公益性读者活动。

2013年11月，习近平总书记到湖南湘西考察时首次作出了“实事求是、因地制宜、分类指导、精准扶贫”的重要指示，并广泛动员社会力量参与扶贫。

在文化扶贫、精准扶贫等国家顶层政策的指导下，中心于2014年启动援建“公益书屋”项目。“公益书屋”项目作为中心的衍生品牌，依托中心捐赠和交换的图书，秉承“书传万家　情暖四方”的宗旨，向全国偏远贫困地区、红色革命老区及图书稀缺的地区捐助图书，助力公益阅读与文化扶贫。此项目已坚持实施6年，取得了很好的社会效益。

二、项目内容及项目过程

1.“公益书屋”捐助项目

“公益书屋”作为精准扶贫品牌项目，多年来持续稳步推进，参与的重点文化扶贫项目如下：

（1）“春草行动”——百校图书馆援建项目

2014年起，中心与深圳市鹏博爱心互助协会合作推进实施“春草行动”——百校图书馆援建项目，挑选适合的图书为贫困地区学校援建图书室。中心提供了15.8万册图书，参与援建了广东、湖南、云南、江西等地的中小学图书室和阅览室，为孩子们和乡亲们带来了阅读的种子、文明的关爱。

（2）向深圳扶贫协作地区捐助图书

中心向深圳对口支援的新疆喀什地区、西藏察隅县、四川甘孜州合计捐赠17217册图书。向深圳协作帮扶的云南省昭通市、江西省赣州市寻乌县、广西壮族自治区河池市捐赠图书合计39466册。向深圳对口帮扶的广东省河源市、汕尾市县级以下公共图书馆和学校捐赠图书合计21382册。

中心紧跟深圳扶贫协作政策，积极策划实施面向扶贫地区的“公益书屋”建设，为坚决打赢脱贫攻坚战奉献一份力，与政府和全社会共同努力，发挥中心优势，推动文化扶贫常态化、制度化、专业化。

（3）向红色革命老区捐助图书

中心一直致力于红色革命老区的扶贫工作，面向红色革命老区援建“公益书屋”。中心所援助的江西省上饶市、广西壮族自治区河池市、江西省赣州市寻乌县和江西省吉安市、四川省甘孜州、云南省彝良县，均属于革命老区。此外，中心还向安徽省寿县、广西壮族自治区玉林市、贵州省遵义市、河南省淮阳县、河南省商丘市、湖南省平江县、江西省赣州市石城县、江西省宜春市、陕西省延安市、陕西省宜川县、四川省北川羌族自治县等地区的公共图书馆、学校及敬老院、福利中心等机构捐助图书，积极响应国家扶贫政策，让革命老区的人民感受到深圳市民的爱心，丰富他们的精神文化生活，助力全面打赢脱贫攻坚战。

2.“公益书屋”推广活动

“公益书屋”项目在推进过程中，围绕着“公益书屋”的图书募捐与阅读推广活动，提高了社会知名度、扩大了社会影响力。其中具有代表性的活动有：

（1）“鹏城小书屋”流动捐书计划

经过几年的发展，“公益书屋”的运作模式日益成熟。借助分布在市、区的捐赠换书中心、分中心层级网络，在2018年和2019年，中心与深圳市关爱办、宝能慈善基金会共同发起主办了“鹏城小书屋”流动捐书计划。

2019年1月6日，由深圳市对口支援工作领导小组办公室印发的《深圳市与寻乌县支援合作工作方案》通知到市对口支援工作领导小组各成员单位。文件工作任务第三部分“深化支援合作工作内涵”中的第10条“助推精准扶贫精准脱贫”特别提到“‘鹏城小书屋’等品牌项目向寻乌县延伸”。

通过动员社会力量协同参与，充分发挥社会各方面的优势特点，在社区、学校等城市不同空间流动募集图书，引导市民将手中闲置的有益的青少年书籍。项目成立至今已捐赠了超过4.5万册图书给江西寻乌山区的中小学校。

（2）举办“公益书屋”征文和征图活动，扩大社会影响力

2019年，为了展示“公益书屋”发展历程，表达受援建单位对“公益书屋”的珍视，对图书资源的渴求和对深圳市民捐赠图书的感激之情，中心策划了“公益书屋”征文和征图活动。多家“公益书屋”积极参与，经专家评选，评出8个优秀组织奖和9个优秀个人奖，并在中心进行展览展出。读者反响热烈，纷纷在留言区进行留言互动。此次征集及展示活动，进一步扩大了中心“公益书屋”项目的品牌影响。

三、成效与影响

中心成立至2020年8月，共对外捐赠图书近17万册，累计对外捐赠图书109次，援建“公益书屋”81家，将图书输送到全国急需图书的偏远、贫困地区，实现了阅读资源共享，为文化扶贫奉献了一分力量。

2014年启动援建“公益书屋”项目以来至2018年，每年平均对外捐赠图书15次，2019年对外捐赠次数增加至33次，较往年更为活跃。这也足见中心的公益效应凸显，图书藏量不断增加，让更多的“公益书屋”受益。

目前“公益书屋”的捐赠区域已遍布12个省份，包括广东、广西、江西、湖南、云南、西藏、新疆等。

“公益书屋”的捐赠对象涵盖了中小学校、部队、公共图书馆、戒毒所、社会工作服务中心、敬老院、民间书院、高科技企业等机构，其中以革命老区、偏远、贫困地区的学校、公共图书馆以及不便于外出的部队为主。截至

2020年8月，援建的81家“公益书屋”中有学校36所，公共图书馆15家，部队11支，其他机构19个，机构类型比例如下图。

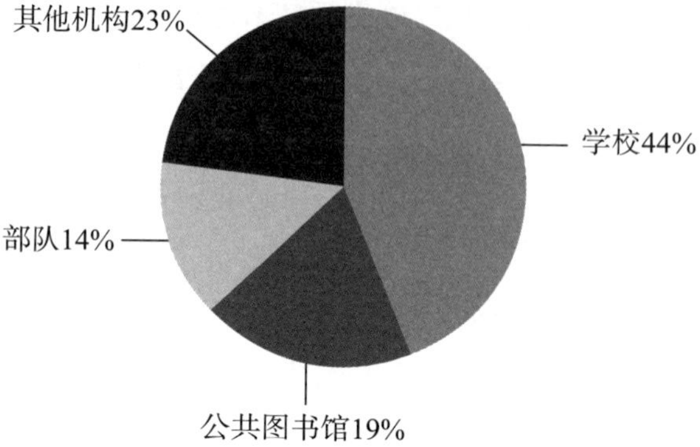

援建“公益书屋”机构类型比例

中心援建“公益书屋”项目已坚持6年，并将持续深入进行。中心致力于继续推进精准文化扶贫，发挥图书馆的优势，联合社会力量继续扩大“公益书屋”的社会影响力，让更多需要它的地方受益。

四、反响与回音

1.受赠单位的反馈

6年来，中心共收到了21封感谢信和4面锦旗，有的来自小学、中学；有的来自社会工作协会、社会捐助接受管理服务中心；还有的来自敬老院、县图书馆，都是诚挚地感激我们“人道为本，博爱为怀，奉献为荣”。我们给乡村学校带去的不仅仅是书，更是他们了解外界的窗口。

2.扶贫服务对象的心声

中心常年展出的“书传万家・情暖四方”深圳捐赠换书中心援建“公益书屋”征文及图片展中，孩子们都真诚地表达了“公益书屋”对他们的意义。比如戴家埔中心小学的王春红说，“公益书屋让我学到了知识，增长了见识，明白了很多道理，还得到了快乐”；王茗洋同学也说，“公益书屋在那里，我们尽情享受书中的乐趣，和课本中学不到的知识”……

3.媒体报道

深圳捐赠换书中心8年来得到媒体的广泛关注，共有媒体报道超过150篇，其中近两年来关于对外捐赠图书的报道就有8篇。

4.深圳市民的暖心故事

（1）捐赠图书　回馈家乡

梁先生来自广西壮族自治区玉林市兴业县，该地区比较贫困。他的母校沙塘镇水车小学，阅读资源非常少，孩子们非常渴望能有更多的书籍。梁先生了解到“公益书屋”的存在后，抱着试试看的心态前来咨询。中心工作人员通过交谈感受到当地孩子们的阅读渴望，立即着手从中心挑选了儿童书籍600余册送到了水车小学。书籍涵盖文学、历史、百科等各个方面。收到图书后，学校老师给我们发来接收函和感谢信，表示这些图书极大地丰富了学校的阅读资源。孩子们迫不及待地开始阅读，非常喜欢这些图书。

（2）向藏区送爱心

四川省甘孜藏族自治州巴塘县苏哇龙乡呷顶村，自然景观优美，但生活在这里的人们生活贫困，孩子接受的教育非常有限。为响应习总书记“扶贫先扶志，扶贫必扶智”的号召，深圳宝安义警突击队、男人帮越野文化传播（深圳）有限公司等深圳热心公益的社会团体群策群力、积极为当地筹划“儿童图书馆”公益项目，为孩子们带去知识和爱心。主办方的张先生通过媒体报道了解到中心长期致力于援建“公益书屋”后，便联系到中心，希望为这一公益项目提供图书支持。中心积极响应主办方的申请，向藏区儿童捐赠3000册图书及“公益书屋”的牌匾。该项目是深圳热爱公益事业的企事业及社会团体多方力量合作文化扶贫、支持乡村教育建设的有益探索。

五、奉献与互助

中心的“公益书屋”项目自2014年开展至今，在众多扶贫服务志愿者的共同努力下，将志愿服务的“奉献、友爱、互助、进步”精神刻在了每一次的行动中。

1.走在第一线的党员志愿者

2018年的“鹏城小书屋”项目的前期调研工作中，党员志愿者万娜与深圳市关爱办、宝能慈善基金会、深圳市龙华区社会组织总会代表一行四人前往寻乌县丹溪中小学、丹溪上平小学、高峰村、徐溪村、项山乡卢屋村等地参观调研。寻乌县各村设置了农家书屋，中学建设了图书室，小学布置了图书角，虽有300至1000册不等的图书，但图书种类匮乏且内容陈旧。各村干部、校领导、村民共同表达了大家对阅读的渴望，希望陆续增加自然科学类的图书。此次调研还举行了“扶贫一日捐”集中捐赠仪式，首批6618本图书捐往寻乌的菖蒲乡中心小学。在当年的“鹏城小书屋”流动捐书计划中，共计为江西寻乌的4所中小学校募集1.4万册图书。

2.志愿者带着“互助”引导村民“进步”

2018年8月，志愿者马婕与子敬公益机构一起带着近1000册图书前往江西遂川县的衙前小学和遂川中学。本次活动的主题是“为红色革命老区的贫困学生捐款、捐书、义诊”，当地宣传部及妇联接待了志愿者一行人。在活动期间，志愿者还与孩子们共读图书，并鼓励孩子们写下读书笔记。孩子们用稚嫩的笔触写出了大大的感谢，“授人以鱼”不如“授人以渔”，这一册册图书为孩子们搭起了走出大山的阶梯。

3.“阅读推广人”传授专业阅读方法

志愿者李亮作为深圳市阅读推广人，不仅将图书送到孩子们的手中，还以专业知识和技能，为孩子们提供阅读指导。阅读指导从提供推荐书目，传授阅读方法，到打造阅读环境，并与学校的老师沟通，培养出领读人，在后续以征文的形式征集孩子们的阅读笔记。“公益书屋”在2017年和2019年共开展两次征文活动，并于2019年12月开始在中心长期展出孩子们的征文。孩子们在征文中不仅仅写出了读到某一本书的感想，更多的还提到了“公益书屋”对他们生活的影响。这不仅是一个“公益书屋”，更是孩子们的避风港，是孩子们看世界的大窗口。一点点的梦想，就在这个小小的“公益书屋”里萌芽生长。

六、分析与总结

“公益书屋”作为“深圳捐赠换书中心”的衍生品牌，对外捐赠图书来源主要依靠中心日常服务中市民捐赠和交换的图书。由于中心品牌影响的不断扩大，月平均捐入和换入图书多达7000册。源源不断的图书来源，保证了“公益书屋”品牌的持续运转。另外，作为扶贫品牌项目，“公益书屋”具有援建方式多样、精确匹配受捐需求、图书募集方式多样、跟踪捐赠后续反馈、广泛社会化合作等创新特点。

（1）"公益书屋"的援建方式分为受捐对象的申请与中心的主动联系。中心对主动申请的受捐对象进行前期文献调研考察，有条件的进行实地考察，确定其符合"公益书屋"援建标准，以体现"公益书屋"的精准扶贫定位。中心主动援助的对象以国家、深圳政府层面对口支援、帮扶的贫困地区为主，根据相关文件及要求进行精准扶贫工作。

（2）在捐赠图书的选择上，精确匹配受捐需求。根据受赠单位的类型，分为成人图书捐赠与少儿图书捐赠；再根据受赠单位的需求，分别为其准备适合其阅读的各种各类图书，如文学类、科技类、经济管理类图书。

（3）在捐赠图书的募集方式上，以中心、分中心的集中募集为主，同时引入企事业机构及学校的分散募集、读书月活动中的指定募集等多种募集方式。中心先后接受了深圳展华实验学校、皇岗出入境边防检查站22中队等机构的捐赠。深圳展华实验学校为了支持贫困山区留守儿童的阅读梦，共发动2500多名学生捐赠图书总计超3000册。中心将这批图书捐给了国家扶贫开发工作重点县——江西吉安遂川县戴家埔中心小学和珠田中心小学。

（4）探索长效的互动和反馈机制，跟踪"公益书屋"的发展和成效。在后续的捐赠反馈上，中心通过开展"公益书屋"的相关文章、图片征集，收集受赠单位的反馈信息，并做长期展览，取得了较好的社会反响，让"公益书屋"的成效可视化，实现了深圳市民与"公益书屋"的互动，也得到了深圳市民的大力支持。

（5）"公益书屋"面向全国、辐射全国的发展态势需要与更多社会力量的合作，更广泛的社会化合作是"公益书屋"的发展趋势。中心目前已尝试与腾讯公益基金的音乐教室、公益机构"小鸭嘎嘎"、子敬公益、南都读书俱乐部、导游协会等合作援建"公益书屋"并开展多样化的公益活动。中心通过广泛的社会化合作，寻求更多样化的合作方，开辟更多的合作模式，联手开展公益项目，增加中心的受赠群体需求，满足受赠群体文化及其他更多潜在需求。

深圳图书馆联合社会力量成立深圳捐赠换书中心，面向全国援建"公益书屋"，依托图书馆场地、技术及读者群体，通过广泛的社会化合作，盘活闲置图书资源，助力精准扶贫和文化扶贫。

弥勒市“阅读助力脱贫　书本传递真情”服务案例

李学琼　杨德辉　吴柏燃（云南省弥勒市图书馆）

一、项目背景

云南省弥勒市共有建档立卡贫困人口12988户47531人，建档立卡贫困家庭中有3617名小学生。弥勒市图书馆以习近平新时代中国特色社会主义思想为指导，坚持精准扶贫、精准脱贫的基本方略，助力实施乡村振兴、全面建成小康社会。为切实发挥行业职责，将文化融入脱贫攻坚、全面建成小康社会工作中，按照“扶贫先扶智”的思路，为农村贫困孩子提供一个获取知识、展示自我的舞台，培养农村孩子从小爱读书，读好书的阅读习惯，让农村贫困家庭孩子们享受到均等的文化权益，树立通过阅读改变命运的信心和决心；同时激发城市各单位、社会团体、家庭等将家中“沉睡”书籍捐献出来，用自己的爱书为脱贫攻坚贡献一份力量。弥勒市图书馆特地举办了“阅读助力脱贫　书本传递真情”图书捐赠活动暨“书香六一”儿童故事大王比赛。

二、项目内容

1.“阅读助力脱贫　书本传递真情”图书捐赠活动

弥勒市图书馆向广大市民、驻弥机关企事业单位发出捐赠图书倡议书，让全社会行动起来，唤醒身边“沉睡”的书籍，为它们找到更好的“归宿”，给需要的贫困孩子们送去爱和希望。本着自愿、参与的原则鼓励多捐，要求捐赠图书是适合小学生阅读的课外书、教辅资料等，图书洁净、完整，无缺页和破损，须为国家正式、合法出版物，新旧不限。符合要求的图书登记造册后可根据捐赠者意愿在书页标记捐赠者姓名，同时加盖弥勒市图书馆制作的捐赠印章，由图书馆装入书袋，每个书袋装5册图书，配送到弥勒市的贫困孩子手中。同时通过图书馆网站和微信公众号向社会公布捐赠图书去向，接受社会监督。

2.“书香六一”儿童故事大王比赛

制定“书香六一”儿童故事大王比赛活动方案，深入贫困农村开展全民阅读活动。2020年“六一”儿童节期间，选择在脱贫任务较重的西一镇、西二镇举办“书香六一”儿童故事大王比赛，将弥勒市图书馆在城区已连续举办5年、深受孩子们喜爱的品牌阅读活动转移到农村贫困地区举办，让农村贫困家庭中的孩子们与城区孩子们同样享受到均等的阅读权益，以此培养贫困农村孩子的阅读兴趣。活动力图让广大农村的孩子们参与到全民阅读活动中来，以阅读点亮人生，用知识改变命运。

三、项目过程

1.“阅读助力脱贫　书本传递真情”图书捐赠活动

2020年3月，弥勒市图书馆通过本馆网站、微信平台，弥勒电视台微信公众号发出图书捐赠倡议书。引起上级领导重视后，由市委宣传部、市扶贫办、市文旅局等多家单位多渠道共同向社会发出捐赠图书倡议书，倡导向本市建档立卡贫困家庭儿童捐书。捐赠倡议书于3月1日发出后，得到了社会各界人士、部分单位的积极响应。截至8月30日，共收到爱心人士、单位捐赠图书1.3万余册。经过图书馆工作人员整理筛选，选出符合贫困家庭孩子们阅读的图书1万余册。这些书被分类装入图书馆专用书袋，按照每人5册的原则，分发到各

弥勒市图书馆工作人员整理装袋捐赠图书

各级领导代表爱心单位及人士向西二镇贫困孩子赠书

贫困孩子手中。5月至8月，图书馆已完成面向西一镇、西二镇、西三镇、五山乡等10个乡镇，1870名贫困家庭孩子，9350册捐赠图书的配送。今后，图书捐赠活动将一直进行下去。根据陆续收到的捐赠图书情况，图书馆将有计划地安排完成面向剩余4个乡镇1747名贫困家庭儿童的捐赠图书配送工作。

2.“书香六一”儿童故事大王比赛

2020年5月28日，活动在西一镇拉开序幕。来自西一镇中心小学、树乃龙小学、起飞小学、愿景小学等9个小学的120余名师生欢聚一堂，参加图书捐赠暨“书香六一”儿童故事大王比赛。《战士、勇士、国士》《猴子王国》《地球生病了》《鹿角和鹿腿》等一个个精彩的故事被孩子们演绎得活灵活现，展现了当代农村少年儿童昂扬向上的精神风貌和追求真善美的良好品格。比赛评选出一等奖2名，二等奖3名，三等奖5名，优秀奖10余名。

西一镇“书香六一”儿童故事大王比赛

6月1日上午，弥勒市第六届“书香六一”儿童故事大王比赛在西二镇举行，来自西二镇中心小学、茂卜小学、糯租小学、大冲小学、矣维小学等11个小学的33名24组选手陆续登台，讲述了《爱放屁的小熊》《卖火柴的小女孩》《小白纸成长记》《铁杵磨成针》等一个个精彩的故事。孩子们富有童趣、生动活泼的表演将故事里的道理演绎得浅显易懂又耐人寻味，展现了当代农村少年儿童学思践悟、将自身理想与实现中华民族伟大复兴的中国梦相结合的时代新风貌。比赛评选出一等奖2名，二等奖3名，三等奖5名，优秀奖10余名。

四、成效及影响

1.“阅读助力脱贫　书本传递真情”图书捐赠活动

2020年5至8月，弥勒市图书馆代表捐赠图书的爱心单位和个人向1870名贫困孩子，赠送了每人5册共9350册图书，让贫困家庭孩子有了枕边书陪伴。每到一个乡镇捐赠图书活动现场，图书馆馆长都发表诚恳讲话，要求孩子们交换着阅读图书，这样就能看到更多书籍，享受与人分享阅读的快乐。同时他还鼓励贫困家庭孩子多读书、读好书，树立起自强不息、不怕艰难险阻、依靠自己的努力用知识改变命运的信心。

捐赠活动现场，不少家长表态“全力支持孩子读书学习，期望孩子通过学习走出农村，创造自己的未来，不像自己因为不读书没有见识，成为贫困户”。孩子们也表态“会认真阅读这些爱心图书，体验阅读的快乐，努力学习来回报社会的关爱”。活动现场，图书馆收到孩子们精心制作的一张张感谢卡，上面写满了他们的感恩和对未来的期待。

在每一个捐赠图书书袋上，都印有弥勒市图书馆微信二维码，只要扫描就可以阅读6万余册电子图书、报纸，并享受图书馆各类线上展览、听书等服务，有效解决了广大农村无书读、无报看的困境，实现了阅读资源共享目的。

2.“书香六一”儿童故事大王比赛

“书香六一”故事大王比赛是图书馆精心设计、针对14岁以下儿童打造的品牌活动，旨在引导孩子们从故事书开始培养良好的阅读兴趣，提高孩子读书说话的能力。自2015年开始至今，已连续举办5年，深受家长和小朋友们的喜爱。前几年，此项比赛活动都是在弥勒市图书馆内开展，来自城乡的孩子同台比赛。由于城乡教育存在的客观差距，导致获得奖项的基本是城里的参赛孩子，很少有农村孩子。2020年是脱贫攻坚、全面建成小康社会关键年，图书馆响应号召，将此项活动转移到农村开展，让农村孩子享受均等的阅读活动权益，为他们提供一个展现自己、交流学习的机会，鼓励孩子们战胜自我，走上舞台展示自己。

图书捐赠及“书香六一”故事大王比赛活动通过书香云南公众号、弥勒电视台、红河电视台、红河文旅、弥勒文旅、弥勒政府网14次的宣传报道，取得了很好的社会反响。市、镇、村三级领导的共同参与也为活动在全市的宣传和延续起到了积极的作用。活动进行至今，共有3470余名孩子参与，是近年来本市阅读推广与脱贫攻坚工作结合最紧密、覆盖面最大的一次活动。截至2020年8月底，共收到7560个爱心个人、35个爱心单位捐赠的13000余册图书，价值22.5万元，达到人人献出一份爱，帮助农村脱贫奔小康的成效。活动激发了农村孩子阅读的兴趣，在进一步促进基层农村全民阅读推广方面成效显著。面对记者的现场采访，孩子们纷纷表示“能参加市级读书比赛活动，获奖并上电视，太高兴了，今后一定要多读书，争取更好的成绩”。

五、分析及总结

“阅读助力脱贫　书本传递真情”服务案例，是弥勒市图书馆顺应国家发展，紧跟时代步伐的服务新探索，也是总结以往全民阅读活动经验，补齐文化惠民短板的新尝试。该活动立足图书馆“奉献、友爱、互助、进步”的志愿服务精神，在开展前期制订了周密详细的活动计划和方案，借助总分馆模式，与本市12个乡镇和一个农场管理局形成了良好的沟通和互动，深入到贫困地区第一线开展图书馆专业服务活动。在经费极度紧张的情况下，通过创新思维及服务模式的探索，以党建引领、党员带头、政府搭台的形式广泛发动群众，依靠人民群众的力量吸引了大量的社会资源，弥补了资金不足的缺陷，将一朵朵爱的浪花凝聚起来，形成了全社会的大爱之江。

总结本次活动的开展情况，特别是参加活动的农村青少年的反响，可以看出他们对社会爱心的捐赠和关注十分感恩，也十分渴望有一个展示自己的舞台。图书馆的这项活动正好在社会和他们之间搭起了一座爱的桥梁，也为他们提供了一个展示自己的机会。随着该项活动被媒体广泛传播，捐赠参与人数、受赠人数都在不断增加，此项活动的影响面也越来越大。我馆将逐渐扩大图书捐赠的范围，将此项惠民活动的受益者由农村小学生扩大到农村的中学生，形成长期的捐赠图书帮扶运行机制。同时，我馆将把更多的品牌活动送到农村，用1—3年的时间将品牌活动连同图书捐赠活动覆盖到所有乡镇，将越来越多的公共文化资源配置到农村，以青少年的阅读兴趣与习惯培养为突破口，着力抓实农村阅读推广工作，切实提高本地区国民阅读率。

聚力精准扶贫　助推脱贫攻坚

——宁夏回族自治区图书馆文化扶贫工作纪实

张明乾　李　刚　李亚楠（宁夏回族自治区图书馆）

一、项目背景

2016年，文化部、国家发展改革委、国家民委、财政部、新闻出版广电总局、体育总局、国务院扶贫办七部委共同印发了《“十三五”时期贫困地区公共文化服务体系建设规划纲要》（以下简称《规划纲要》），《规划纲要》指出，构建中国特色现代公共文化服务体系、实现基本公共文化服务标准化均等化，最艰巨、最繁重的任务在贫困地区。“十三五”时期加快推进贫困地区公共文化服务体系建设，是服务脱贫攻坚大局、构建现代公共文化服务体系的重要任务，也是统筹城乡区域文化一体化发展、维护国家文化安全、保障人民群众基本文化权益、促进全体人民共享文化改革发展成果的重大举措，更是全面建成小康社会、构建社会主义和谐社会的迫切需要。

《规划纲要》实施范围包括宁夏回族自治区南部山区9县，宁夏也积极贯彻落实习近平总书记在东西部扶贫协作座谈会上的重要讲话精神，牢固树立“四个意识”，以高度的责任担当，把全区扶贫工作提高到新的水平，把目标任务分解到每一年度，督促对口帮扶地区和部门加大政策支持力度，要进一步突出精准扶贫，进一步做好文化扶贫，不断增强贫困地区造血功能。作为公共文化服务体系重要阵地，从2018年开始，宁夏回族自治区图书馆（以下简称“宁夏图书馆”）积极申报建设“精准扶贫——塞上江南多媒体资源库”，针对农村留守儿童、留守妇女、留守老人等进行定向资源的配备，从平台和资源方面进行全方位建设，提高贫困地区人民群众的精神文化生活以及生产能力，在精准扶贫的过程中，还能够为贫困家庭、留守老人妇女儿童、农村剩余劳动力提供更多的教育，为贫困家庭提供更多创业就业的机会。宁夏图书馆尝试把平台和资源用到实处，切实有效地为贫困地区群众提供互联网环境下的资源和服务，做到真正帮助贫困地区群众脱贫致富。

二、项目内容

“精准扶贫——塞上江南多媒体资源库”致力于推动公共文化扶贫网络建设，整合文化资源，是针对农村种养殖户、留守人员量身定制、打造的一套集养殖种植、养生保健、技能培训、法律知识、留守儿童再教育等内容为一体的综合性学习平台。该平台通过视频、图片、音频、电子书等多种展示方式展示各种知识。“精准扶贫——塞上江南多媒体资源库”分两期建设完成。一期收录精准扶贫专题片2集，文献180万字，图片10000幅，视频9062分钟，动漫1065集。二期在一期的基础上拓展更新文化资源，使资源分类更清晰，内容更全面、多元化，所提供的资源内容包括技能培训、法律知识普及、养生保健、党政、留守儿童再教育等，更好地满足了基层群众的需求。二期扩充文献161万字、图片6594幅、视频1992分钟，并对平台页面全新优化升级，让用户有更好的体验和视觉效果，方便群众找到符合自己需要的学习内容。

项目同时依托宁夏公共数字文化服务推广活动，共举办了11场线下推广活动，两场线上推广活动，线上线下累计参与人数200多万人次。《中国文化报》、《宁夏日报》、宁夏电视台等30多家媒体对活动进行了宣传和报道。

三、项目过程

“精准扶贫——塞上江南多媒体资源库”通过前期调研了解基层群众需求，依托宁夏党委、政府全面启动实施的文化扶贫工程贫困地区村综合文化服务中心建设，一期以固原市为中心运用互联网技术搭建服务平台和整合资源内容，建立适合当地群众学习应用的扶贫资源，通过互联网平台进行线上的推广运营及培训，达到本项目精准扶贫的目的。同时，资源库建设完成后，选取有特色的基层站点开展电子商务、养殖种植、法律知识、电脑技术等线下线上推广活动。二期项目继续了解基层需求，更新少儿资源、养殖种植资源、技能培训、养生保健、法律讲堂、党政资源等，并对平台进行优化。同时继续开展线下线上培训，养生保健、金融知识讲座等推广活动。通过培训、活动拓宽了基层群众的思路和眼界，解决了一些长期困惑他们的问题，受到群众的欢迎。

宁夏图书馆文化扶贫系列活动医疗健康专题讲座

四、成效与影响

“精准扶贫——塞上江南多媒体资源库”的建设实施，通过文化引领，平台帮扶，改善基层群众文化生活。群众通过平台资源的学习与互联网途径的辅助，拓宽了获取知识的途径，提升了学习能力，转变思想观念，充分调动起自身的积极性、主动性和创造性，用他们的智慧从根本上改善生活，实现真正的脱贫奔小康。

五、分析与总结

2018年8月，本项目在开展宁夏公共数字文化服务推广活动时进行了需求调查。通过调查，了解宁夏贫困地区群众对公共数字文化诉求，达到精准文化扶贫的目标，为后续公共数字文化建设提供参考依据。本次问卷调查主要面向贫困地区公共文化基层服务点工作人员和广大人民群众，活动采用线上手机微信扫码填报和线下手动填报两种方式进行，共收集1249份调查问卷。

1.调查问卷分析

（1）平均月收入分析

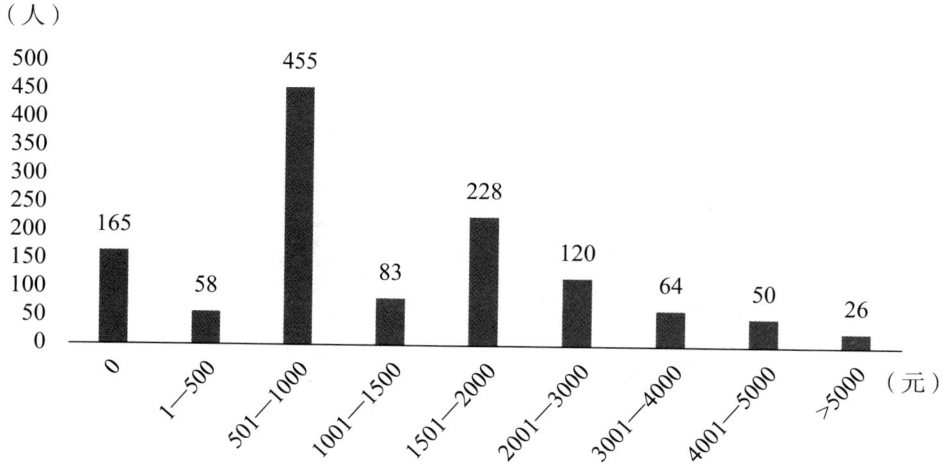

平均每月工资人数分布

根据问卷调查填报平均月收入数据进行分析，无收入人员165人，占比13.2%；平均月收入501—1000元人员455人，占比36.42%。

（2）男女比例分析

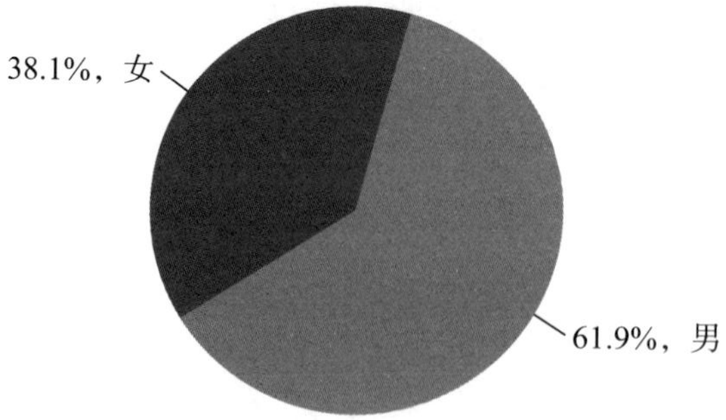

男女比例分析

根据问卷调查填报数据进行分析，问卷填报人员主要以男性群众居多，共772人，占比61.9%；女性群众477人，占比38.1%。

（3）年龄段分析

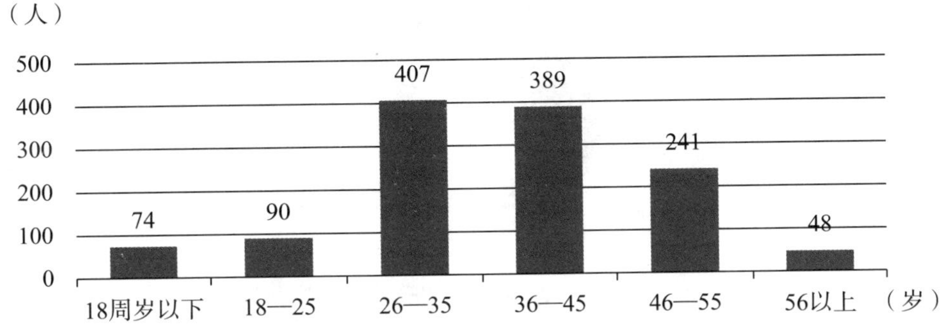

年龄段分析

根据问卷调查填报数据进行分析，年龄段18岁以下为74人，约占总人数的5.9%；18—25岁为90人，约占总人数的7.2%；26—35岁为407人，约占总人数的32.6%；36—45岁为389人，约占总人数的31.2%；46—55岁为241人，约占总人数的19.3%；56岁以上为48人，约占总人数的3.8%。

（4）户口性质分析

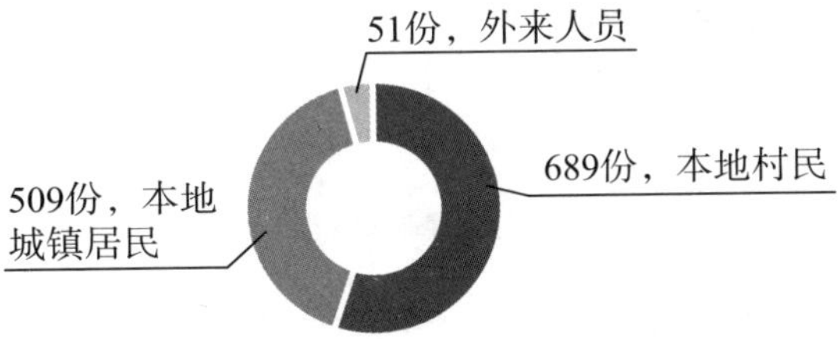

户口性质分析

本次收集的填报问卷中，本地村民填报689份，占比55%，本地城镇村民填报509份，占比41%；外来人员填报51份，占比4%。本地村民和本地城镇居民合计占比接近96%。

（5）文化程度分析

根据本次调查问卷填报数据，初中学历的人员543人，占比44%；高中学历人员310人，占比25%；小学及以下141人，占比11%；大专学历128人，占比10%；本科及以上学历127人，占比10%。整体来看，填报人员学历主要分布在小学、初中、高中，合计占比近80%。

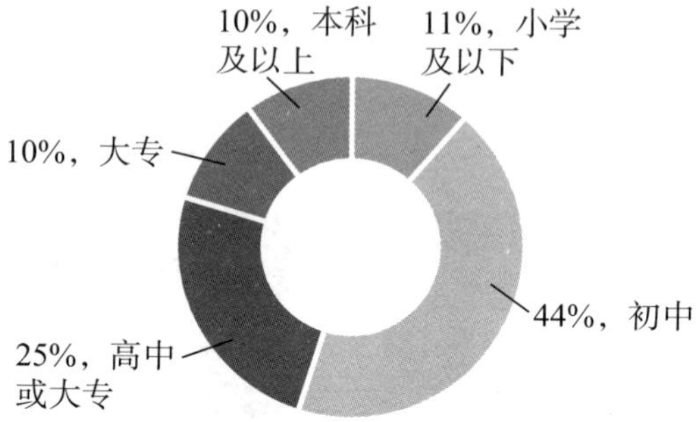

文化程度分析

（6）目前从事职业分析

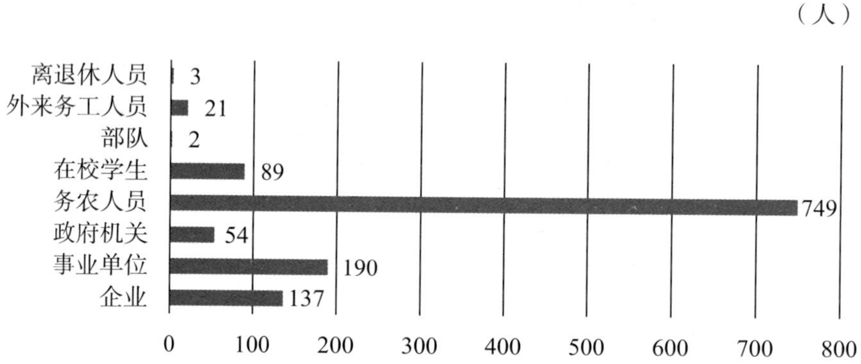

目前从事职业分析

目前从事的职业中，务农人员、事业单位、企业三种职业人数最多，分别约占总人数的60%、15.2%、11%。

（7）喜欢的公共数字文化类型分析

从群众喜欢的公共数字文化资源类型分析图中可以看出，受公众喜欢的公共数字文化资源类型前三位为：文化艺术、历史非遗、法制世界。其中历史非遗为公众最喜欢的资源类型，约占总数的44.2%。

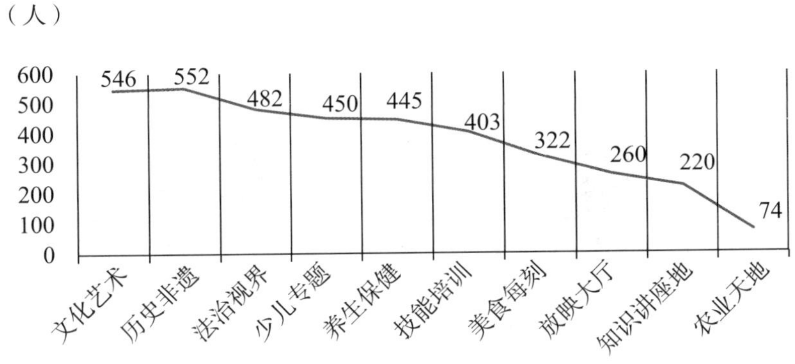

喜欢的公共数字文化类型分析

（8）喜欢的公共数字文化形式分析

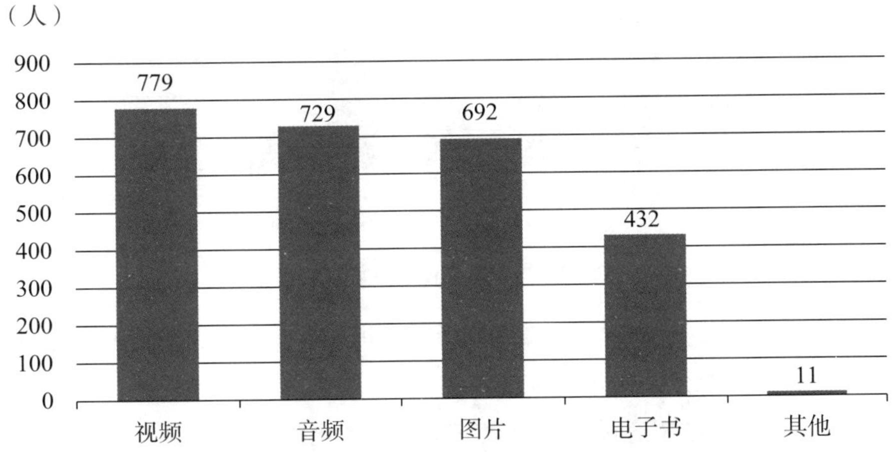

喜欢的公共数字文化形式分析

从群众喜欢的公共数字文化资源形式分析图中可以看出，群众更加喜欢视频、音频、图片三类资源，其中，视频形式的公共数字文化资源最受群众喜欢。

（9）群众日常生活中急需公共数字文化资源分析

从群众日常生活中急需公共文化资源分析图中可以看出，群众日常生活中急需的前三种文化资源是舞台艺术、电影、电视。其中电影形式的资源是群众最急需的公共数字文化资源。

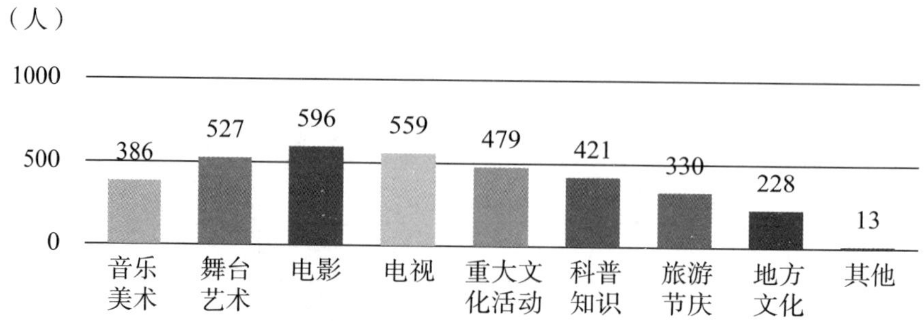

群众日常生活中急需公共文化资源

（10）群众获取公共文化资源渠道分析

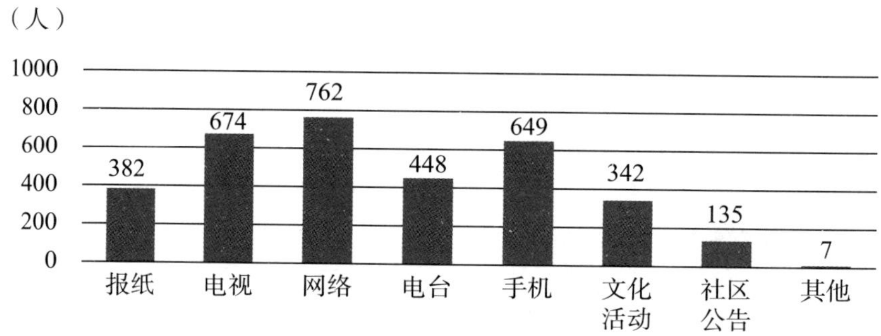

群众获取公共文化资源渠道分析

从群众获取公共文化资源渠道分析图中可以看出，群众通过网络、电视、手机三种渠道获取公共文化资源的较多。

（11）群众最希望通过哪种渠道获得公共文化资源分析

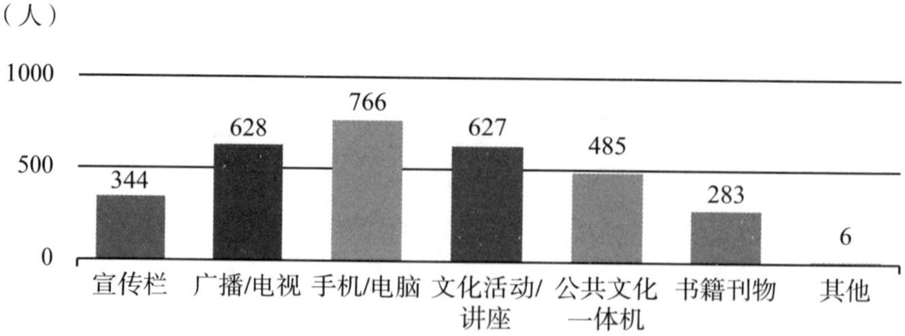

群众最希望通过哪种渠道获得公共文化资源分析

群众最希望通过何种渠道获得公共文化资源分析图中可以看出，群众希望通过手机/电脑、广播/电视、文化活动/讲座、公共文化一体机获得文化资源的相对较多。其中有766人希望通过手机/电脑获得文化资源，有628人希望通过广播/电视获得文化资源，有627人希望通过文化活动/讲座获得文化资源。

（12）群众是否喜欢使用交互式设备浏览公共数字文化资源

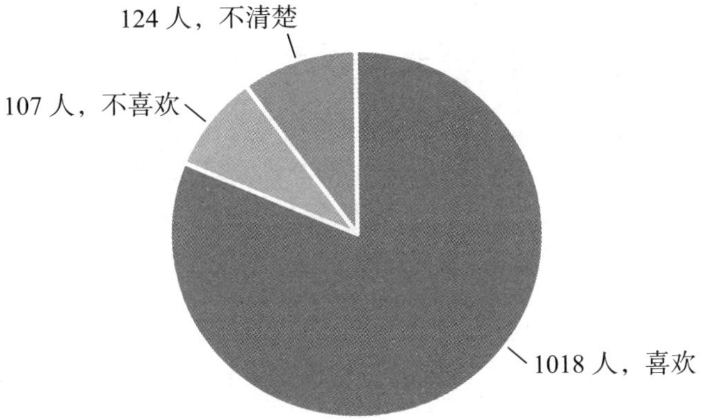

群众是否喜欢通过交互式设备浏览公共数字化文化资源

从群众是否喜欢通过交互式设备浏览公共数字文化资源分析图中可以看出，有81%的群众喜欢通过手机、一体机浏览公共数字文化资源，共1018人；不喜欢的107人，占比9%；不清楚的124人，占比10%。

（13）群众日常的文化娱乐活动分析

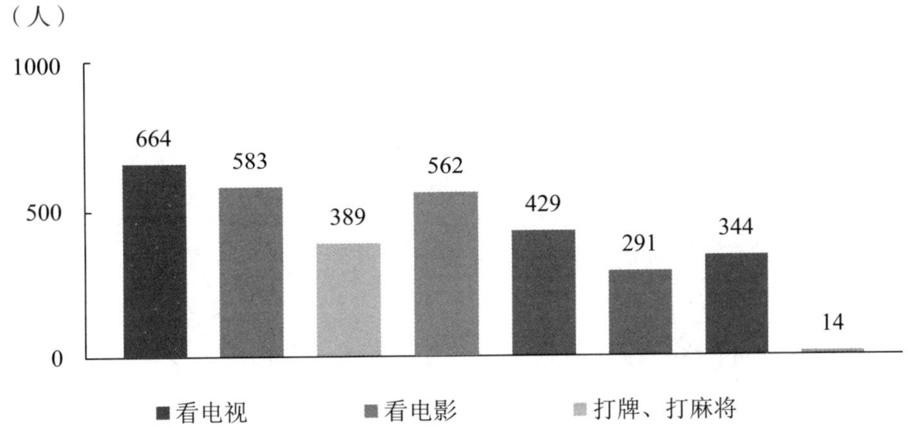

群众日常文化娱乐活动分析

从群众日常文化娱乐活动分析图可以看出，群众最喜欢的前三类文化娱乐活动为看电视、看电影、读书看报。其中看电视共计664人，占总人数53.16%，看电影583人，占比46.68%；读书看报562人，占比45%。

（14）群众更愿意参加公共文化活动类别分析

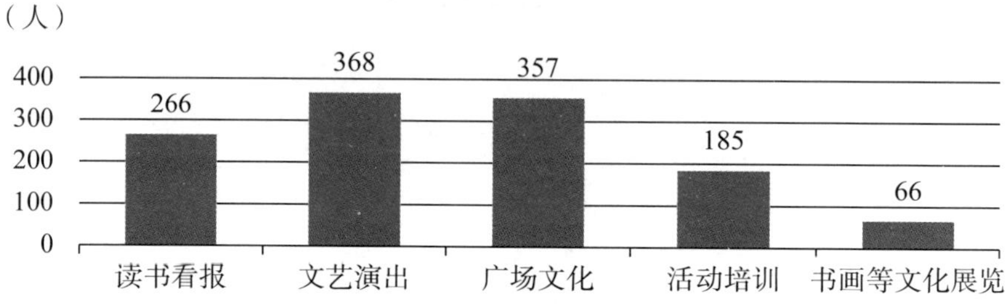

群众更愿意参加公共文化活动类别分析

通过群众更愿意参加公共文化活动类别分析图可以看出，群众更愿意参加文艺演出、广场文化活动、读书看报三种类型活动。其中愿意参加文艺演出活动的占比最大。

（15）群众希望增加的公共文化活动分析

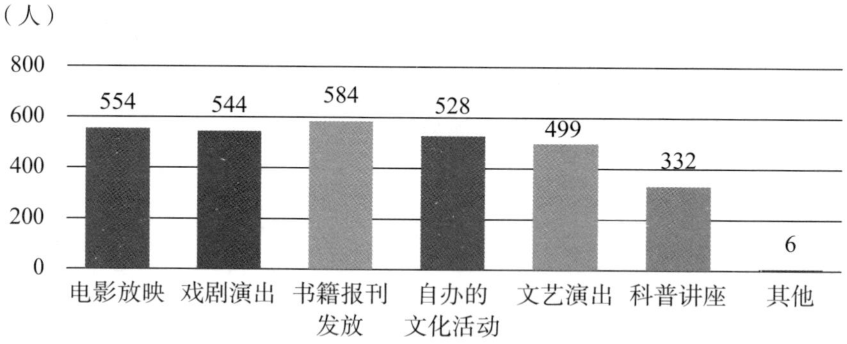

群众希望增加的公共文化活动分析

通过群众希望增加的公共文化活动分析图可以看出，群众非常倾向增加电影放映、戏剧演出、书籍报刊发放、自办文化活动、文艺演出等文化活动的举办力度，同时部分群众希望增加科普讲座等文化活动。

（16）所在地区拥有文化场所分析

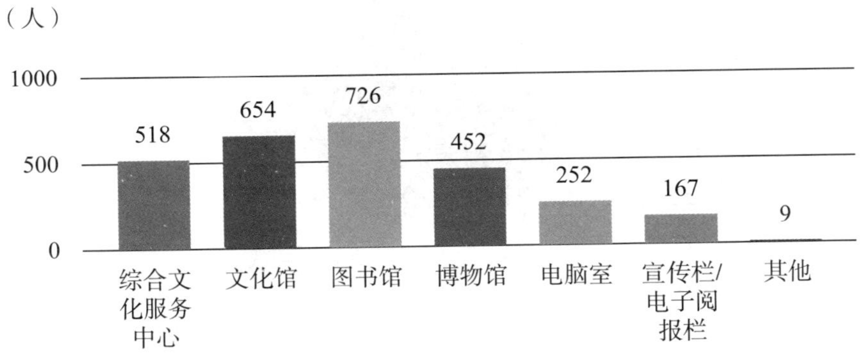

所在地区拥有文化场所分析

通过群众所在地区拥有文化场所分析图可以看出，群众所在地区拥有较多的文化场所为图书馆、文化馆、综合文化服务中心，其中最多的为图书馆。

（17）经常去的场馆分析

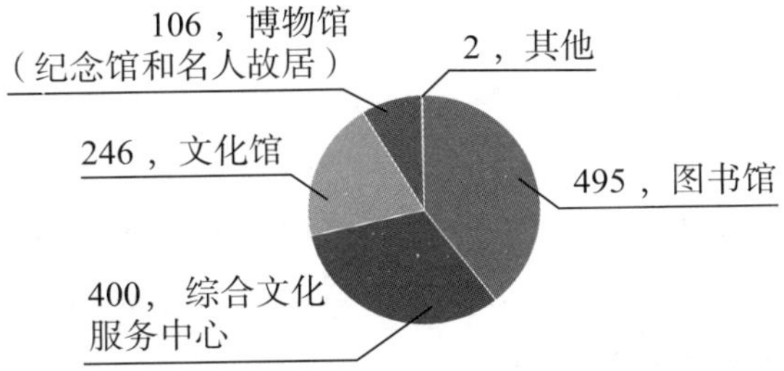

群众经常去的场馆分析

通过群众经常去的场馆分析图可以看出，群众经常去的场馆前三位为图书馆、综合文化服务中心、文化馆。在群众经常去的场馆中，图书馆是群众去的次数最多的场馆。

（18）群众去文化场所阅读文化资源的频率分析

通过群众去文化场所阅读文化资源的频率分析图可以看出：一周去一次或以上的人员550人，占比44%；一个月去一次或者以上的人员419人，占比34%；两者合计占比78%。由此可见，群众去文化场所的频率是非常高的。

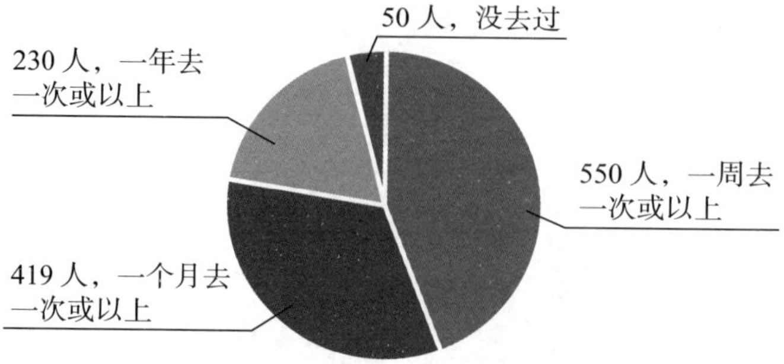

群众去文化场所阅读文化资源的频率分析

2.本次调查问卷中群众提出的建议可以归纳为以下几点：

（1）多举办文化宣传活动，多渠道普及公共文化。

（2）增加移动端的内容推广，微信公众号多多宣传。

（3）丰富内容，多元化展示资源，多提供一些有特色的公共终端服务。

（4）完善基层设施，合理利用空间资源。

（5）加快内容更新，及时推送最新信息。

六、扶贫活动中涌现的小故事

2019年10月，按照宁夏图书馆2019年扶贫推广活动方案的计划安排，共享工程部活动组要于10月18—19日在宁夏隆德县和海原县的5个基层点（包括一所小学）开展服务推广活动。

16日早晨，我们从银川出发时，天空还一片晴朗。当在隆德县基层点查看完3个活动场地布置情况后，天突然变得灰蒙蒙的，感觉大雨要来临。想想我们还要赶到海原县的一个基层点（海原县关桥乡罗山村舒湾小学）去查看第二天古诗词朗诵活动场地布置情况，并且还要给孩子们送去已准备好的图书、期刊、书包、彩笔等学习用品。如果不及时送到，会耽误活动的开展，还会让孩子们的期盼落空。

于是，我们布置完隆德的基层点场地后，抓紧时间往海原县赶。在去的路上，雨就开始滴答。宁夏南部山区气温较低，一会儿便成了雨夹雪。等我们到高速路口时，高速公路已全线封闭。想想孩子们期盼的眼神，我们开始导航寻找新的路线去往海原县。我们根据导航驶入国道，摸黑朝着目的地前进。可是半道上发现这条路也在修建。刚刚挖完的土路遇到雨夹雪，已经完全和成了泥巴。车子在泥里扭来扭去，开了20多年车的老司机陈师傅也感到害怕，但是我们觉得无论如何要赶到学校，不能耽误明天的活动开展。我们大家鼓鼓劲，车子缓缓地挪动着。原本1个小时的路程我们行驶了3个小时，终于到达了学校。第二天，孩子们盼望的诗词诵读比赛如期开展。看到孩子们都拿着自己喜爱的奖品，大家都露出了灿烂的笑容。我想，无论是脱贫攻坚，还是文化扶贫，只要我们朝着目标努力前行，就一定能收获成功。

不忘初心，巴彦淖尔市图书馆文化扶贫在行动

刘　洁　田　燕（巴彦淖尔市图书馆）

什么是文化精准扶贫？它是通过在文化设施建设、文化产品供给、公共文化服务、文化产业扶持、精神文明建设等方面，开展因需而异、因地制宜的精准扶贫活动，从而有效提升贫困人口的文化素养和知识技能，逐步改善和推动贫困地区的经济、文化发展①。

一、项目设计

巴彦淖尔市图书馆因地制宜，推出形式多样的文化扶贫系列活动，包括“三区人才支持图书馆工作者”培训、图书馆的“三下乡”活动、图书馆全民阅读“七进”活动、文化志愿服务、“春雨工程”等。这些项目的主旨是通过各种活动的开展，形成多层次、全方位的扶贫协作，使区域文化发展差距扩大的趋势得到逐步扭转，区域文化发展协调性增强，开创优势互补、长期合

① 吴建中. 文化扶贫要精准，贫困村图书馆里不能多是“大路货”[EB/OL]. [2017-03-05]. https://www.jfdaily.com/news/detail?id=46272.

作、聚焦扶贫、实现共赢的良好局面。比如通过“三区人才支持图书馆工作者”培训活动，让偏远地区的苏木、嘎查等地区的基层农牧民图书馆管理员，收获更多与时俱进的图书馆新信息；图书馆的“三下乡”活动，图书馆员亲自赴田间地头启发民智，教化民风，从思想上淡化贫困意识，增强广大群众脱贫致富的勇气和信心，为脱贫攻坚工作提供精神动力和文化支撑；图书馆的全民阅读“七进”活动，使得巴彦淖尔市各类读者群体，尤其是弱势群体可以更好地共享文化惠民的成果。

二、项目内容

1.图书馆“三区人才支持图书馆工作者”培训

（1）派业务骨干赴基层图书馆、草原书屋、农家书屋手把手现场指导工作

巴彦淖尔市地处内蒙古中西部地区，属于国家确定的“三区”范围。为了加快建设公共文化服务水平，巴彦淖尔市图书馆（以下简称“市图书馆”）自2011年至今，持续多年选派数名业务骨干为周边七个旗县区的苏木镇、嘎查村（社区）等进行调研考察指导，以全日工作形式为受援地提供短期服务，如针对草原书屋与旗县区图书馆资源在标识、编目、整理、上架等环节进行业务指导，并完成了协议签订、馆室建设、制度上墙、图书分配等工作。市图书馆与基层书屋、图书室进行了充分的交流与沟通，进一步摸清了他们的工作开展情况以及存在的问题和困难，也对他们的图书管理工作提出了建议和指导，引导他们逐步形成规范化、标准化、正规化的图书管理体系，切实做到帮扶基层、服务基层、指导基层。

（2）组织面向基层图书馆工作人员的业务培训

每年，自治区都会拨付我馆“三区”文化工作者专项经费共12万元，用于帮扶、培养人员的工作补助、交通差旅费用、保险和培训费用。为了将经费落到实处，有效推动“三区”的文化发展，提升公共文化服务水平，市图书馆每年组织各旗县区草原书屋、农家书屋、基层文化站、社区图书室的工作人员参加业务培训。截至2020年，培训总人数已达2000余人次。

表1 巴彦淖尔市图书馆组织的“三区人才支持图书馆工作者”培训

时 间	地 点	培训内容	参与人数
2015年8月10日	乌拉特后旗	草原（农家）书屋的含义、图标、意义	50余人次
2016年4月20日	乌拉特后旗	①图书分类、编目及陈列 ②草原书屋的管理和利用	80余人次
2016年10月14日	杭锦后旗	如何建立规范化、标准化、正规化的图书管理体系	80余人
2017年4月21日	五原县	①图书分类、编目及陈列 ②草原书屋的管理和利用	50余人
2017年11月9日	乌拉特后旗	①怎样做好图书馆全民阅读推广活动 ②公共阅读空间的兴起与发展	120余人次
2017年11月17日	磴口县	①讲解《中华人民共和国公共文化服务保障法》 ②讲解《草原书屋图书分类法》 ③讲解《公共空间兴起与发展》	100余位
2018年11月8日	杭锦后旗	①“鸿雁阅读”计划购书与借书的结合、产业与事业的结合 ②如何做好公共图书馆总分馆制建设	90余人次
2019年9月27日	临河区	①古籍的收藏与整理 ②地方文献的收集方法与途径	120余人次
2020年9月8日	临河区	①地方文献收集的方法与途径 ②图书馆的阅读推广活动	100余人次

2.图书馆的“三下乡”活动

“三下乡”活动即有关文化、科技、卫生三方面的内容知识下乡普及，以促进农村文化、科技、卫生的发展。大力开展文化、科技、卫生“三下乡”活动，是我们党全心全意为人民服务宗旨的具体体现。作为公益文化基地和社会教育中心，一直以来，市图书馆都

市图书馆参加2016年文化、科技、卫生“三下乡”活动

积极参与全市的文化、科技、卫生“三下乡”活动。在每一次的活动中，我们都精心挑选出涉及农业科技、畜牧业养殖、文学艺术、生活保健等方面的图书、报刊、光碟，带到农牧民身边，面对面地与农牧民交流，同时现场发放图书馆服务指南宣传资料。我们用实实在在的服务和内容，将党的惠民政策宣传到千家万户，把农牧业科技和文化知识送到基层群众身边。

通过“三下乡”活动，市图书馆及时地满足了基层群众日益增长的文化需求，实现了“图书下乡”“文化下乡”“知识下乡”，服务范围和服务内容得以延伸，受到了广大人民群众的热烈欢迎和一致好评，对推进新农村建设，起到了积极的推动作用。

表2 巴彦淖尔市图书馆参加全市文化、科技、卫生“三下乡”活动

时　间	地　点	赠送资源情况
2015年3月31日	乌拉特中旗乌加河镇中心广场	市图书馆为乌加河的农牧民朋友免费赠送了多媒体光碟100张，包含《惠农资源（畜禽科学饲养技术、水产养殖技术）》和《惠农资源（粮食作物新法栽培技术、经济作物新法栽培技术）》。这些资料内容丰富，贴近农牧民生活，贴近生产一线，针对性强，符合当地的气候和地域特点，由市图书馆的工作人员精心挑选、专门制作，受到当地群众的欢迎与好评
2016年3月30日	乌拉特后旗巴音宝力格镇蒙汉新村	市图书馆精心挑选适合农牧区居民阅读学习的28种共200余册期刊送至活动现场
2017年4月6日	磴口县隆盛合镇	市图书馆为当地农民带去了有关健康常识、农作物种植、畜牧业养殖及病虫害防治等方面的期刊共计200余册
2018年3月14日	杭锦后旗蒙海镇西渠口村	市图书馆有针对性地精心挑选了内容涉及农业科技、文学艺术、少儿读物、医学、经济等方面的图书，让乡村百姓在家门口就能享受到文化科技卫生的饕餮大餐
2018年12月29日	乌拉特前旗西小召镇	市图书馆依据现代农民生产生活特征，精心挑选出涉及农业科技、文学艺术、生活保健等方面的图书、报刊带到村民身边，与村民零距离开展互动服务。现场发放图书馆宣传册、数字资源介绍、特色服务等宣传资料

3.图书馆的全民阅读“七进”活动

为大力发挥图书馆在倡导阅读、指导阅读、推动全民阅读等方面的重要作用，宣传新时代图书馆的服务理念、服务手段和服务内容，引导更多市民认识图书馆、走进图书馆、利用图书馆，助力文化扶贫，市图书馆面向基层深入开展全民阅读“七进”活动，具体为：全民阅读进农村、进社区、进校园、进军营、进企业、进机关、进家庭。通过全市动员、全民参与，培养广大市民良好的阅读习惯，形成“书香巴彦淖尔”的良好社会氛围。

市图书馆为杭锦后旗三道桥文化站赠送期刊

三、项目特点

1.领导重视，组织严密

市图书馆在市文新广局的领导下，对图书馆助力文化扶贫活动进行了精心策划、全面安排、认真落实，将文化扶贫列入全年工作日程，制定了切实可行的实施方案。我们按照活动安排统一部署、相互协作、积极实施，同时广泛发动社会力量共同参与，从人力、物力、财力上进行了充分准备，为活动顺利开展奠定了坚实的基础。

2.形式多样，内容丰富

近几年，市图书馆在文化扶贫的路上着力加强群众与图书馆、群众与群众之间的互动交流。在坚持了传统的外送图书和光碟等惠民活动的同时，也推出了百题知识竞赛、朗诵比赛等新的活动形式，使得活动内容更加充实、活动形式更为丰富，充分调动了群众的参与热情，获得了广泛的关注与支持。

3.以点带面，示范带动

市图书馆坚持“以点带面，示范带动”导向，每年都会针对文化扶贫工作中涌现出的优秀的个人及团体进行表彰，号召全市各级图书馆充分利用自身的优势，积极开展文化扶贫，不断提高贫困群众的科学文化素质，帮助贫困群众脱贫致富。

市图书馆为先进草原（农家）书屋颁发牌匾

4.因地制宜，凸显亮点

（1）创建品牌特色。全市共有701个草原（农家）书屋，每间草原（农家）书屋的基础设施都较为完备，且都有各自独特的建设风格与特色。市图书馆除了不定期地为他们更新图书期刊外，还指导他们广泛开展与农牧民群众生产生活紧密相关的读书活动，丰富群众的精神文化生活，促进乡风文明建设。我们还利用共享工程的海量资源，为农牧民朋友送去种养殖技术等方面的精神食粮，充分发挥了图书馆教育引导、惠民富民的作用，打通了群众文化需求的最后一公里。

（2）建立志愿者队伍。全市各级公共图书馆面向社会招募文化志愿者500人以上。这些文化志愿者活跃在基层一线，宣传扶贫的相关政策，积极组织开展文化活动，引导群众逐步实现精神脱贫。

四、影响与成效

在助力文化扶贫的工作中，市图书馆发挥自身优势，秉承创新务实的作风，从日常工作入手，通过贴近实际、贴近生活的文化活动，把最新的科学知识、最实用的生产技术、最切合实际的致富思路送到贫困群众手中，充分发挥了图书馆作为文化扶贫排头兵的积极作用，为如期完成脱贫攻坚任务、夺取全面建成小康社会决胜阶段的伟大胜利作出了应有的贡献[①]。

文化助农、文化助产

——以汝南县图书馆“书香汝南”项目农家书屋为例

刘　冬　韩祥荣（河南省汝南县图书馆）

一、项目背景

党的十九大以来，脱贫攻坚成为中国全面建成小康社会的底线任务和标志性指标，被纳入“五位一体”总体布局和“四个全面”战略布局。党和政府以前所未有的力度推进精准扶贫、精准帮扶。文化扶贫是精准扶贫的重要组成部分，而基层公共图书馆则是重要的文化基础设施和公益性文化服务机构，在文化扶贫过程中可以发挥积极作用。经济社会带给人们的是富足的生活，生活日益改善后，人民群众的需求就开始逐渐向精神生活方面转移。

在农村设置的农家书屋由农民自己管理。农民既是受益者，也是管理者，可以根据自身的需要，利用农家书屋开展喜闻乐见、形式多样的活动，还可以赋予农家书屋更多的功能，把它建成一个综合性的公共服务平台。所以，农家书屋不仅仅是提供读书、看报条件的阅览场所，更是满足农民多样性文化需求的公共空间。为了更好地保障人民基本文化权益，开展全民阅读，建设书香社会，经过实地调研，河南省汝南县图书馆决定采购一套汝图有声数字阅读软件。汝图数字有声图书馆便是基于这一软件，容纳海量高品质有声读物的互联网听书平台，可通过扫描微信二维码阅读。

---

① 张建．基层公共图书馆助力脱贫攻坚工作的实践思考——以社旗县图书馆为例[J]．河南图书馆学刊，2019（3）：11-13．

二、项目内容及过程

汝南县图书馆经研究决定建设汝图数字有声图书馆后，通过申请资金、招标，于2018年6月采购一套汝图有声数字阅读软件。汝图数字有声图书馆是基于这一软件，容纳了海量高品质有声读物的互联网听书平台。数据库内有声读物累计55万余集，合计15万小时，月更新量可达6000小时。

汝南县图书馆听书文化墙

有声书作为一种新的品种，可以丰富图书馆数字文献类型，增加数字文献的馆藏。听书已经逐渐成为一种全新的阅读方式。它能使人们的眼睛解放出来，在“闭目养神”中享受读书带来的乐趣；它能解放人们的双手，在做其他工作的同时，也能享受书的乐趣。

汝图数字有声图书馆内容资源涵盖文学、历史、政治、法律、哲学、经济、管理、军事、医学、艺术、教育等领域，涉及国学经典、政治法律、经济管理、名人名家、历史地理、自然科学、职业规划等应用层次。图书经甄选后进行有声制作，由真人原声录制，名家名嘴播讲，音乐音效生动细腻，现场感足。读者收听过程中既可汲取文化科学知识，又可体验语言艺术之美。读者可以通过PC端在线听书，也可以将图书下载到电脑，或是通过App下载到手机，满足自己随时随地听书的需求。

三、成效与影响

阅读是人类获取知识、增长智慧的重要方式，是一个国家、一个民族精神发育、文明传承的重要途径。数字有声图书馆的建设有利于图书馆推广阅读，为公众提供更高品质的服务，促进“书香汝南”建设。

汝南县图书馆把汝图数字有声图书馆打造成“全民阅读”优秀服务品牌，向全县各乡、镇、村委免费推广。目前已实现汝南县18个乡、镇文化服务中心和281个行政村全覆盖，力求打通公共数字文化服务“最后一公里”。

建设中的老君庙镇文化服务中心图书室

四、分析与总结

文化扶贫是精准扶贫的重要组成部分，而公共图书馆是重要的文化基础设施和公益性文化服务机构，拥有大量的文化资源。汝南县图书馆创新文化扶贫路径，主要有三大举措助力脱贫攻坚。

1.“志”“智”双扶，延伸文化扶贫的内涵

目前，汝南县脱贫攻坚工作已取得阶段性的胜利。为了巩固已经取得

的胜利成果，防止返贫，汝南县图书馆将扶贫工作重点定位于扶“志”与“智”。首先，从文化与精神层面给予已脱贫群众帮助，帮助他们建立正确的价值观，在思想上“脱贫”，激发脱贫致富内生动力。其次，利用图书馆大量的文献资源和数字资源库，为困难群众提供针对性的技术支持和信息服务。再次，针对年龄较大、识字不多的群众，图书馆通过微信公众号，定期推出听书资源，以满足他们的精神需求。

2.开发利用地方文献，助力产业发展

多年来，汝南县图书馆收集了大量的汝南县区地方资料，主要包括本土作家作品、描写本土文化的作品、记载汝南县风土人情的资料、汝南县党史资料、汝南县文史资料等。图书馆充分利用这些地方文献先后为麦草画制作申报非遗、罗卷戏申报非遗、梁祝之乡旅游规划编制提供了参考资料。汝南县图书馆走进贫困村，开展“书香汝南·全民阅读”地方文献展览推广活动，为村民们送去精神食粮。设置了地方文献专柜和学习贯彻“十九大”精神专题书架，给基层扶贫干部、群众提供良好的学习氛围及参考咨询，不断提升扶贫能力素质。

3.深入开展阅读推广活动，引导农民群众阅读，从而提高自身能力与素质

为满足困难群众的文化需求，图书馆走进乡镇、深入贫困村开展阅读推广活动，强化阅读意识，帮助农民建立读书有益的思想。加强对农家书屋管理员的业务培训，指导农家书屋广泛开展与农民群众生产生活紧密相关的读书活动，丰富群众精神文化生活，促进乡风文明建设。利用共享工程资源，举办视频讲座，内容包括种养殖技术、技能培训、乡村振兴、经济解读等方面。

综上所述，图书馆脱贫攻坚对于现代群众文化需求的研究与创新十分关键，当图书馆逐渐成为社会主流文化体系的“宣传栏”后，图书馆的作用和价值才会被挖掘、被延展。群众文化需求在不断变化，图书馆要紧紧把握好群众文化的发展方向和需求变化，通过最基层、最普及的沟通渠道和平台，始终拉紧与群众之间的联系，不遗余力地探索、发现图书馆脱贫攻坚、图书馆文化创新服务的新方向。

五、案例小故事

以下是一位盲人老年读者对汝南县图书馆所举办活动的感受。

获悉今年世界读书日，汝南县图书馆开展“汝图邀你来寻宝　把你喜欢的说出来——汝南县图书馆数字资源寻找阅读达人公益读书活动”，我作为一位七十岁的盲人读者，特别开心。

我虽然是个盲人，不能用眼睛去阅读，但我与汝南县图书馆却有着十多年的不解之缘。这十多年来，我参与了汝南图书馆举办的各种活动。在活动中，我们交流生活感受，交流养生知识，谈论国家发展。我还作为老师，为小朋友讲解保护眼睛的重要性。我为大家诵读诗歌、唱歌，大家给予我的热烈掌声让我特别高兴。

我更喜欢在读书会上听志愿者为我们朗读的盲人作家海伦·凯勒的书，她的故事一直激励着我不断前行。

这次“寻找阅读达人”的活动，让我知道原来汝南县图书馆有这么多的数字图书，我真高兴。我关注了汝南县图书馆微信公众号，摸到右下方的“数字资源库”，进入后我点了“听书”栏目，这里的资源真多，但我还是迫不及待地，一点一点触摸，终于找到了海伦·凯勒的书——《假如给我三天光明》。一段悠扬的伴乐响起，一位动听悦耳的女播音开播：

“二十世纪，一个独特的生命个体，以其勇敢的方式震撼了世界，她就是海伦·凯勒，一个生活在黑暗中却又给人类带来光明的女性……”

我们盲人阅读比较困难，听书的过程也比较慢。正常人会很快就找到自己喜欢的书，而我们是一点一点地在手机上“触摸”。点到一处之后，语音会提醒我们目前翻阅到的是什么，如果不是自己需要的，就接着往下触摸，直到找到自己想要的为止。所以，同样一本书，我们要比正常人花更多的时间才能听完。

因为看不见，有时候一下子找不到自己想看的那本书，所有我就摸到什么听什么，反正图书馆的书都是正规的好书。我也会经常听数字资源库里的歌曲，站在我家阳台上，把声音放大，想要和邻居一起分享。

我从不埋怨也不气馁，和海伦·凯勒相比，我觉得我已经很幸运。她是盲聋哑三种病症集于一身，是个很了不起的人。而我只是眼睛看不见，但我可以听，可以说。

在汝南图书馆“数字资源”里听书，真的很方便。无须别人的帮助，我们盲人也能听到喜欢的图书；不用出家门，我每天在家做饭干家务的时候都可以听书。有汝南图书馆这么多数字图书的陪伴，我的生活不再寂寞无聊。

我知道，汝南图书馆的“数字资源”就是一座宝库，里边有更多好听的故事等着我去听。我还想把更多的数字资源分享给更多的盲人和老年读者。我会每天在我的朋友圈分享这些免费的图书。

我们一起听好书！让我们的精神生活更加丰富，让我们“看到”更加丰富多彩的世界。

文旅融合时代公共图书馆文化扶贫新探索

——以福建省少年儿童图书馆广西三江县文化扶贫项目为例

纪洪权（福建省少年儿童图书馆）

2020年是中国脱贫攻坚的收官之年，3月6日，习近平总书记在北京出席决战决胜脱贫攻坚座谈会上强调要“凝心聚力打赢脱贫攻坚战，确保如期完成脱贫攻坚目标任务，确保全面建成小康社会”①。文旅融合后，文化+旅游扶贫是近年来我国精准扶贫的一种创新方式，对于打赢脱贫攻坚战具有重要意义。公共图书馆作为我国公共文化服务体系中的核心主体，在文旅融合的背景下应该适应时代要求，积极探索文化扶贫的创新模式，深化文化扶贫服务内容，在助力贫困地区群众脱贫致富中积极作为。本文以福建省少年儿童图书馆广西三江县文化扶贫项目（以下简称“广西三江县文化扶贫项目”）为例，对文旅融合时代公共图书馆文化扶贫实践进行了创新探索。

① 习近平．在决战决胜脱贫攻坚座谈会上的讲话[M]．北京：人民出版社，2020：1.

一、文旅融合时代公共图书馆文化扶贫的内涵和意义

2018年4月8日，文化和旅游部正式挂牌，推动了新时代文化和旅游的深度融合发展，近年来文化和旅游系统有力发挥“扶志”“扶智”作用，为打赢脱贫攻坚战贡献出了文化力量、旅游力量①。各地公共图书馆依托自己特色的文献资源和人才等优势，创新文化和旅游扶贫模式，助力决战决胜脱贫攻坚战役。

1.公共图书馆文化扶贫内涵

公共图书馆文化扶贫内涵应该是在政府的主导下，以公共图书馆为主体，从文化和精神层面上给予贫困地区帮助，从而提高当地人民素质，尽快摆脱贫困。

2.公共图书馆开展文化扶贫意义

（1）文化扶贫促进了公共图书馆事业发展

开展文化扶贫是公共图书馆义不容辞的社会责任。长期以来，全国各地公共图书馆以实际行动开展了形式多样、卓有成效的文化扶贫工作。文化扶贫工作在促进当地社会经济文化发展的同时，也使公共图书馆的文化信息资源传播和服务更加精准化，增加了图书馆服务的深度和广度。

（2）文化扶贫是从根本上改善贫困地区群众生活的关键

习近平总书记在党的十九大报告中提出“满足人民过上美好生活的新期待，必须提供丰富的精神食粮”②，贫困地区不仅要实现经济生活上的脱贫致富，还要实现精神文化上的振兴。文化扶贫能够用最少的人力物力，收到最大的扶贫效益。它可以帮助贫困地区群众提高文化素质，掌握一定的科学文化知识和脱贫致富技能，加快经济发展步伐。

二、项目实践情况

1.项目背景

三江侗族自治县位于广西北部，总人口40.38万人，其中农村人口35.01

① 李静，宋佳烜，周洋. 文旅扶贫，决战决胜进行时[N]. 中国文化报，2020-05-21（3）.

② 习近平. 决胜全面建成小康社会　夺取新时代中国特色社会主义伟大胜利[M]. 北京：人民出版社，2017：10.

万，占总人口比例86.7%[①]。2002年，三江县被确定为国家级贫困县，至今没有脱贫摘帽。地理环境恶劣是造成该县贫困的客观原因，但是文化贫困也是阻碍当地社会发展的主观原因之一。当地群众文化贫困主要表现在：一是群众文化素质偏低。留守在农村的劳动力受教育水平层次低，在家务农的大部分是妇女和老人。二是当地群众观念落后，知识贫乏，不懂得寻找脱贫致富的门路，甚至有的乡村还遗留有封建迷信思想和庸俗的农村旧风俗。三是公共文化服务缺失。当地文化场所设施落后，设备短缺，图书没有及时更新。四是农业种植技术落后。当地大部分群众没有掌握先进的农业种植技术，加上农村致富信息闭塞，农业生产与市场经济脱轨。

2.项目实施的可行性分析

（1）三江县的自然资源、文化资源优势

三江县自然风光秀丽，民族文化资源丰富，它能培养当地群众基本的乡村情感与价值观，培养乡村生活的基本文化自信[②]。许多村寨保留了大量原始的少数民族文化生活和民族风情，容易吸引游客，不用太多的投入和打造，就能进行文化旅游开发。近年来三江县制定了“交通+文化+旅游”融合发展战略，加快了交通和文化旅游基础设施建设。

（2）福建省少年儿童图书馆开展文化扶贫工作优势

首先，福建省文旅厅领导重视文化扶贫工作，经常深入基层帮助解决问题，有力推动了该项目的顺利实施。其次，福建省少年儿童图书馆文献信息资源丰富，开展文化扶贫工作基础较好。再次，借助互联网+、云存储等技术在福建省少年儿童图书馆服务中的应用，开辟了图书馆文献信息服务的新渠道，远程读者可以共享福建省少年儿童图书馆的信息资源和服务。第四，福建省少年儿童图书馆建立了一支高素质的讲座专家队伍，能够为三江县读者开展阅读活动提供支持。第五，福建省少年儿童图书馆志愿者服务成熟，可以深入实地帮扶或通过网络提供远程帮扶。

---

① 三江侗族自治县史志办公室．三江年鉴（2019）[M]．北京：中国文史出版社，2020：3.

② 林洁．当前乡村学校教育的文化困境及出路——以广西三江县为例[J]．宁波教育学院学报，2017（5）：115-118.

（3）广西三江县文化扶贫项目取得的成效

2019年，福建省少年儿童图书馆与福州出入境边防检查站（以下简称“福州边检站”）决定开展联合扶贫工作，并取得了一定的成效。第一，帮助贫困群众发展经济，增加了当地居民的收入。两年来共投入帮扶资金300多万元，引入社会帮扶资金90多万元。这些资金主要用于改善环境，调整经济产业结构，增加村民收入。同时我们还帮助销售三江县特色农产品，销售金额200多万元，消费帮扶142万元，结对帮扶适龄贫困学生116人，先后帮助7个贫困村579户2533名侗族、苗族群众摆脱贫困。第二，推进了乡村图书馆建设。2019年6月以来，我们先后在贫困乡村学校捐建了5个“马江书屋”，解决了边远山区学校图书资源匮乏问题，满足了乡村儿童的阅读需求。第三，通过图书馆信息资源共享和阅读推广活动，加快了当地贫困群众跟上互联网时代步伐，消除数字信息鸿沟，营造热爱阅读的社会氛围。

专家授课送来“金钥匙”

三、项目创新分析

1.创新公共图书馆文化扶贫新模式

（1）跨界联合扶贫是该项目的最大特色

2019年3月，福建省少年儿童图书馆与福州边检站成立广西三江县联合扶贫工作领导小组，发挥两家单位在资源、技术、人才等方面的优势，统一扶贫工作机制，最大地发挥1+1>2的效应，齐心协力共同推进扶贫工作。

广西山区的孩子们第一次使用Kindle电子阅读器

（2）创新“文化+旅游”的文化扶贫新思路

通过开展三江县文化旅游资源推介和特色农产品营销活动，以及举办图书馆研学旅行等，探索了文旅融合时代图书馆+旅游的文化扶贫新路径。

（3）共享图书馆数字资源，延伸图书馆服务范围

利用图书馆现代技术设备和互联网远程服务手段，把当地的图书馆纳入福建省少年儿童图书馆分馆建设，共享福建省少年儿童图书馆的数字资源和服务，使文化扶贫工作事半功倍。

2.深化广西三江县文化扶贫项目服务内容

（1）文化下乡服务更精准

在文化下乡中，我们坚持以当地群众和师生的需求为导向，做到文化扶贫精准有效。2019年以来，共捐赠图书3.2万多册、音像制品1.1万件、阅读设备140多台，深入三江县举办了2场阅读讲座。

（2）利用互联网等新技术为当地旅游和特色农产品营销提供新渠道和平台

福建省少年儿童图书馆与福州边检站联合举办了“三江县茶旅融合发展”品牌推介活动3场，组织600多位文化扶贫志愿者通过微信朋友圈、抖音直播带货等形式，帮助推销三江县特色农产品37万元。

（3）开展图书馆研学旅行服务，提高贫困地区中小学生综合素质

2019年8月，福建省少年儿童图书馆组织三江县25位贫困中小学生到福建开展图书馆研学旅行。这次旅行让他们增长了见识，开阔了眼界，对未来充满了希望和梦想。2019年底至今，受新冠肺炎疫情影响，我馆改变研学旅行服务模式，尝试着组织了“云游福建，图书馆全景研学”“第44届世界遗产大会与福州云研学”两期互联网线上研学旅行，有316位三江县学生参加。

师生来园交流欢迎会

（4）促进茶文化等优秀传统文化交流，丰富图书馆服务内容

福建是中国著名的茶叶生产地之一，茶文化在全世界具有一定影响力。福建省少年儿童图书馆注重对福建茶文化的传播。由福建省少年儿童图书馆创办的"省少儿图书馆茶文化讲坛""省少儿图书馆茶文化体验夏令营"两个阅读活动品牌深受读者欢迎。三江县也是中国茶叶重点生产县。2020年，福建省少年儿童图书馆先后举办了有关茶文化的云讲坛3场、云上读书会2场、茶叶种植科普云讲座1场，共有1600多位三江读者在线参加了云上茶文化活动。

四、该项目对公共图书馆文化扶贫的启示

1.公共图书馆文化扶贫遇到的共性问题

（1）扶贫对象观念改变阻力大

贫困地区的群众扶贫观念存在一定偏差，他们热衷经济扶贫，看重物质上的帮助而轻视文化扶贫。贫困是多种因素综合的结果，但文化上的贫困、思想观念上的偏差会加剧当今贫困治理的难度。

（2）公共图书馆文化扶贫资金筹集渠道单一

公共图书馆是纯公益性事业单位，如果没有临时性财政追加拨款或财政专项扶贫资金支持，图书馆能用于文化扶贫的资金将非常少，参与文化扶贫对单个图书馆来说压力较大。

（3）文化扶贫的可持续性问题

文化扶贫涉及多个领域，对于如何统筹协调文化扶贫来激发贫困群众的内生动力，提升扶贫脱贫工作的可持续性，公共图书馆能力发挥和可利用的手段都很有限。

2.文旅融合时代公共图书馆开展文化扶贫策略

（1）上级领导的重视是做好公共图书馆文化扶贫工作的根本保障

文化扶贫是一项复杂而艰巨的工作，工作中必然会碰到这样那样的阻力和困难，上级领导的重视将会有力推动基层图书馆文化扶贫任务的落实。

（2）坚持以人为本理念，着力于提升贫困群众的文化素质

群众是扶贫工作的基础。文化扶贫只有坚持以人为本理念，才能使扶贫的目标明确、方法科学、效果巩固，才能实现贫困群众脱贫致富和可持续发展。

（3）发挥文旅融合优势，提升文化扶贫品质

当前，文化和旅游工作各领域多方位、全链条深度融合，实现资源共享、优势互补、协调并进，为文化建设和旅游发展提供新引擎新动力，形成发展优势①。利用贫困地区自然资源和人文资源等旅游优势，促进文化旅游发展与经济社会发展相结合，对于促进贫困地区调整产业结构，改变收入增长方式来说尤为重要。

（4）引进社会力量和资金参与文化扶贫事业

公共图书馆拥有良好的公共服务形象和社会关系，应当积极引进社会上爱心企业、机构和个人共同参与文化扶贫，建立社会参与文化扶贫的工作机制，实现乡村振兴和贫困群众脱贫致富目标。

首都图书馆文化志愿服务河北省丰宁满族自治县工作案例

王岩玮（首都图书馆）

一、引言

十九大报告中指出“坚决打赢脱贫攻坚战，让贫困人口和贫困地区同全国一道进入全面小康社会是我们党的庄严承诺”。并强调“坚持大扶贫格局，注重扶贫同扶志、扶智相结合”。文化扶贫与援建是我国精准扶贫的一项重要内容，是关乎国家高质量发展、人民幸福的重要事情。将文化扶贫作为全面建设小康社会的内生动力已经成为社会发展的必然趋势②。在文化扶贫与援建过程中政府主管的文化机关、图书馆、文化馆、博物馆等机构成为关注热点。

在1994年发表的《联合国教科文组织公共图书馆宣言》中指出“公共图

① 雒树刚. 新时代、新作为，努力推动文化建设和旅游发展再上新台阶[N]. 中国文化报，2019-01-08（2）.

② 饶蕊，耿达. 文化扶贫的内涵、困境与进路[J]. 图书馆，2017（10）.

书馆，作为人们寻求知识的渠道，为个人和社会群体进行终身教育、自主决策和文化发展提供了基本条件”“每一个人都有平等享受公共图书馆服务的权利”，从该宣言可以看出，公共图书馆是改变社会不公平的阵地，不受人的贫富等级、社会地位等因素影响，平等地提供服务。我国在2017年颁布的《公共图书馆法》指出“公共图书馆是社会主义公共文化服务体系的重要组成部分，应当将推动、引导、服务全民阅读作为重要任务”。由此可以看出，公共图书馆已经成为提高公共文化、提升文化品质的重要阵地。公共图书馆因其服务上的平等性、开放性而成为文化扶贫与援建工作的重要力量。

丰宁满族自治县位于河北省北部、承德市西部，南邻北京市怀柔区，北靠内蒙古自治区，是河北省6个坝上县之一、13个环首都经济圈县之一。县城大阁镇距北京市区188公里，是京津生态屏障和重要水源地，有林地面积572万亩，草场面积736万亩，属于高寒区、生态脆弱区。丰宁满族自治县曾经是京北军事战略要地，所以开发比较晚，1998年才经国家批准对外开放。当地基础设施落后、经济欠发达、群众生活水平低。1994年被列为国家级重点贫困县，2002年被确定为国家新世纪扶贫重点县①。

首都图书馆为落实“北京市对口扶贫协作领域文化交往交流项目”各项工作要求，加大北京、丰宁两地文化交往交流，提升图书馆员的专业水平和服务能力，特组建文化扶贫志愿服务队开展对口援建丰宁县图书馆活动。通过各种援建活动，丰富当地群众文化生活、提升文化质量，从而达到文化扶贫，扶志与扶智的共同目标。

二、文化志愿服务援建路径与内容

首都图书馆在丰宁满族自治县开展“书香能‘智’远，‘志’爱永无疆”的文化志愿活动。通过组织、号召北京市公共图书馆文化志愿服务总队文化志愿者的力量，形成针对性强、效果突出的文化扶贫志愿服务项目，满足当地民众的文化需求。同时为组织完成好本次援建活动，首都图书馆组织20名志

---

① 丰宁满族自治县人民政府[EB/OL].[2020-07-29]. http://www.fengning.gov.cn/index.php?m=content&c=index&a=lists&catid=2.

首图志愿服务启动仪式

愿者前往丰宁县图书馆开展文化志愿服务、调研交流等活动。主要内容包括：捐赠书籍、宣传、推广阅读活动、培养当地馆员、展示志愿文化、并开展深入的调研活动。文化志愿服务援建活动可以说分为三个层次。第一层次是以物质为基础的援建，包括图书的捐赠和文具的捐赠。第二层次是以扶志和扶智为目的，精神为基础的援建，包括读者能力的提升、图书馆员能力的提升、志愿专家能力展示等活动。第三层次为反思，是在第一层次和第二层次基础上进行的活动，专家志愿者通过系列活动的观察和地方交流，深入思考，给出反馈意见，为进一步援建提供智力支持。

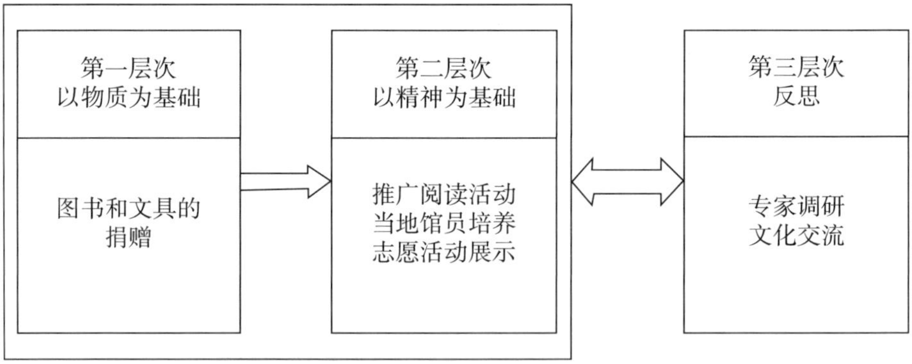

图书馆文化援建路径图

1.以物质为基础的捐赠活动

在扶贫与援建工作中，物质的帮助是首要也最为基础的工作。文化的扶贫与援建亦是如此。物质文化是文化的基础部分，物质文化的发展也是其他文化发展和繁荣的必要条件。在此次捐赠活动中，首都图书馆从市民捐赠的图书中选择质量较好的图书8700余册捐赠给丰宁县图书馆。丰宁县图书馆位于丰宁县中心区域，但是因为多年来发展不均衡，现图书馆仅有图书2万余册，有一间阅览室和一间书库，基础设施薄弱。此次首都图书馆捐赠图书占县图书馆总藏书近45%，可以说极大地丰富了县图书馆的文献资源，为县图书馆开展正常的借阅工作和阅读推广工作打下了基础。

2.以能力提升为目的，以精神文明建设为基础的活动

在物质援助达到一定程度的基础上，如何开展有效的扶贫工作，这是精准扶贫工作的难点问题。图书馆进行的文化扶贫工作更应重视此点，不仅要扶贫，更要扶志与扶智。

首都图书馆在此次文化扶贫工作中，开展了多项以提升能力为目的，精神文明建设为基础的活动。这里提升的能力包括读者的阅读能力、馆员的业务能力，还包括支援专家团队的能力展示与贡献。

首先，开展宣传、推广阅读活动。在当地图书馆面向读者进行“品阅书香”经典导读、“童沐书香”唱诵经典、“心悦影院”无障碍电影播放等一系列针对不同人群的阅读推广活动，使文献资源可以真正地流动起来。同时，通过专家的导读活动，激发读者的阅读兴趣，开阔他们的视野，增强他们自身的阅读能力和分析能力。而这种能力的提升对读者来说可以受益终身。

其次，培养当地馆员。开展文化志愿活动、专家阅读推广活动，让当地馆员现场观摩，并参与其中。在活动中提高当地馆员与文化工作者的业务能力。

最后，志愿文化的展示。近年来，首都图书馆主办、各区公共图书馆共同参与、组织的北京市公共图书馆文化志愿服务总队的文化志愿者们活跃在文化服务、文化交流与文化扶贫工作的一线，其专业素养和无私奉献的精神获得无数好评。在此次文化扶贫工作中，文化志愿者展示了其能力，开展了志愿服务，宣传了文化志愿服务，为当地的文化工作带来了耳目一新的效果。志愿者的奉献正体现了人的价值的内外向度，人主要通过其自身劳动向社会贡献物质或精神的财富，以满足他人或社会的需要，由此间接表现和确证自己的

活动讲解

价值。志愿者的志愿服务很好地诠释了人的价值。在活动中，志愿者展示了自身的能力，同时为别人所需要，志愿者也通过各种实践活动提高了自身的业务能力与志愿服务能力。这种能力的展示可以激发当地潜在的文化工作能力，培养当地的文化志愿工作者。

3.反思为进步之源，有效地开展调研工作

有效开展扶贫工作，做到精准扶贫，这是党中央对于扶贫工作的重要指示。如何开展有效的扶贫工作、怎样做到精准扶贫，是每一个参与扶贫工作的人员所必须思考的问题。其最重点的问题就是认识扶贫工作，而认识是一个辩证的过程，是认识—实践—再认识—再实践，不断循环往复的过程。如果要在扶贫工作中取得良好的效果，获取长效的机制，就需要在实践中不断地反思，可以说反思是进步之源。在反思中可以看到“思维与存在”之间的矛盾，而这种矛盾正是我们发展与进步的阶梯。通过此次扶贫工作的实践，专业志愿者与研究人员发现许多问题并提出改进措施，而这些问题并不是在书本中可以领悟的，每一个地方都有自己的特点，只有深入实践，才可获得更深的认识，并将其作为下一次扶贫工作的注意事项。文化扶贫工作就是要不断地反思自身问题，提高文化扶贫工作的效率，这也是此次开展文化扶贫工作的目的。反思并不是天马行空，而是以当地的物质文化为基础，区域文化的内涵为背景，以价值理论为依据的有效反思。

三、援建中的问题及对策

首都图书馆在丰宁满族自治县开展“书香能‘智’远，‘志’爱永无疆”的文化志愿活动，取得了预期的目的，同时获得了读者的好评，以活动的形式带“活”了书籍，让读书与文化交流变得生动活泼。但是在活动过程中及活动后的反思中，发现了许多可以完善的地方，还有些是亟须改善的问题。

1.地方馆员参与度不高，映射出地方文化人才的短缺

此次活动过程中，地方政府给予了大力支持。在活动的前期，县图书馆馆员们也做了大量工作，包括宣传和组织工作。但是在活动过程中，地方馆员的参与度并不高，没有很好地融入首图志愿专家与读者的活动中，馆员队伍没有得到很好的锻炼。其主要问题在于地方文化人才的短缺。丰宁县图书

馆共有4名馆员，在大型活动中显得捉襟见肘。通过此实例可以看出，在经济不发达地区，文化人才短缺的问题尤为突出。县文化主管机构应扩充馆员队伍，提高馆员能力，加强馆员的培训。当然馆员队伍的培养并非一朝一夕，而是一个长期的过程，需要援建的单位持之以恒的帮助，从而提高当地文化人才队伍的业务能力。文化人才的短缺是在文化扶贫过程中存在的一个普遍现象，这需要当地政府给予高度的重视，在经济发展的同时也需要在文化发展方面进行着力，为当地人民提供更好的生活品质和文化活动，促进物质文明与精神文明双丰收。

在扩充馆员队伍的同时，还应发挥志愿者的能力，组建志愿团队，在当地教育机构和社会上招募志愿人员，为当地的文化发展提供强力支持，并将志愿工作推广至村镇，使全县人民受益。而援建单位也应当帮扶当地组建志愿团队，并给予系统的培训，“授之以鱼”，更“授之以渔”。首都图书馆在此次活动中的志愿文化的展示，正是一次难得的契机，可以激起当地志愿文化的发展。

2.旅游强、文化弱，反映出文旅融合任重道远

丰宁紧邻北京市怀柔区，是京津生态屏障和重要水源地。潮河、滦河发源于此，又因其独特的坝上草原风光、良好的生态文明而深得北京及周边地区市民的喜爱。可以说丰宁的旅游资源相对丰富，旅游实力也较强，政府对于旅游的重视程度也高。但是在旅游业快速发展的同时，文化资源的贫瘠也显露无遗。无论是文化设施、文化理念还是文化人才，均已落后于旅游的发展。诚然，旅游的发展可以快速显现出其经济成果，但是历史实践证明，文化与经济发展之间是相互渗透、相互影响。这种渗透与影响的交互作用，将会引发社会结构和社会形态的变革。2018年3月，国家成立了文化和旅游部，可以说从国家层面上确立了文旅深度的融合战略，而文旅融合也被誉为“诗和远方”的诠释。丰宁县在大力发展旅游业的同时，也应关注文化的发展，将二者融合在一起。文化是旅游的灵魂，旅游是文化的载体。文化的发展能更好地提高旅游的品质。不可因一时短视，追求短期的经济效益，而忽略能带来长久利益的文化的建设。文化是旅游的内生动力，旅游的品质是文化的外在显现，文化和旅游只有平衡发展、共同发展才能带来持久性的发展，文旅融合任重而道远[①]。公共图书馆在文旅融合过程中应主动承担责任，将文旅

① 王世伟.关于公共图书馆文旅深度融合的思考[J].图书馆,2019(2):1-6.

深度融合，作为图书馆创新与发展的目标。图书馆不仅要主动宣传、举办有利于旅游的活动，而且还要做好旅游发展的参谋。而旅游也应在自身发展的同时，宣扬本地的文化，提供高品质的文化场所。让“诗和远方”相得益彰。

3.文化交流需双向互动，走进去，带出来

丰宁县名来源于乾隆皇帝御赐，取自“丰阜康宁”，1778年始建县，有着较为丰富的民俗文化，特别其满族民俗文化和非物质文化遗产久负盛名。在丰宁县内现有3个国家级，5个省级，6个市级的人类非物质文化遗产。其中丰宁满族剪纸、滕氏布糊画尤为出众。文化援建、文化交流应是一种平等的互动过程，不应有高低之分，文化志愿活动更应以双向互动为主。文化志愿者进行援建活动，带来了该地区急需的文化服务，提升当地的文化水平。同时文化志愿者还应主动承担起文化交流的使者，将当地的优秀文化带出来，为宣扬当地文化作出贡献。丰宁的民俗文化特点突出，优势明显，在扶贫与援建过程中的双向互动，能为当地民俗文化的广泛传播作出贡献。这种双向的交流与互动，还可以带来经济效益与社会效益的双丰收。同时，这种双向的互动，也会为当地旅游事业提供宣传，以文化为魂，以旅游为载体，能够真正做到文旅融合，共同发展。当然，更能为扶贫工作作出实质性的贡献。

四、结语

为了实现2020年全面实现小康的目标，扶贫工作肩负着重要的使命。在扶贫工作中不仅要物质的帮扶，更要扶志与扶智，这样文化扶贫工作就显现出其重要的作用。文化扶贫与援建工作也是需要分层次进行，更重要的是要体现出文化扶贫的效果。文化扶贫的主体是人，在扶贫过程中要了解主体的需要，只有当客体满足了主体的需要，其文化扶贫工作才具有价值。习近平总书记在给国家图书馆老专家回信中说到“图书馆是国家文化发展水平的重要标志，是滋养民族心灵、培育文化自信的重要场所。”可以说，总书记高度概括了图书馆在现代社会中的作用。图书馆的面貌直接反映了当地的总体状况，是地方经济与文化的缩影，是城市的名片。公共图书馆理应成为文化扶贫与援建的重要组成部分，在援建过程中通过实践提高扶贫与援建的质量，提高文化扶贫工作效率。

润物细无声

——遵义市图书馆文化扶贫助力脱贫攻坚案例

向海燕（遵义市图书馆）

一、导言

党的十八大以来，以习近平同志为核心的党中央从全面建成小康社会全局出发，把脱贫攻坚纳入“五位一体”总体布局和“四个全面”战略布局，全面打响脱贫攻坚战。遵义市图书馆（以下均简称“图书馆”）在脱贫攻坚战役中，主要工作包括：准确掌握帮扶村基本情况，指导制定脱贫攻坚计划，帮助解决存在问题，推动脱贫攻坚工作开展，从根本上实现文化精准扶贫。

二、案例

1.突出党建引领，助推脱贫攻坚

图书馆在脱贫攻坚战中，坚持从党建着手，在融合发展上用力，坚持“扶贫地方在哪里，党组织结对帮扶在哪里、作用就发挥在哪里”，积极探索党建融合扶贫工作新模式，以“支部结对、干群结亲”为载体，引导党员干部宣传党的声音，研究脱贫政策，落实脱贫措施，以党建引领助力脱贫攻坚。

“支部结对”就是图书馆党支部与中共遵义市委明确图书馆帮扶的贫困村湄潭县黄家坝街道铁瓦村党支部结为对子。铁瓦村是省级二类贫困村，辖8个村民小组，有456户，总人口1608人，其中党员41人，低保户21户34人，贫困户97户284人，到2019年底已全部脱贫。

在脱贫攻坚帮扶工作中，图书馆党支部认真分析了铁瓦村的基本情况以及工作基础，明确以图书馆的政治资源、物质资源、人力资源帮助所在村党支部提高政治意识，理清发展思路，增强发展信心，落实发展目标，助力脱贫攻坚。几年来，图书馆党支部无数次把支部大会开在铁瓦村，支部活动开展在铁瓦村，共商铁瓦村党支部变强、老百姓致富的大事。把宣传党的富民政策的讲台设在铁瓦村村民的院坝里、田坎上。农村缺医少药，因病致贫的情况时有发生，党支部就邀请医疗专家亲临铁瓦村，把良医良药送到山里村寨。农村缺农业技术，党支部就邀请农技专家到铁瓦村授课，把农业技术送到田边地角。同时，还把培训班办到了市图书馆，邀请村民参加培训，看城市的发展，观图书馆的藏书及功能，听专家讲致富之道，学习脱贫的技术，为脱贫打牢基础。

遵义图书馆工作人员到湄潭铁瓦村开展帮扶活动

“干群结亲”就是图书馆干部职工自愿与铁瓦村的贫困群众“一对一”结为对子进行帮扶。贫困群众有所呼，帮扶干部有所应，帮扶对象家里有人生病了、小孩读书遇到困难、遇到难以解决的问题，电话会直接打到帮扶干部那里，帮扶干部就积极地从服务、信息、资金、物资等方面给予直接帮扶。

铁瓦村贫困户卢曾凯的女儿卢丽萌学习成绩优异，她梦想到县城中学读书，图书馆工作人员李丽便积极为其联系。最后卢丽萌顺利就读于湄潭县湄潭中学。卢丽萌开学前，李丽提前为其准备好住校所需的生活及学习用品，并和家长一道将孩子送往学校。事后，李丽多次前往卢丽萌家中，了解孩子的学习、生活情况，鼓励其好好学习。

几年来，图书馆全体干部职工均与该村贫困群众结为对子，共向铁瓦村贫困群众捐助现金53800元，办实事若干。

2.立足自身优势，实施“志智”双扶

送书送智、增效脱贫。“扶贫先扶智，治贫先治愚”，文化扶贫是精准扶贫的重要组成部分。图书馆结合自身实际，通过送书到贫困村、贫困户，送智慧给基层和群众，实现了“授人以渔”的愿望。2007年开始至今，已在全市建立了126个延伸服务点，赠送图书29530册，杂志15498册，光盘164碟。

遵义市播州区平正仡佬族乡团结村是省级深度贫困村，也是时代楷模、全国道德模范、感动中国的最美奋斗者黄大发同志所在的村。图书馆在团结村建立了“遵义市图书馆大发渠分馆”，流通各种图书约4000册。现该村发扬时代楷模黄大发的“大发精神”，以党建为引领，精心打造三条“心灵大发渠”，实现贫困人口全部脱贫，基础设施全面改善，从省级深度贫困村一步步成为全国乡村旅游重点村、全省乡村振兴示范村。

新中街道松源社区是遵义市唯一易地扶贫搬迁跨县安置点，共搬迁安置322户1383人，图书馆选择在这里建立延伸服务点，送书500余册。松源社区张绍东书记郑重承诺，社区一定不辜负图书馆的期望与重托，一定会充分利用好这些图书，把松源社区打造成一个书香氛围浓厚的“文化社区”。

信息共享、助力脱贫。图书馆作为公共文化服务体系的重要成员，依托全国文化信息资源共享工程平台，利用这一资源，为脱贫攻坚助力。

遵义市“文化共享工程”共建有市、县、乡镇、村四级一个中心和1759个服务网点。为了有效拓展“共享工程”覆盖空间，遵义市支中心还实施了文化共享工程与广电网络、农村党员干部现代远程教育工程、农村中小学现代远程教育工程的整合，实现了“多网合一、一网多用”的目标，探索出一条与地方经济社会发展水平相适应的文化信息资源共享新途径，被誉为“遵义模式”，并向全国推广。

遵义市图书馆延伸服务点在易地搬迁跨县安置点新中街道松源社区挂牌

湄潭县抄乐乡沙塘村是贵州省级一级贫困村。村民丁德胜从2001年开始搞养殖，由于缺乏经验，不懂技术，不但没赚到钱还亏了本。在热心人的指点下，丁德胜找到了村里“共享工程”服务网点的工作人员。在工作人员的帮助下，丁德胜收看了“共享工程”科技片，上网查询了养猪技术，掌握实用技术后，他的养殖场越办越大。丁德胜说：“这项工程真是为我们造福的，我们边远山区的农民在家门口就能学到实用的技术。”

3. 主动担当作为，深入精准施策

图书馆在定向帮扶铁瓦村过程中，派出了馆内政治素质好、工作能力强、熟悉农民、了解农村、身体健康、能吃苦耐劳的优秀中青年干部赵砺风、唐世建等同志驻村帮扶。驻村的同志吃住在村，工作在村，做党的政策宣传员、基础设施的建设员、人民群众的勤务员、矛盾纠纷的调解员。唐世建同志还于2019年荣获“贵州省脱贫攻坚优秀共产党员”称号。

做党的政策宣传员，党的脱贫攻坚政策得到全覆盖。一是开展形式多样的脱贫攻坚宣传以及全面建成小康社会和驻村工作的目的意义的宣传。二是用老百姓听得懂的语言宣传习近平新时代中国特色社会主义思想和党的路线、方针、政策。三是加强基层组织培训。图书馆馆长向海燕带头多次向铁瓦村全体村干部和党员进行学习培训，讲政治理论，讲经济发展，讲脱贫攻坚，讲全面小康，实现了“要我脱贫”向“我要脱贫”的转变。

做基础设施的建设员，着力改善贫困群众的生产生活状况。一是通过图书馆领导班子多方奔走，筹集资金600余万元，用于通村和连组公路建设。新建文化广场一个；新建旅游公厕一所；新建集体饮水工程管网；实施农网改造项目等。二是以项目作支撑，建设“老鹰茶”基地，建设福星养猪专业合作社。三是队员唐世建同志驻村以后，大力推动阅读活动，指导农家书屋广泛开展读书活动，丰富群众精神文化生活，促进乡风文明建设。利用“共享工程”资源，举办视频讲座。村民姜光海同志通过学习，有了养殖龙虾的愿望。唐世建知道后，精心指导、积极帮助，不仅送去图书馆购买的《小龙虾养殖技术》《小龙虾高效养殖技术》《小龙虾生态养殖》等20多册书籍，还与老党员李兴国一起，带着姜光海到村里对接，和涉及土地流转的村民衔接。铁瓦村以“基地+农户”的方式成立了养虾专业合作社，并建成了小龙虾养殖基地。

做人民群众的勤务员，始终坚持群众利益无小事。一是进村入户与贫困户交心谈心、做到民有所呼我必有应、民有所想我必有思、民有所难我必有解、民有所需我必有为。二是坚持脱贫攻坚是第一大事。全面小康是时代的需要，更是共产党人的使命。对群众的需求，只要是能解决的必须解决，不推诿，不拖延。三是不分节假日，始终坚守在脱贫攻坚第一线，不丢下任何一位困难群众。最终，图书馆以错评率和漏评率均为零的好成绩通过了国务院第三方评估验收。

做矛盾纠纷的调解员，竭尽全力推进和谐村寨建设。一是通过走村串户多渠道了解村民矛盾，梳理汇总，逐一排查。二是注重矛盾化解。三是调解不成的，就引导通过“法律扶贫”予以解决。

三、收获与启示

1.扶贫要突出党建引领，充分发挥基层党支部的战斗堡垒作用和党员的先锋模范作用

图书馆在历年的扶贫工作中，始终坚持党的绝对领导，始终充分发挥党支部的战斗堡垒作用和党员的先锋模范作用。图书馆党支部及时、经常研究扶贫工作，将扶贫工作与图书馆日常工作同安排、同部署。党支部的活动放到贫困村，让全体党员随时接受“战地”教育。党支部把有限的资金向扶贫工作倾斜，把有限的精力向扶贫工作投入，把有限而又优秀的干部向扶贫一线派遣，为扶贫攻坚战提供了坚强的组织保障和工作支持。全馆党员充分发挥先锋模范作用，凡是扶贫工作的事，不讲条件抓好落实；凡是扶贫工作需要的，就全身心投入去工作。

通过“支部结对、干群结亲”活动，让大家都参与到扶贫工作中，全体党员和职工深切感受到我们党的伟大，社会主义制度的优越。党员在“战场”受到教育，从而提高了思想认识，增强了发展信心，提升了工作积极性、主动性和创造性，实现图书馆业务工作和扶贫攻坚工作的双胜利。

2.扶贫要立足自身优势，把公共图书馆资源平台优势转化为贫困地区经济优势

公共图书馆开展精准扶贫，具有丰富的资源优势和平台优势。公共图书馆馆藏有丰富的各类图书、报纸、杂志、图片等资源和专供网上阅读查询的诸如联机光盘数据资源（主要是电子读物）、联机公共查询目录、Internet网上信息等资源，这些资源可以形成一股无形的力量激发读者们强烈的求知欲望，如能得到有效开发利用，对于发展贫困地区特色旅游、特色农产品开发、特

色文化产业等将大有裨益。随着全国文化信息资源共享工程、全社会公共文化服务体系建设等重大项目的不断深入开展，作为参与主体之一的公共图书馆的服务触角已深深扎入农村。无论是农村书屋、村镇图书馆建设，还是文化活动中心建设等，都能看到公共图书馆的影子。公共图书馆文化扶贫网络已经遍布农村。这为扶贫开发工作搭建了平台，疏通了道路，保障文化资源的共享与流通的通畅。

3.扶贫要坚持精准施策，充分利用贫困户内生动力建立起脱贫致富的长效机制

图书馆在脱贫攻坚战役中，驻村工作队结合贫困户意愿，因地因户制宜，宜工则工、宜农则农、宜牧则牧，因户施策，为贫困户制定帮扶计划，培育扶持贫困户发展适宜产业，鼓励贫困户抓住机遇，自力更生，巩固好稳定好脱贫成果，初步建立起脱贫致富的长效机制。实现扶贫方式由“输血”救济到“造血”自救的根本性转变，持续激发贫困户自我发展的内生动力，实现有质量、可复制、能持续的稳定脱贫。上述案例中，图书馆开展了阅读推广活动、阅读培训等。扶贫活动的针对性和指向性，是扶贫对象参与扶贫活动积极性的保障，而扶贫对象的参与度对扶贫项目的实施效果影响较大。因此，图书馆在扶贫中尤为注重针对性，提高扶贫对象的参与程度，从而提高文化精准扶贫活动的效率。

四、存在问题及下一步打算

1.公共文化体系建设滞后

文化扶贫是一个具有系统性、前瞻性的工程，但在我们这个地区，存在着公共文化事业发展投入不足，文化服务的水平有待提高等问题。重建轻管现象比较突出。比如农家书屋等，其后续的运行管理、服务效能等方面并未跟上，很难真正让群众受益。今后要加强对管理人员的培训，使其懂管理、善管理，让在图书室沉睡的书籍资料活起来，为脱贫攻坚作出贡献。

2.文化扶贫的精准度有待提升

在实际帮扶工作中，文化扶贫很少考虑不同农户之间的差异性，比如很多地方为农家书屋赠送的文化书籍，并未考虑不同地区人群生产方式不同、地域不同，其文化需求也不尽相同等问题。下一步，遵义市图书馆将在事前

深入调研，严格分类，针对不同需求，送文化、送图书、送信息，使图书馆的文化活动产生倍增效应。

3.图书馆系统扶贫体制机制待完善

图书馆参与扶贫工作，单打独斗情况比较突出。贫困地区党政部门在公共文化服务提供上往往存在各自为政、缺乏统筹的问题。不同层级的公共文化服务机构（图书馆）分级管理，封闭式运行，只对本级政府负责，较少考虑公共文化服务资源整合的问题。只有对这些问题精准把握并切实解决，才能使我们的精准文化扶贫走得更远。今后，图书馆将积极主动向上汇报，争取支持，左右求援，使贫困群众能致富、不返贫。

五、结语

图书馆人同心聚力参与脱贫攻坚战，贡献智慧和力量，展示图书馆人的风采，虽然没有项目、资金的优势，但作为落实习近平总书记“扶贫先扶志，扶贫必扶智”要求的主力军，我们用心用力，做到了有所作为，如涓涓细流，虽“细无声”，但终究在“润物”。未来，图书馆人将以“功成不必在我”的精神境界，“功成一定有我”的历史担当，发扬钉钉子精神，在实现“中国梦”的征程中，努力创造新的业绩。

红城书屋深圳小镇点：承载易地扶贫搬迁移民的希望

——百色市图书馆参与文化扶贫的实践案例

余丽花（百色市图书馆）

一、项目背景

公共图书馆是重要的文化机构。习近平总书记在十九大报告中提出“要坚定文化自信，推动社会主义文化繁荣兴盛。”“全民阅读”这个词也多次进入国家政府工作报告。《中华人民共和国公共图书馆法》明确要求："国家建立覆盖城乡、便捷实用的公共图书馆服务网络。公共图书馆服务网络建设坚持政府主导，鼓励社会参与。县级以上地方人民政府应当根据本行政区域内人口数量、人口分布、环境和交通条件等因素，因地制宜确定公共图书馆的数量、规模、结构和分布，加强固定馆舍和流动服务设施、自助服务设施建设。"作为百色市唯一的市级公共图书馆，为满足百色城区广大市民阅读需求，借鉴国内外建设24小时自助图书馆的经验，结合温州市"城市书房"建设的调研结果，经市政府、市财政部门同意，百色市图书馆计划以现有馆舍为中心馆，在百色城区范围内每个社区至少建设1间分馆——红城书屋，利用信息化和RFID（电子标签）技术，打造全开放、不打烊、高品位的无人值守自助图书馆，为居民提供知识共享、信息交流、互动阅读的崭新空间，促推百色市"15分钟文化圈"建设。目前已经完成3个点的建设项目，而红城书屋深圳小镇点便是其中之一。

红城书屋深圳小镇点外观

百色深圳小镇是深圳百色扶贫协作重大易地扶贫搬迁项目，是粤桂扶贫协作样板工程以及深圳对口百色扶贫协作标志性工程，全部三期计划搬迁3万人，近两年已陆续安置超过1万名从百色各县区搬迁而来的贫困群众。作为百色市精准扶贫异地移民安置小区，具备人口数量大，人员密集，居民文化水平普遍较低的特点。红城书屋的建成和完善为提升小镇居民的文化素质和生活质量提供了保障，是实现移民精神搬迁的有效手段。

二、项目内容及实施过程

1.选址

红城书屋的设置布局遵循普遍均等、就近服务的原则，在地址的选择上会全盘考虑，合理布局，重在便民。红城书屋深圳小镇点地址位于深圳小镇党群服务中心一楼门面。该址处于一楼临街，人口较为集中，旁边就是深百小学，交通便利，且环境相对安静。党群服务中心的配套设施条件良好，这些要素都符合安全和卫生及环保标准。

2.馆舍

书屋建筑面积54平方米，配置自助办证机、自助借还机、安全门禁系统、24小时监控设备、无线上网设备等，可满足读者自助完成办证、借书、还书、续借、图书查询等功能，可实现图书馆的全天候自助服务。同时开辟阅览、自习区域，配有空调、桌椅，环境舒适，阅读氛围浓厚，为小镇居民创造了一个很好的知识共享、信息交流、互动阅读的人文空间。

3.配书

百色市右江区相关部门通过开展摸排工作，精准掌握搬迁移民的家庭情况。百色市图书馆在此基础上，根据小镇居民特点为书屋配备图书，配备文学、艺术、政治、法律、养生保健、军事类成人图书及富有知识性、故事性、趣味性的少儿图书共计8830册。特别是根据居民的技能水平、培训需求、就业意向等信息精准匹配专业技术图书，在一定程度上为小镇的劳动力在就业指导、职业推介、相关政策等方面提供了帮助，真正意义上实现惠民。根据《红城书屋服务规范（试行）》，红城书屋的书刊资源每个季度更新一次。

4.管理

红城书屋实行无人值守模式，读者在门禁处刷读者证或有效居民身份证即可进入书屋享受阅读服务。为保障书屋的安全和管理以及方便读者，深圳小镇工作领导小组办公室（以下简称“小镇办”）在书屋附近设置保安岗亭、24小时开放的公共厕所，并设有专人负责红城书屋的日常管理，如清洁卫生、消防安全、秩序维护、图书整架、异常情况处理等。书屋日常维护费用和管理员报酬由小镇办承担，百色市图书馆对书屋管理员进行业务辅导。

5.推广活动

深圳小镇距离百色市图书馆近30公里，路程较远，由图书馆自行开展活动需要耗费相当多的时间和精力。在这样的背景下，红城书屋深圳小镇点阅读推广活动便以社会力量参与开展为主要模式。如“芒果园，我来了”绘本故事分享活动是书屋常驻活动。2020年9月26日，该活动志愿者们在书屋为小读者们分享了绘本《中秋节》、《爸爸，我要月亮》和《有趣的月亮观察绘本》。这些志愿者是百色市第二幼儿园的老师们，他们讲述故事经验丰富，非常娴熟地与孩子们对话，很受孩子们欢迎。故事分享会不只在书屋举办，还走进一旁的深百实验学校，让小镇更多的孩子爱上阅读。此外，书屋还举办一些惠民活动，如春节期间给读者发放春联，提供读者参考咨询服务等。

“芒果园，我来了”绘本故事分享活动

三、成效与影响

1.提高搬迁移民幸福指数

深圳小镇属于百色市精准扶贫异地移民安置小区，居民文化水平普遍较低。红城书屋深圳小镇点是不打烊的无人值守自助图书馆，它的建成和完善以及丰富的阅读推广活动，改变了小镇公共图书馆从无到有的格局，在一定程度上满足了小镇居民文化生活的需要，有助于提高小镇居民的文化素质和生活质量，提升小镇文化品位，促进小镇文化发展，培养城市精神，提高综合竞争力，推动移民安置点持续健康发展等。“文化贫困”的逐渐脱贫有助于提高搬迁移民的幸福指数，确保定居率。

2. 为搬迁移民儿童教育事业提供助力

有学者关心搬迁移民儿童的教育问题，认为搬迁移民儿童的成长经历不同于城市儿童，应构建多元文化融合的学校文化与课程，使他们既能够放眼世界，掌握现代科学知识，又能立足生活，保持对乡土的亲近与热爱，将自己思想与精神的触角在现代与传统、城市与乡村的融合发展中获得成长与发展[①]。红城书屋正是具备多元文化融合的一个学习平台，它为搬迁移民少年儿童打开了一扇认识新世界的窗，大量的少儿读物丰富了移民儿童的文化知识，为移民儿童的学习生活和启蒙教育作出了贡献。

3. 加快搬迁移民社会融入进程

深圳小镇是百色市各县（市、区）贫困群众的安置点，居民都是来自不同地区的少数民族。他们从故居搬迁到这里，会有一个适应的过程，包括人与人之间的适应，人与环境之间的适应，人与民俗文化之间的适应等。这个过程不同人用时或长或短，或者有人无法适应，最终放弃安居小镇，迁回故居。百色市图书馆以红城书屋为据点，根据小镇居民特点开展种类多样、丰富多彩的阅读推广活动，为小镇居民提供了相互交流、学习的机会。通过参与阅读、参加活动，居民更为深入地了解了不同的民俗文化，结识了更多的朋友，学会了尊重与接纳，从而加快搬迁移民社会融入的进程。不仅是身体的移民，更做到了精神的移民，这样才能真正地安居乐业。

4. 促进小镇劳动力稳就业

搬迁移民文化水平低，可以从事的工作岗位技术含量不高，扶贫部门初始安排就业岗位一般为保安、保洁、简单包装等工作。小镇配套建设了深（圳）百（色）合作产业园作为承接深圳小镇移民就业的重要平台。要想移民中的劳动力尽可能多地被产业园中的企业所吸纳，就需要对他们进行“人岗匹配”和技能培训。百色市图书馆以红城书屋为媒介，首先通过开展阅读宣传推广活动积极引导搬迁移民树立勤劳致富、创业致富、自强自立的意识，增强他们对改革发展的信心。其次根据小镇居民人口结构和就业意向匹配合适的图书，帮助他们提高素质，学会一技之长，增强就业本领

① 孟筱. 扶贫搬迁移民儿童教育不容忽视[N]. 学习时报，2020-03-06（006）.

和创业能力，让他们更快地适应新环境，开始新生活。再次是在举办读者活动中，面对读者在就业、技术方面的咨询，百色市图书馆工作人员或志愿者都耐心给予解答，或者推荐相关专业图书。不能当场解决的，也会在之后通过检索、查找或咨询相关部门，为搬迁移民答疑解惑，为促进小镇劳动力稳就业献计献策。目前，该小镇居民共有5430人实现就业，实现“一户一人就业”目标[①]。

四、工作亮点

1.充分利用社会力量

一是合作建馆。红城书屋是经百色市文化广电新闻出版局和百色市图书馆实地调研、综合评估确定后，与社会机构签署合作协议书，明确双方职责共建而成的。政府出资建馆，图书馆负责配书和更新图书，提供技术支持，社会机构则负责书屋的日常运行，包括水电及管理人员的相关费用。

二是志愿者参与活动。首先，向社会招募志愿者，个人或机构均可，经过图书馆筛选后录用。图书馆对志愿者进行适当的培训，特别是对缺乏经验的志愿者进行专业指导，经审核合格后正式参与开展活动。其次，由志愿者策划并撰写活动方案，递交图书馆班子审定后方可实施。最后，由图书馆相关部门协同志愿者一起具体组织实施活动。

2.阅读推广与扶贫并行

《中华人民共和国公共图书馆法》明确要求：“公共图书馆是社会主义公共文化服务体系的重要组成部分，应当发展社会主义先进文化，将推动、引导、服务全民阅读作为重要任务。”百色市图书馆积极响应习近平总书记关于脱贫攻坚工作重要指示精神，将阅读推广与扶贫工作有效结合起来，在易地扶贫搬迁安置点开展阅读推广工作，满足人民群众基本文化需求，为“贫困文化”和“文化贫困”找到了一条可行的脱贫路径。

---

① 黄程桂，黄海玲. 百色深圳小镇实现“一户一人就业”[EB/OL].（2020-05-07）[2020-09-27]. http://gxrb.gxrb.com.cn/html/2020-05/07/content_1685356.htm.

五、暖心时刻

2020年9月26日午时，红城书屋迎来一位年轻的母亲，手上牵着一名三岁左右的男孩。书屋内的绘本故事阅读分享活动刚刚结束，前来参加活动的孩子们也已回家，只剩下志愿者和图书馆的工作人员共8人在处理后续的工作。

母亲：听朱家的二妹说这里又讲故事了，现在还讲吗？

我们：不好意思啊，刚刚结束了呢。

母亲：娃子要来这里听故事等他爸下班，可惜了呀！

我们相顾一笑：没关系，我们现在就给小宝宝讲一个故事，耽误不了什么的。

母亲：真的吗？太谢谢啦！宝宝来，谢谢叔叔阿姨们。

小宝宝高兴地围着我们转。

志愿者张老师走到书屋中间，我们其余7人陪这位母亲和她的孩子坐在观众席上，精彩有趣的故事再次上演……

“点面结合”促“智志双扶”

——以天津图书馆总分馆制精准文化扶贫模式为例

王　宁（天津图书馆）

一、项目背景

西藏昌都，古老的藏文化发祥地，素有“藏东明珠”的美称。2010年以来，天津图书馆在天津市文化和旅游局的领导下，依托天津图书馆丰富的馆藏资源，以及专业的人才队伍，积极开展对昌都市以及卡若、丁青、江达、贡觉等区、县级图书馆的对口支援工作，先后多次选派优秀技术骨干进藏开展业务交流和数字图书馆建设等文化扶贫工作，以实际行动架起了昌都与天津之间文化交流的桥梁。

二、项目内容及项目过程

为响应党组织号召，2015年5月中旬，我作为天津市第七批援藏干部之一，来到美丽的西藏昌都开始了为期半年的援藏生涯。作为天津图书馆有史以来第一名援藏干部，我深知此次援藏工作的重要意义，它包含着馆领导的重托和同事、亲友的期盼，我倍加珍惜这来之不易的锻炼机会。

对口援藏工作是一项长期的任务。仅靠半年时间要做到面面俱到，有些不太现实。作为一名图书馆专业技术援藏干部，我认为自己应该找准工作的切入点，利用自己的技术专长，对昌都图书馆最为薄弱的环节进行攻坚，确实解决当地的实际问题，并积极发挥“传帮带”作用，把专业技术留在昌都。为此，我竭尽全力地去做好自己的每一项工作，为昌都图情事业的跨越式发展作出了自己一点微薄的贡献。

指导藏族读者使用数字资源

作为一名少数民族援藏干部，我深知尊重少数民族的风俗习惯对维护民族团结的重要性。我时刻提醒自己，既然来援藏，就要和当地的干部群众打成一片，尽快地熟悉这里，融入这里。初到昌都，我出现了强烈的高原反应，呼吸困难、水土不服、头痛欲裂、难以入眠。但为了尽快进入工作角色，及时、全面、准确掌握昌都图书馆的基本情况，我不顾高原反应，积极克服语言不通等困难，主动和馆里的同事联系接触，并以较短的时间适应了新的环境，理清了工作思路，投入到了新的工作中。

昌都图书馆长年没有自己的数字资源平台。考虑到这一点，我决定将昌都数字资源平台的建立作为自己的第一项重点工作。我通过网络、书籍等查找了大量有关昌都的历史、文化、特色产业等文献资料，设计出符合当地文化特色的数字图书馆网站，并有针对性地为当地群众提供切实需要的数字资源，将他们最关心的信息推送到身边。这其中包括了300多万种中文图书、9100多种国内重要期刊，此外还有大量的学术论文以及音像资料和多媒体资源等。在我的努力下，现已建立了昌都市和丁青县两个数字分馆。其中，丁青县数字分馆，是天津市在对口援助地区建立的首个数字图书馆，也是全国各省市在西藏自治区援建的第一个县级数字图书馆，现已覆盖昌都70余万人口，切实满足了当地人民群众的精神文化需求。当地的藏族读者通过数字图书馆，可以不出“家门”，就能与3000公里以外的沿海城市读者同时共享国内最前沿的数字图书资源库。

针对昌都图书馆读者量较少的情况，我主持开通了“书香昌都”微信公众号，开展阅读推广工作，在周末利用图书馆报告厅为当地各族群众举办公益讲座，发起“你读书，我买单”活动。通过这些举措，昌都图书馆的读者量逐渐增加。我还利用馆内的电子阅览室作为服务阵地，将数字图书馆与电子阅览室有机结合为读者提供服务。这项服务的开展，满足了许多不具备上网条件的读者查阅电子文献的需求。我还将电子阅览室作为“昌都青少年网络学习基地”，组织昌都市实验小学、昌都一小的同学参加网络知识大赛。指导学生和老师利用计算机网络上课学习，通过互联网为学生们打开一扇探索科学技术的大门。这些服务和活动的开展，收到了良好的效果，得到了当地藏族和汉族读者的一致好评。

一直以来，昌都图书馆都没有采用通用的《中国图书馆分类法》的分类方式对图书进行分类，这既给日常的图书管理带来不便，又给读者查找图书制造了困难。在我的建议下，馆领导决定对现有的16万册图书重新按照《中国图书馆分类法》进行分类。这是一项浩大的工程。在不影响正常开馆和人手不足的情况下，我和馆里的同志一起加班加点，日夜兼程，利用两个月的时间，终于完成了对数量最多的文学类图书的整理工作，为全部图书的重新分类工作奠定了坚实的基础。同时，我还积极和单位沟通联系，在第一批援助8000册图书的基础上，根据当地读者的需要，又为天津图书馆丁青分馆调配馆藏图书3117种4197册。截至2020年，天津图书馆向丁青分馆援助书籍累计12000册，内容涵盖经济、文化、健康、科技等众多领域。

2017年，通过“春雨工程”，天津图书馆与天津市少年儿童图书馆，又建立了贡觉分馆，为昌都贡觉县捐赠了20台电脑，4200册图书，其中有一半以上是藏文书籍，解决了贡觉县公共文化基础设施缺失的现状。目前，已初步形成了以天津图书馆（天津市少年儿童图书馆）为总馆，由昌都市图书馆、卡若区图书馆、丁青县图书馆、江达县图书馆和贡觉县图书馆组成的图书馆总分馆制体系，由天津图书馆从人员、物资、技术支撑等多方面向5个受援馆开展帮扶，并形成了一定的长效机制。

在昌都支援的半年时间里，我最大的感受是：西藏的发展关键在人才。扶贫就要扶智，文化扶贫亦是如此，要通过教育培训、实例引导等方式，开阔受援地区人民的眼界，训练当地各级图书馆员和专业人才的创新思维能力，整体性提高图书馆专业人员的技术水平，让贫困群众实现文化脱贫。在昌都期间，我十分注重对年轻同志的培养工作，着重对馆内青年业务骨干和西部计划志愿者开展培训。内容涉及网站平台管理、数字文献查询检索以及图形图像设计等方面，目前已培养出多名专业技术干部，真正实现了从“输血”到“造血”的转变，为当地留下了一支带不走的专业队伍。在圆满完成援藏任务后，我与昌都馆的同志们还长期保持着联系，经常利用远程方式为当地的同事们进行业务指导和技术支持。在我的积极推动下，2019年，天津图书馆联合天津交响乐团、昌都市图书馆共同主办了“我和我的祖国”——庆祝中华人民共和国成立70周年室内音乐会，本场音乐会通过网络直播技术，向昌都市图书馆进行远程同步直播，使得藏东儿女与海河儿女能够共赏高雅艺术。活动的开展增进了两地人民的交流，拉近了两地人民的感情，促进了民族团结。

在做好以上重点工作的同时，我还积极参与到馆里开展的各项活动当中。由我参与策划的“第三届康巴少年讲故事”活动，得到了西藏卫视、康巴卫视等多家主流媒体的报道与关注。我还参与了“昌都教育系统双语法律知识竞赛”的筹备工作；协助组织了“2015春雨工程文化共享工程志愿者边疆行”

培训活动。在2015年庆祝西藏自治区成立50周年和首届三江茶马艺术节的节日期间，我组织开展了形式多样、内容丰富的阅读推广活动，得到了各族读者的欢迎与喜爱。

三、分析与总结

未来，昌都的各级图书馆在事业发展上还有很大的提升空间。而在对口支援方面，我们也有很多方法可以去尝试。比如，我在昌都图书馆援藏期间，就深切感受到，由于受所学专业和相关研究领域所限，在对口支援过程中，只能发挥自身优势为当地提供帮助，但这在图书馆整体发展中也仅仅是杯水车薪，不能满足当地图书馆全方位发展的迫切需求。我们欣喜地看到，最近在教育系统和卫生系统开始尝试和推广的组团式援藏，越来越多地得到认可。这种支援方式完全可以应用到图书馆的对口支援工作中。以昌都为例，每年可以从天津、重庆、福建三省市的图书馆中轮流抽调或是联合选派，包括书刊借阅、宣传辅导、数字资源建设、信息服务、网络应用、采访编目及古籍保护等不同领域的中青年技术骨干，组成专业技术援藏队，组团开展对口支援工作。有能力的省市图书馆可以选派干部下到县一级图书馆进行帮扶。这样做，将有效解决受援图书馆在不同地域、不同业务领域的发展不均衡问题。

建设一座满足人民需要的现代化公共图书馆，是党的文化惠民政策的体现，是公共文化服务在文化扶贫战略中的重要一环，同时也是我们这一代图书馆人的梦想。在昌都援藏初期，由于患有严重的高原反应，让我长期重度失眠，身心疲惫得厉害，一度曾有打退堂鼓的念头。然而每当我看到雪域高原上藏族孩子们面对知识的渴望，和他们在阅读图书时脸上洋溢的灿烂微笑，就会联想到我那不满三岁的女儿，他们同样需要良好的教育和知识的滋养。这更加坚定了我做好本职工作的勇气和决心。作为一名公共图书馆的建设者，能够为当地的藏族同胞做一点实事，我想将来回忆起这段往事，我也会感到骄傲的。我也坚信在以习近平同志为核心的党中央坚强领导下，在全国各族人民的共同努力下，我们定能高质量完成脱贫攻坚目标任务，奋力夺取脱贫攻坚战全面胜利，确保如期全面建成小康社会。

芸梦书屋：让阅读为乡村孩子插上梦想的翅膀

———云南省元阳县乡村学校图书文献管理与服务体系建设

刘金涛（上海财经大学图书馆）

巍巍哀牢山，滚滚红河水，重峦叠嶂，逶迤不绝。耕耘了一千三百年的哈尼梯田，已经成为中外闻名的世界文化遗产。深秋十月，梯田里的稻子已经收割完毕，注水的梯田倒映着秋日的蓝天，天光云影共徘徊。就在梯田的旁边，云南省元阳县攀枝花勐品村小学的孩子们格外开心。2020年11月2日，星期一，来到学校的他们，惊喜地发现，那间堆旧书和杂物的屋子变了样，成了一间绚丽明亮的阅览室。下午放学后，在老师的带领下，孩子们把捐赠图书拆包上架，迫不及待地读起书来。

勐品小学“芸梦书屋”[①]，是上海财经大学图书馆主持的元阳帮扶项目的一个先期试点，于2020年10月底建成投入使用，为构建元阳县中小学图书文献管理及服务体系建设提供了一个参照样本。

一、项目背景：脱贫攻坚背景下元阳县中小学图书室发展问题

元阳县地处云南省南部，是世界文化遗产红河哈尼梯田的遗产区，全县辖14个乡镇，总人口45.8万人，世居哈尼、彝、汉、傣、苗、瑶、壮七个民族，少数民族人口占总人口89.6%，农业人口占比90%，人均耕地面积0.8亩，是集边疆、山区、民族、贫困“四位一体”的国家扶贫开发工作重点县。党的十八大以来在“精准扶贫、精准脱贫”方略指引下，元阳县实现减少贫困人口28.8

① “芸梦书屋”题解：“芸”，一种香草，可入药。因芸香可驱蠹虫，书卷中多置之，古人用“芸帙”“芸编”指代书籍，“芸窗”“芸馆”指代书房。“芸”与云南简称谐音。“芸”在古语中与“耘”同义，意谓梦想并非虚无缥缈，实现梦想需要努力耕耘。“芸梦”，意即努力读书，实现梦想。

万人，贫困发生率从2012年末的51.5%下降至2019年末的1.46%。2020年5月16日，元阳县通过各级审核和第三方评估检查顺利退出贫困县系列。

在元阳县攀枝花乡勐品小学，修缮一新的阅览室成为孩子们读书的乐园

元阳县将义务教育均衡发展融入脱贫攻坚工作同步落实，通过了国家义务教育均衡发展考核验收。经过义务教育全面改薄工程、义务教育均衡发展阶段的建设，乡村学校办学条件已经有了很大的提升。但是，从巩固脱贫成效，激发贫困人口内生动力，提高贫困人口致富能力的要求来看，教育仍然是乡村振兴的重要基础和动力源泉，需要持续予以关注和投入。

义务教育基本均衡考核是衡量县域教育基本办学条件的重要方面，其中，图书文献资源是义务教育均衡考核的十大指标之一，具体是“生均图书册数”。元阳县作为二类地区，初中学校生均图书册数不得少于30册，小学生人均图书册数不得少于20册。2019年，元阳县所有纳入义教均衡考核的学校都已通过验收，即十大指标中至少七项指标达标。其中，生均图书册数达标率为100%。

但是，通过实地走访和调研，项目组发现元阳县中小学图书文献管理和服务仍然存在很大的问题，因为管理和服务方面存在短板，图书文献资源在教学和育人方面未能充分发挥效用，为接下来的义务教育优质均衡发展留下隐患。

（1）文献资源建设、管理缺乏统筹规划和统一标准。没有图书采购计划和资金，依赖于社会捐助和捐赠，图书质量参差不齐，一些图书并不适合学生阅读。同时，编目标准各行其是，图书室一般只有图书的存量册数，却没有馆藏结构分析。

（2）图书文献管理重藏轻阅，图书室管理和服务不能充分满足学生的阅读需求。图书室一般以收藏图书为目的，大都没有配备阅览空间。缺乏专职图书室管理员，开放时间有限，大都采用面向不同年级分时段开放的方式。

挂职干部调研乡村小学图书室

在调研中，学生普遍反映图书室开放时间有限。

（3）校园阅读氛围不足，在课外活动时间里，缺乏有组织的阅读活动。调研发现，学生阅读缺乏引导和激励，尤其是在家或者放假期间，基本上都是手机和电视占用了大部分的时间。

（4）没有纳入义务教育均衡考核的村小学，图书室设置、文献配备以及学生的阅读情况更加不容乐观。因为资金、场地、人员等各方面的条件限制，加之不用面对考核，村小学一般都不会把图书室建设纳入办学条件的考量，只是被动接受一些社会捐助[①]。

以上几个方面的问题，该县中小学图书馆（室）中普遍存在。相对于教育部义务教育均衡考核对于图书指标的重视，相对于政府资金和社会资源的大量投入，乡村学校图书文献建设虽然能通过考核，但是其管理和服务实践距离教育部相关章程[②]的指导要求，距离义务教育优质均衡的目标，都还有相当大的差距。

二、项目设计

上海财经大学根据教育部扶贫工作部署，自2013年起对口帮扶元阳县。2019年，上海财经大学图书馆派出干部挂职元阳县副县长，协管教育工作。本着发挥帮扶单位资源优势，对接县域教育需求实现精准扶贫、扶贫扶智的工作目标，通过挂职干部在元阳县的实地调研和组织师生访谈，并经过图书

① 根据2019年元阳县教育报告数据，全县共有小学177所，含中心校、完校和教学点，纳入义务教育均衡考核的小学79所，未纳入考核的98所，占比55.4%。

② 教育部于2018年5月28日发布通知（教基〔2018〕5号），印行《中小学图书馆（室）规程》，对于中小学图书馆建设的目标、原则、定位、标准等进行了规定。

馆专项工作团队的专业调研和讨论，我们确定了“芸梦书屋：元阳县乡村学校图书文献管理与服务体系建设”项目，该项目可以概括为“一个目标、两条战线、三大战役”。

“一个目标”是指以建设现代化的县域中小学图书文献管理与服务体系为核心，建成统一联动的机制：将打造县域图书文献管理平台与推动中小学校图书室建设统一联动，将提升文献建设和管理水平与精准对接社会帮扶资源统一联动，将开展阅读推广课程建设、教师培训与配合提升学生学习能力、学习兴趣统一联动。

“两条战线”，一是“平台建设”，二是“村小图书室建设”。“平台建设”先期做好集成管理系统的选型与建设，并围绕集成管理系统，就文献资源建设形成统一标准，在基础书目、编目规则以及数据录入等方面形成联动机制。在此基础上，推动制订县域中小学图书馆（室）章程，明确县域中小学图书文献统筹管理工作机制。“村小图书室建设”采用以点带面的方式，重点选择未纳入义务教育均衡考核的村小学，“一校一案”，因地制宜形成建设方案。包括基于集成管理系统的图书文献数据录入，依据基础书目补充优质图书；根据空间场地条件改造装修阅览室，或者建设教室中的图书角；培训图书室管理教师，推动阅读推广活动的开展和课程的实施。

“三大战役”是指现阶段项目实施的主要内容。

（1）帮助打造县域中小学图书馆集成管理系统，将文献建设、书目管理、资源纳入数字化信息化的统一平台，打造中心馆+分馆的县域中小学图书馆体系，实现图书文献资源建设统一标准、统筹配置；

（2）帮助升级改造中小学图书馆阅读空间，根据学校的实际情况，设计和配备舒适、安全、健康，藏阅一体且能提升阅读体验的空间环境和阅览家具；

（3）帮助建设县域中小学图书馆阅读推广体系，培训阅读推广教师，引进阅读推广课程，激励和指导教师配合课程教学开展第二课堂阅读辅导课。

三、项目的创新之处

（1）深化扶贫扶智，聚焦贫困县中小学教育提升教学质量的关键点，通过信息化平台建设、阅览室环境提升、阅读推广课程，补齐学生阅读能力、自学能力、学习兴趣的短板，将图书室效用充分发挥出来。

（2）整合社会资源，引导精准帮扶，以社会公益+专业团队+学校管理的方式，通过项目协议明确责任关系，通过中长期方案与短期计划相结合的实施策略，形成社会参与、专业引领、学校负责的项目运作模式。

（3）规范制度体系，打造长效机制，帮助当地教体局明确县域中小学图书室管理职责，制订县域中小学图书室发展规划，培训中小学阅读推广教师，建设阅读推广课程体系，建立教师激励机制。

（4）巩固合作关系，实现共同发展。以合作共建的方式，将高校图书馆馆员、图情专业学生引入项目建设，在帮助项目实施的同时，也为项目参与者提供社会帮扶和基层实践的机会。

改造前后的勐品小学图书室

四、项目进展及效应

项目于2019年11月进入实施，目前已投入资金31.5万元，基本完成中心馆图书管理平台的建设，编制了元阳县中小学图书馆指导书目，在乡村中小学分步开展图书编目，已完成一所小学的阅览室改造，并确定了5所学校的5名阅读推广教师，就图书书目信息采集录入、阅读推广活动设计与实施等开展了一系列培训。

项目在县内的推进已经引起一些社会公益机构的关注，他们认同乡村学校图书室建设的意义。这为提升县域教育的管理水平，发挥图书文献在教书育人中的积极作用打下了基础；同时社会力量认可项目运作的组织方式，有效合规地将社会资金应用于学生学习条件和环境的改善，有助于精准帮扶，有助于促进资源均衡发展。

后 记

习近平总书记在决战决胜脱贫攻坚座谈会上指出，到2020年现行标准下的农村贫困人口全部脱贫，是党中央向全国人民作出的郑重承诺，必须如期实现。实现脱贫，不仅是中国的使命，也是全球共同的愿景。2015年9月25日，联合国通过《2030年可持续发展议程》，该议程共有17项可持续发展目标，其中消除一切形式的贫困被列为17项目标之首。我国在过去40多年里，共减少贫困人口8.5亿，对全球的减贫贡献率超过70%，成为世界上减少贫困人口最多的国家。2020年我国脱贫攻坚任务如期完成后，将提前10年实现联合国《2030年可持续发展议程》的减贫目标。中国的脱贫工作所取得的伟大胜利，无疑是对世界减贫事业、世界人权事业做出的巨大贡献。2020年是中国脱贫攻坚战的收官之年，也是全面建成小康社会目标实现之年。无论是前几年的脱贫攻坚还是今年的疫情防控，中国图书馆界都积极响应，全力参与，在智力扶贫、文化扶贫、精准扶贫服务方面发挥了图书馆应有的社会作用。

为总结、推广和宣传全国各级各类图书馆在贯彻落实《中共中央 国务院关于打赢脱贫攻坚战的决定》工作中涌现出的可歌、可行、可学的最佳实践案例和经验做法，进一步推动和深化图书馆扶贫服务工作，为国家率先实现脱贫目标和巩固脱贫成果贡献图书馆人的一份力量，在中国图书馆学会公共图书馆分会支持指导下，由图书馆扶贫工作委员会挂靠单位重庆图书馆、上海图书馆《图书馆杂志》社和国家图书馆出版社共同主办，重庆市图书馆学会、上海市图书馆学会阅读推广委员会共同承办，开展了以“脱贫攻坚与图书馆作为”为主题的“全国图书馆扶贫服务案例征集”活动，并由国家图书馆出版社结集出版。

本次案例活动面向全国，坚持广泛征集、由点及面、择优录取的原则，案例内容主要从项目背景、主要内容、实施过程、成效与影响、分析与总结，以及扶贫活动中涌现的感人事迹六个方面展开。案例申报要求符合以下几点要求：案例须是图书馆在扶贫服务中涌现出的好的经验或做法；案例须具有真实性并可持续性开展半年以上；案例须具有可示范性和可复制性，便于在业内推广；案例须通过单位或部门申报，申报案例的主体须是各图书馆参与扶贫服务的个人或团体。本次征集活动时间从2020年7月30日持续到2020年9月30日，入围的有效案例共计115份，所有入围案例经相关专家进行评审研议，并与案例申报人最终确认后，入选案例总计49份。从各图书馆参与此次征集活动的情况来看，主要呈现以下几个特点：

首先，从参与图书馆的地域和类型看，覆盖范围广泛、层次完整，既有华东、华南等相对富裕地区，也有东北、西南、西北等相对贫困地区，公共图书馆、高校图书馆、社会公益图书馆等各级各类图书馆都有涉及。其中公共图书馆是本次案例征集活动的主力，其次是高校图书馆和社会公益图书馆。从公共图书馆参与征集的情况来看，既有湖北省图书馆、首都图书馆、广东省立中山图书馆等资金相对充裕的省市级大型图书馆，也有青海尖扎县图书馆等处于贫困地区的图书馆。其案例大多是以“大帮小”“城助乡”“东援西”等帮扶模式进行。而从高校图书馆的案例征集情况来看，既有北京大学、天津大学等全国重点大学图书馆的参与，也有像河北交通职业技术学院、广东农工商职业技术学院这样的高职高专类院校图书馆参与。这些案例都对特定的地区进行了文化帮扶，包括提供关爱留守儿童、援助乡村等帮扶措施。社会公益图书馆案例申报的主体主要是社会爱心团体。这一类案例虽然不多，但我们依旧能看到，社会公益群体也在积极推动文化扶贫的进程。

其次，从参与图书馆的扶贫内容来看，既有助盲、关爱留守儿童等关注特殊群体方面的活动，从而体现出图书馆的社会公益性；又有流动图书车进乡村进校园、帮扶农家书屋以及图书馆的个性化定制服务等举措，践行了打通图书馆服务最后一公里、扶贫不能少一人的理念。而发挥文化资源优势帮助农村电商发展，也让图书馆的文化效益直接转化为了经济效应，让扶贫工作从“授人以鱼”到“授人以渔”。从这一系列的活动可以看出，我国图书馆工作者切实做到了勠力同心，真抓实干，深入贫困地区看真贫、扶真贫、真扶贫。拿出了克难关、攻堡垒、啃硬骨头的决心，突出问题导向，因地制宜、精准施策，一把钥匙开一把锁，靶向发力拔穷根，对症下药治穷病。基本上做到了“富脑袋”和“富口袋”并重，扶贫同“智、志双扶”相结合，开发式扶贫同保障性扶贫相衔接。

本书收录案例仅限于此次征集活动中的部分入选案例，然而作为一部反映我图书馆扶贫服务工作的专业图书，仅仅收录案例是远远不够的，图书馆扶贫行动是实践性很强的专业活动，需要在相关的专业理论指导下进行。因此，本书分为上、下两篇。上篇为研究篇，共收录13篇文章，它们或者已在《图书馆杂志》刊发，或者是本次案例征集活动特别约稿，或者是扶贫工作委员会推选的征稿文章，主要侧重从理论层面论述“智、志双扶”在扶贫工作中的重要性，强调实事求是、精准扶贫的目的和意义，提出区域联盟在图书馆扶贫工作中的优势和必要性，从而探究图书馆扶贫的模式和途径；下篇为案例篇，因篇幅原因仅收录了49个案例，但从一个侧面来说，这些扶贫案例是中国图书馆人在文化扶贫工作中的历史见证。

本书经过策划、征稿、组稿到最终定稿，均得到了图书馆领域的很多知名专家，中国图书馆学会公共图书馆分会及图书馆扶贫工作委员会、重庆市图书馆学会、上海市图书馆学会和国家图书馆出版社众多领导、同人的帮助。在此，我谨代表本次征集活动组委会，向所有领导、专家和同人于我们的帮助和支持表示由衷的敬意和感谢！另外，由于水平有限，时间较紧，本书错漏和不全面之处在所难免，希望得到各位专家和广大图书馆同人的批评和指正，并对所有参与征集投稿的图书馆同人的体谅和宽容表示最诚挚的歉意和感谢！

金晓明

《图书馆杂志》社常务副主编

2020年11月15日